온 국민을 위한

대한민국 역사교과서

① 1

일러두기

■ 자기주도형 학습을 이끌기 위해서 당시의 문헌사료를 제시하고 여러 의문점을 제시한다.

■ 최소한의 한자를 사용한다.

■ 한자 표기는 우리 선조들이 수천년 동안 사용하던 한자 표기를 그대로 사용한다.

■ 세세한 사항의 나열보다는 전체적인 맥락과 흐름을 중시한다.

■ 한자는 우리 발음을 적고 필요할 경우 현지 발음을 적고 ( ) 안에 우리 발음을 적는다.

온 국민을 위한

대한민국 역사교과서

1

대한민국 역사교과서 편찬위원회

자유발행제 역사교과서를 간행하면서

1

현재 대한민국에서 사용하는 역사교과서는 검정교과서 체제이다. 대학의 역사학과 교수들과 교사들이 특정 출판사와 손잡고 편찬한 교과서를 정부에서 합격·불합격 여부를 심사해서 합격한 교과서 중에서 한 종을 선택해서 교재로 사용한다.

전 세계 여러 국가들의 역사교과서 편찬 체제는 크게 셋으로 나눌 수 있다. 첫째는 국정교과서로서 국가에서 한 종의 역사교과서를 만들어 사용하는 체제이다. 일부 사회주의 국가들이 채택하고 있다.

둘째는 검인정교과서로서 국가에서 합격시킨 몇 종의 역사교과서 중 한 종을 선택해 사용하는 체제이다. 한국과 일본 등이 채택하고 있다. 국정과 검인정은 용어만 다를 뿐이지 실제 내용은 별 차이가 없다. 국정은 물론 검인정도 모두 국가에서 제시한 집필기준에 따르지 않으면 탈락하기 때문에 그 틀에서 벗어날 수가 없다. 지지난 정권 때 국정교과서 파동을 겪고 난 후 지난 정권 때 검정교과서 체제로 바뀌었지만 그 내용은 전혀 달라지지 않은 것이 이를 말해준다.

셋째는 자유발행제 교과서로서 국가의 검열 과정이 없이 학자들과 교사들이 자유롭게 편찬한 역사교과서 중에서 각 급 학교에서 자유롭게 선택해서 사용하는 체제이다. 대부분의 경제협력개발기구 OECD 국가에서 채택하고 있다. 이는 학문의 다양성에 바탕을 두고 다양한 사고방식을 기른다는 점에서 바람직한 체제이다. 국정, 검인정, 자유발행제 중에서 자유발행제가 가장 바람직한 체제인 것은 두말할 필요도 없다. 그러나 체제보다 더 중요한 것이 그 내용이다.

역사서는 모두 역사관을 바탕으로 서술되고 있는데 이는 역사교과서도 마찬가지다. 그러나 현재 대한민국에서 사용하는 모든 역사교과서는 관점이 혼재되어 있다. 기본적인 두 관점은 조선 후기 노론으로 대표되는 중화 사대주의 사관과 대일항전기에 조선총독부가 퍼뜨린 황국사관이다. 이 두 사관이 현재의 대한민국에 맞지 않는 것은 설명할 필요도 없다. 그러나 모든 역사교과서는 이 두 사관을 중심으로 삼아 다른 내용들을 부분적으로 끼워 넣고 있다. 그 결과 각 시대, 각 부분이 서로 유기적으로 연결되지 못하고 따로 겉돌고 있다. 현재 사용하는 역사교과서를 가지고 자신과 우리 사회의 정체성과 나아갈 바를 알게 되었다고 여기는 학생도 없고, 교사도 없고, 학부모도 없을 것이다. 미래를 개척해야 할 21세기의 대한민국 학생들이 17세기 노론, 19세기~20세기의 조선총독부의 관점으로 서술된 역사교과서의 내용을 배워야 한다는 것은 비극이다.

2

　현재 우리가 사용하는 역사교과서는 1895년 조선 왕조 학부 편집국에서 만든 최초의 소학교용 국사교과서인 《조선역사》보다도 퇴행했다. 이 《조선역사》도 그 체제나 내용에서 여러 문제점을 갖고 있었지만 적어도 그 시작만큼은 민족의 시조인 단군檀君부터 서술해 계통을 명확히 했다. 같은 해 학부 편집국에서 편찬한 《조선역대사략》도 단군부터 시작하는데 두 책 모두 '대조선 개국 기원전 3734년'이라고 표기해서 단군 건국을 우리 역사의 시작으로 삼았다.

　1908년 독립운동가 정인호(1869~1945)는 《초등대한역사》를 편찬했는데, 단군이 융희 원년(1907)으로부터 4240년(서기전 2333) 전에 조선을 건국했다면서 조선은 "가장 먼저 아침 해를 받아 빛난다."는 뜻이라고 설명하고 있다. 이 무렵 일제는 통감통치로 이미 대한제국을 사실상 점령하고 있었는데, 정인호의《초등대한역사》를 검정 불허가 교과서로 낙인찍어 탈락시켰다. 역사학자 황의돈(1890~1964)은 1909년《중등교과 대동청사大東靑史》를 저술했다. 이 책은 인쇄본이 아니라 필사본만 전하는 것으로 봐서 통감부가 지배하는 학부에 검정신청을 하지 않고 사용한 것으로 보인다. 이 두 종의 교과서 역시 단군 건국부터 우리 역사를 서술했다. 정인호나 황의돈이 저술한 역사교과서는 학부의 검정여부를 떠나서 많은 서당에서 교재로 사용했는데 이는 일제가 대한제국을 완전히 점령한 1910년 이후 수많은 서당을 강제 폐쇄한 주요 요인 중 하나였다.

일제는 대한제국을 점령한 직후 조선총독부 산하 중추원에 '조선반도사편찬위원회'를 만들어서 한국사의 무대를 '반도'로 축소시킨《조선반도사》를 편찬했다. 그러나 1919년 전 민중이 들고일어나는 3·1혁명이 일어나자 1920년에 '임시교과서 조사위원회'를 설치해서 조선사 교재 편찬에 나섰다. 조선총독부는 이 땅에서도 일본 역사가 '국사'라면서《심상소학 국사》를 교재로 가르쳤는데, 심상尋常이란 일본의 옛 초등학교를 뜻한다. 조선총독부는《조선총독부 편찬 심상소학 국사 보충교재》를 편찬해 한국사를 일본사의 한 부분으로 삼아 서술했다. 이 책의 가장 첫머리가 〈1. 상고시대의 조선반도〉인데, 한국사를 반도사로 가둔 다음 그 반도를 '북부조선'과 '남부조선'으로 나누었다. '북부조선'에는 '기자조선·위만조선·한사군'이 있었다고 주장하면서 단군조선은 완전히 삭제했다. '남부조선'에는 '삼한(마한·진한·변한)'을 서술했다. 한국사에서 대륙과 해양을 잘라내어 반도의 북쪽에는 '기자조선·위만조선·한사군'이 있었고, 남부에는 삼한이 있었다는 것이다.

《조선총독부 편찬 심상소학 국사 보충교재》가 제시한 이 구도는 해방 후에도 조선총독부 직속의 조선사편수회 출신들이 한국 역사학계를 거의 완벽하게 장악하면서 국정과 검인정을 막론하고 한국사의 기본 틀로 지금까지 우리 학생들과 역사교사들의 뇌리를 지배하고 있다. 《조선총독부 편찬 심상소학 국사 보충교재》에서 가장 신경 쓴 부분은 '임나'와 '임나일본부'다. 〈2. 삼한〉조에서는 '일본과 임나제국의 관계'라는 항목을 만들어서 "(신공)황후는 규슈를 평정하시고, 곧 바다를 건너가 신라를 토벌하고, 임나제국을 보호하셨다."라고 하면서 야마토왜가 가야를 점령하고 임나일본부를 설치했다고 왜곡하였다. 또한 〈3. 문학·불교·공예〉조에서는 "백제는 왕인이라는 학자를 일본에 보내왔다…왕인의 조상은 중국인으로, 조부 때부터 백제에 거주하였다."고 왜곡하고, '백제 성왕이 흠명欽明 천황에게 불상을 바쳤다.'고 왜곡했다. 이 책은 〈(임나)일본부日本府〉에 대해서 두 단락을 설정해 서술하고 있다. 〈4. 일본부 1〉에서는 '일본과 삼국의 관계'라는 항목에서 "신공神功 황후는 신라를 정복하신 다음, 일본부를 임나에 설치하고, 삼한의 영토를 다스리셨다."면서 신공왕후가 임나일본부를 설치했다고 거듭 왜곡하고 있다. 또한 "이 때문에 신라, 고구려, 백제는 모두 일본에 조공을 바쳤으며, 또한 신라와 백제 두 나라는 일본에 볼모를 두어 그 진심을 나타냈다."라면서 '신라·고구려·백제'를 모두 야마토왜의 속국으로 왜곡하고 있다. 뿐만 아니라 백제와 신라가 "고구려에 멸망되는 것을 면할 수 있었던 것은, 전적으로 일본의 힘 때문이었다."라고도 왜곡했다. 〈5. 일본부 2〉에서는 "신라는 일본에 복속된 뒤에도 항상 임나제국을 정복하려고 했으며, 또한 일본에 대한 조공을 게을리 하자, 일본은 여러 차례 이를 정벌했다."라고 왜곡하고 있다.

해방 후 역사교과서 집필권을 독점한 한국 역사학계는 서론에서는 식민사학을 비판하는 글을 쓰고 본론과 결론에서는 식민사학을 답습하는 '분절적 서술' 방식으로 현재까지 조선총독부 황국사관을 하나뿐인 정설로 유지하고 있다. 국정이든 검인정이든 현재까지 사용된 모든 역사교과서는 황국사관의 서자庶子일뿐이다.

최근 우리나라에서 가야사를 임나일본부사로 조작해 유네스코에 세계문화유산으로 등재하려 시도하고, 《전라도천년사》에서 전라도 지역을 고대부터 야마토왜의 식민지로 조작해 출판, 배포하려 한 것은 《조선총독부 편찬 심상소학 국사 보충교재》의 기본 관점을 그대로 추종하고 있음을 보여주는 좋은 예이다.

3

한 나라를 독립국가라고 할 수 있으려면 국토와 국민뿐만 아니라 독자적 사관을 담은 국사가 있어야 한다. 대한민국은 해방 후 짧은 시간 안에 경제적 근대화와 정치적 민주화를 달성한 전 세계의 모범국가라고 불러도 손색이 없다. 다만 아직도 역사는 조선총독부 황국사관의 그늘에서 벗어나지 못하고 있다.

대일항전기는 일제에 빼앗긴 강토를 되찾기 위해서 싸웠던 영토전쟁의 시기이고, 또 다른 한편으로는 역사 사실과 그 해석을 두고 다퉜던 역사전쟁의 시기이다. 단재 신채호 선생은 말할 것도 없고 대한민국 임시정부 제2대 대통령 박은식 선생, 임정 국무령 이상룡 선생 등이 독립운동가이자 역사학자였다. 이 순국선열들에게 영토전쟁과 역사전쟁은 둘이 아니라 하나였음을 말해준다.

1945년 8월 15일 일제의 항복으로 영토전쟁에서는 부분적으로 승리했지만 역사전쟁은 아직도 시작단계이다. 몸은 대한민국 사람이되 정신은 여전히 총독부가 지배하는 기형적인 모습이 우리 사회의 현상이다. 이런 상태가 계속된다면 우리나라와 우리민족의 미래 지속성도 보장하기 힘들 것이라는 절박감이 이 역사교과서를 세상에 내놓는 배경이다.

사실 이 역사교과서는 한 손에는 총을 들고 영토전쟁을 치르고, 한

손에는 붓을 들고 역사전쟁을 치렀던 순국선열들과 애국지사들이 서술한 것이나 진배없다. 이미 그 분들이 수립해 놓은 역사관의 틀에 그 후의 연구 결과를 보강해서 내용을 채워 넣은 것 뿐이다.

1948년 공포한 대한민국 헌법 전문은 "유구한 역사와 전통에 빛나는 우리들 대한국민은 기미 삼일운동으로 대한민국을 건립하여 세계에 선포한 위대한 독립정신을 계승하여 이제 민주독립국가를 재건"한다고 선포하고 있고, 현행 헌법도 "유구한 역사와 전통에 빛나는 우리 대한국민은 3·1운동으로 건립된 대한민국 임시정부의 법통"을 계승했다고 선포하고 있다. 그러나 현재 교육현장에서 사용하는 역사교과서는 이런 헌법 정신을 부정하고 여전히 조선총독부의 황국사관의 관점에서 서술되어 있다. 순국선열들과 애국지사들의 희생으로 되찾은 이 나라의 헌법 전문과 학교 현장에서 사용하는 역사교과서 사이의 모순과 불일치는 사실상 1945년에 끝났어야 하는 문제다.

이제 이 역사교과서를 세상에 내놓지만 그 여정이 험난할 것을 우리는 잘 알고 있다. 우리는 이 역사교과서와 현재 사용하는 역사교과서를 두고 활발한 토론과 논쟁이 벌어지기를 바란다. 그래서 어느 교과서가 진실에 바탕을 두고 이 나라와 이 민족의 정체성과 미래지향성을 고민하고 있는지 판단하기를 바란다. 이 교과서는 그 시대에 서술된 1차 사료를 기준으로 그 시대를 서술한다는 것을 집필원칙으로 삼았다. 1차 사료를 기준으로 과거사를 서술하는 것이 역사서술의 기본이고 진실과 사실이 해석에 앞서는 것이 역사학의 기본이기 때문이다.

2024년 4월 집필진 일동

구성과 체제

이 교과서는 대내적으로 민족 자주사관, 대외적으로 평화·공존 사관의 관점으로 서술한 대한민국 역사교과서이다. 서술체계는 구석기부터 현대에 이르기까지 민족사의 발전 과정을 고르게 서술하였고, 서술 분량은 구석기부터 현대까지 각 단원을 고르게 서술하여 일관된 관점을 가지도록 하였다. 서술 특징으로는 각 시기가 모두 우리와 밀접한 관련이 있는 것으로 서술하였다.

대단원 도입

1. **대단원명** 대단원 명을 제시
2. **단원명** 단원 명을 제시
3. **단원 관련 사진** 단원의 주요한 사진

대단원 주제 파악

1. **개요** 단원의 전체 내용 알기
2. **학습 목표** 단원의 내용 이해하기
3. **연표** 주요 사건 흐름 파악하기

단원 본문

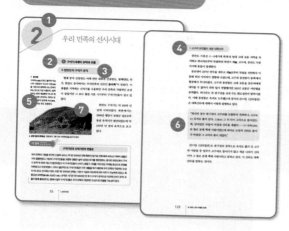

1. 단원 확인하기
2. 장 확인하기
3. 절 확인하기
4. 소제목 확인하기
5. 용어해설 본문을 이해하기 위한 용어 설명
6. 1차 인용 사료 역사적 사건과 관련된 사료
7. 시각 자료 사진, 지도, 표를 통해 학습 내용 이해하기

단원 코너

1. 1차 사료로 그 시대 보기
   당시 역사적 사건 기록을 알아보기
2. 알고 싶어요
   심화 학습
3. 더 깊게 생각하고 토론해봅시다
   다른 관점으로 생각해보기

단원 특집 · 대단원 마무리

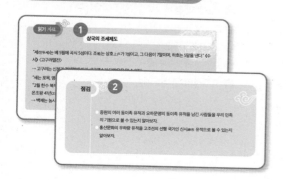

1. 읽기 자료 본문과 관련된 자료 읽기
2. 점검 대단원의 내용을 이해했는지 확인해보기

차례

III 여러 나라 시대의 전개

VI 두 나라 시대와 후기 세 나라 시기

VII 고려시대

I

선사시대

역사는 선사시대와 역사시대로 나뉜다. 선사시대는 문헌이 전하지 않는 시대로서 무덤, 집터, 도구, 화석 등의 고고학 유적, 유물을 가지고 그 의미를 해석하는 시대이고, 역사시대는 역사문헌이 사료로 전하는 시대이다. 선사시대는 돌을 깨뜨려 만든 뗀석기를 사용한 구석기시대와 돌을 갈아 만든 간석기를 사용한 신석기시대로 나뉜다. 현생 인류의 직접적 조상은 신석기인들이다. 우리 민족의 직접적 조상은 동이족이라고 불린 신석기인들인데, 우리 민족과 관련된 신석기 유적이 현재 중국 산동반도 및 만주와 한반도에 걸쳐서 널리 분포하고 있다. 이 단원은 우리 민족의 원 뿌리가 누구인가를 찾는 것이 가장 큰 목적이다.

● 선사시대 사람들이 도구를 발전시켜 문화를 만든 과정을 설명할 수 있다.
● 북경北京과 산동반도山東半島, 만주滿洲와 한반도에 모두 구석기시대 사람들이 산 이유를 설명할 수 있다.
● 우리 민족의 직접 조상인 동이족東夷族이 신석기시대에 형성되었음을 설명할 수 있다.
● 중국 하남성河南省, 산동성山東省, 하북성河北省, 요녕성遼寧省 등지에 살던 동이족과 현재 우리 민족과의 관계를 설명할 수 있다.
● 동이문명인 요하 문명과 그 중심인 홍산 문화가 어떻게 이동하였고 현재 우리 민족과 직접 관계가 있음을 이해할 수 있다.

황하동이문명권 지역의 문화 연대

연대	시대 구분	문화 이름
서기전 6500년~ 서기전 5500년		후리 문화
서기전 5500년~ 서기전 4300년	신석기시대	북신 문화
서기전 4300년~ 서기전 2600년		대문구 문화
서기전 2600년~ 서기전 2000년	신석기/동석병용시대	용산 문화
서기전 2000년~ 서기전 1500년	동석병용시대	악석 문화

요하동이문명권 지역의 문화 연대

연대	시대 구분	문화 이름
서기전 7000년~ 서기전 6500년		소하서 문화
서기전 6200년~ 서기전 5200년		흥륭와문화
서기전 5300년~ 서기전 4800년	신석기시대	신락 문화
서기전 5200년~ 서기전 5000년		부하 문화
서기전 5000년~ 서기전 4400년		조보구 문화
서기전 4500년~ 서기전 3000년	신석기/동석병용시대	홍산 문화
서기전 3000년~ 서기전 2000년	동석병용 시대	소하연 문화
서기전 2300년~ 서기전 1600년	초기 청동기 시대	하가점 하층문화
서기전 1000년~ 서기전 300년	청동기 시대	하가점 상층문화

● 각 문화의 연대는 한·중 간에 차이가 있음.

1 구석기시대와 신석기시대

1 구석기시대와 인류 진화

지구 상에 인류가 출현하다

● **원시인류의 진화**
오스트랄로피테쿠스(350만 년
~300만 년 전)→호모 하빌리스(150
만 년 전) → 호모 에렉투스(160만 년
~25만 년 전)→호모 사피엔스(20만
년 전) → 호모 사피엔스 사피엔스
(4만 년 전)

인류는 약 350만 년~300만 년 전에 지구상에 처음 출현했다. 최초의 인류는 아프리카에서 발견된 오스트랄로피테쿠스로 '남방 원숭이 사람'이라는 뜻이며, 원인, 인원, 원시인 등으로도 불린다.

이들의 두뇌 용량은 현생 인류의 3분의 1 정도였는데, 직립보행을 하면서 양손으로 간단한 도구를 만들어 사용했다. 인류는 불을 사용하면서 비로소 자연의 지배에서 벗어나 생활할 수 있게 되었다. 빙하기의 추위를 견딜 수 있게 되었고 열대 지역을 떠나서도 거주할 수 있게 되었다. 구석기시대에 이미 시신을 매장하는 풍습이 있었는데, 이는 육신은 죽어도 영혼은 죽지 않고 영생한다는 종교적 신앙을 갖고 있었음을 뜻한다.

4만 년 전 출현한 현생 인류

호모 사피엔스 사피엔스는 현생 인류의 조상으로 약 4만 년 전 후기 구석기시대부터 나타난 것으로 조사되었다. 인류학자들이 호모 사피엔스 사피엔스가 어디인지 알 수 없는 곳에서 슬며시 나타났다고 말할 정도로 그 출현 자체가 수수께끼이다.

유전학자들은 호모 사피엔스 사피엔스가 약 4만 년 전 유전자의 '거대한 비약'에 의해 탄생했으며 이 새로운 인류의 유전자가 서서히 전 세계에 퍼져나갔다고 분석하고 있다.

　이 종은 다른 종과는 달리 정교한 석기·골각기를 만들어 내고, 벽화 같은 예술작품도 제작하는 등 문화를 크게 발전시켰는데 이 것이 후기 구석기 문화이다. 유럽뿐만 아니라 동양에서도 5만 년 ~4만 년 전에 현생 인류가 나타났다고 추정하기도 한다.

　인류는 도구를 만들어 자연환경에 적응하는 한편, 두뇌로 생 각하는 능력을 향상시키며 문화를 창조해 나갔다.

🔵 빙하기와 간빙기

　빙하시대는 빙하기와 그보다는 덜 추운 간빙기로 나눈다. 인류 는 지난 78만 년 동안 적어도 여덟 차례의 긴 빙하기와 짧은 간빙 기들을 거쳐 왔다. 또한 지난 42만 년 동안 네 차례의 빙하기가

　　　　　　　　　　　　　　　　　2만 년 전의 육지
　　　　　　　　　　　　　　　　　현재의 육지

▲ **약 2만 년 전의 동아시아의 육지.** 빙하기에 빙하가 녹지 않아 해수면의 높이가 낮아지자 중국 대륙과 한반도, 일본열도가 육지로 연결되어 있었다.

있었고, 그 사이마다 약 10만 년의 간격을 두고 간빙기가 있었다. 빙하기에는 지구 북반부의 일부가 빙하로 덮여 있어서 지금보다 해수면의 높이가 훨씬 낮았다. 2만여 년 전에는 해수면이 지금보다 120~135m 정도 낮았기 때문에 중국대륙과 한반도, 일본열도가 육지로 연결되어 있었다.

마지막 빙하기 이래 1만 5000년 동안 건조기와 온난기가 들쭉날쭉 교대되는 격변이 있었다. 마지막 빙하기는 약 1만 년 전에 끝났고, 이 무렵부터 인류는 대이동을 시작했는데, 우리 민족의 선조들도 마찬가지였던 것으로 여겨진다.

❷ 신석기시대와 신석기혁명

대략 4만 년 전부터 1만 년 전까지 이어졌던 후기 구석기시대에 빙하기가 끝나면서 지구는 점차 따뜻한 기후로 바뀌었다. 빙하가 녹으면서 해수면이 높아져 내륙 깊숙이 바닷물이 들어왔고 곳곳에 강이 생겨났다. 마지막 빙하기가 끝난 1만 3000년~1만여 년 전 무렵에는 중국, 한국, 일본, 대만 등지의 자연환경이 지금과 비슷하게 되었다. 이 무렵 인류는 신석기 문화를 창조하게 되었다.

돌을 깨뜨려 만든 뗀석기를 사용하던 구석기 인류는 돌을 갈아서 만든 간석기를 사용하는 신석기 인류로 발전했다. 신석기시대 사람들은 토기를 만들어 사용했는데 서양에서는 서기전 8000년경, 동북아시아에서는 흑룡강 하류의 오시포프카 문화에서 서기전 1만 4000년경에 토기가 등장했다.

신석기시대 사람들은 바닷가나 강가에 살면서 식물 채집, 사냥, 고기잡이 등을 통해 식량을 구했다. 이들은 채집, 사냥, 고기잡이 등에서 점차 농경과 목축으로 식량을 생산하는 단계로 발전했는데, 이를

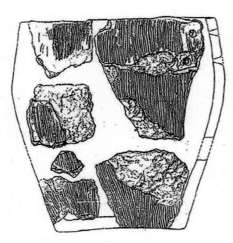

▲ 오시포프카 문화 고토기

신석기혁명*이라고 부른다.

● **신석기혁명**

구석기시대는 식량을 찾아 이동하는 채집경제였는데 신석기시대는 식량을 생산하게 되면서 짐승도 기르는 정착생활로 바뀌었다. 영국의 역사학자 고든 차일드 Gordon Childe는 구석기시대를 식량의 채집 경제단계, 신석기시대를 식량의 자급자족을 위한 생산 경제단계로 나누고 이를 산업혁명과 비교해 신석기혁명이라고 명명했다.

▲ 1만 4000년 전의 스페인 알타미라 동굴벽화

2 우리 민족의 선사시대

1 구석기시대의 유적과 유물

한반도의 구석기 유적

동이족

구이족九夷族으로도 불리며 주周나라 사람들이 수도인 낙양洛陽을 기준으로 동쪽에 사는 민족이라는 뜻으로 지은 이름이다. 동쪽이라는 방위 개념뿐만 아니라 해 뜨는 신성한 곳이라는 의미도 담고 있다. 중국 문헌에 숙신肅愼, 조이鳥夷라는 뜻도 포함된다.

현재 중국 산동반도 아래 연안 내륙과 산동반도, 발해연안, 만주, 한반도 등지에서는 우리 민족의 선조인 **동이족**이 살았다. 이 광활한 지역에는 신석기를 사용하던 우리 민족의 직접적인 조상이 살았지만 그 보다 훨씬 이른 시기부터 구석기인들이 살고 있었다.

한반도 구석기는 약 100만 년 전에 시작되었다. 북한에서는 1966년 평양시 상원군 검은모루동굴 유적지가 발견되었는데 약 100만 년 전의 유적으로 보고 있다.

▲ **상원 검은모루동굴.** 가운데 두 그루 나무 사이에 동굴 입구가 있다.

더 깊게 생각하고 토론해 봅시다

구석기인과 신석기인의 연결성

우리 민족의 기원을 연구한 신용하 교수는 약 1만 5000년 전에 혹한의 빙기로 인해 북위 40도선 이북의 생물은 거의 절멸하였고, 이남의 구석기인들을 포함한 생물은 살아 남았는데 이를 뒷받침하는 증거로 한반도에서 구석기 유적 약 50여 개소가 발견되었고 이 구석기인들이 신석기, 청동기 시대를 거쳐 한강 지역을 중심으로 문명을 이루었다고 주장하였다. 그러나 일반적으로 구석기인들은 이주 생활을 하기 때문에 우리 민족의 직접적인 조상이 아니라고 인식하고 있다. 또한 1만 2000년 전에는 기후가 지금과 비슷하게 되어 이주가 가능하게 되었고, 흑룡강성 요하현饒河縣 소남산小南山 유적은 서기전 1만 5000년 전 후기 구석기 유적으로 이곳에 신석기 유적, 유물이 함께 출토된다는 점에서 일부 구석기인들은 우리 민족의 직접적인 조상으로 연결될 가능성이 있다.

남한에서는 1980년 충주댐 건설로 인한 수몰 지역의 유적 지표 조사 중에 충북 단양에서 약 70만년 전의 유적인 금굴유적지가 발견되었다. 1978년 경기도 연천 전곡리에서 **아슐리안형 주먹도끼**^를 발견했다.

연천 전곡리 구석기의 연대에 대해서는 학자들에 따라서 50만 년 전부터 10만 년 전까지로 추정하는 여러 견해가 제시되어 있다.

남한 지역의 충남 공주 석장리, 충북 청원 만수리, 경기도 남양주 호평 등에도 구석기 유적이 있고, 북한 지역의 함북 웅기군 굴포리, 평남 덕천군 승리산 등에도 구석기 유적이 있다. 이들 유적에서는 각종 석기와 함께 사람과 동물의 뼈, 동물 뼈로 만든 여러 도구 등이 출토되어 구석기시대 사람들의 생활상을 추정할 수 있다.

● **아슐리안형 주먹도끼**
구석기시대의 주먹도끼는 유럽·아프리카 지역에서 주로 발견되는 아슐리안형 주먹도끼와 동아시아에서 주로 발견되는 자갈돌석기인 찍개로 분류했다. 미국의 모비우스H. Movious 교수가 아시아에서는 아슐리안형 주먹도끼보다 수준이 낮은 자갈돌석기인 찍개만 발견된다고 주장한 것이 정설로 받아들여져왔다. 그러나 주한 미군 그렉 보웬Greg Bowen이 전곡리에서 아슐리안형 주먹도끼를 발견함으로써 모비우스 교수의 이론은 무너졌다

▲ 충북 단양 금굴 유적지

▲ 연천 전곡리 주먹도끼. 호모 에렉투스가 사용하던 것으로 추정한다.

구석기인들의 생활

충북 단양 수양개 유적에서는 약 3만 5000년 전의 눈금돌이 발굴되었다. 이는 구석기시대가 단순한 원시시대가 아님을 보여주는 사례이다. 또한 강원도 정선 매둔동굴에서는 약 2만 9000년 전의 그물추가 발굴되었는데 이는 구석기시대에도 물고기를 잡는 어로漁撈 생활이 이루어졌음을 말해주는 것이다. 이로써 인류의 물고기잡이 역사가 아주 오래 되었음을 알 수 있다.

▲ **단양 수양개 유적의 눈금돌.** 국립청주박물관.

대륙 구석기와 같은 형태의 한반도 구석기

● 만주

만주는 현재 중국의 길림성吉林
省·흑룡강성黑龍江省·요녕성遼寧
省 등 동북 3성과 내몽골 자치주
등을 포괄하는 영역으로 우리 역
사의 고조선·부여·고구려·발해의
무대였다.

한반도뿐만 아니라 동이족이 살던 중원과 **만주**滿州˚ 일대에서
도 구석기 유적들이 발견되었다. 만주 지역에서는 1963년 길림성
연변조선족자치주의 안도현 석문산 동굴유적을 비롯해 20여 곳
에서 구석기 유적이 발견되었다. 1981년에는 고대 동이족의 활동
무대였던 산동성 기원현沂源縣 토문진土門鎭 유적에서 원인猿人
의 두개골 화석化石이 발견되었는데 약 40만~50만 년 전의 것으
로 추정된다. 이 유적에서는 사슴, 멧돼지, 범 등 10여 종의 포유
동물 화석도 발견되었다. 산동성 북부의 발해에서 중부 태산泰山
사이를 뜻하는 해대海岱지구에서도 약 30여 곳의 구석기 유적이
발견되었다. 대릉하大陵河 서쪽 강안의 요녕성 조양시朝陽市 객좌
현喀左縣 합자동鴿子洞 유적에서는 15만 년 전 원인猿人들이 불을
사용한 흔적과 함께 300여 점의 석기류와 범·야생말·산양 등 30
여 가지가 넘는 포유동물의 화석이 발견되었다. 또한 요녕성 건평
현建平縣에서 후기 구석기시대에 속하는 5만 년 전의 유골과 화석
이 발견되었다. 이는 '건평인建平人'으로 현생 인류와 비슷하여 '신
인新人'이라고 부른다.

대륙의 구석기 유적들과 한반도 구석기 유적들의 연관성이 주
목된다. 연천 전곡리 유적의 출토 석기들은 요녕성 본계시 묘후

▲ 1981년 산동성 토문진 유적의 원인 발굴 장면

▲ 요녕성 조양시 객좌현 합자동유적

산 유적의 석기들과 제작 방법이 비슷하다. 또한 평양 상원의 검은모루동굴에서 발견되는 동물상 중에는 **북경 주구점***의 화석 동물상과 비슷한 것들이 있다.

이는 만주와 발해 연안은 물론 북경 지역과 한반도가 구석기시대부터 같은 문화권이었음을 시사한다. 아득히 먼 옛날 이 광활한 지역에 살던 구석기인들이 같은 성격의 인류였음을 말해주는 것이다.

이를 '북경원인'이라고 명명되

▲ 구석기 유적 분포도

었는데 회층灰層(재)도 발견되었다. 이는 불을 사용한 흔적이어서 인류 문화의 발전단계를 이해하는데 중요한 단서가 된다.

2 우리 민족의 직접적 조상들은 신석기인들

신석기인들의 생활과 신앙

신석기시대 사람들은 간석기를 사용하고 농경과 목축을 하면서 정착생활을 시작할 수 있었다. 이들은 토기를 만들어 음식물을 조리하거나 저장했는데, 빗살무늬토기는 밑이 뾰족해서 강가의 모래나 흙에 고정시켜 사용할 수 있었다.

이보다 앞서는 민무늬토기, 덧무늬토기 등도 있었다. 최초의 토기는 아무르강(흑룡강) 하류 오시포프카 문화의 토기로서 서기전 1만 4000년경의 것이다.

● **북경 주구점**
1920년대 스웨덴의 지질학자 안데르손Andersson과 중국의 고인류학자 배문중裵文中 등은 북경 방산구房山區 주구점周口店에서 원인猿人의 머리뼈와 이빨 등을 발견했고, 그 외에 긁개, 찍개, 찌르개 등의 뗀석기와 골각기, 동물의 화석 등을 발견했다.

▲ 북경 주구점 원인 불사용 모형

▲ 빗살무늬토기. 국립중앙박물관.

▲ 제주 고산리 토기. 국립제주박
물관.

제주 고산리 유적을 비롯한 신석기 유적에서는 서기전 1만년 경 토기가 발굴되었다. 돌로 만든 농기구나 토기 외에 가락바퀴나 뼈바늘이 출토되는 것은 신석기인들이 옷이나 그물 등을 만드는 수공업도 했음을 말해준다.

신석기인들은 자연동굴이나 인공동굴에서도 살았지만 대부분은 움집에서 살았다. 움집은 땅을 판 넓은 구덩이에 진흙을 깔고 다진 뒤 기둥을 세우고 짚이나 갈대, 풀 등으로 지붕을 만든 반지하 가옥인데, 시간이 지나면서 구덩이가 얕아져 지상가옥에 가까워졌다. 움집의 가운데에는 취사나 난방을 위해 화덕을 설치했는데, 화덕 옆에 저장구덩이를 만들어 취사에 필요한 도구들을 보관했다.

신석기시대는 가족공동체 생활이었으므로 혈연 중심의 씨족사회가 형성되었다. 서로 다른 씨족 간에 혼인하는 족외혼이 이루어지면서 씨족들이 결합해서 부족사회로 발전했다. 부족사회는 아직 지배와 피지배관계가 형성되지 않은 평등사회였다.

농경과 목축 등의 정착생활을 하면서 농사에 영향을 주는 자연현상에 대한 관심이 크게 늘어났다. 그래서 자연물에도 혼령이 있다고 생각하는 정령精靈신앙이 생겨났는데, 이를 애니미즘 *Animism* 이라고도 한다. 특히 우리 민족의 선조들인 동이족은 하

세계 최초의 청원 소로리 볍씨

2001년 세계 고고학계가 놀라는 사건이 발생했다. 충북 청원군 옥산면 소로리 일대에서 세계 최고의 볍씨가 발견된 것이다. 그전까지는 중국 호남성湖南省에서 발견된 1만 1000년 전의 볍씨가 최초였다. 청원 소로리 볍씨를 미국과 국내의 4개 연구기관에서 교차 검증한 결과 볍씨가 가장 많이 나온 2토탄층의 연대는 1만 2500년~1만 4800년 전으로 측정되었고, 가장 오래된 시기인 밑부분 토탄층의 연대는 1만 6980년 전으로 측정되었다.

▲ 1991년 발견된 충북 청원 소로리 볍씨

늘과 태양을 숭배하는 신앙과 사상체계를 가지고 있었다. 하늘, 즉 신과 인간을 연결해주면서 병을 치유하고 점을 치고 제의祭儀(제사의례) 등을 행하는 제사장이 나타나 이를 높이는 신앙이 생겨났는데, 이를 **샤머니즘** *Shamanism*●라고 한다. 어떤 부족들은 자기 부족의 기원을 특정 동식물에서 나왔다고 여겨 신성시했는데, 이를 **토테미즘** *Totemism* ●이라고 한다.

신석기인들은 다양한 종교사상을 여러 예술품으로 형상화했다. 조개나 흙으로 얼굴 모습을 만들기도 하고 흙으로 여인상을 빚었다. 여인상은 다산多産을 기원하는 것이었다. 또한 이들은 옥으로 장신구를 만들었는데 귀에 차는 장신구인 옥결玉玦 등이 여러 유적지에서 출토되었다.

● **샤머니즘**
샤먼Shaman은 퉁구스족의 언어로서 '아는 자'란 뜻인데 곧 예언자, 제사장, 의사 무꾜 등을 가리키는 말로 무격巫覡(무당과 박수)신앙을 의미한다.

● **토테미즘**
특정 부족이 신성시하는 특정 동식물이 토템Totem이다. 북아메리카 인디언 오지브와족의 언어에서 유래했다. 자기 부족과 특정 동식물(독수리·곰·수달·떡갈나무)이 특수한 관계가 있다고 믿는 신앙이다.

신석기인들의 이동설과 자생설

만주와 한반도 일대에 거주했던 신석기인들은 우리 민족의 직접 조상이기 때문에 정확한 실체 파악이 대단히 중요하다. 우리 민족의 형성에 대해서는 이동설移動說과 자생설自生說이 있다.

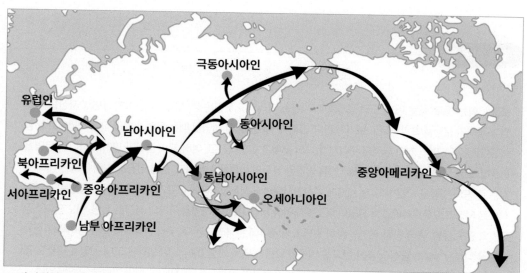

▲ 5만 년 전 현생 인류의 이동

이동설은 우리 민족의 선조들이 다른 지역에서 이주해 왔다는 것으로 시베리아 기원설이 대표적이다. 1930년대 일본의 요코야마 쇼지부橫山將三郞가 신석기시대 빗살무늬토기가 시베리아 연해주→한반도 동북→남해안→서해안 지역의 순으로 전파되었다고 본데서 비롯된 것이다. 그러나 근래 발해 연안과 한반도에서 출토된 빗살무늬토기의 연대가 시베리아에서 출토된 빗살무늬토기의 연대보다 이른 시기로 밝혀지면서 시베리아 기원설은 힘을 잃게 되었다.

자생설은 신석기인들이 다른 지역에서 이동한 것이 아니라 유적이 있는 여러 지역에서 스스로 문화를 만들면서 형성되었다는 이론이다. 자생설은 크게 두 흐름이 있다. 하나는 산동성·하남성河南省·강소성江蘇省 등 중원에 널리 퍼져있는 신석기 유적을 남긴 동이족들이 우리 민족의 뿌리라는 것이다. 다른 하나는 발해 연안을 비롯해서 만주 지역 및 한반도를 포괄하는 요하 문명을 만든 신석기인들이 우리 민족의 뿌리라는 것이다. 중원의 신석기 유적과 요하 문명이 모두 동이족 유적이라는 점에서 두 유적 사이의 상관관계를 밝히는 것이 우리 민족의 형성을 밝히는 중요한 단서가 될 것이다. 우리나라에서는 동이족에 대한 연구가 크게 미진한 반면 중국에서는 동이족 문화에 대한 연구가 활발하다. 중국

문화와 문명

보통 문화는 종교, 학문, 예술, 도덕 등 정신적 자산을 가리키고 문명은 생산기술 등 물질적 방면의 자산을 가리킨다. 문화가 문명을 포함한다고 보기도 한다. 그러나 역사유적을 설명할 때는 문화가 보다 작은 개념이고 문명이 큰 개념이다. 여러 개의 유적이 모여서 하나의 문화가 이루어지고, 여러 개의 문화가 모여서 하나의 문명을 이룬다. 보통 문화 이름은 문화권 내에 처음 발견된 유적의 이름을 사용하고, 문명 이름은 여러 문화권 내에 흐르는 큰 강의 이름을 사용한다. 전 세계에 신석기시대부터 청동기시대에 이르기까지 문명이 발생했는데, 대표적으로 티그리스·유프라테스강 유역의 메소포타미아 문명, 이집트 나일강 유역의 이집트 문명, 인도 인더스강 유역의 인도 문명, 중국 황하 유역의 황하 문명을 세계 4대 문명이라고 한다. 우리 민족의 선조인 동이족은 현재 내몽골 적봉시赤峯市 중심의 홍산 문화를 비롯한 요하 문명을 만들었는데, 이 문명은 고대 문명을 이루는 조건을 대부분 충족하고 있다. 그래서 이 요하 문명을 포함하여 세계 5대 문명이라고 해야 한다는 주장도 있다.

은 동이족 문화도 자신들의 문화라고 주장하고 있다.

🌀 동이족과 황하 문명

중국학계에서는 산동성에서 기하沂河와 술하述河가 흐르는 기술하沂述河 유역에서 약 1만 년 전부터 신석기 문화가 시작되었다고 보고 있다. 이 지역에 집단적으로 거주했던 신석기인들이 동이족의 선조라는 것이다. 이들이 농경생활과 가축을 기르는 원시농업활동을 했는데 이것을 제1차 녹색혁명이라고 높이고 있다. 중국에서는 이 문화를 중국 문화라고 주장하는데 이 문화에 대해 중국 원시농업의 발원지 중 하나이자 인류 역사상 최초의 녹색혁명의 요람이라고 높게 평가하고 있다.

중국에서는 서기전 6500년경에 형성된 산동성 임기시臨沂市의 후리后李 문화를 최초의 동이족 문화로 보고 있다. 후리 문화는 서기전 5500년~서기전 4300년경의 북신北辛 문화로 이어졌다가 서기전 4300년~서기전 2600년경의 대문구大汶口 문화로 이어지는 문화다. 대문구 문화는 서기전 2600년~서

▲ 용산 문화 흑도

▲ 황하동이문명권 지역

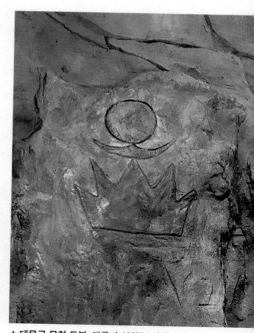

▲ **대문구 문화 도부**. 해를 숭상하는 신석기인들이 만든 문양이다.

▲ 대문구 문화 짐승모양 붉은 도기

기전 2000년경의 용산龍山 문화로 이어졌다가 서기전 2000년~서기전 1500년경의 악석岳石 문화로 이어진다. 이중 용산 문화는 세계 4대 문명이라는 황하 문명의 중요 문화이다. 용산 문화가 동이 문화이기 때문에 황하 문명의 민족 귀속성 문제가 제기된다. 현재 화하족華夏族의 후예인 중국 한족漢族과 동이족의 후예인 한족韓族 중 누가 황하 문명의 후예민족인가 하는 문제가 제기되는 것이다.

더 깊게 생각하고 토론해 봅시다

중국 고고학의 아버지 양사영과 삼첩층 문화

중국 전야田野(들판) 고고학의 아버지 양사영은 미국 하버드에서 고고학과 인류학을 전공하고 1930년 귀국 후 중앙연구원 역사어언연구소歷史語言研究所에서 각종 유적을 발굴했다. 그는 1934년 앙소仰韶 문화→용산龍山 문화→상商(은) 문화가 서로 계승관계에 있는 '삼첩층三疊層 문화'라고 명명했다. 하남성 삼문협시三門峽市 민지현澠池縣 앙소촌의 앙소 문화는 황하 중류의 신석기 문화로서 대략 서기전 5000~서기전 3000년 전의 문화이다. 중국은 앙소 문화를 화하족華夏族의 유적이자 염제炎帝 및 황제黃帝의 유적이라고 주장하고 있다. 그러나 앙소 문화→용산 문화→상(은) 문화는 모두 동이족 문화이다. 동이족인 상(은)나라의 뿌리가 용산 문화와 앙소 문화라는 것으로 고대 중국의 주류문화는 모두 동이족 문화라는 것이다. 이와는 별도로 적봉 지역에서도 홍산 문화를 조사한 바 있다.

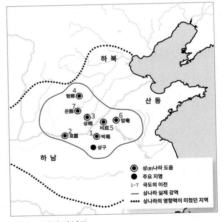

▲ 상(은)나라 강역도

▲ 양사영梁思永

▲ 은허 발굴장면. 하남성 안양시

중원의 동이족 국가들

중국은 국가의 기원을 하夏·상商·주周의 삼대三代로 삼는다. 이중 하夏나라는 아직 실제 있었다는 증거를 제시하지 못하고 있다. 상나라는 은殷이라고도 하는데 동이족 국가이다. 그래서 중국은 동북공정 등의 각종 국가공정 등을 수행하면서 하나라를 서기전 2070년부터 서기전 1600년 까지 존속했다고 주장하면서 역사교과서에 수록해 가르치고 있다. 동이족 국가 상(은)나라를 중국사의 시조 국가로 설정하지 않으려는 의도이다. 그러나 중원에는 동이족 국가들이 많이 존재하고 있었다. 중국 측 문헌에는 서주西周시대(서기전 1046 ~ 서기전 771) 초기 대국이었던 엄국奄國을 비롯해서 박고국薄姑國, 내국萊國, 기국己國, 서국徐國, 전유국顓臾國, 담국郯國, 거국莒國, 비국費國, 우국鄅國 등은 모두 동이족 국가들이고 그 유적들이 남아 있다. 이중 상나라는 한자를 사용했고 기국은 동이문자를 사용했다. 춘추·전국 시대(서기전 770 ~ 서기전 221) 시대 하북성 일대를 장악했던 중산국中山國도 동이족 국가이다. 이들 국가들은 훗날의 동이족 국가들인 부여·고구려·예 등과 어떤 관계가 있을까?

동이족과 화하족

중국 한족漢族의 전신은 화하족華夏族이다. 그러나 중국 어느 학자도 화하족이 언제 어떻게 형성되었는지 정확하게 설명하지 못하고 있다. 주周나라 사람들은 수도인 낙양洛陽을 중심으로 사방의 민족을 동이東夷, 서융西戎, 남만南蠻, 북적北狄의 사이四夷로 분류했다. 사이四夷는 모두 같은 이夷를 달리 부르는 것에 불과하다. 현재 중국 학계는 주나라 때 동이족이 화하족으로 통합되었다고 주장하지만 춘추·전국 시대 하북성에 존재했던 동이족 국가인 중산국을 해명하지 못하고 있다. 또한 주나라도 서이西夷로 불린 것처럼 화하족 역시 이夷의 한 종류에 불과하다. 지금껏 어느 중국학자도 하화족의 형성을 학문적으로 설명하지 못하고 있다.

중국이 세운 동이족 박물관과 치우

중국은 2014년에 산동성 남부의 동이족 활동중심지였던 임기시臨沂市에 동이문화박물관東夷文化博物館을 세웠다. 이 박물관에서는 태호太昊, 소호少昊, 치우蚩尤, 순舜임금을 동이족으로 전시하고 있다. 태호는 첫 번째 삼황三皇이고, 소호는 황제黃帝의 첫째 아들이고, 치우는 전쟁의 신으로 황제에 맞서 싸웠고, 순임금은 다섯 번째 오제五帝이다. 이로써 중국은 고대 중국사에 등장하는 인물들이 모두 동이족이라고 스스로 말하는 것이다. 이 동이족과 현재 우리 민족의 관계에 대한 연구가 필요하다.

▲ **중화삼조당**. 하북성 탁록현에 중국인들의 조상들을 모신 사당이다. 왼쪽부터 치우, 황제, 염제로 모두 동이족이다.

▲ **치우총**. 산동성 제녕시 문상현 남왕진.

❸ 동이족 요하 문명과 홍산 문화

◀ 요하 문명의 계통

▲ 홍산문화 통형기(채도)

▲ 하가점하층문화 도편 문자. 2005년에 내몽골문물고고연구소가 내몽골 적봉시 삼좌점석성에서 출토된 도편에 새겨진 문자이다. 하가점하층문화는 고조선과 깊은 관련이 있다.

요하 문명은 내몽골, 하북성 동부 및 요녕성 일대와 한반도에 널리 분포하는 신석기 문화로서 동이족 문명이다. 그러므로 중원 지역의 동이족 신석기 문화와 요하 문명의 관계를 밝히는 것이 우리 민족의 형성을 이해하는 중요한 과제로 대두되고 있다. 요하 문명의 중심은 홍산紅山 문화로서 내몽골 적봉시赤峰市와 요녕성 조양시朝陽市 일대가 중심이다. 그 경계는 북쪽으로 내몽골 시라무렌강, 동쪽으로 요하 서쪽, 남쪽으로는 발해 연안, 서쪽으로는 하북성 위장현圍場縣에 접해 있는데 15만Km^2에 달한다. 홍산 문화의 유적은 거의 1천여 곳에 달하는데 서기전 4500년~서기전 3000년경의 문화로 보고 있다. 홍산 문화는 그 앞의 여러 문화를 계승한 것인데 가장 이른 것이 서기전 7000년~서기전 6500년경의 소하서小河西 문화로서 내몽골 적봉 부근을 중심으로 형성된 문화이다. 그 다음이 홍륭와興隆洼 문화로서 중국에서 '중화 제1촌'이라고 명명한 집단 취락이 발견되었다. 홍륭와 문화는 신락新樂 문화로 이어졌다가 서기전 5000년~서기전 4400년경의 조보구趙寶溝 문화를 거쳐 홍산 문화로 이어진다. 홍산 문화는 다시 서기전 3000년경의 소하연小河沿 문화로 이어지는데 내몽골의 동이족 문화 중심지의 하나인 내몽골 오한기敖漢旗 소하연향小河沿鄕을 중심으로 형성된 문화이다. 소하연 문화는 서기전 2300년~서기전 1600년경 하가점 하층문화夏家店下層文化로 이어진다. 이 문화는 내몽골 적봉시赤峰市 하가점夏家店을 중심으로 형성된 초기 청동기 문화이며, 초기 고조선과 깊은 관련이 있다. 하가점 하층문화는 서기전

▲ 조보구문화 봉형도배

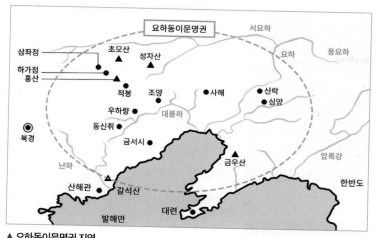

▲ 요하동이문명권 지역

▲ 홍산문화의 옥기를 대표하는
C자형 옥저룡

1000년~서기전 300년 경의 하가점 상층문화夏家店上層文化로 이
어지는데 이 문화는 곧 고조선 후기에 해당하는 역사유적이다.
신석기에서 청동기 초기에 이르는 요하 일대의 문화들은 모두 화
하족이 아니라 동이족의 유적이다.

홍산 문화와 동이족

홍산 문화는 1906년 일본의 고고학자 도리이 류조鳥居龍藏(조거용
장)가 내몽골 적봉시 일대에서 돌로 쌓은 **돌무지무덤**, 빗살무늬토
기 등의 신석기 문화를 발견한 것이 계기가 되었다. 돌무지무덤
은 동이족 지역에서만 발견되는 무덤 형태이다.

일본은 20세기 초부터 '만주학滿洲學'이란 명목으로 만주와 몽
골을 중국 내륙에서 분리시켜 자신들이 차지하려 했다. 이런 계
획에 따라 일본의 고고학자 하마다 고사쿠濱田耕作가 대규모 발
굴단을 이끌고 발굴을 진행했다. 이들은 1935년 내몽골 적봉시
교외의 홍산후紅山後 유적을 발굴한 것을 비롯해서 많은 유적,
유물을 발굴했고, 《적봉·홍산후赤峰紅山後》라는 보고서를 발표
했다. 북한의 리지린은 이 문화를 농업을 발전시킨 맥족의 문화

● 돌무지무덤

돌무지무덤은 적석총積石塚이라
고도 하는데 제단, 여신묘와 함께
홍산 문화의 상징이다. 동이족은
주로 돌을 사용해서 묘를 조성하
는 반면 화하족은 시신을 땅에 묻
는 토광묘土壙墓이다. 홍산 문화
의 우하량 유적에는 다양한 적석
총이 있는데, 중심부 지하에 직사
각형의 석관을 배치하고 피장자
를 곧게 펴서 안치했다. 새나 곰
등 다양한 옥 제품이 부장되어 있
다. 이런 적석총은 이후 고조선 묘
제와 연결되며 나아가 신라, 고구
려, 백제의 적석총과도 연결된다.

▲ 춘천 중도 고조선 유적

▲ 흥륭와 문화 취락지

로 추정했다. 일제 패전 후인 1955년 중국 고고학자 윤달尹達이 만리장성 이북의 신석기시대를 '홍산 문화'라고 명명하면서 대표적인 이름이 되었다.

홍산 문화의 유적은 현재 1천여 개나 발굴되었는데, 그 분포는 서쪽으로는 하북성 동부지구, 북쪽으로는 내몽골 중남부지구, 남쪽으로는 하북성 북부지구, 동쪽으로는 요녕성 서부의 요하 지류인 시라무렌 강과 노합하老哈河와 대릉하大凌河 상류까지 달한다.

홍산 문화는 신석기시대 문화가 가장 많지만 석기와 청동기를 함께 사용하는 동석銅石병용시대를 아우르고 있다. 홍산 문화는 모계사회로서 여성의 혈연으로 결속된 부족집단이었다가 후기에는 점차 부계사회로 이행하였다. 모계사회는 동이족의 특징 중 하나이다.

내몽골 오한기敖漢旗의 흥륭와興隆窪 문화에서는 가장 오래된 마을이라는 취락聚落이 발견되었다. 이 마을은 175채의 가옥이 10채 단위로 계획도시처럼 줄지어 배치되어 있고, 주위에는 해자垓字 같은 도랑이 에워싸고 있는데, 빗살무늬토기와 옥기도 발견되었다. 이 취락은 동이족 유적으로 중국 화하족 유적과는 다르다. 집 자리 크기는 약 60m^2(약 18평) 정도인데 한복판의 가장 큰 두 집은 140m^2이다. 이 두 집은 종교의식의 장소나 제사장이 살았던 집으로 추정된다.

이보다는 후대의 유적이지만 최근 춘천의 중도 유적에서 1,266기의 주거지가 발견되었는데 주거지역과 행정구역, 수공업지역으

▲ 홍산 문화 흥륭구 유적 소조상

로 나뉘어 계획도시처럼 배치되어
있는데 그 상호 관련성을 찾아볼 수
있을 것이다.

홍릉와 유적이나 사해 유적에서
출토된 옥기중 옥결(옥 귀걸이)은 강원
도 고성군 문암리에서 출토된 옥결

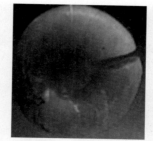
▲ 홍릉와 유적의 옥결

▲ 사해 유적의 옥결

과 비슷한데 문암리 유적의 연대는
7000～6000년 전이다. 그 후에 전남 여수 안도 패총에서 비슷한
옥결이 출토되었다.

우하량 유적과 유물

홍산 문화 중에서 요녕성 건평현建平縣과 능원시凌源市가 교차
하는 구릉과 산지에 위치한 우하량牛河梁 유적이 중요하다. 서기
전 3500년～서기전 3000년경에 조성된 신석기시대 후기의 유적
인데 모두 27곳에서 홍산 문화의 유적이 발견되었다. 보호구역의
넓이는 58.95Km^2에 달한다. 우하량 유적에서 여신묘女神廟는 중국
에서 발견된 가장 이른 신전神殿이다. 우하량에서는 3단으로 된
제단과 신전과 무덤을 뜻하는 단壇·
묘廟·총塚이 함께 조성되어 있는데
이는 하늘에 제사 지내온 동이족
의 천제 문화와 영성靈性 문화를 대
표하는 것으로 해석된다. 제1지점
부터 제16지점까지 번호를 매겼는
데 그중 여신묘, 제단, 적석총(돌무
지무덤), **금자탑**金字塔(피라미드)이 모
여 있는 8Km^2 넓이의 유적이 중요하
다. 제1지점은 여신묘가 있는 지역

▲ 돔으로 보존되고 있는 우하량 2지점 원형제단

▲ 우하량 박물관 내부 무덤

▲ 우하량 제2지점 중심대묘

● 금자탑

중국은 고대의 큰 건축물이나 황제 등의 능묘를 금자탑이라고 부르는데 홍산 문화의 요녕성 능원시의 제13지점에 금자탑이라고 부르는 구조물이 있다. 중앙에 둥근 토단을 쌓고 그 둘레를 돌로 둘러쌌는데 여신묘와 관련이 있는 유적으로 보고 있다. 고대 황제의 무덤에 건물을 뜻하는 '대台' 자를 쓰기도 하는데 고대 백과사전인《산해경山海經》에는 '공공共工의 대台', '헌원軒轅의 대', '제요대帝堯台', '제곡대帝嚳台', '제단주대帝丹朱台', '제순대帝舜台' 등에 관한 기록이 있다. 홍산 문화의 적석총은 이런 대들보다 이른 시기에 조성된 무덤이고 이집트 피라미드보다도 빠르다.

이고, 제2지점은 제단과 적석총이 있는 지역이다. 금자탑은 제13지점에 위치하고 있다.

홍산 문화인 우하량 유적에는 '금자탑'이라고도 불리는 대형 적석총 무덤 위에 제단을 설치한 것에서 단순히 무덤이 아니라 제사를 지내는 기능도 갖고 있음을 알 수 있다.

비교적 큰 적석총의 면적은 $300 \sim 400m^2$인데 가장 큰 적석총은 $1,000m^2$에 달한다. 적석총 안에는 크기가 다른 석관石棺을 설치해서 시신을 묻었는데, 부장품으로는 다양한 옥기가 많다. 그래서 옥으로만 장례를 치렀다는 의미의 '유옥위장唯玉爲葬'이라고도 한다. 우하량에서는 여신상女神像뿐만 아니라 부엉이 옥기도 출토되었다.

중국학자 이민李民은 새 종류의 옥기가 많은 것을 보고 홍산문화는 조이족鳥夷族의 문화라고 말했다. 중국의 저명한 학자 고힐

▲ 서안 금자탑

▲ 우하량 13지점의 금자탑

강顧頡剛은 조이족을 '큰 종족'이라고 불렀는데 동이족의 또 다른 이름이다. 우하량 유적은 고조선 이전의 동이족 문화로서 환웅족이 만든 신시神市로 보는 시각도 있다.

무덤에서 나온 수많은 옥기 중 가장 눈길을 끄는 것은 옥저룡玉猪龍으로 돼지 머리에 용의 몸을 하고 있다. 이 옥저룡은 가장 이른 용의 형태로서 동이족의 문화유산이다. 이처럼 홍산 문화에는 토템이 성행했는데, 그 중에는 한 종족이 두 가지 토템을 섬기는 경우도 있었고, 서로 다른 종족 간에 토템이 결합하여 공존하는 경우도 있었다. 동이족은 태양 토템과 새 토템을 동시에 섬겼다.

▲ 하가점 하층문화 채회도력

▲ 홍산 문화 옥조玉鳥

▲ 홍산 문화 조신鳥神

▲ 홍산 문화 저룡猪龍

더 깊게 생각하고 토론해 봅시다

우하량 유적에서 출토된 여신상

▲ 홍산 문화 여신상

우하량 유적에서는 여신상이 발굴되었는데, 이는 동이족 모계사회의 전통을 말해주는 것이다. 여신묘 제단터에서는 희생으로 사용된 곰의 아래 턱 뼈가 발견되었고, 여신상 옆에서는 흙으로 만든 곰상이 발견되었다. 옥으로 곰의 형상을 만든 옥웅룡玉熊龍도 다수 발견되었다. 홍산 문화의 곰토템은 단군사화의 웅녀와 연결될 가능성이 높다.

▲ 홍산 문화 여신상 발굴장면

◀ 하가점 하층문화와 고조선

▲ 하가점 하층문화 마을 유적

내몽골 적봉시 송산구松山區 왕가점향王家店鄕 하가점夏家店에서 발견된 문화를 하가점문화라고 하는데, 하가점 하층문화와 하가점 상층문화로 분류한다. 중국학계는 하가점 하층문화를 서기전 2300년~서기전 1600년경의 초기 청동기 문화로 보고 있다. 이 문화는 발해 연안에서 가장 이른 청동기 문화로서 돌로 만든 삽, 칼과 괭이 등이 출토되었으며 소, 말, 돼지, 개 등의 가축을 사육했음을 알 수 있다. 대부분의 가옥은 하천의 양쪽 높은 지대에 위치해 있는데, 돌이나 다진 흙으로 벽을 만들고 해자垓字를 둘렀다. 반지하식 움집이지만 돌로 쌓은 지상 주택도 있다. 마을 근처에 묘지들이 있는데 각 무덤의 크기와 부장품의 종류와 수량이 달라서 신분과 빈부의 차이가 존재했음을 알 수 있다.

하가점 하층문화에서는 수많은 청동기와 도자기, 석기, 골각기, 금 귀걸이 등이 출토되었다. 하가점에서는 복골도 출토되었는데 주민들 사이에 점복占卜 습관이 널리 퍼져 있음을 알 수 있다.

알고 싶어요

하가점 하층문화 석성石城과 방국方國

하가점 하층문화에서는 현재까지 약 64좌座의 석성이 발견되었다. 중국 홍산 문화의 연구자 소병기蘇秉琦는 고대국가 발달 과정을 고국古國→방국方國→제국帝國 순서로 분류했다. 그는 홍산 문화 시기에 '고국' 단계가 시작되었고, 하가점 하층문화 시기에 '방국'으로 발전했다고 보았는데 석성의 등장을 방국으로 발전한 증거라고 보았다. 이 석성들은 성벽, 참호, 주거지, 재구덩이灰坑(회갱), 무덤, 배수시설 등을 갖추고 있다. 이중 밖으로 돌출된 '치

▲ 하가점 하층문화 석성 유적. 적봉시 송산구 삼좌점

雉'가 있는 석성도 있는데 중국에서는 말머리가 앞으로 나온 형태라는 뜻에서 마면馬面이라고 한다. 치가 있는 석성은 내몽골에 산재한 고조선 석성으로 계승되었다가 고구려를 비롯해 삼국과 고려, 조선까지 이어지는 우리 민족 축성 방법의 중요한 형태가 된다.

이런 종류의 문화는 내몽골 적봉뿐만 아니라 하북성과 요녕성 등지에서도 발견되고 있다. 하가점 하층문화는 내몽골 동남부와 요녕성 서부의 서요하 유역에서 많이 발견된다. 강으로 나누면 서요하 유역과 대릉하 유역, 난하灤河 유역, 발해 북부 유역 등이 포함된다.

▲ **하가점 하층문화 마을**. 적봉시 이도정자 하가점.

지형으로 나누면 현재의 요서 구릉 지역과 열하熱河 산지, 패상壩上 고원, 태항산 북부 지역과 경진京津 평원 일부분이 포함되는데 고조선의 초기 강역과 상당 부분 일치하고 있다. 하가점 하층문화 뿐만 아니라 요녕성 조양시朝陽市 육가자향六家自鄉에 있는 위영자魏營子 문화를 고조선 문화로 보는 시각도 있다.

중국 학계는 하가점 상층문화를 서기전 1000년~서기전 300년경의 후기 청동기 문화로 보고 있다. 이 문화에서는 고조선의 비파형 동검과 똑같은 형태의 비파형 동검이 출토되어 고조선 강역이었음을 말해주고 있다. 홍산 문화는 우리 민족의 선주민인 동이족(조이족)이 만든 우리 민족의 시원문화임을 알 수 있다.

▲ **하가점 하층문화 도기 문자**. 적봉시 원보산구 고가대자 무덤 출토.

▲ **하가점 하층문화 도기**

▲ **하가점 상층문화 비파형 동검**

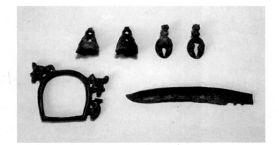

▲ **하가점 상층문화 청동검과 청동 패식**

④ 청동기시대와 철기시대

청동기시대 계급이 발생하다

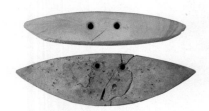

▲ 반달돌칼. 고양 도내동 출토.

▲ 청동기시대 사람들의 곡식수확

청동기시대에는 농경이 경제생활의 중심이 되고, 수렵과 어로, 채집이 병행되었다. 청동기시대 사람들은 쟁기의 전신인 따비와 괭이로 땅을 갈고 반달돌칼로 곡식을 수확했다. 강 가까운 곳에 살면서 근처 평탄한 곳이나 구릉에 밭을 일구어 조, 수수, 보리, 콩 같은 곡식들을 경작했고 저지대의 습지에서는 벼농사도 지었다.

청동기시대에도 농기구는 여전히 간석기를 사용했는데, 용도에 맞게 여러 형태로 발전하였다. 토기로는 양쪽 옆에 손잡이가 달린 미송리식 토기와 민무늬 토기, 붉은 간토기 등을 사용했는데 만주 지역에서는 채색토기도 많이 사용했다.

농경의 발달로 발생한 잉여생산물을 차지한 사람들이 지배계급이 되고, 그렇지 못한 사람들이 피지배계급이 되는 계급사회가 형성되었다. 계급사회가 형성되면서 계급갈등을 비롯해서 사회구성원들 사이에 갈등이 발생하고 이에 따라 사회에 많은 변화가 생겨났다.

동이족들은 주로 돌을 사용해서 시신을 매장했는데 청동기시대 무덤인 고인돌도 그중 하나이다. 고인돌은 곧 고조선 사회 지배층의 무덤이다. 고인돌은 현재 중국의 산동반도와 요녕성, 길림성, 절강성 등지 및 한반도 전 지역에 널리 분포되어 있다. 고인돌은 수많은 노동력이 동원되어야 만들 수 있으므로 지배계급의 권력이 갖추어졌음을 알 수 있다.

청동기시대에는 고인돌뿐만 아니라 돌널무덤(석관묘)도 만들어졌다. 돌널무덤은 지하에 판자와 같은 돌을 사용해 널(棺)을 짠 무덤이다. 우하량 석관묘는 그대로 고조선 석관묘로 이어진다.

▲ 요녕성 해성시 고인돌. 중국에서는 고인돌을 석붕石棚 이라고 부른다.

▲ 우하량 제2지점 1호총 석관묘

　청동기시대의 예술품은 정치는 물론 종교와도 깊은 관련을 가지고 있다. 칼, 거울, 방울 등의 청동제품은 지배계급이 무기나 치장용, 의식용 도구로 사용했다. 울주 반구대의 바위그림(암각화)에는 고래, 사슴, 호랑이, 새 등이 새겨져 있어서 고기잡이와 사냥의 성공을 기원했음을 알 수 있는데, 비슷한 형태의 바위그림이 내몽골에서도 다수 발견된다.

　고령 장기리의 바위그림에는 태양을 상징하는 동심원, 십자형,

▲ 몽골 서북부 조라그트 암각화

▲ 고령 장기리 암각화

삼각형 등의 기하학적 무늬가 새겨져 있는데 비슷한 형태의 바위 그림이 산동반도의 동이족 유적에서 나타난다.

🔹 청동기에서 철기로 발전하다

청동기시대는 철기시대로 발전했다. 북한학계에서는 함경도 무산의 범의구역 제5문화층에서 출토된 철제 도끼를 서기전 7세기 ~서기전 5세기 유물로 보고 있다. 남한학계는 그간 서기전 3세기 경 연나라 사람 위만衛滿이 가져온 것으로 보고 있다가 최근에는 서기전 5세기 경부터 철기를 사용했다고 그 시기를 앞당겼다.

철제농기구가 사용되면서 농업생산력이 크게 증가하였고 인구도 증가하였다. 철기시대에는 철제농기구뿐만 아니라 간석기도 사용되었고, 청동기 문화도 더욱 발전했다. 비파형 동검은 이 시기에 세형동검으로 변했고, 거친무늬 거울은 잔무늬 거울로 변해갔다. 청동제품을 제작하는 틀인 거푸집도 여러 곳에서 발견되었다.

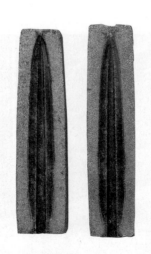

▲ **세형동검 거푸집**. 전북 완주 갈동 출토.

▲ **비파형 동검**. 충남 부여 출토.

▲ **고조선 세형동검**. 전남 화순 대곡리 출토. 연대는 서기전 4세기~서기전 3세기 경 추정.

▲ **고조선 세형동검**. 적봉시 영성현 요중경박물관.

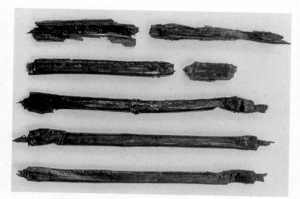

▲ **창원 다호리 출토 붓**. 연대는 서기전 1세기경.

서기전 1세기의 유적인 창원 다호리 1호분에서는 붓이 발견되었는데 이 시대에 이미 문자를 사용했음을 알 수 있게 한다.

점검

● 중원의 여러 동이족 유적과 요하문명의 동이족 유적을 남긴 사람들을 우리 민족의 기원으로 볼 수 있는지 알아보자.

● 홍산문화의 우하량 유적을 고조선의 선행 국가인 신시神市 유적으로 볼 수 있는지 알아보자.

II
역사시대의 전개와 고조선

고조선사부터는 문헌으로 전해지는 역사시대이다. 고조선은 단군왕검이 서기전 24세기에 건국했는데 환웅의 신시神市가 그 전사前史이다. 고조선은 단군조선, 기자조선, 위만조선으로 분류하기도 하지만 그 계승관계가 분명하지 않다. 기자조선과 위만조선은 황제국인 단군조선의 제후국으로 보기도 한다. 고조선은 산하에 많은 제후국을 거느린 제국이었고, 그 존속기간이 장구했으므로 중원의 여러 왕조와 교류하거나 경쟁했다. 중원의 통일제국인 진·한과 국경을 맞대고 있었고, 일본열도로 건너가 야요이 문화를 만들었다. 한나라는 자국의 체제 내로 편입되기를 거부하는 위만조선을 멸망시키고 그 자리 일부에 한사군을 설치했다. 그 위치는 고조선의 서쪽인 지금의 하북성과 요녕성 일부였고, 나머지 지역에서는 고조선을 계승한 부여, 고구려 등의 여러 나라들이 분립하면서 여러 나라 시대가 전개되었다.

학습 목표

● 고조선의 건국자와 건국시기를 설명할 수 있다.
● 고조선이 여러 제후국을 거느린 제국이었음을 설명할 수 있다.
● 고조선 강역을 고인돌, 비파형 및 세형동검 등 청동유물과 토기 등으로 설명할 수 있다.
● 현재 중국의 하남성河南省, 산동성山東省, 하북성河北省 등지에 살던 동이족과 현재 우리와의 관계를 설명할 수 있다.
● 낙랑군을 비롯한 한사군이 현 중국의 하북성과 요녕성 일대에 있었음을 알 수 있다.

연표

고조선과 선사시대의 주요 연표

연대	주요 사건
서기전 **8000**년 경~	신석기 시대 시작~신시神市 건국
서기전 **2333**년	고조선(단군조선) 건국
서기전 **2000**년~ 서기전 **1500**년	고조선의 발전 청동기 문화의 전개
서기전 **800**년~ 서기전 **700**년 경	철기 문화의 개시. 서기전 5세기경 보편화
서기전 **194**년	준왕의 마한 망명과 위만조선 성립
서기전 **109**년	위만조선과 한의 전쟁
서기전 **108**년	고조선의 서쪽 국경에 있던 위만조선 멸망과 고조선 거수국들의 이동
서기전 **1**세기경	고조선의 거수국이었던 나라들이 독립국으로 건국하는 여러 나라 시대 시작-부여, 고구려, 옥저, 동예, 한, 신라, 백제, 가야

1 고조선의 건국과 발전

1 단군왕검이 고조선을 건국하다

고조선 건국사화

고조선은 단군왕검檀君王儉이 건국했는데, 이 사실은 고려의 보각국사 일연이 편찬한 《삼국유사》를 통해서 알 수 있다. 일연은 지금은 전하지 않는 《위서魏書》를 인용해서 "단군왕검이 아사달에 도읍했다."고 전했다. 일연은 또 지금은 전하지 않는 《고기古記》를 인용해서 하늘을 다스리는 환인桓因의 아들 환웅이 인간 세상을 구하려는 뜻을 가지고 있자 내려가서 다스리게 하였다고 전했다. 환웅은 3천여 명의 무리를 거느리고 태백산 꼭대기 신단수 아래 내려와 신시神市라고 이르고 환웅천왕桓雄天王이라고 했다. 이 신시는 고조선보다 앞선 나라로서 홍산 문화의 우하량 유적지와 관련 있는 것으로 보기도 한다.

환웅은 바람을 주관하는 풍백風伯, 비를 주관하는 우사雨師, 구름을 주관하는 운사雲師를 거느리고 내려와 곡식과 수명과 병과 형벌과 선악 등 인간의 360가지 일을 주관하면서 세상을 이치로 교화하였다. 이때 같은 굴에 사는 곰과 범이 있었는데 신 환웅에게 사람으로 변하게 해 달라고 기도했다. 환웅은 신령스러운 쑥 한 타래와 마늘 스무 개를 주면서 '이것을 먹고 백일百日 동안 햇빛을 보지 않으면 곧 사람의 모습이 될 것이다.'라고 말했다. 곰은 삼칠일 만에 여

▲ **단군초상**. 채용신 그림.

자의 몸이 되었으나 범은 삼가지 못해서 사람의 몸이 되지 못했다. 곰이 변화한 웅녀熊女는 혼인할 사람이 없자 늘 단수壇樹 아래에서 잉태하기를 빌었는데 환웅이 잠시 변화하여 혼인하였다. 웅녀가 잉태하여 낳은 아들이 바로 단군왕검이다. 단군은 제사장을, 왕검은 정치지도자를 뜻하는데, 이를 통해 고조선은 제사와 정치가 일치했던 제정일치祭政一致 나라였음을 알 수 있다.

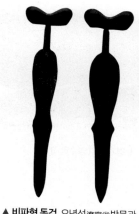

▲ **비파형 동검**. 요녕성遼寧省박물관.

🔵 고조선의 건국시기

　청동기시대 때 계급의 분화가 이루어지면서 국가가 형성된다고 말하고 있다. 그러나 '고대 이집트'는 신석기시대에 이미 국가가 형성되었으므로 청동기시대가 되어야 반드시 국가가 형성된다고 말할 수는 없다. 《삼국유사》는 고조선이 서기전 2333년에 건국되었다고 말하고 있다. 과거에는 일본인 식민사학자들이 단군조선의 건국연대를 부인한 것을 따라서 《삼국유사》에서 말하는 고조선의 건국연대를 부인해왔지만 한반도와 만주 각지의 고고학 발굴결과에 의해 《삼국유사》에서 말하는 건국연대는 사실로 입증되고 있다.

　고조선을 대표하는 청동기 유물은 '비파'라는 악기를 닮은 '비파형 동검'인데 '고조선식 동검'이

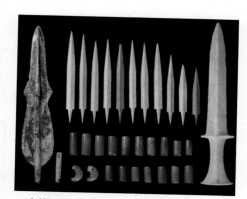

▲ **비파형 동검과 석검**. 부여 송죽리 출토.

더 깊게 생각하고 토론해 봅시다

고조선의 건국이념

고조선 사람들은 자신들이 하늘에서 내려온 천손天孫민족으로 여겼다. 고조선의 건국이념은 널리 인간을 이롭게 한다는 홍익인간弘益人間이고, 통치사상은 세상을 힘이나 법보다 이치로 교화한다는 재세이화在世理化 이다. 이는 환웅이 세운 신시神市 의 건국이념이지만 그 후계국가인 고조선의 건국이념으로도 통용된다. 홍익인간과 재세이화 사상은 물질만능주의와 패권이 지배하면서 인류가 고통받는 현 세계에 새로운 미래를 열어갈 사상으로 주목받고 있다.

▲ 경기 양평 양수리 고인돌

라고도 불린다. 고조선식 동검은 현재의 요서 지역부터 한반도 전역에 걸쳐 고루 발견되고 있다. 고조선 건국 초기에는 청동기 소품들을 제작하다가 점차 '고조선식 동검' 같은 제품들을 만들게 되었다. 최근에는 서기전 16세기~서기전 14세기에 제작된 고조선식 동검도 발견된다.

현재까지 한반도 내에서는 서기전 25세기경의 청동기 유적이 두 곳 발굴되었다. 한 곳은 전남 영암군 창전리 주거지 유적으로 방사성 탄소 연대 측정 교정연대는 서기전 2630년~서기전 2365년 무렵이다. 또 한 곳은 경기도 양평군 양수리 고인돌 유적으로 방사성 탄소 연대 측정 교정연대는 서기전 2325년 무렵이다.

고조선의 강역이었던 만주 각지에서도 고조선 유적, 유물이 다수 발견되었다. 중국의 내몽골 적봉시 하가점을 중심으로 하는 하가점 하층문화의 청동기 소품들의 제작연대는 서기전 25세기경까지 올라간다. 국내와 하가점 등지에서 발견되는 청동기들은 《삼국유사》에 기록된 서기전 2333년이란 건국기록이 청동기 유적으로도 사실임을 알 수 있다. 1919년에 상해에서 수립된 대한민국 임시정부의 임시의정원은 1920년에 매년 10월 3일을 단군이 고조선을 세운 건국기원절建國紀元節로 지정해 3·1절과 함께 국경일로 경축했다.

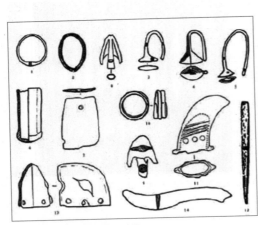
▲ 하가점 하층문화의 청동소품들

알고 싶어요

왜 숯으로 연대를 측정하나요?

생물이 죽으면 이산화탄소의 결합이 끊겨 사체死體 속의 탄소 14가 일정한 반감기로 계속 줄어든다. 그래서 유적, 유물에서 채집한 시료 속의 탄소 14의 잔존량을 가지고 그 생물이 살았던 연대를 측정한다. 이를 방사성 탄소 연대 측정법이라고 하는데 전 세계에서 통용되는 연대 측정법이다.

② 고조선의 강역과 나라의 성격

고조선의 강역은 어디까지였나

고조선의 강역은 유적, 유물로 유추할 수 있다. 고조선 표지 유물인 '고조선식 동검'(비파형 동검)은 지금의 요서 지역부터 한반도 남부까지 분포하고 있다. 고조선의 고유묘제인 고인돌은 동이족의 옛 터전이었던 중국의 산동반도와 요녕성, 길림성, 흑룡강성과 한반도 지역에 분포하고 있다. '고조선식 동검' 출토 지역과 고인돌의 분포범위는 고조선의 강역이 지금의

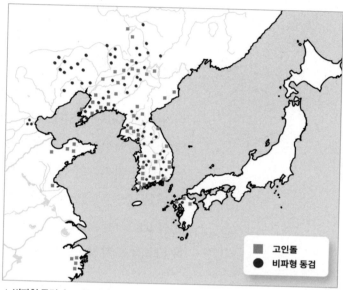

▲ 비파형 동검과 고인돌 분포도

요서 지역부터 한반도 남부까지 이르렀음을 말해주고 있다. 또한 **미송리식 토기**를 고조선의 표지 유물로 꼽는 경우도 있는데, 이 토기와 같은 유형의 토기가 한반도를 비롯해서 요동반도의 강상崗上무덤과 누상樓上무덤 등지에서도 출토되었다.

고조선의 도읍지는 어디인가?

고조선은 시기적으로 단군조선, 기자조선, 위만조선으로 나누기도 한다. 그러나 이 세 조선이 서로 계승관계에 있었던 것은 아니다. 단군조선의 도읍지에 대해 《삼국유사》에서 인용한 《위서》에는 단군조선의 첫 도읍지를 아사달이라고 말하고

● 미송리식 토기
1959년 평북 의주군 미송리 동굴에서 신석기시대 및 청동기시대의 유적이 발견되었는데 이곳에서 나온 토기를 미송리식 토기라고 한다. 손잡이가 있고 적갈색인 것이 특징인데 평안남북도와 요녕성에서도 발견된다. 미송리식 토기 분포를 고조선의 강역으로 인식하기도 했지만 고조선의 강역은 미송리식 토기의 분포도를 훨씬 뛰어넘는다. 미송리식 토기의 연대는 과거 서기전 8~7세기경으로 보았지만 호남리 표대부락에서 발견된 미송리식 토기는 서기전 3000년 무렵으로 판명되었다.

▲ **미송리식 토기.** 평북 미송리 출토.

있다. 그러나 《삼국유사》에서 인용한 《고기》에는 단군이 처음에 평양성에 도읍했다가 아사달로 옮겼고, 이후 기자箕子가 오자 장당경으로 다시 옮겨 1500년 동안 나라를 다스렸다고 말하고 있다. 1500년이란 단군뿐만 아니라 그 후세의 왕들이 나라를 다스린 기간을 뜻한다. 단군조선의 도읍지 평양은 지금의 한반도 북부 평양을 뜻하는 고유 명사가 아니라 도읍지를 뜻하는 일반 명사로서 고조선뿐만 아니라 고구려도 수도를 평양이라고 불렀다. 여기에서 말하는 평양성, 아사달, 장당경이 어디인지는 분명하지 않다. 중국에서는 기자의 도읍지를 하북성 노룡현이라고 보고 있는데 이를 따른다면 단군조선의 도읍지는 하북성 노룡현에 있다가 다른 곳으로 천도한 것이 된다. 위만조선의 도읍지는 왕험성王險城인데 한나라는 그 자리에 요동군 험독현險瀆縣을 두었다. 중국 사료들은 낙랑군이 고대 요동에 있었다고 말하고 있다.

더 깊게 생각하고 토론해 봅시다

고인돌과 거석문화

고인돌은 고조선의 표지유물 중 하나이다. 고인돌과 선돌(입석立石)은 거대한 돌을 세우는 거석문화巨石文化의 상징이다. 유럽에서는 영국의 스톤헨지가 가장 유명한데 프랑스 서북부 대서양 연안에도 거석문화가 있다. 유럽의 거석문화는 신석기시대 후기인 서기전 4000~서기전 1500년 전에 출현한 것으로 여겨진다.

중국은 고인돌을 석붕石棚이라고 부르는데 요녕성·길림성·흑룡강성에 다수 분포하고 있고, 산동반도에서도 발견된다. 요녕성 개주시蓋州市 이대자농장二臺子農場에 석붕산石棚山이 있고, 해성시海城市 석목진析木鎭 석목성析木城에도 석붕들이 있다. 우리나라에는 전 세계에서 가장 많은 고인돌이 분포되어 있는데, 형태에 따라 탁자식, 바둑판식, 개석식으로 구분한다. 유네스코 세계 유산 위원회는 2000년 12월에 고창, 화순, 강화의 고인돌 유적지를 세계 문화유산으로 지정하였다.

▲ 인천 강화 고인돌

고조선은 제후국을 거느린 제국이었나?

고려의 이승휴는 《제왕운기帝王韻紀》에서 고조선이 여러 제후국을 거느린 제국이라고 말했다. 이승휴는 단군이 처음 나라를 열었고 그 뒤를 기자가 이었다가 연나라 출신 위만에게 나라를 빼앗겼다는 것이다. 위만조선이 한漢나라에게 망하고 그 땅에 사군四郡이 설치되었다가 삼한三韓으로 나뉘었는데, 그 경내에 고조선의 제후국들이었던 70여 개의 나라가 있었다고 하였다. 그 중 큰 나

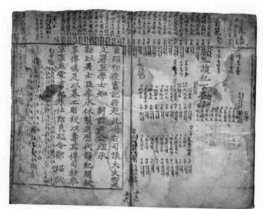

▲ 고려인 이승휴가 쓴 《제왕운기》

라가 부여扶餘·비류沸流·시라尸羅(신라)·고례高禮(고구려)·남옥저南沃沮·북옥저北沃沮·예맥濊貊 등인데 그 세계世系(조상에게서 내려오는 계통)는 모두 단군의 후예라는 것이다. 또한 신라·고구려·백제도 여기에서 나왔다고 말했다. 즉 고조선은 수많은 제후국을 거느린 황제국이고 각 제후국들은 모두 단군의 후예들인데, 부여·고구려·백제·신라도 여기에서 나왔다는 것이다. 중원 제국들은 임금 아래 일정한 영역을 다스리는 귀족들을 제후諸侯라고 불렀는데, 고조선은 제후라는 호칭 대신에 거수渠帥라고 불렀다는 시각도 있다.

일연이 《삼국유사》〈왕력王曆〉 조에서 고구려 시조 고주몽을 단군의 아들이라고 말한 것처럼 옛 단군조선의 강역에서 수립된 나라들은 대부분 단군의 후예라고 인식했다.

거수가 무엇인가요?

《삼국지》·《후한서》 등 중국의 고대 역사서들은 고조선의 제후국이었던 한韓에는 여러 나라가 있었는데, 그 나라들을 다스리는 존재를 거수渠帥라고 말하고 있다. 그래서 고조선의 제후국을 거수국渠帥國이라고 말하기도 한다.

2 고조선 시기의 중원과 일본

① 중원의 여러 민족과 국가들

삼황·오제시대

고조선은 단군이 개국한 서기전 2333년부터 위만조선이 한나라에 멸망한 서기전 108년까지 2300여 년의 장구한 기간 동안 존재했던 나라였다. 《삼국유사》는 단군왕검이 중원의 요堯임금 때 개국했다고 말했다. 중국인들은 자국의 역사가 삼황三皇·오제五帝부터 시작한다고 생각하고 있다. 중국인들은 또 자신들을 화하족華夏族이라고 생각하고 다른 민족을 이족夷族이라고 생각하고 있다. 이것이 중국민족을 화華, 다른 민족을 이夷로 나누는 화이관華夷觀이다.

더 깊게 생각하고 토론해 봅시다

삼황과 오제

삼황은 보통 '①복희伏羲, ②신농神農, ③황제黃帝'를 뜻하는데, 삼황의 첫 번째로 수인燧人을 넣고 황제를 빼는 경우도 있다. 오제는 보통 '①황제黃帝, ②전욱顓頊, ③곡嚳, ④요堯, ⑤순舜'을 뜻하는데, 황제를 삼황에 넣을 경우 황제 자리에 그의 큰 아들인 소호少昊를 넣어서 '①소호, ②전욱, ③곡, ④요, ⑤순'으로 설정한다. 중국 산동성 임기시에 세운 동이문화박물관은 복희, 소호, 순을 치우와 함께 동이족이라고 설명하고 있다. 이들이 동이족이라면 삼황과 오제의 나머지 인물들은 화하족이 될 수 있을지 공부해보자.

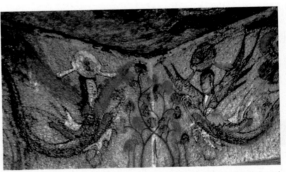

▲ **고구려 고분 벽화의 복희와 여와.** 길림성 집안시 태왕향 오회분에 그려진 이 벽화는 해신과 달신이라고도 하는데 여와는 인간의 창조와 혼인 등을 주관하는 대지모신大地母神이기도 하다.

하·상·주시대와 춘추·전국시대

삼황과 오제시기를 지나면 보통 삼대三代라고 말하는 하夏·상商·주周 시대가 도래한다. 이중 상나라는 지금의 하남성 안양시安陽市에 있던 은허殷墟에 오래 도읍하고 있어서 은殷나라라고도 불리는데 동이족 국가이다.

▲ 상나라 동기. 상(은)나라는 동이족 국가이다.

주나라 평왕平王이 서기전 770년 도읍을 호경鎬京(현 섬서성 서안시)에서 동쪽 낙양洛陽으로 천도한 후 왕실이 약해지면서 제후국들이 패권 장악에 나서는 때를 춘추시대(서기전 770~서기전 476)라고 한다. 춘추시대는 수십 개의 제후국들이 패권을 다투다가 전국 7웅이라고 불리는 일곱 나라가 패권을 다투는 전국시대(서기전 475~서기전 221)가 전개된다. 전국 7웅은 진秦, 초楚, 한韓, 조趙, 위魏, 제齊, 연燕나라를 뜻한다. 이중 고조선은 하북성에 있던 연나라, 산동성 북부의 제나라와 전쟁을 치렀다.

진·한 통일제국시대와 일본열도

진나라 진시황이 서기전 221년 전국시대에 중원을 통일하면서 최초의 통일제국 진秦이 들어섰다. 진의 동쪽 강역은 바다로는

더 깊게 생각하고 토론해 봅시다

주나라와 고조선

중국의 고대 문헌인 《시경詩經》에는 고조선의 군주로 추정되는 한후韓侯가 주나라 선왕宣王(서기전 828?~서기전 782)을 방문한 내용을 전하고 있다.

"(서주의) 왕은 한후에게 추追나라와 맥貊나라까지 내려주었다. 북쪽의 나라들을 모두 맡음으로써 그 지역의 최고 통치자가 되었다." 《시경詩經》〈한혁韓奕〉

⋯ 《시경》〈한혁〉에서 주 선왕이 한후에게 추, 맥 등을 내려준 것처럼 묘사했지만 추, 맥 등의 나라들은 주나라의 지배를 받는 나라들이 아니었다. 고조선이 다스리던 나라들의 지배권을 주나라가 가진 것처럼 말하는 중국식 표현으로 해석할 수 있다.

발해까지, 동북쪽 강역은 고조선과 국경을 마주했다. 진나라는 고조선과 흉노 등의 이민족 국가들을 막기 위해 만리장성을 쌓았다. 진은 진시황이 세상을 떠나면서 각지에서 농민봉기가 발생해 멸망했고, 초楚나라의 항우項羽와 한漢나라의 유방劉邦이 중원의 패권을 놓고 다투다가 서기전 202년 유방이 승리하면서 한이 중원을 차지한다. 이때도 한나라와 고조선은 발해와 육지로 국경을 맞대고 있었다. 서기전 109년 한나라 무제(재위 서기전 140~서기전 87) 때 한나라는 위만조선을 공격했다. 위만조선은 한나라 대군에 1년 이상 맞서 싸웠으나 지배층 내부가 분열하면서 서기전 108년 붕괴되었다. 한나라는 위만조선의 서쪽 강역 일부인 고대 요동 지역에 낙랑군을 비롯한 한사군을 설치했다.

고조선 멸망 이후 부여, 고구려, 예, 읍루, 한 등 나라들이 고조선 옛 강역에서 일어서는 시대를 여러 나라 시대라고 하는데 열국시대라고도 한다.

② 고조선 주민들의 일본열도 진출

◀ 지금과 달랐던 해수면의 높이

지금부터 2만여 년 전 빙하기에는 해수면이 크게 낮아 한반도와 일본열도가 육지로 연결되어 있었다. 두 지역 사람들의 이동과 이주, 교류 왕래는 매우 용이했을 것으로 추정된다.

일본은 서기전 1만 5000여 년 전의 구석기시대부터 서기전 3세기경까지를 조몬시대繩文時代(승문시대)라고 하고, 서기전 3세기경부터 서기 3세기경까지를 야요이시대彌生時代(미생시대)라고 한다. 그 이후 3세기 중반부터 7세기까지 일본열도에 갑자기 거대한 고분이 나타나는데 이를 고분시대古墳時代라고 한다.

고조선 선조들은 조몬시대부터 일본으로 이주하기 시작했는

데 이는 한반도와 일본열도에서 공통으로 출토되는 융기문토기
隆起文土器·옹관묘甕棺墓 등의 여러 유물과 유적들을 통해 알 수
있다.

야요이시대 농경의 시작

일본열도에서는 야요이시대에 농경과 정착생활이 처음 시작되었
다. 야요이 문화의 발상지는 한반도와 가장 가까운 큐슈九州(구주)
지역이고, 문화 연대는 정확하지 않지만 서기전 300년경부터 서
기 300년경까지 약 600여 년 동안을 야요이시대로 보고 있다. 서
북큐슈西北九州에서 벼농사가 시작되어 야요이시대 말기에는 홋카
이도北海道 일부를 제외한 일본열도 전 지역에 확산되었다. 야요이
문화의 특징은 조몬 문화를 이어받은 흔적은 그리 많지 않다는 것
이다. 야요이 문화의 핵심인 벼농사·질그릇·묘제 등은 고조선을 비
롯한 우리 선조들이 직접 전파한 것으로 조몬시대보다 훨씬 많은
고조선인들이 건너가 야요이 문화를 만들었다고 할 수 있다.

▲ **요시노가리 유적.** 사가현佐賀縣에 있는 야요이시대 유적으로 고조선인들이 이주해 건설한 것이다.

▲ **야요이 토기**. 일본 후쿠오카현 히에 출토.

▲ **세형동검**. 일본 시마네현 이즈모시 출토.

이는 출토된 벼의 종류로도 알 수 있다. 중국 남부 장강 유역에서 발견된 벼는 두 종류인데, 하나는 만생종인 긴 알맹이 벼와 조생종인 짧은 알맹이 벼가 있다. 한반도에서 발굴되는 볍씨는 조생종인 짧은 알맹이 벼로 평양시의 남경마을 유적과 경기도 일산 및 김포 등지에서 출토되었는데, 서기전 3000년~서기전 2000년 무렵의 것으로 확인되었다. 일본열도에서 출토된 벼도 모두 짧은 알맹이 벼이다. 한반도의 벼와 일본열도의 벼는 같은 종류이고 일본열도에서 벼농사가 시작된 시기는 고조선의 무문토기無文土器와 고인돌무덤의 문화가 일본열도에 전달되어 야요이 문화가 출현한 시기와 같다. 이것은 고조선 주민들의 상당수가 야요이시대 때 일본열도로 이주·정착하여 마을을 형성하고 벼농사를 시작했다는 것을 의미한다.

야요이 문화의 질그릇인 유스식夜臼式(야구식)질그릇도 고조선 무문토기의 영향을 강하게 받았고, 고조선의 고인돌 무덤도 일본열도에 전해졌다. 일본열도의 고인돌 무덤은 서북큐슈 지방에만 편재되어있다. 서북큐슈는 한반도의 고조선 이주민이 일본열도로 건너갈 때 가장 먼저 정착하는 곳이다. 일본열도의 고인돌 무덤에서 출토된 유물들은 고조선의 고인돌에서 출토된 것들과 차이가 없다.

◀ 일본열도의 청동기도 고조선 문화

고조선의 청동기 문화 역시 고조선 주민들의 이주로 일본열도에 그대로 전파되었다. 고조선 남부 지역 즉, 한반도 남부 지역에서 제조된 청동기는 완제품 상태 그대로 일본열도로 전해졌는데, 이런 청동기 제품을 '박재동기舶載銅器'라고 부른다. 박재舶載란 '선박에 실었다'는 뜻으로 고조선 주민들이 일본열도로 이주할 때 완제품들을 그대로 실어 일본열도로 가져갔다는 뜻이다. 박재

동기 가운데 대표적인 것이 다뉴세문경多鈕細紋鏡·세형동검·동과
銅戈·동모銅矛·동탁銅鐸 등이다.

세형동검은 고조선 후기 비파형 동검의 뒤를 이어 개발된 고
조선 특유의 청동기이다. 일본열도에서도 세형동검이 가라쓰·이
토시마·후쿠오카 지방에서 집중적으로 출토되고 있다. 일본열도
에 전달된 세형동검은 고조선에서는 다소 늦은 시기의 것으로 서
기전 2세기를 넘지 않는 것으로 보고 있다. 일본열도에 출토되는
고조선 표지 유물들로 미루어볼 때 야요이 문화는 고조선인들이
직접 이주해 만든 문화이다.

❸ 고조선과 중원 국가들의 경계

🔵 고조선과 연나라 국경선은 고대 요동

고조선은 중국 문헌에 서기전 12세기 경 기자箕子와 관련해서
등장하고 있다. 상商나라 왕족 기자가 주왕紂王에게 간쟁하다가
옥에 갇혔는데, 주周나라 무왕에 의해 석방되자 '조선朝鮮'으로 갔
다는 것이다. 이때 기자가 간 조선은 물론 단군조선이다. 중국 고
대 문헌인《시경》에는 고조선이 한韓으로 묘사되는데, 한후韓侯는
북방의 여러 이민족 나라를 다
스리는 군주로 묘사되고 있다.

고조선은 중국 전국시대(서기전
403~서기전 221) 지금의 북경 일대
를 차지하고 있던 연燕과 국경을
맞대고 있었다. 중국 고대 문헌인
《전국책戰國策》〈연책燕策〉에는
"연나라 동쪽에는 조선, 요동이
있다."는 기록이 나온다. 고조선

▲ 서기전 4세기 경 연나라 강역 및 요동 추정도

이 연나라와 고대 요동을 경계로 국경을 맞대고 있었다는 기록이다.

《사기》〈흉노열전〉에는 연나라 장수 진개秦開가 동호東胡를 습격한 기사가 나온다. 진개는 동호에 인질로 갔다가 돌아온 후 습격하자 동호는 1천여 리를 후퇴했다. 연나라는 조양造陽에서 양평襄平까지 장성을 쌓았는데, 양평은 요동군遼東郡을 다스리는 곳이다. 그러므로 연나라는 고대 요동까지 장성을 쌓은 것이다.

《사기》는 진개가 동호와 싸웠다고 말했지만 《삼국지》〈동이열전〉은 진개가 고조선과 싸웠다고 말하고 있다. 진개가 고조선 땅 2천여 리를 빼앗고 '만번한滿番汗'을 경계로 삼았다는 것이다. 《한서》〈지리지〉는 요동군에 번한현番汗縣이 있다고 말하고 있다. 즉 진개가 고조선의 서쪽 땅 2천여 리를 빼앗고 경계로 삼은 만번한은 요동군 소속이라는 뜻이다. 《사기》와 《삼국지》는 연나

1차 사료로 그 시대 보기

연나라 장수 진개와 동호

❶ "연나라에 현명한 장군 진개秦開가 있었는데 동호에 인질이 되었다가 동호의 신임을 얻어 귀국해서 동호를 습격하자 동호는 천여 리를 물러났다. … 연나라는 또한 조양造陽에서 양평襄平까지 장성을 쌓고 상곡上谷·어양漁陽·우북평右北平·요서遼西·요동遼東 군郡을 설치해 동호를 막았다." 《사기》〈흉노열전〉

❷ "연나라는 장군 진개를 파견해 (고조선의) 서쪽 지방을 공격해서 땅 2천여 리를 빼앗고 만번한滿番汗에 이르러 경계를 삼자 (고)조선이 비로소 쇠약해졌다." 《삼국지》〈동이열전〉

▲ 서기전 300년경 이후 연나라 강역과 진개 침입 이후의 5군 설치

⋯ 《사기》에서 말하는 동호와 《삼국지》에서 고조선은 같은 나라이다. 중국에서는 고조선의 일부를 동호라고도 불렀다. 또한 이 두 기록은 한 사건을 달리 적은 것이다. 이때 연이 고조선과 국경으로 설정한 요동은 지금의 요녕성을 뜻하는 현재의 요동이 아니라 하북성 일대의 고대 요동을 뜻한다.

라 장수 진개의 전쟁기사를 싣고 있는데 《사기》는 '동호'라고 적었고 《삼국지》는 '조선'이라고 적었지만 같은 사건을 대상만 달리 기록한 것이다. '(고)조선'을 때로는 '동호'로 기록한 것이다.

연·진나라는 왜 장성을 쌓았나?

연장성과 진장성은 모두 고조선과 밀접한 관련이 있다. 연나라는 지금의 북경시 북서쪽 회래현懷來縣 부근의 조양造陽부터 요동군 양평까지 연산산맥을 따라 장성을 쌓았는데 고조선의 공격을 막기 위한 것이었다.

진시황은 태자 부소扶蘇와 장군 몽염蒙恬을 시켜서 만리장성을 쌓게 했는데 서쪽은 임조臨洮이고, 동쪽은 요동이었다. 만리장성은 연나라 장성을 보완·연결한 것인데, 서쪽은 흉노를 막기 위해 감숙성 임조까

▲ 거용관장성居庸關長城. 연장성 서부 거용관은 북경시 북쪽 창평현昌平縣 북쪽에 있다. 연·진 나라를 거쳐 명나라 때까지 수축한 것이다.

지 늘렸지만 동쪽은 요동에서 그쳤으니 연장성과 별 차이가 없다. 연장성과 마찬가지로 동쪽은 고조선의 공격을 막기 위한 것

1차 사료로 그 시대 보기

만리장성의 동쪽 끝은?

"진나라가 이미 천하를 병합하자 몽염을 시켜서 30만 군중을 거느리고 북쪽으로 융적戎狄을 내쫓고, 하남河南을 거두었다. 지형에 따라 험한 요새를 사용하거나 깎아서 장성을 쌓았는데 임조臨洮에서 일어나 요동遼東까지 이르렀고, 만여 리에 이르렀다." 《사기》 〈몽염열전〉

⋯▸ 진나라 만리장성의 동쪽 끝은 연나라 장성과 마찬가지로 고대 요동까지였다.

▲ 진나라 통일지도. 실제의 만리장성과 고조선.

이었다. 이때의 요동은 지금의 하북성 일대이다.

《사기》〈진시황본기〉는 "(진시황이 통일한) 땅이 동쪽으로는 바다에 이르렀고 조선에 닿았다."라고 말하고 있다. 이 바다는 발해를 뜻하는데, 진나라와 고조선이 국경을 맞대고 있었다는 뜻이다. 지형적으로 진나라의 북쪽 강역은 화북평원華北平原까지였고, 동북쪽은 연산燕山으로 막혔을 것이다. 이에 진시황은 만리장성을 연산산맥燕山山脈 부근까지 쌓아 고조선의 침략을 막으려 한 것이다.

◀ 고조선의 서쪽 경계와 난하, 갈석산

중원을 통일한 진나라와 고조선은 고대 요동을 경계로 국경을 맞대고 있었다.

고대 요동은 북경 동남쪽과 천진 사이의 계현薊縣과 옥전현玉田縣이 중심이었다. 그 동쪽에 연산산맥이 바다로 들어가는 곳에 갈석산碣石山이 있고, 갈석산 서쪽에 난하灤河라는 큰 강도 있다. 이 연산산맥의 갈석산과 난하가 진나라와 고조선의 지형적 경계

▲ **중국의 산맥과 평원**. 서쪽의 태행산맥과 동북쪽 연산산맥 안의 평야가 화북평원이다.

였다. 한 무제가 위만조선을 침략하기 직전의 한漢나라 왕족이었던 회남왕淮南王 유안劉安은 《회남자淮南子》에서 "갈석산에서 조선을 지나면 대인의 나라를 관통한다."라고 말했는데, 갈석산 다음부터가 고조선 강역이라는 뜻이다.

중국사에서 중원통일은 보통 화북평원을 통일하는 것을 뜻하는데, 화북평원은 서쪽으로는 태항산맥太行山脈과 동북쪽으로는 연산산맥으로 가로 막힌다. 진시황의 중원 통일도 화북평원을 차지하고 연산에서 멈추었을 것이다. 진시황은 서기전 221년 중원을 통일했는데 서기전 215년 갈석산에 올라서 비석을 세웠다. 그 아들

이세二世 황제도 갈석산에 이르렀는데《사기》는 이를 요동에 이르렀다가 돌아왔다고 설명하고 있다. 연장성과 진장성의 동쪽 끝이 모두 요동인 것은 고대 요동이 연·진과 고조선의 국경임을 말해주는 것인데, 이는 한漢도 마찬가지였다.

▲ **갈석산.** 하북성 창려시昌黎市 북쪽에 있는데, 고조선과 진·한의 국경이었다. 진시황과 한무제, 조조를 비롯해서 9명의 임금이 올랐다고 해서 구등황제산九登皇帝山이라고도 불린다.

그러나 지금 중국은 만리장성이 한반도 평양까지 연결되었다고 왜곡하고 있고, 일본은 황해도까지 연결되었다고 사실을 왜곡하고 있다.

만리장성이 평양이나 황해도까지 왔나요?

중국의 만리장성이 가장 동쪽까지 온 것은 명나라 때 하북성 진황도의 산해관山海關까지였고, 그 전에는 이곳까지도 오지 못했다. 그러나 대일항전기 때 일본인 식민사학자 이나바 이와기치稻葉岩吉가 진나라 장성이 황해도 수안까지 왔다고 왜곡했고, 조선총독부 조선사편수회에 근무했던 한국의 이병도가 이를 추종했다. 현재 중국은 진장성이 지금의 평양까지 왔다고 왜곡하면서 이 내용을 국가박물관 등에 전시하고 있다.

▲ **일본·중국에서 왜곡한 만리장성 지도.** 산해관에서 끝난 것을 평양까지 왜곡해서 그리고 있다.

▲ **하북성 진황도시 산해관.** 이 관문은 명나라 때 쌓은 것으로 이때 중국 만리장성이 가장 동쪽까지 온 것이다.

3 기자조선과 위만조선

① 삼조선과 기자조선

◀ 단군조선과 기자조선

고조선은 단군조선-기자조선-위만조선으로 분류하기도 하는데, 조선의 학자들은 이를 삼조선三朝鮮이라고도 불렀다. 기자조선과 위만조선이 단군조선의 정통성을 이었는가에 대해서는 여러 견해가 있었다. 고려와 조선의 유학자들은 대부분 기자는 단군의 정통성을 이었다고 보았다. 일연이 《삼국유사》에서 인용한 《고기》는 "주周나라 무왕이 즉위한 기묘년에 기자箕子를 조선에 봉하니 단군은 장당경으로 옮겼다."라고 말했다. 단군조선이 기자조선에게 도읍을 양보한 것이니 기자가 단군을 계승했다고 본 것이다. 그러나 이는 상商나라의 기자가 지금의 평양으로 왔다는 '기자동래설箕子東來說'에서 나온 것으로 후대 학자들이 만든 인식이다. 기자는 평양에 온 적이 없었으니 기자조선은 단군조선을 대체한 적도 없었다.

기자는 삼대三代 하·상·주 중 동이족 국가인 상나라 왕족이다. 상은 서기전 1600년경에 건

▲ **기자국 이동도**. ①기자의 무덤이 있던 곳, ②서주～전국시대의 기자국, ③진·한 초의 마지막 기자국.

국해서 서기전 1,046년까지 존속했는데 마지막 도읍지가 하남성河南省 안양시安陽市에 있던 은허殷墟이기 때문에 은殷이라고도 불린다. 《논어論語》, 《상서尙書》 등 중국의 고대 문헌들이 말하는 기자는 이렇게 정리할 수 있다. 상나라의 마지막 주왕紂王은 폭군이었는데 그 숙부 기자는 간쟁하다가 옥에 갇혔다. 주나라 무왕武王이 상나라를 멸망시키고 기자를 석방시키자 기자는 무왕을 섬길 수 없다면서 조선으로 갔다는 것이다. 기자는 이미 존재했던 단군조선으로 간 것이다. 이때가 서기전 12세기이니 이 무렵 중원왕조들 사이에 단군조선의 존재가 널리 알려져 있었음을 뜻하기도 한다. 그러나 기자가 간 곳은 지금의 평양이 아니었다. 기자는 여러 곳으로 이동했는데 중국 역사학자들은 기자조선의 도읍을 하북성 노룡현盧龍縣으로 보고 있다. 기자조선의 마지막 영역일 것이다. 기자의 무덤은 중국 하남성 상구시商丘市에 있다. 하북성 노룡현이 도읍인데 왜 무덤은 하남성 상구인지는 아직 설명하지 못하고 있다. 다만 기자가 이동했다는 사실을 말해주는 단서는 될 수 있을 것이다.

▲ **기자묘.** 하남성河南省 상구시商丘市에 있다.

❷ 위만조선에 대한 이해

◀ 위만조선의 성립

중국의 여러 사료는 연나라 사람 위만衛滿이 기자의 후예 준왕準王(기준)으로부터 기자조선의 왕위를 빼앗았다고 기록하고 있다. 그래서 조선의 유학자들은 위만이 기자조선의 왕위를 찬탈한 왕조로 낮춰 보고 정통성을 인정하지 않았다. 한 고조 유방劉邦은

더 깊게 생각하고 토론해 봅시다

기자후예들의 국내 성씨

국내의 태원太原 선우鮮于씨, 청주 한韓씨, 행주幸州 기奇씨는 족보에 기자의 후예이자 준왕의 후예라고 명기하고 있다. 준왕의 후예인 마한 원왕元王의 세 아들이 각각 선우, 한, 기씨가 되었다는 것이다. 기자의 선조는 은나라 시조 설契인데, 희성姬姓을 쓰는 제곡帝嚳의 후예로써 자성子姓이 되었다. 은殷에 이어 춘추 때 송宋의 국성國姓이다. 준왕이 위만에게 나라를 빼앗기고 이주했으므로 이들 성씨 역시 이주의 결과로 보아야 하는데 아직 그 계승관계가 분명하게 연구되지는 않고 있다.

고대 요동과 현재의 요동

고대 요동과 현재의 요동은 다르다. 지금은 요녕성 요하遼河 동쪽을 요동遼東, 서쪽을 요서遼西라고 하지만 고대 요동은 훨씬 서쪽이었다. 요동의 개념이 크게 혼란스럽게 된 것은 고구려의 멸망 이후이다. 당나라가 고구려 땅에 새로운 행정구역을 설치하지 못하고 요동이라고 불렀기 때문이다. 고대 요동의 위치는 서초패왕 항우가 자신의 수하들을 각지의 왕으로 봉하는 과정에서 드러난다. 항우는 연왕 한광韓廣을 요동왕으로 삼았는데 이때 요동국 수

▲ **진나라 말기~한나라 초기 연국과 요동국.** 지금의 하북성 난하 유역이 연·진·한과 고조선의 국경이었다.

도는 무종無終이었다. 천진시天津市 북쪽에 옥전현玉田縣이 있는데 이곳이 고대 무종 지역이었다. 지금의 하북성이 곧 고대 요동이었음을 알 수 있다.

공신들을 각지의 제후로 봉해 다스리게 했는데 같은 고향 출신의 노관盧綰을 연왕燕王으로 봉해서 북경 부근을 다스리게 했다. 유방이 유씨劉氏가 아닌 이성제후異姓諸侯들을 제거하자 불안해진 노관은 흉노로 망명했고 흉노는 그를 동호東胡 왕으로 봉했다. 노관의 망명 이후 연이 큰 혼란에 처하자 위만은 동쪽으로 패수浿水를 건너 조선으로 망명했고, 기자의 후손 준왕準王은 위만에게 백리의 땅을 떼어주어 서쪽 국경을 지키게 했다.

위만은 중국의 연燕·제齊에서 난리를 피해 온 망명자들을 받아들여 세력을 기른 후 준왕을 쫓아내고 위만조선을 세우고 왕험성王險城을 도읍으로 삼았다. 준왕은 바다로 도주해 한韓에 거주하면서 스스로 한왕韓王이라고 칭했다. 위만이 하북성 연燕, 산동성 제齊의 망명자들을 받아들였다는 것은 위만조선이 하북성·산동성에서 그리 멀지 않은 곳에 있었음을 말해준다. 위만에게 쫓겨난 기자조선의 강역도 마찬가지다. 그러므로 기자·위만이 차지한 강역은 모두 단군조선의 서쪽 강역이었다.

패수는 어느 강인가요?

고조선과 한의 국경이었던 패수에 대해서 대동강, 청천강, 압록강 등 한반도 서북부의 강들로 비정하는 경우가 많았다. 기자가 동쪽 평양으로 왔다는 '기자동래설'에 따른 것인데 기자는 평양으로 온 적이 없고 위만도 평양으로 온 적이 없다. 중국의 고대 강에 대해 서술한 《수경水經》은 패수가 동쪽으로 흘러서 바다로 들어간다고 말했는데, 한반도 서북부의 강들은 모두 서쪽으로 흘러 바다로 들어간다. 패수는 동쪽으로 흘러서 바다로 들어가는 강이니 지금의 하북성이나 요녕성 일대에서 찾아야 할 것이다.

4 위만조선과 한의 전쟁

① 위만조선과 한나라의 전쟁

우거왕과 무제의 분쟁

위만은 점차 세력을 길러 그 강역이 사방 수천리가 되었다. 위만은 한漢과 우호적이었지만, 그의 손자 우거왕右渠王은 달랐다. 우거왕은 강력한 왕권강화정책을 펼쳤는데 서기전 129년 예군濊君 남려南閭가 이에 반발해 28만 명을 이끌고 한漢으로 투항한 사건도 있었다. 또 조선상朝鮮相 역계경歷谿卿도 우거왕에 반기를 들고 2,000여 호를 이끌고 동쪽의 진국辰國으로 갔다.

서기전 109년 무렵 한 무제는 사신 섭하涉河를 우거왕에게 보내

▲ **고조선산성**. 하가점 하층문화 삼좌점 유적의 석성.

제후가 될 것을 요구했으나 우거왕은 거부했다. 섭하는 패수浿水까지 전송 나온 조선의 비왕裨王 장長을 죽이고 강을 건너 도망갔다. 무제가 섭하를 처벌하는 대신 위만조선과 국경을 맞대고 있는 요동遼東 동부도위東部都尉로 임명하자 이에 분개한 우거왕은 군사를 보내 섭하를 죽였다. 무제는 죄수로 군대를 편성하는 한편 누선장군樓船將軍 양복楊僕과 좌장군 순체荀彘에게 5만 7,000명 이상의 대군을 주어 조선을 공격하게 했다.

▲ 고조선 **청동창**. 내몽골 적봉시 영성현 요중경遼中京 박물관.

한나라, 고조선을 침공하다

두 장군이 모두 고조선군에게 패배하자 무제는 위산衛山을 사신으로 보내 우거왕과 협상하게 했다. 우거왕은 종전에 합의하고 말 5천 필과 군량미를 제공하기로 했다. 고조선군사 1만 명이 무장한 채 패수를 건너려고 하자 위산과 좌장군 순체는 무장해제를 요구했다. 고조선군은 무장해제를 거부하고 패수를 건너지 않고 되돌아갔다. 위산이 귀국해서 보고하자 무제는 협상을 망쳤다고 위산의 목을 베었다.

고조선 내부가 분열되다

고조선을 무너뜨리는데 실패한 양복과 순체가 서로 싸우자 무제는 제남태수濟南太守 공손수公孫遂를 보내 중재하게 했다. 좌장군 순체가 누선장군 양복이 고조선과 내통한다고 보고하자 공손수는 양복을 가두고 그 군사를 순체에게 붙였다. 이 보고를 들은 무제는 공손수를 죽였다.

한편 전쟁이 계속되자 조선의 지배층이 분열되었다. 재상宰相 노인路人, 재상 한음韓陰, 참參과 장군 왕협王唊 등은 전쟁을 계속하려는 우거왕에 저항해 한나라로 도주했다. 서기전 108년 재상

▲ **고조선 투구**. 적봉시 영성현 요중 경박물관.

참은 우거왕을 암살하고 항복했으나 우거왕의 대신 성사成巳가 수도인 왕험성을 굳게 지키며 저항했다. 그러나 좌장군 순체가 우거왕의 아들 장강長降과 재상 노인路人의 아들 최最를 시켜 대신 성사를 죽이면서 드디어 왕험성이 함락되고 위만조선은 멸망했다. 한 무제는 위만조선의 일부 강역을 넷으로 나누어 한사군漢四郡으로 삼았다.

그런데 1년 간의 전쟁 끝에 귀환한 한의 장수들은 모두 포상 대신 형벌을 받았다. 무제는 좌장군 순체는 기시형棄市刑(공개적으로 목을 베는 것)에 처하고 누선장군 양복은 속죄금을 받는 대신 사형 집행은 면해주었지만 신분은 귀족에서 서인庶人으로 떨어졌다. 반면 항복한 고조선의 신하들은 대부분 제후로 봉했는데, 이들이 제후로 봉함 받은 지역은 대부분 산동반도의 옛 제齊나라 지역들이었다. 이는 한사군의 위치가 여기에서 그리 멀지 않음을 시사한다.

② 한사군과 낙랑군

◀ 낙랑군은 어디에 있었나?

한나라는 위만조선의 서쪽 일부 강역에 낙랑樂浪·현도玄菟·진번眞番·임둔臨屯 4개의 군을 설치했는데 그 위치를 두고 논쟁이 되어왔다. 특히 대일항전기 때 일본인 식민사학자들은 한국사의 강역을 반도로 가두는 반도사半島史의 틀로 한국사를 조작하면서 한반도 북부에는 중국의 식민지인 한사군이, 남쪽에는 왜의 식민지인 임나일본부가 있었다고 주장했다. 그런데 일제가 패전해서 쫓겨 간 후 지금까지도 이런 주장은 사라지지 않고 있다.

일본인 학자들은 한사군의 중심인 낙랑군이 313년 고구려 미천왕에게 쫓겨 갈 때까지 지금의 평양에 있다고 주장했다. 현도는 압록강 중류지역, 진번은 황해도 또는 경기도, 임둔은 강원도 등지에 있었다고 주장했다. 일본인들이 낙랑군의 위치를 지금의 평양으로 주장한 것은 조선 후기 사대주의 유학자들의 주장을 악용한 것이었다. 유학자들은 기자가 평양으로 왔다는 '기자동래설'에 따라서 기자조선이 평양에 있었으니 위만조선도 평양에 있었고 그 자리에 다시 한사군이 들어섰다고 본 것이다. 조선 후기 유학자들의 주장은 낙랑군이 설치된 지 거의 1800여 년 후의 이야기이기 때문에 그대로 믿을 수는 없

▲ 명·청 때의 영평부 유적. 영평부는 현재의 하북성 노룡현을 말하며 한나라 때 낙랑군 조선현 자리이다.

다. 낙랑군의 위치를 알려면 낙랑군이 실제로 존재했던 시기에 편찬한 중국 역사서들의 내용이 중요하다.

중국 고대 사료는 낙랑군이 고대 요동에 있었다고 일관되게 말하고 있다. 중국 학계는 현재 기자조선의 도읍지를 하북성 노룡

1차 사료로 그 시대 보기

《후한서後漢書》주석에는 낙랑군의 위치를 말해주는 구절들이 있다. 주석자들은 6세기 초 남조南朝 양梁(502~557)의 학자였던 유소劉昭와 7세기 후반 당나라 장회태자 이현李賢인데, 본문 못지않은 권위를 인정받고 있다. 이 중국학자들은 낙랑군의 위치에 대해서 이렇게 말하고 있다.

❶ "낙랑군은 옛 조선국이다. 요동에 있다."《후한서》〈주석〉

❷ "장잠현은 낙랑군에 속해 있는데, 그 땅은 요동에 있다."《후한서》〈주석〉

⋯ 낙랑군이 고대 요동에 있었다고 말하고 있다. 낙랑군의 위치가 지금의 북한 평양지역이라고 말하는 중국 고대 사료는 없다.

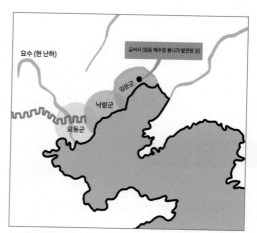

요수 (현 난하)

금서시 (임둔 태수장 봉니가 발견된 곳)

임둔군

낙랑군

요동군

▲ 만리장성과 낙랑군

현으로 보고 있다는 점에서도 낙랑군이 평양에 있었을 가능성은 없다. 송나라 낙사樂史(930~1007)가 편찬한《태평환우기太平寰宇記》를 비롯해서《대명일통지大明一統志》,《독사방여기요讀史方輿紀要》같은 중국의 역사지리 서적들은 낙랑군을 다스리던 조선현이 현재의 하북성 노룡현 일대에 있었다고 일관되게 말하고 있다.

313년에 낙랑군은 멸망했는가?

▲ 낙랑 사람 한현도의 무덤발굴 장면. 2013년에 북경시 대흥구에서 낙랑 사람 한현도의 무덤이 발견되었다. 그러므로 낙랑군이 평양에 있지 않았다는 수많은 증거 중의 하나이다.

대일항전기 조선총독부와 경성제국대에 근무했던 식민사학자 이마니시 류今西龍는 낙랑군이 313년 고구려에게 멸망했다고 주장했다. 고구려 미천왕이 재위 14년(313) 지금의 평양에 있던 낙랑군을 공격해 남녀 2,000여 명을 사로잡으면서 비로소 멸망했다는 것이다. 이때 실제로 낙랑군이 멸망했으면 낙랑군은 더 이상 사료에 나오지 않을 것이다. 그러나 중국의《위서魏書》는 북위北魏의 세조 태무제가 432년 "영구營丘·성주成周·요동遼東·낙랑樂浪·대방帶方·현도玄菟 여섯 군의 백성 3만 가구를 유주幽州(현 북경)로 옮기고 창고를 열어 진휼했다."고 기록하고 있다. 더구나 최근 북경시 대흥구大興區의 고대 무덤군을 발굴하던 중 동위東魏 원상元象 2년(539) 사망한 한현도韓顯度에 대해 '낙랑군 조선현 출신'이라고 새겨진 벽

더 깊게 생각하고 토론해 봅시다

총독부 박물관의 조직적 역사왜곡

도쿄제국대 공과대학 교수 세키노 타다시關野貞(관야정)는 1910년부터 1915년까지 평양과 그 부근에서 한나라와 낙랑군의 여러 유적과 유물들을 발견했다는 '신의 손'이다. 최근 그의 일기가 발견되었는데, 북경의 골동품 가인 유리창에서 한나라 및 낙랑 유물들을 대거 구입해서 총독부 박물관에 보냈다고 썼다. 낙랑군이 평양에 있었다면 왜 그 유물들은 북경에서 발견되었을까?

돌이 발견되었다. 낙랑군은 처음부터 평양에 있지도 않았고 313년 멸망하지도 않았다. 위만조선 강역의 일부였던 하북성 일대에 있다가 더 서쪽 지금의 북경 부근의 유주로 옮겨 갔다.

일본인 식민사학자들은 임둔군이 지금의 함경남도와 강원도 일대에 있었다고 주장했다. 그런데 1997년 요녕성 서쪽 금서시錦西市 연산구連山區 태집둔邰集屯에서 '임둔태수장臨屯太守章'이라고 쓴 봉니封泥가 발견되었다. 낙랑군을 비롯한 한사군이 모두 지금의 요녕성 서쪽과 하북성 일대에 있었음을 말해주는 사료들이다.

▲ 임둔태수장 봉니가 발견된 요녕성 금서시 태집둔. 임둔군이 강원도가 아니라 요녕성 서쪽에 있었음을 말해준다.

▲ 임둔태수장 봉니

알고 싶어요

봉니封泥란 무엇인가?

봉니는 진秦나라부터 위진魏晉 때까지 공문서에 진흙을 바르고 그 위에 인장을 찍은 것을 말한다. 공문서를 죽간竹簡 등에 쓰고 밧줄로 묶은 후 그 매듭에 봉토를 두르고 도장을 찍은 것이다. 봉니는 종이가 죽간을 대체하면서 사라지기 시작한다. 대일항전기 때 일본인 식민사학자들은 평양일대에서 낙랑이라고 새겨진 수많은 봉니를 발견했다지만 광복 후에는 단 한 개의 봉니도 찾지 못했다. 대일항전기 때 위당 정인보 선생은 평양일대에서 발견된 봉니는 조작된 것이라고 논증했다.

▲ 전한前漢 하간왕새河間王璽 봉니. 상해박물관.

더 깊게 생각하고 토론해 봅시다

고조선의 중심지 논쟁

고조선 중심지에 대한 학설은 크게 요동중심설, 대동강(평양)중심설, 중심지이동설로 나뉜다. 요동중심설은 중국의 고대 사료들에 나오는 것으로 조선시대 박지원 같은 주체적 유학자들과 대일항전기 독립운동가이자 역사학자들이 주장했던 내용이다. 대동강(평양)중심설은 조선의 일부 사대주의 유학자들과 일본인 식민사학자들의 주장이다. 중심지이동설은 고조선의 중심지가 요동에 있다가 대동강(평양)으로 이동했다는 주장이다. 요동에서 평양으로 이주했다는 중심지 이동설은 사료적 근거가 없을 뿐만 아니라 평양에서는 일본인들이 조작한 것 외에는 한사군의 유적·유물도 전혀 없다는 문제가 있다.

5 고조선 경제·사회·문화

❶ 고조선의 경제

◀ 농업과 목축을 병행하다

고조선은 농업이 기본 경제였는데 목축도 병행했다. 환웅은 바람을 주관하는 풍백風伯, 비를 주관하는 우사雨師, 구름을 주관하는 운사雲師를 거느리고 내려와 신시를 세웠는데 이는 모두 농사와 관련 있는 직책들이었다. 또한 인간의 360여 가지 일 중에 '곡식'을 첫 번째로 든 것도 농경과 관련 있었다. 지금보다 8000년~5000년 전 만주의 연평균 기온은 현재보다 섭씨 3~5도 정도 높아서 농사짓기 좋은 고온다습한 기후였다.

서기전 5300년~서기전 4800년의 신석기유적인 요녕성 심양시 신락문화新樂文化의 모계사회 유적에서 탄화된 조가 출토되어 고조선 건국 이전부터 농경이 발달했음을 알 수 있다. 고조선 사람

▲ **수공업하는 고대인을 재현한 모습.** 심양시 신락 문화의 유적에서 탄화된 곡물, 석탄으로 만든 공예품, 수많은 도기 등이 발굴되었다.

들은 벼·보리·조·기장·콩·팥·수수·피 등의 곡식을 비롯해서 대마나 황마 같은 섬유 식물들도 재배했다. 곡식 낟알들은 황해도 봉산군, 평양시, 강원도 양양, 경기도 일산 등에서 출토되었다. 자강도 중강군 토성리 유적에서는 삼베조각이 출토되어 옷감도 짰음을 말해주었다.

▲ 광주 신창동 고조선 유적. 옹관묘(독무덤) 53기와 철기류 유물, 불탄 쌀, 볍씨, 살구씨 등이 출토되었다.

　고조선은 초기부터 청동기를 사용했지만 청동기가 농기구로 사용된 예는 그리 많지 않고 석기로 만든 농기구를 주로 사용했다. 청동 공구로 목재를 다듬어 여러 농기구를 제작하였다. 이랑을 일구거나 흙덩이들을 잘게 부수는데 쓰이는 도구를 후치라고 하는데 평안남도 염주군에서 '평후치'가 출토되었다. '수레바퀴' 조각이 출토된 것은 고조선에서 수레를 사용했음을 말해준다. 평안북도 염주군에서 발굴된 수레바퀴는 참나무로 만들었는데 지름이 1.6미터, 바퀴살은 24개로 추정된다. 고조선 유적에서는 반달돌칼, 돌낫 같은 추수용 농구와 돌갈판, 돌갈대 등 곡물 가공 공구가 많이 출토되어 농경이 발달했음을 말해준다.

▲ 평후치

철기농기구를 사용하다

　고조선에서 언제부터 철기를 사용했는지는 정확하지 않다. 철기는 청동기에 비해 쉽게 부식되어 오늘날까지 남아있기 힘들기 때문이다. 고조선 강역이었던 송화강 유역의 길림성 소달구驅達溝 유적의 **돌널무덤**에서 철기가 출토되었다.

　이 유적에서는 미송리형 무문토기와 부챗살 모양의 청동 도끼, 청동 칼 등도 출토되었는데 서기전 8세기 전후로 유행하던 물건들이다. 이를 통해 고조선의 철기시대는 최소한 서기전 8세기에는 시작되었음을 알 수 있다. 중국의 철기시대 개시연대는 서기전 8세기~서기전 7세기 무렵이므로 고조선의 철기시대는 중국

● **돌널무덤**

널의 네 벽과 바닥, 뚜껑돌을 각각 1~2개의 판석이나 깬돌을 쌓아 네 벽을 만든 무덤으로 돌곽무덤, 석곽묘라고도 한다.

과 같거나 그보다 이른 시기에 시작되었다고 볼 수 있다. 서기전 5세기 무렵에는 철기사용이 보편화된 것으로 보인다. 제철 기술의 발달과 함께 청동 기술은 더욱 발전해서 철기시대에 세형동검이 나타난다. 철기는 수공업, 목축업과 상업 및 무역과 같은 다른 경제분야의 발달에도 크게 영향을 미쳤다.

◀ 중원 국가들과 교역하다

고조선은 중원의 나라들과 여러가지 특산물을 교역했는데, 중국 문헌에는 돌 화살촉, 호나무화살, 비휴犯貅 가죽, 붉은 표범 가죽, 누런 말곰 가죽 등이 고조선의 교역 품목으로 나온다. 사냥, 목축, 수공업으로 만든 제품들을 교역했음을 알 수 있다. 고조선에서 목축과 수공업이 발달했음을 알 수 있는 유적은 길림성 영길현 성성초星哨 유적이다. 이 유적의 돌넌무덤에서는 비파형 동검과 함께 양털실과 개털실로 짠 모직물 두 조각이 발견되었다. 이는 양과 개를 길렀음을 말해주는 동시에 그 털로 모직을 짜는 수공업이 발달했음을 말해준다.

고조선 영토에서는 명도전明刀錢·포전布錢·반량전·일화전·명화전 등 많은 종류의 고대 화폐가 출토된다. 이중 많이 출토되는 명

▲ **명도전**. 평안북도 위원군 용연동 출토.

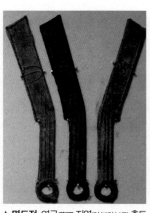

▲ **명도전**. 연국燕國 지역(현 북경부근) 출토

▲ **명도전**. 제국齊國 지역(현 산동성 부근) 출토.

도전은 과거 연燕나라 화폐라고 생각했지만 연나라 지역보다는 고조선 지역에서 광범위하게 출토된다는 점에서 고조선 화폐라고 새롭게 인식되고 있다. 또한《한서》〈지리지 연지燕地〉에는 낙랑, 조선인은 "죄를 속죄하려면 50만 전을 내야 한다."라고 전하고 있다. 이는 고조선에 화폐경제가 발달했음을 말해주는 것이다.

② 고조선의 법과 세금

고조선의 법

고대 사회의 발전은 법의 시행여부로도 가늠할 수 있다. 중국 기록인《한서》〈지리지 연지〉에는 "낙랑, 조선 주민에게는 범금8조犯禁八條가 있다."면서 세 가지 조항을 전하고 있다.

❶ 사람을 죽인 자는 마땅히 죽임으로써 보상한다.
❷ 사람을 상하게 한 자는 곡물로써 보상한다.
❸ 남의 물건을 훔친 남자는 그 집의 남종[노奴]으로 삼고, 여자는 그 집의 여종[비婢]으로 삼는데, 속죄하려면 50만 전을 내야 한다.

연지는 지금의 중국 하북성 일대에 있던 연국燕國 땅에 대한 기록인데, 이곳을 '낙랑, 조선 주민'이라고 썼으므로 낙랑군이 지금의 하북성 일대에 있었음을 말해주는 사료이기도 하다. 고조선의 법은 인명과 재산을 중시했고, 노예제도가 있으며, 형벌을 돈으로 대신하는 속전贖錢제도가 있었음을 알 수 있다.

고조선은 법보다는 도덕이나 관습이 사회질서를 유지하는 핵심요인이었다. 같은 기록에 "죄를 지은 자가 비록 노비를 면

▲ 전국시대 연국燕國의 두 마리 새 와당

하고 평민이 된다 해도 풍속에서 오히려 수치스럽게 여겨 혼인을 맺을 데가 없었다."고 말한다. 또한 "그 백성들은 서로 도둑질하지 않아서 밤에도 문을 잠그지 않았고, 부인은 정숙하고 신의가 있어 음란하지 않았다."고 말하고 있다. 명문화된 법이 여덟 개에 지나지 않는 것은 도덕과 예의, 염치 등의 관습이 중요한 사회였음을 말해준다.

고조선의 세금

고조선의 세금제도에 대해서는 《맹자》〈고자告子 하〉를 통해 유추할 수 있다. 위魏나라 권신인 백규白圭(서기전 370경~서기전 300)가 20분의 1의 세금만 받고 싶다고 하자 맹자孟子(서기전 372~서기전 289)는 "그것은 맥국貊國의 방법입니다."라고 말했다. 맥은 보통 고구려를 뜻하지만 이때는 고구려 건국 전이기 때문에 고조선의 세금제도를 뜻하는 것으로 해석된다. 중원의 여러 나라는 보통 10분의 1세를 받았는데 고조선은 그 절반 정도의 세금을 거두었으니 백성들의 조세부담이 적었음을 알 수 있다.

③ 고조선의 종교

천손사상과 국가종교

고조선의 종교 중 가장 중요한 것은 하늘의 자손이라는 '천손天孫사상'에 바탕한 '천손신앙'이다. 환웅의 아버지 '환인桓因'을 불교에서는 '제석帝釋', 또는 '석제釋帝'를 지칭하지만 불교의 특정 대상이 아니라 도교의 '옥제玉帝', 유교의 '천제天帝', '상제上帝'처럼 '하느님'을 뜻한다. 고조선 사람들은 환인(하느님)의 자손이라는 천손사상에 바탕한 천손신앙을 갖고 있었다. '환인'과 '환웅'

▲ 맹자 초상

은 모두 단군왕검이 태어나기 전의 이야기이니 '천손사상'은 고조
선 건국 전부터 전승되어 오던 사상임을 알 수 있다. 단군왕검은
정교政教 일치 사회의 우두머리인데 이때의 종교는 하늘을 섬기
는 종교였다. 고조선은 곧 종교국가였던 것이다.

선도

　고조선의 종교를 '선도仙道'로 보는 경우도 있다. 신라의 최치
원은《삼국사기》의〈난랑비서鸞郎碑序〉에서 "우리나라에는 현묘
한 도가 있으니 이를 풍류라 이른다. 그 교教가 세워진 기원에 대
해서는《선사仙史》에 자세하게 실려 있다."라고 기록했다. 지금은
전하지 않지만 선도仙道에 대한 역사서인《선사》가 있었음을 말
해준다. 고구려가 3세기 중반에 위나라 관구검의 침략으로 도읍
인 환도성丸都城을 빼앗겼다가 되찾자 고구려 동천왕은 환도성을
다시 도읍으로 삼을 수 없어서 평양성을 쌓고 백성과 종묘사직
을 옮겼다고 말한다.《삼국사기》〈고구려본기 동천왕
21년(247)〉조는 "평양은 본래 선인왕검仙人王儉이 살
던 곳이다. 다른 기록에서 '왕이 되어 왕험王險에 도
읍하였다.'라고 말한다."고 하였다. 이때 평양성은 지
금의 한반도 평양이 아니라 만주의 평양이고, 선인왕
검은 단군왕검을 말한다. 고구려인들이 민족의 국조
國祖 단군을 선인仙人으로 인식했음을 말해준다. 이
선교仙教, 또는 선도仙道와 중국의 도교道教와의 관계
는 아직 정확하게 밝혀지지 않았다.

　고조선의 선仙, 또는 선도仙道에 대한 기록은 중국
고대 문헌에도 나타난다.《사기》〈진시황본기〉에는
진시황제가 불로장생을 위해 '선인仙人'과 불사의 약
을 구하러 서불徐巿(서복徐福)과 소년, 소녀들을 바다

▲ **최치원 초상**. 채용신 그림, 정읍 무성서원 소장.

로 보냈는데, 그 땅이 중국의 동쪽 바다 가운데 있었다고 기록하고 있다. 중원 왕조들에서 동쪽은 우리 고대국가들을 지칭하는 것인데 이 경우에는 고조선을 뜻한다. 중원왕조들에게 고조선은 선도가 발달한 나라로 여겨졌다.

❹ 고조선의 과학기술

🔹 천문을 관측하다

고조선의 과학기술 수준은 기록이 많지 않기 때문에 자세히 알 수 없다. 다만 《삼국유사》에 환웅천왕은 인간의 360여 가지 일을 관장했다고 하는데 이는 1년을 360여 일로 보는 역법이 있었던 데서 나온 숫자일 개연성이 크다. 이는 고조선인들이 기상관측 기술을 가지고 있었음을 말해준다. 고조선의 전신인 홍산 문화의 우하량이나 동산취東山嘴 유적에서는 천문 관측 시설이 발견되었는데, 이는 고조선이 천문관측을 했을 것이라고 추측하기는 어렵지 않다.

▲ 동산취 유적. 요녕성 객좌현 광흥장향.

《환단고기》에 수록된 《단군세기》에 "무진戊辰 오십년에 다섯 별이 루성婁星에 모였다.[오성취루五星聚婁]"는 기록이 있다. 오성취루는 다섯 별자리(수성·금성·화성·목성·토성)가 루성(서방 칠수 중의 하나) 옆에 모인 현상을 뜻하는데, 무진 50년은 서기전 1733년인데 천문관측 결과 실제로 서기전 1734년 7월 13일 오후 5시 30분경에 오성취루 현상이 있었다. 이는 고조선의 천문관측이 발달했음을 말해주는 것이다. 또한 고조선의 기상관측에 대한 기록은 《후한서》〈동이열전 예濊〉와 《삼국지》〈동이전 예濊〉에 "새벽에 별자리의 움직임을 관

▲ 오성취루 현상 복원도

찰하여 그해에 풍년이 들 것인지 흉년이 들 것인지를 미리 안다." 라는 기록도 있다. 예는 고조선의 제후국이었으므로 예의 기상 관측법은 고조선을 이어받았다고 할 수 있다.

◉ 청동기와 철기를 제작하다

고조선은 청동기 및 철기제작 기술도 뛰어났다. 청동기는 고조 선 강역인 만주와 한반도에서 두루 제작되었다. 황하 유역에서 가장 이른 청동기 문화는 하남성河南省 낙양시洛陽市 언사偃師의 이리두二里頭 문화로서 개시 연대는 서기전 2200년 무렵이다. 고 조선 강역의 가장 이른 청동기 문화는 내몽골 적봉시 송산구松山 區의 하가점 하층문화인데 개시연대는 서기전 2400년 무렵이다. 기존의 통설과 달리 북방 고조선이 황하 유역보다 먼저 청동제작 기술을 갖고 있었음을 말해준다.

▲ 하가점 하층문화의 청동 작은 칼과 청동귀걸이. 서대량西大梁 유적 박물관.

고조선의 청동주조 기술은 중원보다 뛰어났다. 청동은 구리 함유량이 높으면 경도가 낮아지면서 기포가 생기기 쉽다. 청동 비율이 높은 단검의 경우 이런 현상이 나타나기 쉬운데 고조선 청동단검은 현미경 관찰 결과로도 그런 기포가 보이지 않으며 입 자들이 골고루 분포되어 있다. 고조선은 청동기를 만드는데 필요 한 구리를 얻기 위한 동광을 개발했는데, 내몽골 적봉시 북부의 임서현林西縣 대정자진大井子鎭에서는 서기전 1200년 무렵의 동 광이 발견되었다. 현재 중국에서는 이곳에 국가광산공원을 조성 했지만 중원의 나라들과는 관련이 없는 고조선 유적이다.

◉ 고조선의 철기제작 기술

고조선은 늦어도 서기전 8세기 무렵부터 철기를 사용하기 시 작했는데 서기전 5세기 즈음에는 보편화되었다. 고조선의 제철

▲ **고조선 주철지.** 내몽골 적봉시 영성현.

과 제강 기술은 높은 수준이었다. 청동기가 주로 무기나 장식품으로 사용되었던 것과 달리 철기는 무기 및 농기구 등으로 사용되었는데 특히 철제농기구는 생산 증대에 크게 기여했다. 철은 탄소함유량에 따라 연철·선철·강철로 구분된다. 탄소가 적은 연철은 탄성이 높은 반면 무르고, 탄소가 많은 선철은 굳은 반면 탄성이 적어 깨지기 쉽다. 탄소 함유량이 연철과 선철의 중간 정도인 강철은 탄성과 굳기가 다 같이 강하고 주조와 단조가 모두 가능한데 고조선 유적에서는 연철, 선철, 강철 모두 출토되었다.

주조는 거푸집에 금속 액체를 부어 응고시키는 방법이고 단조는 두들기고 압력을 가해 원하는 금속형태를 만드는 방법이다. 함경북도 무산읍 범의구석(호곡동虎谷洞) 유적에서는 선철과 강철 도끼들이 출토되었고, 평안북도 영변군 세죽리에서는 연철 철기가 출토되었다. 이 연철 철기들의 연대는 서기전 7세기부터 서기전 2세기 사이에 속하는 것들이다.

고조선에서는 또 강철의 질을 높이기 위해 열처리 기술을 활용했다. 현미경 관찰에 의한 분자 구성을 보면 범의구석·세죽리를 비롯해서 현재 자강도의 시중군 풍청리 및 노남리 등의 유적에서 출토된 도끼들은 모두 열처리를 한 것이었다. 이런 철을 생산하기 위해서는 제철로와 송풍 장치가 있어야 한다. 자강도 노남리 유적 위층에서는 서기전 2세기 무렵의 제철로가 발견되었는데 쇳물을 받는 쇠탕 시설까지 갖추었다. 제철로 안의 온도를 높이기 위해 송풍 장치를 사용하였다는 것도 확인되었다.

고조선에서는 도금鍍金과 판금板金 등의 금속 가공 기술도 발달했다. 고조선에서 사용했던 도금법은 아말감 합금에 의한 수

은도금과 박도금이었다. 수은은 철·니
켈·코발트 등 일부 금속을 제외한 거
의 모든 금속을 녹이면서도 열에는
증발하는 특성을 가지고 있다. 그러
므로 수은에 금이나 은 등을 혼합하
여 아말감을 만든 뒤에 그것을 청동
기에 바르고 열을 가하면 수은은 증
발하고 금이나 은만 청동기 표면에 남
아 도금이 되는 것이다. 서기전 1000
년경 후반기에 보급된 마구류와 수레

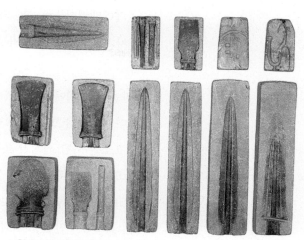

▲ **철기시대 청동기 거푸집.** 전남 영암 출토.

부속품들의 금동 제품들은 아말감 합금의 수은도금 제품들이다.
고조선은 그 시대 중원의 여러 나라보다 뛰어난 금속 제조 및 가
공기술을 갖고 있던 과학선진국이었다.

❺ 고조선의 문학과 예술

◀ 고조선의 고유 문자

고조선에 고유의 문자가 있었다는 기
록은 고대부터 전해지고 있다. 《삼국유
사》〈흥법興法〉에 《신지비사神誌秘詞》
라는 책 이름이 나오는데, 신지神誌가
고조선의 문자와 관련 있는 인물이라
는 것이다. 《고려사》〈김위제 열전〉에
는 '신지선인神誌仙人'이란 인물에 대해
서 나오는데 조선 초의 《용비어천가龍
飛御天歌》 제16장의 주석에 "신지는 단

▲ **남해 양아리 석각 그림문자**

군 때 사람인데 세속에서 '신지선인'이라고 부른다."고 말하고 있

다. 《태백일사太白逸史》의 〈신시본기神市本紀〉에는 환웅 천황 때 신지 혁덕赫德에게 글자를 만들게 했다고 나온다. 조선 숙종 때 북애자北崖子가 썼다는 《규원사화揆園史話》〈태시기太始記〉에도 "환웅이 신지에게 글자를 만들게 명했는데…신지는 사냥하러 나갔다가…사슴 발자국을 보고 글자를 만들었다."고 말하고 있다.

고조선 사람 신지가 문자를 만들었다는 기록이 여러 군데 전하고 있는 것이다.

고조선에서는 한자漢字도 사용했다. 한자는 동이족 국가인 상(은)나라에서 만든 것이니 늦어도 상나라 왕족 기자가 단군조선으로 망명했던 서기전 11세기 때에는 한자가 전해졌을 것이다. 요령성 대련시 윤가촌尹家村에서 발굴된 서기전 5세기 무렵의 옹관에 "평향平鄕…" 등의 한문 일곱 글자가 새겨졌고, 경상남도 의창군 다호리 고분에서 서기전 1세기 무렵의 붓 다섯 자루가 출토되었다. 한반도 남단까지 붓으로 글자를 적는 문화가 널리 퍼졌음을 말해준다.

더 깊게 생각하고 토론해 봅시다

《태백일사》와 《규원사화》

《태백일사》는 1911년 독립운동가 계연수(?~1920)가 《삼성기》·《단군세기》·《북부여기》와 함께 《환단고기》로 묶어 편찬했다는 한국 상고사에 관한 책이다. 계연수는 이기(1848~1909)의 감수를 받고 묘향산 단굴암에서 필사한 뒤 인쇄했는데 인쇄비를 홍범도, 오동진 두 장군이 댔다고 말하고 있다. 계연수가 편찬한 《환단고기》는 전해지지 않고 있는데 계연수를 만난 평안도 출신의 이유립이 월남하면서 필사본을 가지고 내려왔다고 전해진다. 이유립은 을축년(1949년) 자신에게 학문을 배운 오형기에게 《환단고기》를 필사시켰는데, 이것이 1979년 영인되어 현재에 이르고 있다. 《환단고기》에 대해서는 그간 위서僞書라는 주장이 있어왔지만 근래에는 《환단고기》를 직접 연구한 역사학자 및 한문학자들 사이에서 진서眞書라는 주장이 더 많아지고 있다.

《규원사화》는 조선 후기 숙종 2년(1675) 북애자가 조선 후기 유학자들의 사대주의를 비판하면서 주체적 관점에서 저술한 한국 상고사 저서이다. 서문과 〈조판기肇判記〉·〈태시기太始記〉·〈단군기檀君記〉·〈만설漫說〉로 구성되어 있는데 '규원'은 저자의 서재 이름이다. 1972년 국립중앙도서관의 이가원·손보기·임창순 3인의 고서심의위원이 1675년에 작성된 진본임을 확인하고 귀중본으로 지정했다. 북한 역사학계에서는 《환단고기》와 《규원사화》를 진서로 인정해서 인용하고 있으나 남한 역사학계는 두 역사서를 위서라고 보는 학자들이 적지 않다. 두 사서에 대한 깊은 연구가 필요한 시점이다.

고조선 문학

고조선 사람들은 악기를 타면서 노래를 불렀는데, 〈공후인箜篌引〉 또는 〈공무도하가公無渡河歌〉라는 시가詩歌 한 편이 전해진다.

> 님아 가람을 건너지 마소.
> 님은 마침내 가람을 건너시네.
> 물에 빠져 돌아가시니
> 아아 님아 이를 어찌하리오.

이 작품은 후한後漢의 채옹蔡邕(133~192)이 편찬한《금조琴操》및 서진西晉 혜제惠帝(재위 290~306) 때 최표崔豹가 편찬한《고금주古今注》등에 조선 나루의 군졸이었던 곽리자고霍里子高 또는 그의 처妻 여옥麗玉이 지은 것으로 전해지고 있다.《고금주》에 의하면 곽리자고가 어느 날 새벽 배를 저어 가는데 술병을 든 백발노인이 머리를 풀어헤치고 강을 건너려고 하자 노인의 아내가 말렸으나 끝내 강물에 뛰어들어 죽었다. 노인의 아내가 공후라는 악기를 타며 남편의 죽음을 슬퍼하는 노래를 부른 후 강물 속에 뛰어들어 같이 숨졌다. 이 이야기를 들은 곽리자고의 아내 여옥이 공후를 타며 노래를 부르고 〈공후인〉이라 이름을 붙였다는 것이다. 평민인 군졸의 아내가 공후를 타면서 시가를 부를 정도로 고조선 사회에서는 수준 높은 문학과 음악이 유행했음을 알 수 있다.

▲ **공후.** 일본 나라 정창원 소장, 사진은 모조품이다.

고조선 음악

▲ **고조선 석경**. 내몽골 적봉박물관.

고조선은 공후라는 악기를 사용했다. 《사기》〈효무孝武본기(무제본기)〉는 서기전 111년 경 25현弦의 공후슬箜篌瑟(공후거문고)을 만들었다고 말하고 있다. 중국에서는 이 공후가 페르시아에서 전래되었다면서 '호공후胡箜篌'라고 부르기도 하는데, 고조선에서 전래되었을 가능성도 배제할 수 없다.

고조선에서는 현악기 외에 타악기도 사용했는데 《후한서》〈동이열전 한韓〉조에는 '소도蘇塗에서 큰 나무를 세워 방울과 북을 매달아놓고 귀신을 섬긴다.'라 기록되어있다. 고조선의 제후국인 한에서 사용한 북은 고조선의 것을 계승했을 것이다. 고조선은 판 모양으로 된 석기를 매달아 두드려 소리를 내는 석경石磬을 사용했다. 석경은 황제黃帝가 만들게 했다고 전하는데 황제는 동이족이므로 석경 역시 동이족의 타악기이다. 석경이 하가점 하층문화, 요령성 건평현의 여러 유적에서 출토되었는데, 이 유적의 연대는 서기전 2100년 무렵이니 고조선 초기부터 타악기가 존재하였음을 알 수 있다.

이 밖에도 함경북도 선봉군 굴포리 서포항 유적에서 새다리뼈를 이용하여 만든 피리 등이 출토되었다. 고조선은 현악기, 타악기, 관악기 등 다양한 악기를 가지고 있었던 나라였다. 이런 다양한 악기를 가지고 종교의식을 치르고 시가와 가무를 즐겼음을 알 수 있다.

고조선 회화

▲ **고조선 채색토기**. 하가점 하층 문화의 토기이다. 적봉시 이도 정자유지二道井子遺址박물관.

고조선의 회화는 채색토기와 암각화를 통해 알 수 있다. 채색 질그릇들의 표면을 갈아 광을 낸 후 붉은색, 흰색, 노란색, 검은색 등의 색을 사용하여 그림을 그렸는데, 구름무늬, 말린 곡선무늬, 동물무늬 등을 그렸다. 고조선의 채색 질그릇은 산동성과 하남성 등지에 있는 중원 동이 문화의 채색토기 및 흑도 黑陶의 전통과 홍산 문화와 소하연 문화 등지에 있는 요하 동이 문명의 기술을 계승한 것이다. 고조선 문화인 하가점 하층문화에서는 채색 질그릇이 다수 출토되었다.

▲ **고조선 도기.** 색을 칠해서 구운 질그릇 도기이다. 내몽골 적봉박물관.

고조선의 높은 회화 수준은 암각화와 농경문 청동기를 통해서도 확인할 수 있다. 암각화는 바위나 동굴 벽 등에 다양한 수법으로 그린 그림을 말한다. 울주군 언양읍 대곡리 태화강 상류 절벽에 새겨진 반구대 암각화와 이곳에서 멀지 않은 천전리 암각화가 있고 경상북도 고령군 개진면 양진동에도 암각화가 있는데 이 암각화들은 내몽골 여러 곳에서 발견된 암각화와 같은 계통의 것으로 확인되었다.

반구대 암각화는 고래잡이하거나 사냥하는 장면, 개·사슴·범·곰·물고기·거북 등 다양한 동물을 묘사하였다. 이는 고기잡이와 수렵 활동의 성과를 빌기 위한 의식과 관계가 있을 것으로 보이며, 당시 경제생활의 모습도 알 수 있다. 반구대 암각화는 약 7000년~3500년 전에 조성된 것으로 보이는데 고래잡이는 인류 최초의 포경유적이다. 이를 통해 선사시대 및 고조선시대의 회화 수준을 확인할 수 있다.

천전리 암각화는 길이 9.5m, 높이 2.7m정도다. 천전리 암각화는 음각으로 여러 동심원과 마름모꼴 등이 연속되어 그려졌으며 뚜렷하지는 않지만 사람의 얼굴과 동물도 그려져 있는 것으로 보고 있다. 천전리 암각화에는 신라 법흥왕 시대에 쓴 10행의 명문이 새겨져 있다.

▲ **고조선 암각화.** 내몽골 적봉박물관.

대전에서 출토된 농경문 청동기는 방패형으로 제작했는데 농사를 짓는 모습, 새 등 다양한 모습을 새겼다. 농경문 청동기의 윗부분에는 여섯 개의 구멍이 나 있는데 구멍에 실을 매달아 사용한 의례 도구로 추정된다. 농경문 청동기의 한쪽에는 둥근 고리에 꼭지가 하나 달려있다. 빗금 모양으로 구획을 나누어 따비로 농사를 짓는 모습이 새겨져 있고 항아리에 무언가를 담는 인물도 묘사되어있다. 나무에 새가 앉아있는 모습도 있는데 솟대를 묘사한 것으로 보인다. 농경문 청동기는 청동기시대 밭 유적으로 확인되는 진주 대평리 유적의 모습과 더불어 고조선시대의 생활상과 신앙형태를 유추할 수 있다.

고조선 공예

고조선의 공예품은 청동기가 대표적인데 제기와 무기뿐만 아니라 다양한 도구를 만들었다. 귀고리, 단추, 가락지 등 장신구와 방울, 거울 등의 의례용구, 청동검과 청동꺽창과 꺽창집 등 무기류를 제작하였다.

고조선 청동기는 삼각무늬·동심원무늬·점열點列무늬·집선集線무늬·고사리무늬·상형象形무늬 등 다양한 무늬로 장식했으며 실용성과 조형의 예술성이 뛰어나다. 특히 청동거울은 앞면을 곱게 갈아 거울로 사용했고 뒷면은 여러 가지 무늬로 장식한 독특한 형태다. 청동거울은 2개 혹은 3개의 꼭지가 붙어있다.

국보로 지정된 청동 다뉴세문경(청동 고리가 많은 고운 무늬 거울)은 23㎝의 원 안에 1만 3,000여 개의 직선과 동심원 100여 개가 주조

천전리 암각화에는 신라 법흥왕 때 새긴 글자들이 있는데 법흥왕을 '성법흥대왕聖法興大王', 그 왕비를 '태왕비太王妃'라고 쓰고 있어서 신라 임금이 황제를 칭했음을 알 수 있다.

되어 있는데 현대 기술로도 재연하기 어려울 정도로 정교하다.

고조선은 여러 옥기도 제작하였다. 고인돌이나 돌널무덤에서 옥기가 많이 수습되는데 목걸이, 귀고리 및 가슴걸이 등이 발견되었다. 한반도에서 출토되는 옥기들은 홍산 문화의 옥기들과 유사한 것이 많기 때문에 이를 통해서도 홍산 문화가 고조선의 선행 문화임을 알 수 있다.

고조선은 질그릇도 많이 만들었다. 질그릇은 쉽게 만들 수 있기에 여러 곳에서 만들어 지역적 차이가 다소 있으나 빗살무늬(새김무늬) 그릇이 무늬 없는 갈색 민그릇으로 바뀌는 현상이 공통적으로 나타나고 있다. 일부 질그릇에서는 새김무늬 흔적이 남아있어 그 계승성을 보여주기도 한다.

▲ **농경문 청동기.** 대전광역시 출토.

▲ **고조선 청동삼족 제기 궤.** 내몽골 적봉시 영성현 요중경遼中京 박물관.

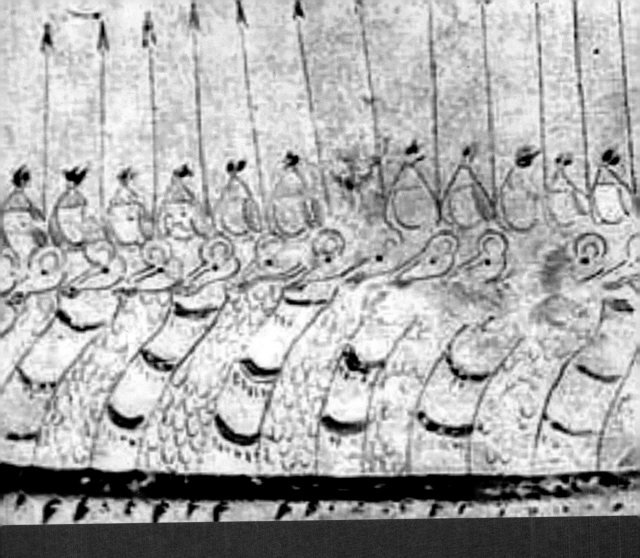

III

여러 나라 시대의 전개

중원의 왕조들이 산하에 제후국諸侯國을 거느린 것처럼 고조선도 여러 거수국渠帥國을 거느린 황제국가였다. 단군조선의 중앙권력이 약화되면서 산하의 거수국들이 점차 독립국가처럼 국정을 운영하다가 위만조선이 붕괴된 서기전 2세기 무렵부터 여러 나라 시대가 전개되는데, 이를 열국시대라고도 한다. 여러 나라 시대에 대한 사정은 중국의 《삼국지三國志》와 《후한서後漢書》를 통해서 알 수 있다. 《삼국지》와 《후한서》는 동이족 국가로 '부여·고구려·동옥저·읍루·예·한(삼한)·왜'의 일곱 나라를 들고 있는데, 이외에 최씨낙랑국도 있었다.

삼국시대는 가야가 멸망한 562년부터 백제가 멸망한 660년 또는 고구려가 멸망한 668년까지 1백여 년 남짓에 불과했다. 신라가 삼국을 통일했으나 북방에는 발해(대진)가 들어서 남북국시대가 펼쳐졌다.

김부식은 《삼국사기》를 편찬할 때 신라·고구려·백제 삼국을 기준으로 삼았기 때문에 열국들에 대한 체계적 사료를 남기지 않았다. 이런 상황에서 《삼국지》와 《후한서》의 〈동이열전〉에서 대략적이나마 일곱 나라에 대해서 서술한 것은 한국고대사의 실상을 파악하는데 큰 도움이 된다.

《삼국지》〈동이열전〉에서 서술한 각 나라의 크기는 이 시기 동이족 나라들의 강역을 짐작할 수 있게 해 준다. 부여와 고구려의 강역은 각각 사방 2천 리, 동옥저는 사방 1천 리라고 했으니 부여·고구려·동옥저의 강역만 사방 5천 리이다. 읍루는 부여 동북쪽 1천여 리에 있다고 말하고 그 강역의 크기는 말하지 않았지만 그 북방은 모두 읍루의 강역이었다. 예濊도 정확한 크기는 말하지 않고 조선의 동북이 다 그 땅이라고 했다. 한韓(삼한)은 강역이 사방 4천 리라고 설명하고 있다. 부여·고구려·동옥저·읍루·예·한의 강역은 북쪽 끝을 알 수 없다는 읍루의 북쪽 강역을 제외해도 1만 리가 훨씬 넘는다. 《삼국지》〈동이열전〉에서 왜는 일본열도가 아니라 발해연안에 있던 왜를 뜻한다.

여러 나라들은 통합하거나 이동하게 된다. 부여는 고구려에, 가야는 신라에 통합되고, 왜는 일본열도로 이동하게 되는 것이다. 이 모든 나라들은 모두 동이족 국가들이다.

● 여러 나라가 단군조선의 후예임을 설명할 수 있다.

● 부여, 신라, 고구려, 백제의 계승 관계에 대해서 설명할 수 있다.

● 여러 나라의 시조와 발전에 대해서 설명할 수 있다.

● 동이족 나라들과 왜의 귀속성에 대해서 설명할 수 있다.

1 부여

❶ 부여의 건국과 발전

◀ 부여의 건국

= 부여라는 이름은 언제 등장하나?

부여는 고조선의 계승국가이다. 보통 서기전 2세기경부터 고구려에 통합되는 494년까지 존속했다고 말한다. 그러나 부여사를 체계적으로 정리한 사료가 없기 때문에 부여가 언제 건국되었는지 알려면 부여라는 이름이 사료에 등장하는 시기를 봐야 한다. 고대 중국 문헌《상서尙書》에는 서기전 11세기 주周나라 무왕이

▲ 북경 북쪽의 거용관장성居庸關長城. 고대 중국 기록들은 부여가 장성 북쪽에 있었다고 말하고 있다.

상商나라를 무너뜨린 사건을 설명할 때 이미 '부여'가 있었던 것으로 서술했다. 《상서》에는 부여뿐만 아니라 고구려도 '구려'라는 이름으로 등장한다. 이 사료에 등장하는 부여가 《삼국사기》에 나오는 부여와 같은 나라인지는 정확하게 알 수 없지만 부여가 서기전 2세기 훨씬 이전에 존재했다는 사실은 알 수 있다. 부여는 고조선의 거수국渠帥國(제후국)이었다가 고조선이 약화되면서 점차 독립국이 된 것으로 추정된다.

북한 역사학계는 부여를 고대부여와 후부여로 나누고, 고대부여는 서기전 15세기 중엽부터 서기전 219년까지 존재했고 후부여는 서기전 2세기 초부터 494년까지 존재했던 나라라고 보고 있다.

= 부여의 건국 임금과 건국사화

부여의 건국 임금을 알려면 먼저 건국사화建國史話를 검토해보아야 할 것이다.

부여의 건국사화는 크게 두 가지로 나뉜다. 하나는 한국 고대 사료로서 《삼국유사》〈북부여〉 기록이다. 《삼국유사》에서 부여의 시조는 해모수이다. 그런데 해모수는 천제天帝, 곧 하느님이라는 뜻이니 하늘의 자손인 천손天孫이 내려와 북부여를 건국했다는 천손강림天孫降臨 사화이다. 이에 따르면 부여의 왕성은 해씨가 된다. 이 사화의 문제는 건국 시기가 서기전 59년으로 너무 늦다는 점이다. 그래서 이는 부여의 건국사화라기보다는 부여에서

1차 사료로 그 시대 보기

"해동의 여러 이夷인 구려駒麗, 부여扶餘, 한맥馯貊의 무리들은 무왕이 상나라를 꺾자 다 길이 통했다. 그러나 성왕이 즉위하자 반기를 들어 왕이 정벌했다. 그래서 숙신씨肅愼氏가 와서 하례했다." 《상서》〈숙신지명肅愼之命 전傳〉

⋯ 무왕이 상나라를 꺾은 것은 서기전 11세기. 이때 이미 고구려의 전신인 구려(고구려)와 부여 등이 존재했다고 말하는 사료이다.

● 논형
후한 왕충王充(27~97?)의 저작으로 당시 만연했던 참위讖緯(예언사상)사상과 각종 신비주의를 비판한 책이다.

갈라진 '북부여'의 건국사화로 해석할 수 있다.

또 하나는 중국 고대 사료로서 《논형論衡》이나 《후한서》 등에 실려 있다. 여기에는 북방 민족인 북이北夷 탁리국왕의 시녀가 임신하자 왕이 죽이려고 했는데 시녀는 달걀 같은 기운이 내려와 임신했다고 말했다. 아이가 태어나자 탁리국왕이 죽이려고 돼지우리에 넣고 마굿간에도 넣었는데, 돼지와 말들이 보호해서 죽지 않았다. 이 아이가 동명인데 활을 잘 쏘았기에 탁리국왕이 왕위를 뺏길까 두려워 죽이려고 하자 남쪽으로 달아났다. 강에 가

1차 사료로 그 시대 보기

《삼국유사》의 북부여 건국사화

《고기古記》에 이르기를 "《전한서前漢書》 선제宣帝 신작神爵 3년(서기전 59) 임술壬戌 4월 8일에 천제天帝께서 다섯 마리 용이 끄는 수레를 타고 흘승골성訖升骨城에 내려와 도읍을 정했으며 나라 이름을 북부여라고 하고 이름을 스스로 해모수解慕漱라고 했다. 아들을 낳아 이름을 부루扶婁라고 하고 해解를 씨氏로 삼았다. 그 후 상제의 명령에 따라 동부여로 도읍을 옮겼는데 동명제東明帝가 북부여를 계승해 일어나서 졸본주卒本州에 도읍을 세우고 졸본부여라 했는데, 이이가 바로 고구려의 시조이다."《삼국유사》〈북부여〉 조

⋯ 부여는 천제가 직접 건국한 나라인데, 그 후손들이 동부여로 옮겼고, 동명이 북부여를 계승해 고구려를 건국했다는 것이다. 고구려인들이 세운 〈광개토태왕릉비〉에서도 고구려의 시조가 '북부여에서 나오셨으며 천제의 아들'이라고 하였다.

더 깊게 생각하고 토론해 봅시다

부루와 주몽의 관계

《삼국유사》〈북부여〉 조에서 해모수의 아들을 부루라고 했다. 《삼국유사》〈고구려〉 조에서 해모수가 물의 신 하백의 딸 유화柳花를 만나 주몽을 낳았다고 했다. 해모수의 아들을 〈북부여〉 조는 부루라고 썼고 〈고구려〉 조에서는 주몽이라고 달리 썼다. 《삼국유사》〈고구려〉 조에서 지금은 전해지지 않는 《단군기檀君記》를 인용해서 이렇게 말하고 있다. "《단군기》에 이르기를 '단군이 서하西河 하백의 딸을 만나 아들을 낳았는데 이름이 부루이다.'라고 하였다. 지금 이 기록《삼국유사》〈고구려〉은 해모수가 하백의 딸과 사통해 주몽을 낳았다고 하였다. 《단군기》에는 '아들을 낳았는데 이름이 부루이다.'라고 했으니 부루와 (고구려 시조) 주몽은 어머니가 다른 형제이다."

⋯ 일연선사는 단군과 해모수를 같은 천제로 보고 부루와 주몽을 어머니가 다른 형제로 본 것이다.

로막혔는데, 동명이 활로 물
을 치자 물고기와 자라가 다
리를 만들어 건너서 부여를
세웠다는 것이다. 북쪽의 탁
리국에서 동명이 내려와 부여
를 세웠다는 것이다. 한국과
중국의 사료들을 분석해보면
부여는 단군조선을 계승한 국
가이고, 고구려는 부여를 계

▲ 중국의 난생사화 동상

승한 국가이다. 그래서 단군과 해모수를 같은 인물로 보고, 동명
을 부여와 고구려를 세운 것으로 설명하는 것이다. 부여는 나중
에 북부여와 동부여로 나뉜다. 원래의 부여세력 중 일부가 북부
로 이동해서 북부여가 되었고, 동쪽으로 이동해서 동부여가 되
었다.

부여는 누가 건국했나?

= 예맥족 또는 맥족이 세운 부여

부여를 세운 종족은 예맥족濊貊族 또는 맥족貊族으로 보고 있
는데 모두 동이족의 한 갈래이다. 중국에서는 북방민족을 보통
맥족이라고 불렀다. 또한 고구려를 맥국貊國이라고 표현하기도 했
다. 부여와 고구려는 건국사화의 구체적인 내용까지 같다는 점에
서 부여와 고구려는 같은 족속의 나라임을 알 수 있다.

= 부여와 은(상)나라는 같은 동이족

중국학계는 은(상)나라를 동이족 고유의 난생사화를 가지고 있
는 동이족 국가로 보고 있다. 또한 맥족도 은(상)나라를 세운 동이
족과 관계가 있다고 보고 있다.

▲ 은나라 갑골문. 은의 수도였던 하남성河南省 안양시安陽市 은허殷墟에서 출토되었다.

부여가 은나라와 관계가 있다는 사실은 《삼국지》 〈동이열전〉의 여러 기록을 통해 알 수 있다. 《삼국지》 〈동이열전〉에는 부여가 은정월殷正月(은나라 정월)에 하늘에 제사를 지내는 제천행사 '영고迎鼓'를 열었다고 기록하고 있다.

은정월은 은(상)나라에서 정월로 삼았던 축월인데 하나라 달력으로는 12월이다. 동이족 은의 정통성을 이은 부여는 전쟁에 나갈 때 소를 잡아 발굽을 불로 지져서 발굽이 갈라지면 흉하고 발굽이 붙으면 길하다고 여겼다. 은나라도 전쟁 등의 큰일을 앞두고 거북이 배껍질이나 소 어깨뼈를 불로 지져서 그 갈라진 상태를 보고 길흉을 점쳤으니 여러 모로 서로 비슷했다.

1차 사료로 그 시대 보기

은나라와 난생사화

사마천의 《사기》는 은(상)나라 시조 은설殷契에 대해서 이렇게 쓰고 있다. "은설은 어머니가 간적簡狄인데 유융씨有娀氏의 딸로서 제곡帝嚳의 두 번째 왕비가 되었다. 세 사람이 목욕하러 갔는데 검은 새가 알을 떨어뜨려서 간적이 이를 취해 임신하여 설을 낳았다." 《사기》 〈은본기〉

…» 하늘과 인간을 연결하는 새를 중시하는 것은 동이족 난생사화로서 은나라가 동이족 국가임을 말해주고 있다. 난생사화는 우리 민족뿐만 아니라 베트남에도 남아 있고 중국의 백족白族, 이족彝族, 묘족苗族 등 여러 민족에도 광범위하게 퍼져 있다. 모두 동이족의 후예들이기 때문이다.

알고 싶어요

정월은 누가, 어떻게 정하는가?

일 년 중 첫째 달인 정월은 원월元月이라고도 한다. 고대 왕조들은 중원을 차지하면 하늘로부터 천명을 받았다는 의미로 정월을 새롭게 정했다. 삼대三代라고 불린 하夏·은殷·주周의 정월이 모두 다른 것은 이 때문이다. 12지지地支 자·축·인·묘·진·사·오·미·신·유·술·해子丑寅卯辰巳午未申酉戌亥가 각각 12달이 된다. 하夏는 세 번째 인월寅月을 정월로 삼았고, 은殷은 두 번째 축월丑月을 정월로 삼았고, 주周는 첫 번째 자월子月을 정월로 삼았다. 은 정월은 하의 달력으로 12월이고 주 정월은 하의 달력으로 11월이다. 부여가 은 정월에 국가행사를 했다는 것은 동이족 국가 은나라의 정통성을 이었다는 의식을 갖고 있었음을 의미한다.

부여의 위치

= 부여는 길림성 송화강 유역에 있었나

《삼국지》는 부여의 강역이 사방 2천 리라고 말하고 있다. 현재 역사학계의 통설은 부여의 중심지를 지금의 북만주 송화강松花江 유역으로 보고 있는데 이는 일본의 식민사학자 이케우치 히로시 池內宏와 시라토리 구라기치白鳥庫吉 등의 학설을 따르는 것이다. 그러나 이런 주장은 부여의 위치를 말하는 고대 중국 사료와 큰 차이가 있다.

《삼국지》〈동이열전〉은 부여의 위치에 대해 "부여는 (만리)장성 의 북쪽에 있는데, 현도玄菟에서 1천 리 떨어져 있고, 남쪽으로는 고구려와 접하고 있으며, 동쪽으로는 읍루挹婁, 서쪽으로는 선비 鮮卑와 접하고 있으며, 북쪽에는 약수弱水가 있다."고 말하고 있 다. 여기에서 기준이 될 수 있는 것은 '장성의 북쪽'이라는 말이다.

《사기》와《수경주》에서 말하는 장성의 서쪽은 감숙성 임조이 고, 장성의 동쪽은 고대 요동으로 갈석산이 있는 곳이다. 갈석산 은 하북성 진황도시 창려현에 있는 산을 말한다. 곧 부여는 만리 장성 북쪽에서 기본적인 위치를 찾아야 할 것이다.

= 장성과 연나라 북쪽에 부여가 있다

《사기》〈화식열전〉에는 연燕나라가 북쪽으로 오환烏桓, 부여와

1차 사료로 그 시대 보기

만리장성의 동쪽 끝은 어디인가?

사마천의 《사기》〈몽염蒙恬열전〉에서 진나라 장수 몽염이 진 시황의 명으로 임조臨洮에서 요동까지 장성을 쌓 았다고 말하고 있다. 중국 고대 강에 대한 기록인《수경주》〈하수河水 3〉에서 "진시황이 태자 부소와 몽염에게 명령을 내려 장성을 쌓게 했는데, (서쪽은) 임조에서 시작해 (동쪽은) 갈석碣石까지 이르렀다."고 말하고 있다. 진나 라 만리장성의 서쪽 끝 임조는 지금의 감숙성甘肅省 정서시定西市 임조현臨洮縣이고 동쪽 끝은 고대 요동인데, 곧 갈석산이 있는 곳이다. 이 북쪽에 부여가 있었다는 것이다.

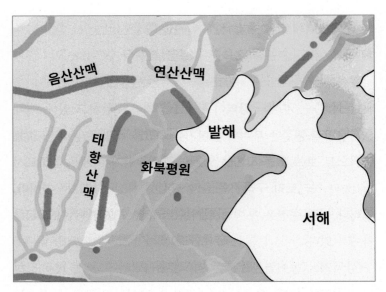

▲ **중국 태항산맥과 연산산맥.** 두 산맥 사이의 평원이 화북평원이고 연산산맥 동쪽은 고조선의
서쪽 강역이다.

이웃하고 있다고 기록하고 있고, 《한서》〈지리지〉에도 같은 기록이
있다. 연나라는 대략 북경 부근을 중심으로 하북성 서쪽에 있던 나
라로 서북쪽은 태항산맥太行山脈으로 막히고, 동북쪽은 연산산맥
으로 막히는데 그 동남쪽에 연산산맥 끝인 갈석산이 있다. 이는 연
과 진이 장성을 쌓은 지형과 일치한다. 《사기》와 《삼국지》 등의 기
록은 연나라의 북부 연산산맥을 따라 쌓은 장성 북쪽에 오환과 부
여가 있었다는 것이니 일본인 학자들이 말한 부여의 위치보다는 훨
씬 서쪽에 있었다.

중국 고대 사료들은 북방민족의 하나인 오환烏桓을 동호東胡라고
쓰고 부여를 동이東夷라고 분류했는데, 오환은 북서쪽에 있었고, 부
여는 동북쪽에 있었으니 부여는 갈석산 북쪽에서 찾아야 한다. 갈
석산 북쪽은 지금의 난하 상류 유역인데 이곳이 곧 부여의 위치일
것이다. 또한 《삼국지》〈동이열전〉은 부여에 대해 "산릉과 넓은 들
이 많아서 동이 지역에서는 가장 평탄하고 넓다."고 기록하고 있다.
부여의 강역은 장성 북쪽 산릉과 평원이 존재하는 곳으로 지금의
하북성 북부와 내몽고자치구 일부를 말하는 것으로 짐작된다.

❷ 부여의 정치와 사회

◀ 부여의 정치체제와 정치사상

= 부자상속이 원칙

부여의 왕위는 부자상속이었다. 부여왕 위구태尉仇台가 죽고 간위거簡位居가 왕이 되었는데, 적자嫡子가 없고 서자 마여麻余만이 있었다. 간위거가 죽자 여러 가加들이 마여를 옹립해서 왕이 되었다. 적자가 없을 경우 왕의 동생이나 장성한 친척이 아니라 서자를 세웠다는 점에서 부자상속이 원칙이었음을 알 수 있다. 마여가 죽자 그의 여섯 살짜리 아들 의려依慮를 왕으로 추대했다는 사실도 이를 말해준다.

= 신분제도와 경제

부여는 임금 아래 중앙관직으로 마가馬加, 우가牛加, 저가猪加, 구가狗加 등이 있었고, 그 아래 대사大使, 대사자大使者, 사자使者가 있었다. 중앙관직에 소, 말, 돼지, 개와 같은 가축의 이름을 붙인 것은 유목 생활을 하는 기마 민족의 풍습이 남아 있었음을 알 수 있다. 부여의 가加들은 주로 왕족들이 맡았다. 간위거왕의 계부季父(막내 숙부)가 우가牛加의 직책에 있었다는 사실에서 이를 알 수 있다. 간위거왕은 숙부 우가가 다른 마음을 먹었다면서 부자를 죽이고 재산을 빼앗았는데 이는 부여의 왕권이 왕족을 죽이고 그 재산까지 빼앗을 수 있을 정도로 강력했음을 말해준다.

부여의 가加들은 네 방면의 사출도四出道를 주관했는데 큰 곳은 수천 가家이고, 작은 곳은 수백 가였다. 읍락에는 호민豪民과 하호下戶가 있었다. 《삼국지》〈동이열전〉에서 부여에 대해 "읍락에는 호민이 있는데 하호라는 이름의 사람들은 모두 노복奴僕이 되었다."라고 하였다. 백성 중에 지배층에 속하는 호민이 있고, 그 아래 일반 민民이 있고 하호라 불리는 노복이 있었음을 알 수

● 천인상관

하늘과 땅과 인간이 서로 연결되어 있다는 사상이다. 인간의 정사는 하늘의 뜻을 대신하는 행위인데 군주나 벼슬아치들이 하늘의 뜻과 달리 폭정을 하면 하늘이 가뭄, 홍수 등의 재이災異를 내려 벌한다는 것이다. 중국 한나라 동중서董仲舒(서기전 179?~서기전 104?)가 제시한 천인감응설과 마찬가지 사상이다.

있다. 부여는 유목생활도 했지만 《삼국지》〈동이열전〉에서 "토지는 오곡에 적합하고 오과五果(다섯 과일)는 나지 않는다."라고 한 것처럼 농업도 병행했다.

= 제정일치 사회

부여의 왕권이 강했던 것은 제정일치 사회의 제사장을 겸했기 때문이었다. 국왕은 하늘을 대신해 나라를 다스리고 하늘에 지내는 제사도 주관했는데 가뭄이나 장마가 계속되어 오곡이 영글지 않으면 그 잘못을 국왕에게 돌렸다. 이는 국왕이 하늘을 대신해서 정치를 한다는 **천인상관**天人相關 사상으로서 중원의 천인감응설天人感應說과 같은 것이었다. 이는 절대권을 가진 군주의 정치를 하늘의 뜻으로 제한하려는 사상이다.

🔵 부여의 사회풍속

= 제천행사 영고와 형벌

부여는 은정월에 국왕이 주관하는 '영고'라는 제천행사를 했는데 온 나라가 참가하는 국중대회國中大會였다. 이때는 날마다 마시고, 먹고, 춤추며 노래했으며, 형옥을 중단하고 죄수를 풀어주었다. 또한 부여인들은 흰색을 숭상해 흰 베로 만든 도포와 바지를 입고 가죽신을 신었다. 길에 다닐 때는 낮이나 밤이나 늙은이

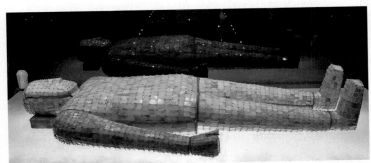

▲ 한 경제의 아들인 중산정왕中山靖王 유승劉勝(?~서기전 113)의 **옥갑**. 1968년 하북성 보정시保定市 만성滿城 한묘漢墓에서 출토되었다. 부여도 국왕이 죽으면 이런 옥갑을 사용했다.

젊은이 할 것 없이 모두 노래를 불러서 하루 종일 노랫소리가 그치지 않았다.

　부여의 법은 사람을 죽이면 사형에 처하고 집안사람들은 노비로 삼고, 도둑질을 하면 12배로 배상하게 했는데 이는 대체로 고조선의 범금8조와 유사했다. 또한 남녀가 음란하면 모두 죽였다. 형이 죽으면 형수를 아내로 삼는 형사취수제가 있었는데, 이는 흉노와 같은 풍습이었다. 이는 여성 혼자 생계를 꾸려나가기가 힘든 사회에서 남편 잃은 집안의 여성을 공동으로 부양하는 제도였다.

　부여사람들은 육신은 죽어도 영혼은 살아 있다고 여겼으므로 장례를 후하게 지냈다. 여름에는 얼음을 넣어서 장례를 지낸다고 했는데 이는 여름까지 얼음을 보관하는 방법이 있었음을 말해준다. 장례는 다섯 달 동안 후하게 치루는 데 그 기간이 오래될수록 영광스럽게 여겼고, 많을 때는 백 명 가량이나 **순장**殉葬˙을 했다. 《삼국지》〈동이열전〉에는 한漢나라 때 부여왕이 죽으면 현도군에 예비해 두었던 **옥갑**玉匣˙을 사용했다고 전하고 있다.

③ 부여의 대외관계

고구려와 전쟁하다

　고대국가의 대외관계는 외교와 전쟁으로 나눌 수 있다. 부여는 강한 군사력을 가지고 있었다. 《삼국지》〈동이열전〉에는 부여사람들은 몸집이 크고 성질이 굳세고 용감하며 근엄하고 후덕해서 다른 나라를 쳐들어가거나 노략질하지 않는다고 기록되어 있다. 부여가 후한과 대립하기 보다는 우호적인 관계를 유지했기에 좋게 기록해 준 것이다. 《위략魏略》에는 "그 나라는 매우 부강해서 선대로부터 일찍이 적에게 파괴된 일이 없다."라고 썼지만 실제로는 승전과 패전을 반복했다. 전쟁이 발생하면 여러 가들이 직접

● **순장과 옥갑**

순장은 장례를 지낼 때 사람을 죽여서 함께 묻는 것이다. 죽은 사람을 모시던 종들을 강제로 죽여 묻는 경우도 있고, 영혼불멸의 신앙으로 스스로 죽어 함께 묻히는 경우도 있다. 고조선 사람들도 요동반도 끝에 강상무덤과 루상무덤에서 집단으로 순장한 무덤이 발견되었다.

옥갑은 임금이나 귀한 신분의 사람들이 세상을 떠났을 때 옥으로 옷을 만들고 금실이나 은실로 꿰맨 것이다. 그래서 금루옥의金縷玉衣 또는 은루옥의銀縷玉衣라고도 한다. 시신에 옥갑을 입힌 이유에 대해서는 불로장생, 부패방지 등 여러 학설이 있지만 정확하지 않다.

▲ 금실로 옥을 꿰맨 금루옥의

▲ 길림성 집안시 통구 12호분 벽화에 그려진 고구려 개마무사. 부여군도 말까지 갑옷을 입힌 개마무사 군단을 가지고 고구려와 싸웠을 것이다.

나가서 군사를 지휘했는데 이때 민民보다 아래 신분인 하호下戶들이 군량과 음식을 만들어 제공했다.

부여는 고구려와 같은 뿌리에서 나왔기에 정통성을 가지고 서로 다투었다. 그중에서도 부여왕 대소帶素는 고구려와 시종일관 다투었다. 서기전 6년(유리왕 14) 정월 대소가 인질 교환을 요청했다. 유리왕은 태자 도절都切을 보내려 했으나 도절이 가기를 거부했다. 그해 11월 대소왕은 5만 대군을 이끌고 고구려를 침략했으나 큰 눈이 내려 얼어 죽는 사람이 많자 돌아갔다. 부여는 5만여 명의 대군을 동원할 수 있을 정도로 군사력이 강한 나라였다. 서기 13년(유리왕 32) 11월에도 부여가 대군으로 공격했는데 유리왕의 아들 무휼無恤(대무신왕)이 매복작전을 펼쳐서 학반령鶴盤嶺 아래에서 습격해 승리를 거두었다.

부여와 고구려는 고구려 대무신왕(재위 18~44) 때도 크게 충돌했다. 대무신왕은 재위 4년(21) 12월 부여를 공격했는데 장수 괴유怪由가 부여왕 대소를 전사시켰다. 그러나 역습을 당해 부여군에게 포위되어 겨우 빠져나왔다.

부여왕 대소의 전사는 부여사람들에게 큰 충격을 주어 지배층을 분열시켰다. 부여왕 금와의 막내아들이자 대소의 동생은 갈사수曷思水 유역으로 이주해 갈사국을 세웠고, 금와왕의 사촌 동생은 1만여 명을 이끌고 고구려에 투항했다. 이로써 부여의 국력은 약화된 반면 고구려의 국력은 강해졌다.

◀ 후한과 우호와 전쟁을 반복하다

부여는 후한을 끌어들여 고구려를 견제하려 했다. 그래서 후한과 우호적 관계를 유지했으나 때로는 전쟁도 치렀다. 후한後漢 광무제光武帝(재위 25~57)가 서기 25년 즉위하자 부여는 서기 49년 사신을 보냈다. 광무제가 후하게 보답하면서 이후 거의 매년 사신이 왕래했다. 이때부터 60여년 간 부여와 후한은 우호관계였다. 그러나 부여와 후한은 111년 낙랑군 지역의 소유권을 둘러싸고 충돌했다. 부여왕은 보병과 기병 7천~8천 명을 거느리고 낙랑군을 공격했다. 낙랑군이 지금 평양에 있었다면 부여군이 고구려 강역을 지나서 평양까지 갈 수 없다는 점에서 낙랑군은 평양이 아니라 고대 요동인 하북성 일대에 있었다. 120년 부여에서 왕자 위구태를 후한에 사신으로 보내자 후한에서도 많은 물품을 답례로 주어 관계를 회복했다.

부여는 고구려가 후한의 현도성을 공격했을 때 후한 편을 들기도 했다. 121년(태

▲ **후한 광무제 유수**. 부여와 우호적인 관계를 유지했다.

조대왕 69) 후한의 유주자사, 현도·요동태수 등이 대군을 이끌고 고구려를 침략하자 고구려 태조대왕은 아우 수성遂成(차대왕)을 보내 격퇴시키고 이듬해 대륙에 있던 마한과 예맥 군사 1만을 거느리고 후한의 현도성을 공격했다. 이때 부여왕이 아들 위구태尉仇台에게 군사 2만을 주어 고구려를 공격하게 해서 고구려를 좌절시켰다. 심지어 136년(태조대왕 84)에는 부여왕이 직접 후한의 도읍 낙양雒陽을 방문해 후한 순제順帝의 극진한 환대를 받았다.

그러나 167년 부여 부태왕夫台王이 2만여 군사를 거느리고 현도군을 공격했다가 현도태수 공손역公孫域에게 격퇴당했다. 부여는 고조선 계승의식이 있어서 낙랑·현도군 지역의 소유권이 자국에게 있다고 생각했기 때문에 이를 두고 고구려는 물론 후한과도 전쟁을 치렀다. 174년에 부여는 다시 후한 영제靈帝와 관계를 회복했다.

◀ 고대 요동에 공손씨가 일어서다

220년에 후한이 쇠퇴하고 위魏·촉蜀·오吳 세 나라가 중원의 패권을 다투는 삼국시대(220~280)가 전개되면서 부여의 정세도 급변했다. 현도태수 공손역의 지원을 받은 공손도公孫度(150~204)가 요동태수가 되면서 고대 요동의 지배자로 급부상했다. 공손도는 고대 요동을 위魏에서 독립된 왕국으로 만들려 했다. 공손도는 위 조조曹操가 자신을 제후인 영녕향후永寧鄕侯로 봉하자 이를 받고 나서 "내가 요동왕이지 어찌 영녕향후이겠는가!"라고 말할 정도로 고대 요동에 가문의 왕국을 세우는데 사활을 걸었다. 공손도는 이를 위해 고대 요동에 있는 동이의 유력 세력들을 포섭했다. 자신의 종녀宗女를 부여 위구태왕에게 시집보내고 딸을 대륙 백제의 구태仇台에게 시집보냈다.

고구려 동천왕이 재위 16년(242)에 요동군 서안평 지역을 격파하자 위魏는 지금의 북경 지역을 다스리는 유주자사幽州刺史 관구검毌丘儉에게 반격하게 했다. 위나라는 현도태수 왕기王頎를 부여에 보내 협조를 요청했는데 부여의 간위거왕은 대가大加를 보내 교외에서 맞이하고 군량을 대주었다. 부여왕의 숙부인 우가牛加가 같은 뿌리인 고구려 공격을 반대하자 간위거는 "다른 마음을 먹고 있다."면서 우가와 그 아들을 죽이고 재산을 몰수하였다.

공손도의 아들 공손강公孫康이 '요동후遼東侯'로 자립해서 독립 왕국을 세우려고 모색하자 동쪽의 고구려, 서쪽의 위, 북쪽의 부여가 긴장했다. 공손강의 아들 공손연公孫淵(?~238)이 237년 위·촉·오의 대립이 격화된 틈을 타서 연燕나라를 세우고 스스로 연왕燕王이라고 선포했다. 이듬해 위나라는 사마선왕司馬宣王 사마의司馬懿를 보내 진압하게 했는데, 이때 고구려 동천왕도 군사를 보내 동쪽에서 협공했다. 양쪽에서 쫓기던 공손연은 현재의 하북성 노룡현인 요동 양평성襄平城으로 도주했으나 이곳에서 목이 베어졌다. 《삼국지》〈공손도열전〉은 "공손연의 머리를 낙양에 보내자 요동·대방·낙랑·현도군이 모두 평정되었다."라고 말하고 있다. 낙랑·대방군이 모두 고대 요동에 있었다는 뜻이다. 공손도 일가가 무너지자 고구려는 고대 요동을 둘러싸고 위나라와 직접 충돌하게 되었다. 고구려가 요동군 서안평현을 공격하자 위나라에서 유주자사 관구검을 보내 공격한 것은 지금 하북성 일대인 고대 요동을 둘러싸고 두 나라가 직접 충돌한 것을 의미한다.

▲ 공손강

❹ 부여의 쇠퇴와 멸망

▲ 사마의 초상

위나라가 고대 요동을 두고 고구려와 충돌하면서 위나라 정세가 급변했다. 위의 군권을 장악한 권신 사마의司馬懿가 249년 정변을 일으켜 실권을 잡은 후 263년 진晉을 건립해 선양을 받는 형식으로 위를 멸망시켰다. 사마의는 263년 촉蜀을 정벌했는데 266년에는 사마의의 손자 사마염司馬炎이 황제를 자칭했다. 진은 드디어 280년에는 오吳까지 멸망시키고 중원을 통일하고 그 기념으로 연호를 태강太康으로 바꾸고《태강지리지太康地理志》를 편찬했다. 위·촉·오 삼국이 겨루던 삼국시대가 사마씨의 진에 의해 통일된 것이다.

부여는 중원을 통일한 진晉과 외교관계를 맺어 국체를 보존하려 했다. 그러나 진은 왕족들의 분열과 지배층의 사치풍조가 일어나 국력이 약화되면서 동이족의 한 갈래인 북방 선비족들이 성장했다.《진서晉書》에 따르면 285년에 선비족 모용외慕容廆가 부여를 습격하자 부여왕 의려依慮는 자살하고 그 자제들은 옥저로 도주했다.

서진西晉의 무제는 동이교위東夷校尉 선우영鮮于嬰이 부여를 구원하지 않아서 기회를 놓쳤다는 보고를 듣고, 선우영을 파면하고 하감何龕으로 대신하였다. 진은 부여를 부흥시키기 위해 많은 노력을 기울였다. 부여를 재건시켜야 선비족과 고구려를 동시에 견제할 수 있다고 여겼기 때문이다. 하감은 옥저로 도주했던 의려의 아들 의라를 영입해 부여를 재건시켰다. 그러나 모용외가 자주 침략하여 부여인을 잡아다 진에 노예로 팔 정도로 부여는 명맥만 유지했고 국력을 회복하지 못하였다.

게다가 부여는 410년 고구려 광개토대왕에게 공격당해 64개 성과 1,400여 개의 마을을 빼앗겼다. 선비족과 고구려 양쪽에 쫓

● **진서**
중국 당나라 때 방현령房玄齡, 이연수李延壽 등이 태종의 명에 따라 펴낸 진晉나라의 정사.

● **서진**
진은 중원을 통일한 서진과 남쪽으로 남하한 동진으로 나뉜다. 서진은 중원을 통일했으나 얼마 지나지 않아서 여러 제후왕들이 서로 싸우는 '팔왕八王의 난'을 겪으며 급격하게 약해졌다. 서진은 317년 중원을 북방 민족에게 빼앗기고 양자강 이남으로 내려오는데 이를 동진東晉이라고 한다.

기던 부여는 결국 494년(문자왕 3) 2월 왕과 왕비, 왕자가 나라를 들어 고구려에 항복했다. 고조선의 적통을 자부하던 부여는 같은 뿌리인 고구려에 통합된 것이다. 부여에서 나온 고구려는 고조선의 옛 땅을 수복한다는 다물多勿을 국시로 삼아 중원 왕조와 북방 민족과 끊임없이 충돌했지만 부여는 약해진 국력으로 인해 중원의 세력과 화친하다가 결국 고구려에 통합되었다.

더 깊게 생각하고
토론해 봅시다

《태강지리지》가 말하는 낙랑군의 위치

진晉에서 중원통일 기념으로 만든 전국 지리지가 《태강지리지》이다. 《태강지리지》는 현재 전하지 않지만 여러 역사서에 그 내용이 전해진다. 그중 《사기》〈하본기〉 주석에 《태강지리지》를 인용해 말하기를 "낙랑군 수성현遂城縣에 갈석산이 있는데, 만리장성이 시작하는 곳이다."라고 하였다. 진晉나라의 낙랑군 수성현에는 갈석산이 있는데 그곳이 만리장성의 동쪽 끝이라는 뜻이다. 이때의 수성현은 지금의 하북성 일대에 있었고 갈석산은 현재 하북성 창려현昌黎縣 북쪽에 있다. 이 또한 낙랑군이 지금의 북한 평양이 아니라 고대 요동인 하북성 일대에 있었음을 말해준다.

2 삼한

❶ 삼한의 실체

◀ 삼한 강역의 크기

마한, 진한, 변한을 보통 삼한三韓이라고 말한다. 그런데 삼한에 대한 기록은 '삼한 본기'나 '마한·진한·변한 본기'처럼 일관된 기록이 없고, 중국과 한국의 여러 사료에 단편적으로 기록되어 있어서 그 실체를 파악하기가 어렵다. 그나마 중국의 《삼국지》·《후한서》의 〈동이열전〉에 한韓(삼한)을 별도 항목으로 서술한 것이 한의 실체 파악에 도움이 된다.

삼한의 강역에 대해 현재 마한은 경기·충청도, 진한은 낙동강 동쪽의 경상도, 변한은 경상남도라면서 한반도 중남부로 비정하는 경우가 많다. 이는 《삼국지》·《후한서》의 〈동이열전 한〉 조의 기록을 근거로 비정하는 것인데, 《삼국지》는 그 위치와 영토에 대해 "한韓은 대방帶方의 남쪽에 있는데 동쪽과 서쪽은 바다로 한계를 삼고 남쪽은 왜와 접해있는데 사방 4천 리 정도 된다."고 말한다. 《후한서》도 한의 강역이 '사방 4천 리'라고 말하고 있는데 사방 1천 리 남짓한 한반도 중남부로 비정하는 것은 사료 왜곡이다.

《삼국지》·《후한서》에서 한은 대방의 남쪽이고 동쪽과 서쪽은 바다이고 남쪽은 왜와 접해있다고 하였다. 접했다는 것은 육로로 국경을 맞대고 있다는 뜻이다. 마한은 54개 소국인데 큰 나라는 1만여 가家이고 작은 나라는 수천 가이며, 진한과 변한은 각각 12개 소국이라고 했다. 이 기사를 두고 삼한에는 모두 78개의 소국이 난립했다고 말하지만 이들은 국가가 아니라 일종의 행정구역으로서 군현郡縣과 같은 것이라고 보아야 할 것이다.

북한학계는 한을 진국辰國이라면서 "한족이 세운 나라인 진국辰國에 마한, 진한, 변한이라고 불린 3개의 지역이 있었으며 거기에 살던 사람들은 각각 마한사람, 진한사람, 변한사람이라고 불리었다."라고 설명하고 있다.

◀ 삼한과 대방군의 위치

한韓은 대방帶方의 남쪽에 있다고 했으므로 대방의 위치를 찾으면 한이 어디 있었는지 알 수 있다. 《한서》〈지리지 낙랑군〉 조의 기록은 낙랑군 산하 25개 현 중에 '대방현'이 있다고 말했다. 25개 현 중의 다른 하나인 '함자현含資縣'에 대한 설명에서 "대수帶水가 서쪽으로 대방에 이르러 바다로 들어간다."고 말한다. 대수라는 강이 있어서 대방으로 불렸다는 것이다. 낙랑군은 지금의 하북성 일대에 있었으므로 원래의 한韓은 이 일대에서 찾아야지 한반도 남부에서 찾을 수는 없다.

《후한서》〈동이열전 고구려〉 조에는 (고구려에서) 요동 서안평을 공격해서 대방령을 죽였다고 기록하고 있는데, 그 주석의 내용이 중요하다. 그 주석은 "《군국지郡國志》에는 서안평현과 대방현은 모두 요동군에 속해 있다."고 설명하고 있다. 대방은 고대 요동에 있었다는 것이다. 그러나 일본 식민사

▲ 옛 영평부 자리였던 현재의 하북성 노룡현. 한국 고대사의 위치비정에 대단히 중요한 지역이다.

2. 삼한 · 115

학자들이 대방을 지금의 황해도에 있었다고 왜곡하면서 낙랑·대방군뿐만 아니라 삼한의 위치도 크게 왜곡되었다. 고대 중국 사료가 대방이 고대 요동에 있었다고 말하는데 이를 지금의 황해도로 비정할 수는 없다. 대방군이 고대 요동에 있었다는 사실은 《삼국지》〈동이열전 한〉 조에 "건안建安 중에 공손강公孫康이 (낙랑군) 둔유현屯有縣 남쪽의 황무지를 나누어서 대방군을 만들었다."는 기록으로도 분명해진다. 중국학계는 일제 식민사학을 추종해 대방현을 황해도 봉산군이라고 왜곡하고 있는데 공손강이 고구려 강역을 건너뛰고 황해도까지 와서 대방군을 만들 수는 없는 일이다. 대방군은 현재 하북성 노룡현 부근이자 발해만 위쪽으로 비정할 수 있는데 대방의 남쪽이라는 말은 대방의 동남쪽을 이르는 말로 해석된다. 중국 사서들은 정남, 동남, 서남을 자세하게 구분하지 않고 아래쪽이면 남쪽이라고 기록하는 경우가 적지 않다. 자국의 통치권이 미치지 않는 외국의 경우 이런 경향이 더 빈번해진다.

그래서 《삼국지》·《후한서》의 〈동이열전 한〉 조에 "사방 4천리"라는 기록에 따르면 한의 강역은 만주 남부와 한반도 전체를 아울렀다고 보아야 할 것이다.

더 깊게 생각하고 토론해 봅시다

전삼한과 후삼한은 무엇인가?

단재 신채호는 《조선상고사》와 〈전후前後삼한고〉에서 한을 전삼한과 후삼한으로 나누었다. 전삼한은 단군조선이 신眞(진)조선, 불番(번)조선, 말馬(마)조선으로 나뉜 것인데, 그 강역은 불조선이 지금의 요서 지역, 신조선이 지금의 요동 지역, 말조선이 지금의 압록강 남쪽에 있었다고 보았다. 전삼한은 신조선이 대왕大王으로 전체를 통괄하고, 불조선과 말조선이 부왕副王으로 보좌하는 나라라는 것이다. 고조선이 망한 후 삼한 유민들이 한반도로 이주해 재건한 것이 후삼한이라는 것이다.

▲ 단재 신채호

② 삼한과 고구려, 백제, 신라

◈ 삼한의 형성

삼한이 언제 수립되었는지는 정확히 알 수 없다. 한을 진국辰國으로도 보는데 진국에 대해서는 《사기》·《한서》의 〈조선열전〉에 위만조선의 우거왕과 관련해서 등장하므로 최소한 서기전 2세기 이전에 존속했던 것으로 볼 수 있다. 한 또한 고조선의 거수국(제후국)이었다. 서기전 108년 위만조선이 한 무제의 공격으로 멸망하고 낙랑군을 비롯한 한사군이 설치되자 고조선 옛 주민들이 대거 동쪽으로 이주했다. 한에서 고구려, 백제, 신라가 나왔지만 이 나라들이 점차 강해지면서 한은 점차 약화되었다. 《삼국사기》〈백제본기〉는 서기 9년 백제 온조왕이 마한을 멸망시켰다고 말하고 있다. 그런데 〈신라본기〉에는 서기 61년 마한 장수가 신라에 항복했다고 말하고 있어서 신라와 관련 있는 마한은 이때까지 존속한 것으로 되어 있다. 〈고구려본기〉에는 121년, 122년에는 고구려가 후한의 요동을 공격할 때 예맥과 함께 마한 군사를 동원했다고 말하고 있는데 이는 물론 대륙에 있던 마한을 뜻한다.

◈ 《삼국지》가 말하는 한의 역사

《삼국지》〈동이열전 한韓〉 조에 한의 역사에 대해서 이렇게 설명하고 있다. 기자조선의 준왕이 위만에게 왕위를 빼앗기고 한의 땅으로 도주해 거주하면서 한왕韓王이라고 했다는 것이다. 그 후 준왕의 후손이 끊어졌으나 한인韓人 중에는 그때까지 제사를 받드는 사람이 있다는 것이다.

고조선의 제후국이었던 한은 고조선이 멸망한 후 낙랑군에 소속되어 있었는데 후한의 환제桓帝(재위 146~167)·영제靈帝(재위 167~189) 말년에 한韓·예濊가 강성해져서 한의 낙랑군 같은 군현

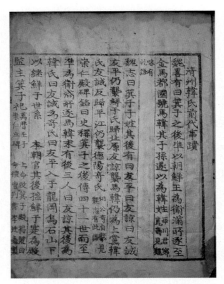
▲《청주한씨세보》. 기자의 후손 준왕이 위만에게 쫓겨나 마한을 세워서 금마에 도읍했다고 말하고 있다.

들을 통제하지 못하자 많은 주민들이 한국韓國으로 유입되었다. 그 후 고대 요동에서 공손강이 일어나 낙랑군 둔유현 남쪽을 나누어 대방군을 설치하고 공손모公孫模·장창張敞 등을 파견해 정벌하자 왜倭와 한韓이 다시 대방에 속하게 되었다는 것이다.

공손씨가 고대 요동에 있던 낙랑·대방군을 차지하자 위魏나라 명제明帝(재위 237~239)는 유흔劉昕을 대방태수, 선우사鮮于嗣를 낙랑태수로 삼아 두 군을 평정하게 했는데, 두 태수는 군사를 이끌고 발해를 건너가서 낙랑·대방 두 군을 평정하면서 여러 한국韓國의 신지臣智 등에게 위나라 벼슬을 주면서 회유했다. 위나라는 육로로 사마의를 보내고 수로로 유흔 등을 보내서 공손씨 일가를 멸망시켰다. 《삼국지》는 유흔·선우사 등을 파견해 공손씨가 장악했던 낙랑·대방군을 차지하고 한국의 신지 등에게 벼슬을 준 사실을 끝으로 삼한의 역사에 대해서는 더 이상 서술하지 않았다. 이는 모두 대륙 삼한에 대해서 서술한 것이다.

◀ 마한은 고구려, 변한은 백제, 진한은 신라

《삼국사기》〈최치원열전〉에서 신라 최치원은 당나라 태사시중에게 보낸 편지에서 "동해 밖에 삼국이 있었으니 그 이름은 마한·변한·진한이었습니다. 마한은 곧 고구려, 변한은 곧 백제, 진한은 곧 신라입니다."라고 말했다. 마한은 고구려, 변한은 백제, 진한은 신라라는 것인데, 김부식과 고려사관들도 《삼국사기》〈지리지〉에서 "이 설이 사실에 가깝다."고 동의했다. 《신증동국여지승람》에서 "최치원이 처음으로 이 말을 한 것이 아니라 삼국 초기부터 서로 전해오던 말이다."라고 말하고 있다. 그러나 17세기 한

백겸韓百謙이《동국지리지東國地理志》등을 통해 최치원의 주장을 비판하고 마한은 백제, 진한은 신라, 변한은 가야라면서 삼한을 모두 반도 내로 끌어들인 것을 계기로 삼한을 한반도 남부로 비정하고 있다. 일연도《삼국유사》〈마한〉의 기록에서 마한은 고구려라고 말했다. 최치원의 말에 따라 고구려, 백제, 신라를 삼한으로 보면 삼한이 사방 4천 리 정도라는《삼국지》·《후한서》의 강역 크기와 거의 일치한다.

《삼국사기》에서 말하는 마한의 위치는 대륙이다.《삼국사기》〈신라본기 시조 혁거세 거서간 38년(서기전 20)〉에 "이에 앞서 중국 사람들이 진秦의 난리에 고통을 겪다가 동쪽으로 온 자들이 많았는데, 다수가 마한의 동쪽에 거처를 정하고 진한과 더불어 섞여 살다가 이 때에 이르러 점차 강성해졌다."라고 말했다. '진의 난리'란 서기전 210년 시황제가 죽은 이후 진승陳勝 등의 농민봉기군이 일어나 중원이 혼란에 빠지는 사건을 말한다. 이때 사건이 벌어진 곳은 지금의 하남·산동·강소성과 하북성 일부였다. 이곳 사람들이 경기도나 충청도까지 망명할 수는 없으니 이 역시 대륙에서 벌어진 사건이다.

❸ 마한의 멸망

◉ 서기 9년 백제에게 멸망한 마한

《삼국사기》〈신라본기〉에 마한왕이 신라에서 사신으로 온 호공瓠公에게 "진한과 변한은 우리의 속국"이라고 말했다고 전한다. 진왕辰王이 마한의 제재를 받는다는《삼국지》의 내용과 일치한다.《삼국사기》〈백제본기〉에는 '온조왕이 처음 강을 건넜을 때 마한왕이 동북쪽 100리 땅을 떼어주어 살게 했다.'라고도 말했다. 백제도 처음에는 마한의 제후국이었다는 말이다. 실제

▲ **익산 쌍릉 전경**. 대일항전기 때 도굴되어 유물은 남아 있지 않은데 무덤의 구조는 굴식돌방무덤(횡혈식 석실묘)이다.

로 백제 시조 온조왕은 재위 10년(서기전 9) 사냥을 가서 신비로운 사슴을 잡자 마한으로 보내고, 재위 18년(서기전 1)에는 말갈 추장 소모素牟를 사로잡아 마한에 보낸 것처럼 마한을 상국으로 모셨다. 그러나 마한이 점점 약해지자 마한을 병탄할 마음을 갖게 되었다. 온조왕은 재위 26년(8) 10월 마한을 습격해 그 도성을 점령했다. 이때 원산성圓山城과 금현성錦峴城만 함락시키지 못했는데, 이듬해(9) 4월 두 성을 함락시켰다. 《삼국사기》는 "원산·금현성의 백성을 한산漢山 북쪽으로 옮기니 마한이 드디어 멸망했다."고 말하고 있다. 7년 후(16) 마한의 옛 장수 주근周勤이 우곡성牛谷城을 근거로 반란을 일으키자 왕이 직접 5천 군사를 거느리고 토벌했다. 마한부흥군까지 정벌한 이 사건 이후로 《삼국사기》 〈백제본기〉에는 마한 관련 기사가 나오지 않는다. 백제와 관련 있는 마한은 사라진 것이다.

그런데 《고려사》 〈지리지 전라도 금마군金馬郡(현 익산시)〉 조에서 "금마군은 본래 마한국이었다."고 주석을 달았다. 그 주석은 "후조선왕 기준이 위만의 난리를 피해서 바다에 떠서 남으로 내려와 한韓의 땅에 이르러 나라를 열고 국호를 마한이라고 했다."는 것이다. 또한 금마군에 "후조선 무강왕과 그 왕비의 릉이 있다."고 말했다. 이것이 현재 익산에 있는 쌍릉인데 대왕릉이 무강왕의 릉, 소왕릉이 왕비의 릉이라고 전해져왔다. 대왕릉을 마한 시조 준왕의 릉으로도 보는데 준왕이 무강왕인지는 분명하지 않다. 준왕의 후예들이 나중에 익산으로 건너와서 후삼한의 마한을 건국한 것을 준왕이 온 것으로 여겼을 가능성도 있다.

🔵 마한과 신라, 고구려

마한과 신라의 관계는 어떻게 될까? 《삼국사기》 〈신라본기 시조 혁거세 거서간 39년(서기전 19)〉에 마한왕이 죽자 신하들이 서한왕西韓王(마한왕)이 지난번 호공에게 모욕을 줬다면서 정벌하자고 청했으나 혁거세는 남의 재앙을 이용하는 것은 어진 일이 아니라면서 거절했다. 그 후 〈신라본기 탈해 이사금 5년(61)〉에는 마한 장수 맹소孟召가 복암성覆巖城을 들어서 항복하였다. 이 기사를 끝으로 《삼국사기》 〈신라본기〉에는 마한이 다시 나타나지 않는다.

《삼국사기》 〈백제본기〉에 따르면 마한은 서기 9년(온조왕 27) 백제에게 멸망했다. 그러나 고구려와 관계되는 마한은 이후에도 계속 존속하고 있다. 고구려 태조대왕은 재위 69년(121) 12월 마한馬韓과 예맥穢貊의 기병 1만여 기를 거느리고 현도성玄菟城을 포위했고, 이듬해에도 마한, 예맥과 함께 요동을 공격했다. 고구려와 함께 후한의 현도성과 요동을 공격한 마한은 대륙에 있던 마한임이 분명하다. 이 기사를 끝으로 《삼국사기》 〈고구려본기〉에도 마한은 더 이상 보이지 않는다. 이때까지 대륙에 남아 있던 마한은 고구려의 제후국으로 존속하고 있었던 것으로 보인다. 이후 《삼국사기》에서는 마한이 사라졌다. 이후 최치원이 마한은 고구려, 변한은 백제, 진한은 신라라고 말했으나 거의 1천여 년 후의 인물인 한백겸이 마한이 백제, 변한이 가야라고 바꿔 말했는데, 이것이 마치 사실인 것처럼 통용되고 있다. 신라인 최치원이 조선 후기 한백겸보다 고구려, 백제, 신라사에 대해서 잘 알 것은 불문가지다.

죽은 마한 되살리는 후대 역사학

《삼국사기》〈백제본기〉에 나오는 마한은 서기 9년에 멸망했다. 〈신라본기〉에 나오는 서기 61년의 마한이나, 〈고구려본기〉에 나오는 서기 121년, 122년의 기사는 마한의 잔존 세력에 관한 기록일 것이다.

그런데 서기 9년에 망한 마한이 서기 369년까지 존속했다고 보는 견해들이 제기되고 있다. 이는《일본서기日本書紀》〈신공 49년 (249)〉을 자의적으로 해석한 것이다. 이해 야마토왜가 가야를 점령해서 이른바 임나 7국을 세웠다. 이것을 메이지明治 때 일본의 정한론자들이 가야를 점령하고 임나일본부를 세운 것이라고 주장했다. 《일본서기》는 그 후 왜군이 기사를 서쪽으로 돌려 여러 지역을 빼앗은 후 백제에게 하사했다고 기록하고 있다. 이 기사는 249의 일인데 120년을 더해 369년의 일이라고 자의적으로 해석한 후 이것이 백제 근초고왕이 마한을 점령한 기사라는 것이다. 최근에는《전라도천년사》에서 전라도 지역의 유적들을 아무런 근거 사료 없이 마한의 유적이라고 주장하면서 마한이 530년까지 전라도에 존속했다고 서술했다. 마한이 54개 소국으로 이루어졌으므로 이때까지 전라도에는 야마토왜에서 온 여러 세력들이 지배할 수 있었다는 것이다. 그러나《일본서기》에서 249년의 사건이라고 말하는 기사에 120년을 더해 해석할 수 있는 아무런 사료적 근거가 없을 뿐만 아니라 심지어 마한이 530년까지 존속했다는 근거도 없다. 역사의 기초를 무시한 자의적 왜곡에 지나지 않는다. 마한의 왕통은 서기전 194년에 준왕으로 시작해서 서기 9년에 백제에게 망했다는 것이 사료가 말해주는 역사다.

▲《일본서기》. 연대부터 맞지 않는 책인데, 이를 근거로 마한이 369년까지 존속했다고 주장하기도 한다.

❹ 삼한의 풍속

　삼한의 풍속은《삼국지》·《후한서》의〈동이열전〉을 통해서 알
수 있다. 삼한은 고조선의 제후국이었으므로 고조선의 국가구조
와 풍속을 이어받았을 것이다. 삼한은 해마다 5월에 농사일을 마
치면 신에게 제사를 지내는데 주야로 술자리를 베풀고 떼 지어 노
래를 부르며 춤을 추었다. 10월에 농사를 마치고도 같은 행사를 벌
였다.

　여러 국읍國邑에는 한 사람이 천신天神(하늘신)에 대한 제사를
주재하는데, 그를 천군天君이라고 부른다. 이 역시 고조선이 가지
고 있던 천손사상을 계승한 것이다. 삼한에는 소도蘇塗가 있는데
범죄자가 이곳으로 도망하면 돌려보내지 않았다. 소도는 종교적
으로 신성한 지역을 말하는데 정치권력이 미치지 못하는 곳이었
다. 정치권력과 종교권력이 분리되는 과정에서 소도는 정치적 패
자를 보호함으로써 충돌을 완화하는 완충지대 역할을 했다.

　《후한서》는 진한에서는 철이 생산되는데 예濊·왜倭·마한에서 모
두 와서 사간다면서 철을 화폐로 사용했다고 한다. 또한 그 풍속
이 노래하고 춤추고 술 마시고 거문고 타기를 좋아한다고 했다.

　삼한의 정체성을 고구려, 백제, 신라가 계승한 것처럼 그 풍속
도 고구려, 백제, 신라가 계승했을 것이다. 이렇게 삼한은 고조선
과 부여를 거쳐 고구려·백제·신라로 이어지는 징검다리 역할을 한
국가였다.

3 신라 전기사

① 신라의 건국사화와 그 성격

◀ 신라 건국사화

신라는 고조선의 거수국이었다.《삼국사기》〈신라본기〉에서 신라 건국 기사는 신라 건국 전에 고조선의 유민遺民(남겨진 백성)들이 산골짜기에 나누어 살면서 6촌을 이루고 있었는데 이들이 진한 6부라고 말하는 것으로 시작한다. 6촌 중 하나인 고허촌의 우두머리 소벌공이 양산梁山 기슭을 바라보니 나정蘿井 부근 숲속에서 말이 무릎 꿇고 울부짖고 있었다. 가서 살펴보니 말은 보이지 않았고 큰 알이 있어서 깨뜨리니 한 아이가 나왔다. 소벌공이

▲ **경주 나정의 석재.** 문화재청.

아이를 거두어 길렀는데 10세에 이미 성인成人의 풍모를 갖췄다. 6부의 사람들은 그 탄생이 신비롭고 기이하다고 해서 서기전 57년 임금으로 추대했는데 그가 시조 박혁거세 거서간이다. 거서간은 왕이라는 뜻이다.

《삼국사기》〈신라본기 혁거세 거서간 5년(서기전 53)〉에 알영정閼英井에서 용의 오른쪽 옆구리에서 여자아이가 나타났는데 그가 혁거세의 왕비인 알영이었다. 《삼국유사》는 알영을 여자임금이란 뜻의 '여군女君'으로 표현했는데, 신라 사람들은 혁거세와 알영을 두 성인聖人이라고 일컬었다. 나라의 첫 이름은 **서나벌**徐那伐*이었다. 신라의 건국사화도 동이족 고유의 난생사화로서 시조 부부가 하늘에서 내려온 천손으로 여겼다. 신라인들 역시 하늘의 자손이라는 천손사상으로서 단군조선의 건국사화를 계승한 것이다. 왕비를 신성시한 것 또한 동이족 특유의 모계사회의 유풍이다.

🐚 신라 건국시기

《삼국사기》·《삼국유사》는 모두 신라가 서기전 57년 건국했다고 말했다. 《삼국사기》〈연표〉는 935년 고려 태조에게 항복할 때까지 유지되었다고 말했다. 그래서 천년왕국이라고 일컬었는데 일본의 식민사학자들이 《삼국사기》 초기 기록 불신론'을 내세우며 신라 건국시기를 대폭 늦추었다. 그 결과 현재도 신라 건국시기를 4세기 내물왕(재위 356~402) 또는 5세기 눌지왕(재위 417~458) 때라고 주장하는 경우도 있지만 아무런 근거를 제시하지는 못하고 있다.

북한학계는 신라가 서기전 1세기 초중엽 소국이 형성되었다가 서기 1세기 초중엽에 봉건국가가 성립되었다고 보았다. 최근에는 "《삼국유사》와 《삼국사기》는 서기전 57년에 선 것으로 전하고

● **서나벌**

서나벌은 도읍을 뜻하는 신라말이다. 사로斯盧, 사라斯羅, 서라벌徐羅伐 또는 서벌徐伐이라고도 불렸다. 제4대 탈해왕 때 숲속에서 닭이 울 때 김알지를 얻자 국호를 닭의 숲이란 뜻인 계림鷄林으로 고쳤다. 《삼국사기》는 기림 이사금 10년(307)에 나라 이름을 '다시' 신라新羅로 하였다고 말해서 그 이전에도 신라라고 불렸음을 알 수 있다.지증 마립간 4년(503)에 국호를 신라新羅로 확정하고 '신라국왕'이라고 불렀다.

있다."면서 신라 건국 연대를 인정하는 방향으로 연구가 진행되고 있다.

대륙신라 이야기

= 대륙에서 온 진한사람들

《삼국사기》〈신라본기〉에는 반도신라뿐만 아니라 대륙신라에서 벌어진 사실도 실려 있다. 혁거세 거서간이 재위 38년(서기전 20)에 호공瓠公을 마한에 사신으로 보내자 마한왕이 "진한과 변한은 우리의 속국이거늘 근래 직분에 맞는 공물을 보내지 않으니 사대의 예가 어찌 이럴 수 있는가?"라고 꾸짖었다. 이 기사는 진한에 대해서 "이에 앞서 중국 사람들이 진秦나라의 난리에 괴로워서 동쪽으로 온 자들이 많았다. 많은 사람들이 마한의 동쪽에 거처를 정하고 진한과 섞여 살았는데 이때에 이르러 점차 강성해졌다."라고 말하고 있다. 진나라의 난리란 진 시황이 죽고 **이세황제**가 즉위한 다음해(서기전 209) 진승陳勝의 봉기를 필두로 중원이 전란에 휩쓸렸던 시기를 말한다.

이세황제
서기전 210년 진시황이 죽자 승상 이사李斯와 환관 조고趙高는 장자 영부소를 제치고 막내 영호해를 옹립했는데 그가 이세황제다. 환관 조고가 전횡하면서 대규모 토목사업을 벌였는데, 가난한 농민 출신의 진승과 오광吳廣이 봉기하면서 진나라는 급속도로 몰락해 서기전 207년 망하고 말았다.

이때 농민봉기는 섬서陝西·산동山東·하남河南 등지에서 주로 발생했는데 중원 사람들이 지금의 경주 근처까지 피난 올 수는 없었다. 《삼국유사》〈진한〉의 기록은 최치원이 "진한은 본래 연燕나라 사람으로서 도피해 온 자들"이라고 말했다. 지금의 북경 부근에 있던 연나라 사람들이 지금의 경주 부근까지 집단

▲ **진승陳勝 조각상** 하남성 상구商丘 영성시永城市에 진승왕릉이 조성되어 있다.

적으로 피난 올 수는 없다는 점에서 이 또한 한반도에서 발생한 일은 아니므로 신라 역시 대륙에서 시작했음을 시사한다.

= 중국 역사서의 대륙신라 기사들

중국의 《북사北史》, 《북제서北齊書》, 《수서隋書》, 《구당서舊唐書》와 같은 역사서에는 대륙신라와 관련된 기록이 다수 존재한다. 중국 정사에는 신라의 진평왕이나 진흥왕을 '낙랑군공樂浪郡公 신라왕'으로 봉했다는 기사가 나온다. 이는 신라가 옛 낙랑군 땅에서 일어났기 때문에 벼슬이름에 낙랑을 붙인 것이다. 낙랑군이 지금 북한의 평양 지역이면 신라는 평양과는 아무런 관계가 없으니 신라를 낙랑군공으로 봉할 수는 없다. 《수서》〈신라열전〉에는 "신라국은 고구려의 동남쪽에 있는데, 한나라 때 낙랑樂浪 땅으로서 사라斯羅라고도 한다."고 말하고 있다. 신라도 대륙신라와 반도신라가 있었으므로 사료를 읽을 때 어느 신라를 설명하고 있는 것인지 구별해서 보아야 한다.

초기 신라와 낙랑과의 전쟁기록

시기	내용
박혁거세 8년(서기전 50)	왜인이 변경을 침범하려고 하였으나 되돌아감.
박혁거세 30년(서기전 28)	낙랑 사람이 변경을 침략하였으나 되돌아감.
남해 차차웅 원년(4)	낙랑 사람이 변경을 침략하였으나 되돌아감.
남해 차차웅 11년(14)	왜인이 바닷가를 노략질하여 물리치자 빈틈을 타 낙랑이 공격하려 하였으나 되돌아감.
남해 차차웅 13년(16)	낙랑이 신라의 북쪽 변경을 침범하여 성을 함락하였음.
유리 이사금 13년(36)	낙랑이 신라 북쪽 변경을 침입.
유리 이사금 14년(37)	고구려왕 무휼이 낙랑군을 습격하여 멸망시키자 낙랑군에 있던 5천 명이 신라에 투항하여 6부에 나누어 살게함.
유리 이사금 17년(40)	(낙랑군의) 화려현과 불내현 두현 사람들이 북쪽 변경을 침범하자 맥국의 거수가 막아주었음.
유례 이사금 12년(295)	3월에 낙랑과 대방 양국이 항복하여 복속함.

= 고구려 유민들이 세운 대륙신라

공손도 가문은 2~3세기에 하북성 일대 고대 요동 지역을 차지하고 위나라로부터 독립하려 하면서 위魏, 고구려, 공손도 가문 사이에 충돌이 발생한다.

공손연이 237년 연국을 세우고 위魏로부터 독립을 선언하자 이듬해 위의 사마의가 정벌에 나섰는데, 고구려 동천왕이 동쪽에서 협공해서 무너뜨렸다. 고구려 동천왕은 고대 요동을 공손씨에게 내어줄 수 없어서 위와 일시 연합했지만 242년 요동군 서안평을 공격했다. 위나라는 곧 관구검을 보내 수도 환도성까지 함락시켰다. 이때 동천왕은 옥저로 도주했는데 중국의 《수서》〈신라열전〉은 대륙신라에 대해서 이렇게 설명하고 있다.

> "위나라 장수 관구검이 고구려를 토벌하여 격파하니, (고구려는) 옥저로 쫓겨 갔다. (그들은) 그 뒤 다시 고국으로 돌아갔는데, 남아있던 자들이 마침내 신라를 세웠다……그 나라(신라)의 왕은 본래 백제 사람이었는데 바다로 도망쳐 신라로 들어가 마침내 그 나라의 왕이 되었다."

《수서》〈신라열전〉은 관구검의 공격으로 옥저로 쫓겨 간 고구려 사람들 중 일부가 고구려로 돌아가지 않고 세운 나라가 신라이며 그 왕은 본래 백제 사람이라고 말하고 있다. 이 신라는 대륙신라를 말하는 것이다.

② 전기 신라의 발전

🔷 말갈과 충돌하다

《삼국사기》〈신라본기〉에는 대륙에서 벌어진 일과 반도에서 벌어진 일이 섞여 있다. 어느 기사가 대륙에서 발생한 일이고 어느 기사가 반도에서 발생한 일인가를 분류해야 하는데, 일본의 식민 사학자들이 신라를 무조건 경상도로 가두어놓고 경상도 밖에서의 사건이 나오면 무조건 '믿을 수 없다'거나 '사료가 잘못된 것이다'라고 부정하였다.

신라가 말갈靺鞨과 전쟁하는 기사는 대륙신라에서 벌어진 일이다. 말갈은 숙신肅慎이라고도 불렸는데 여진족과 만주족이 그들의 후신이다. 말갈은 125년(지마 이사금 14) 1월에 신라의 북방 경계를 침략했고, 7월에는 대령大嶺의 목책을 습격하고 니하泥河를 넘어왔다고 말하고 있다. 또 말갈은 137년(일성 이사금 4) 2월 신라의 변경을 공격했고, 2년 후에도 장령長嶺을 습격했다. 이는 대륙신라에 대한 내용들이다.

▲ 기마인물 토기. 경주 금령총 출토.

🔷 가야, 백제, 왜와 충돌하다

= 가야와 충돌하다

초기 신라는 가야, 백제, 왜와도 다수 충돌했다. 김수로왕이 서기 42년 건국한 가야와는 여러 차례 격전을 치렀다. 가야 건국 직후인 서기 77년 신라 아찬 길문吉門이 가야 군사들과 황산진黃山津 어귀에서 싸워 1천여 명의 목을 베었다. 파사 이사금 재위 15년(94)에 가야가 신라의 마두성馬頭城을 포위했고, 2년 후에는 신라의 남변을 침략했다. 신라의 가성加城 성주 장세長世가 전사하자 분노한 파사 이사금이 5천 군사를 이끌고 격퇴시켰다. 파사 이사금이 재위 18년(97) 군사를 이끌고 가야를 공격하려 하자 가야국의 국주國主가 사신을 보내 죄를 청하자 그만 두었다.

그 후 지마 이사금 4년(115)에 다시 가야가 신라의 남변을 침략하자 왕은 가야를 치기 위해 친히 출병했다가 대패했고, 다음 해에도 신라는 가야를 치기 위해 군사를 일으켰으나 가야가 성을 완강하게 지켜 그대로 돌아왔다. 이처럼 초기의 신라와 가야는 적대 관계에 있었는데 신라가 불리한 경우가 많았다. 가야는 신라에 전혀 뒤지지 않는 강국이었다.

= 백제와 충돌하다

초기 신라는 백제와도 격전을 치렀다. 탈해 이사금 7년(63) 백제 다루왕이 낭자곡娘子谷을 차지한 후 신라에게 경계를 정할 것을 요청했으나 신라가 거부하자 백제는 다음 해에 와산성과 구양성을 공격했다. 그 후 20여 년에 걸쳐 신라와 백제는 잦은 전쟁을 했는데 백제로부터 네 차례의 큰 공격을 받아 심한 피해를 입었다. 그러나 파사 이사금 26년(105)에 백제 기루왕이 사신을 보내 화친을 맺으면서 전쟁은 일단 중지되었다. 그러나 아달라 이사금 2년(155)에 아찬 길선이 모반해 백제로 도망갔는데 압송해 달라는 요구를 백제가 거부하면서 두 나라 사이는 다시 악화되었다.

▲ 배모양 토기. 경주 금령총 출토.

= 왜와 충돌하다

신라는 왜倭로부터도 잦은 침략을 받았다. 《삼국사기》〈신라본기〉초기 기록에 나오는 왜는 그 성격 규명이 쉽지 않다. 혁거세 거서간 8년(서기전 50) 왜인들이 군사를 이끌고 왔다가 시조가 신덕神德이 있다는 말을 듣고 그냥 되돌아갔다. 이는 실제 전투로 이어진 기사가 아니라서 큰 의미는 없다. 왜가 실제로 신라를 처음 공격한 것은 남해 차차웅 11년(14)이다. 이때부터 소지 마립간 20년(498)까지 20회에 걸쳐 신라를 침략했다고 기록되어 있다. 《삼국사기》〈신라본기〉에 나타난 왜를 일본열도에 있는 정치세력으로 보기도 하지만 일본열도에는 6세기 초까지 철기 제작능력이 없었다. 그래서 대한해협을 건너 신라를 공격할 수 있는 정치세력이 존재했다고 보기 힘들다. 그래서 신라를 공격한 왜의 실체에 대한 더 많은 연구가 필요하다.

❸ 전기 신라의 행정조직

◀ 박·석·김 세 성씨가 왕위를 잇다

전기 신라는 박朴, 석昔, 김金 세 성씨가 돌아가며 왕위를 이었다. 신라는 혁거세의 왕비 알영을 '여군女君'으로 부른 것처럼 여성의 지위가 높았고, 그에 따라 사위도 왕위계승권을 가졌기 때문에 가능한 일이었다. 제17대 신라 내물 이사금(재위 356~402)이 즉위한 이후에야 김씨가 왕위를 독점적으로 세습했다. 신라의 왕호는 거서간에서 이사금과 차차웅을 거쳐 19대 눌지 때부터는 마립간으로 변화했다. 모두 임금을 뜻하는 신라 고유의 용어인데 마립간은 대군장이라는 뜻이다. 제22대 지증마립간 때 비로소 왕이라는 칭호를 사용했다.

신라의 국력이 크게 신장한 시기는 제22대 신라 지증왕(재위 500

~514)과 제23대 신라 법흥왕(재위 514 ~540) 때 이다. 지증왕은 재위 3년(502) 왕의 장례에 순장을 금지했고, 농사를 적극적으로 장려했으며, 소를 이용하는 우경牛耕을 널리 보급했고, 수리사업을 활발히 진행했다. 지증왕 4년(503) 국호를 신라로 정하고, 5년(504)에는 상복법喪服法을 제정·반포해 예법을 정돈했고, 파리波里, 미실彌實, 진덕珍德, 골화骨火 등 12성을 쌓아 국방을 튼튼히 했다. 지증왕 10년(509)에는 수도에 동시東市를 설치해 상업을 장려했으며, 지증왕 13년(512)에는 우산국于山國을 병합했다.

법흥왕은 병부兵部를 설치하고 율령을 반포했으며 백관百官의 공복公服을 붉은색과 자주색으로 나누어 위계를 정했다. 법흥왕 19년(532) 금관가야가 나라를 들어 항복했고 법흥왕 23년(536)에 건원建元이라는 연호를 정해 그해를 원년元年으로 선포해 주체성을 더욱 강화했다.

중앙 행정조직을 정비하다

신라는 건국 후 중앙과 지방의 행정조직을 정비했다. 혁거세 거서간은 자신을 왕으로 추대했던 6촌을 6부로 바꾸고 재위 17년(서기전 41)에 왕비와 함께 6부를 순행했다. 유리 이사금 9년(32) 봄에는 6부에 개별명칭을 붙이고 성씨를 하사했다. 또 중앙 관제를 17등급으로 정돈하여 이벌찬伊伐湌을 1등급으로 정하고 차례대로 이척찬伊尺湌, 잡찬迊湌, 파진찬波珍湌, 대아찬大阿湌, 아찬阿湌, 길찬吉湌, 사찬沙湌, 급벌찬級伐湌, 대나마大奈麻, 나마奈麻, 대사大舍, 소사小舍, 대오大烏, 소오小烏, 조위造位 등으로 나누었다. 일성 이사금 5년(138)에는 금성金城에 정사당政事堂을 설치했고, 첨해 이사금 3년(249)에는 궁궐 남쪽에 남당南堂을 세워서 왕과 신하들이 모여 국정을 논의했다.

지방행정구역을 정비하다

지방행정구역 정비

신라는 건국 초기부터 지방행정구역을 강화하였다. 탈해이사금 11년(67)에는 박씨 귀척에게 나라 안의 주州와 군郡을 나누어 다스리게 하고 그 벼슬아치를 주주州主, 군주郡主라고 불렀다. 이때 이미 주·군州郡으로 나뉜 행정구역 체계를 마련했음을 알 수 있다. 또한 영토확장 과정에서 병합된 소국들을 지방행정구역으로 삼았다. 신라는 제5대 파사 이사금(재위 80~112) 때 실직국悉直國과 압독국押督國을 병합해서 압독군 등의 군을 설치한 것을 비롯해서 감문국甘文國·골문국骨伐國을 병합하고 군을 설치했다. 또한 음즙벌국音汁伐國·굴아화촌屈阿火村 등을 병합해서 현縣을 설치했다. 주변의 소국 중에 보다 큰 나라는 주州, 그 다음은 군郡, 그 다음에는 현縣을 설치했는데 이는 신라가 건국 초부터 주·군·현으로 분류되는 지방행정조직 체제를 가지고 있었음을 말해준다.

그러나 일본의 식민사학자들은 신라가 그렇게 일찍부터 지방행정조직을 설치했을 정도로 발전했을 리가 없다면서 이런 기사를 모두 부인하고 지증왕 6년(505)에 이르러 주·군·현의 지방조직을 설치했다고 주장했다. 《삼국사기》에는 신라에 주·군·현이 있었다는 수많은 기사가 나오지만 이를 모두 "믿지 못하겠다."면서 부인하는 것이다. 파사 이사금이 재위 14년(93) 고소부리군을 순행하면서 나이가 많은 사람들을 친히 위문하며 곡식을 내려주었다는 기사를 비롯해서 신라 초기에 주·군·현으로 이루어진 지방행정구역이 존재했다는 기사는 대단히 많으며 그 구체적인 명칭도 나온다. 이를 막연히 "믿지 못하겠다."고 부인하는 것은 억지에 지나지 않는다. 신라는 이처럼 건국 직후부터 중앙과 지방

▲ **신라토기.** 미국 메트로폴리탄 예술박물관 소장.

의 행정조직을 정비하며 국가의 기틀을 잡아나갔다.

= 진휼체계와 요역체계의 형성

신라가 건국 초기부터 주·군·현과 그 아래에 향鄕을 설치한 것
은 세금 부과를 위한 것이기도 했다. 이때의 세금은 농지에서 난
소출을 바치는 농지세와 노동력을 제공하는 부역을 들 수 있다.
탈해 이사금 19년(75)에는 큰 가뭄이 들어 백성들이 굶주리자 창
고를 열어 구제할 곡식을 나누어 주었다. 이는 백성들로부터 받
은 세금을 쌓아두는 창고가 있었으며, 이를 백성 구제에도 사용
했음을 알 수 있다. 파사 이사금 29년(108) 여름 5월에는 홍수가
나서 백성들이 굶주리자 사자使者를 10개 도로 보내서 창고를 열
어 곡식을 나누어주게 했다. 전국 각지에 곡식을 쌓아두는 창고
가 있었던 것이다. 첨해 이사금은 재위 5년(251)에 한기부 사람 부
도夫道가 집은 가난했지만 아첨하지 않고 글쓰기와 계산을 잘한
다는 말을 듣고 그를 불러 6등급의 아찬에 임명하고 물장고物藏
庫의 사무를 담당하게 했다. 물장고는 도읍의 나라 창고였을 것
이다.

▲ 신라 수레모양 토기

또 백성들은 군역의 의무도 지었다. 사량부沙梁郡 소년 가실嘉實은 평소 설씨녀薛氏女를 흠모하였는데 그가 늙고 병든 설씨녀 아버지의 군역을 대신해 3년의 복역기간을 다 근무하고도 나라에 변이 있어 다시 3년을 더 근무했다고 하는데서 백성들이 부역에 종사했음을 알 수 있다. 또한 경주에서 발견된 〈남산신성비南山新城碑〉에는 성의 각 구역을 쌓는 담당자의 이름을 적어 놓았는데, 이는 국가에서 백성들의 노동력을 체계적으로 관리했음을 알 수 있다.

4 고구려 전기사

1 고구려의 건국

고구려 건국시기 논란

= 고구려 건국시기를 늦춘 일본인 사학자들

김부식이 편찬한 《삼국사기》는 동명성왕(추모왕)이 서기전 37년 고구려를 건국해 서기 668년까지 약 700년간 존속했다고 서술했다. 그러나 일본인 식민사학자 이케우치 히로시 등은 추모왕 때가 아니라 제6대 태조대왕 때인 2세기에 건국한 것이라고 주장했다. 그러면서 《삼국사기》 초기 기록을 믿을 수 없다는 이른바 《삼국사기》 초기 기록 불신론'을 만들었다.

더 깊게 생각하고 토론해 봅시다

《삼국사기》 초기 기록 불신론이란?

김부식과 고려 사관들이 《삼국사기》를 편찬할 때 삼국의 역사를 실제보다 이른 것으로 조작했다는 주장으로 일본인 식민사학자들이 처음 고안했다. 이들이 《삼국사기》의 기록을 가짜로 본 핵심 이유는 야마토왜大和倭가 가야를 점령하고 임나일본부를 세웠다는 내용이 《삼국사기》에 나오지 않기 때문이었다. 이들은 《삼국사기》의 삼국의 역사가 수백 년씩 조작되었다고 주장했는데 문제는 주장만 있고 사료적 근거가 없다는 점이다. 백제 초기 성들인 서울 풍납토성과 몽촌토성의 방사성 동위원소 측정 결과는 서기전 3세기~서기전 2세기에 건축되기 시작했다고 말하고 있다. 또한 《삼국사기》에 기록된 일식 기록은 실제 일식이 발생한 날과 대부분 일치하는 것으로 드러났다. 1971년에 공주 무령왕릉에서 출토된 〈무령왕릉 지석〉은 "백제 사마왕(무령왕)은 나이 62세 계묘년癸卯年(523년) 5월 7일에 세상을 떠났다."고 기록되었는데, 《삼국사기》 〈백제본기〉는 무령왕이 '재위 23년(523) 여름 5월'에 세상을 떠났다고 기록해 년과 월이 일치하였다. 일본인 식민사학자들이 임나일본부설을 사실로 조작하기 위해서 만든 《삼국사기》 초기 기록 불신론'은 문헌사료는 물론 고고학 자료를 통해서도 사실이 아닌 것으로 드러났다. 그럼에도 일본은 물론 국내 학자들 중에서도 고구려는 6대 태조대왕(재위 53~146), 백제는 8대 고이왕(재위 234~286), 신라는 17대 내물왕(재위 356~402) 때 건국되었다고 주장하는 학자들이 적지 않은데 이 또한 세계 사학사史學史 상의 수수께끼다.

▲ **전 동명왕릉.** 평안남도 중화군 진파리 고분군 북한에서는 동명왕릉 고분군이라고 말한다. 유네스코 세계문화유산이다.

= 건국시기가 서기전 37년 전이라는 사료들

고구려가 서기전 37년보다 일찍 건국되었다고 보는 견해도 많다. 북한 역사학계는 고구려의 건국 시기를 서기전 277년으로 보는데 서기전 37년 건국 시기보다 약 240여 년 정도 이른 시기이다.

고구려인들이 직접 세운 〈광개토태왕릉비〉는 광개토대왕을 추모왕의 17세손으로 쓰고 있는데 《삼국사기》는 12세손으로 써서 5대손이 적다. 그런데 김부식도 고구려가 서기 37년보다 일찍 건국했음을 알고 있었다는 사료도 있다. 《삼국사기》 〈고구려본기〉의 "논하여 말한다"에서 김부식은 "고구려는 진秦·한漢 이후 중국의 동북 모퉁이 사이에 있었다."라고 말했다. 중원 최초 통일왕조인 진은 서기전 221~서기전 207년까지, 그 뒤를 이은 한(전한)은 서기전 202년에 건국했으니 이에 따르면 고구려는 서기전 3세기경부터 존재했던 것이다.

중국에도 고구려가 더 일찍 건국했다는 사료가 존재한다. 중국의 정사인 《신당서新唐書》에는 시어사 가언충賈言忠이 당 고종에게 "《고려비기高麗祕記》에 '(고구려는 건국) 900년이 되기 전에 80세 대장이 멸망시킬 것이다.'라고 쓰고 있는데, 고씨가 한나라 때

● 성주대회
서기전 11세기 주周가 상商(은)을
무너뜨리고 중원을 차지한 후
국내의 제후들과 외국의 사신들
을 초청해서 연 대회인데, 중국
에서는 성주지회成周之會라고
한다. 이 회합에 고이高夷(고구려),
고죽孤竹, 청구靑丘 등의 동이족
국가들이 참석한 것으로 기록되
어 있다.

부터 나라를 가져 지금이 900년이고 이적이 80세입니다."라고
한 기록이 그것이다. 고구려가 멸망할 때 역년이 700년이 아니라
900년이라는 것이니 200년이 더 앞서야 한다는 것이다. 다른 중
국 사료인《일주서逸周書》〈왕회해王會解〉에는 서기전 11세기경에
열렸던 주나라 **성주대회**成周大會에 '고이高夷'가 참석했다고 나오
는데 그 주석에서 "고이는 동북쪽의 이민족으로 고구려다."라고
쓰고 있다. 서기전 11세기경에 고구려가 존재했다는 것이다.

《상서》〈숙신지명肅愼之命〉에도 서기전 11세기에 (고)구려와 부
여가 존재했다고 기록하고 있다. 이런 기록들은 고구려가 서기전
37년 건국했다는《삼국사기》기록이 건국시기를 늘린 것이 아니
라 오히려 축소하였을 가능성을 말해주고 있다.《삼국사기》는 고
구려 건국에 대한 이런 여러 사료 중에 추모왕을 정통으로 삼는
정치세력이 서기전 37년에 건국했다는 내용을 채택한 것으로 추
정된다.

고구려 건국사화

고구려 건국사화는 크게 고구려인들이 쓴 것과 중국인들이 쓴
것으로 나눌 수 있다. 고구려인들이 쓴 것 중에 대표적인 것은
〈광개토태왕릉비〉로서 이렇게 서술하고 있다.

> "아! 옛날 시조 추모왕께서 창업하신 터전이다. 추모왕께서는
> 북부여에서 나오셨으며 하느님의 아들이시고 어머니는 하백
> 의 따님이시다. 알을 깨고 세상에 나오셨다."

《삼국사기》〈동명성왕본기〉에 나오는 고구려의 건국사화는 그
때까지 전해 내려오던《구삼국사舊三國史》등을 가지고 편찬한 것
이다. 부여왕 금와가 태백산 남쪽 우발수에서 하백의 딸인 유화

柳花를 만났는데 천제의 아들 해모수解慕漱와 사통했다가 부모의 꾸짖음을 듣고 귀양 왔다는 것이다. 금와가 유화를 방에 가두자 햇빛이 따라다니며 비추어 임신해서 큰 알을 낳았다. 금와가 알을 개와 돼지에게 주었으나 먹지 않았고 길에 버렸으나 소나 말이 피했고, 들판에 버렸으니 새가 날개로 덮어주었고, 쪼개려고 해도 깨뜨릴 수 없었다. 유화에게 주었더니 알을 깨고 아이가 나왔는데 나이 7살에 스스로 활과 화살을 만들었고 백발백중이어서 부여말로 활 잘 쏜다는 뜻의 '주몽朱蒙'으로 불렀다. 부여왕의 아들 대소가 주몽을 죽이려 하자 유화가 멀리 떠날 것을 권유해서 내려가다가 엄사수淹㴲水에 이르렀는데 다리가 없었다. 주몽이 "나는 천제의 아들이고 하백의 외손"이라고 말하자 물고기와 자라가 떠올라 다리를 만들었고 주몽이 건너자 흩어져 쫓아오던 부여군사들은 건널 수 없었다. 주몽이 따르던 몇몇 사람들과 함께 졸본천卒本川의 비류수沸流水 가에 고구려를 건국했다는 것이다.

중국의 고구려 건국사화는 《삼국사기》 외에도 《**양서梁書》**• 등의 중국 사료에도 나오는데 고구려의 시조를 동명東明이라고 말하고 있다. 북이北夷왕의 시녀가 왕이 출행한 사이에 임신해서 죽이려 하자 "하늘에 달걀만한 기운이 내려와서 임신했다."고 말해 가두었는데 사내아이를 낳았다. 왕이 돼지우리에 내버렸으나 돼지가 입김을 불어주어 죽지 않자 거두어 기르게 허락했는데, 그가 동명이다. 장성하면서 활을 잘 쏘고 용맹하자 왕이 죽이려 해서 도망했는데 남쪽의 엄체수淹滯水에 이르러 활로 물을 치자 고기와 자라가 다리를 만들어 건너갔다. 동명은 부여에 이르러 왕이 되었는데 그 한 지파가 구려句驪의 종족이라는 것이다.

한국과 중국사료의 고구려 건국사화는 모두 동이족 고유의 난생사화이자 모계사회의 유풍을 전하고 있다. 주몽의 아버지 해모수는 우발수에 잠깐 나타났다가 사라졌으며 나머지 사화들도 모두 아버지 대신 하늘의 기에 감응해 임신해서 알을 낳는다. 동이

• **양서**

중국의 정사를 뜻하는 24사 중의 하나로 당나라 초기 요찰姚察과 그 아들 요사렴姚思廉 등이 편찬했다. 남북조시대 남조 양梁(502~557)의 역사를 담고 있는데, 외국열전에 고구려 건국사화가 실려 있다.

족 모계사회의 특징을 나타낸 것이다. 시조가 알로 태어나는 것은 하늘과 인간을 연결하는 새를 신성시한 동이족 특유의 건국사화로서 자신들의 나라가 천손국가天孫國家이고 자신들이 천손민족天孫民族임을 자부하는 것이다.

해모수는 단군의 다른 이름으로도 해석할 수 있는데《삼국유사》〈왕력〉 조는 고구려 시조 동명왕에 대해 "단군의 아들이다."라고 말하고 있다. 고구려는 단군조선과 부여를 계승했다는 의식을 갖고 있었다.

고구려 건국사화뿐만 아니라 여러 건국사화들은 모두 이주민세력이 토착세력과 결합해 국가를 건국했다고 말하고 있다. 건국은 적대적인 정복의 결과가 아니라 토착세력이 이주민세력의 우위를 인정하고 수용한 결과라는 점에서《삼국유사》에서 말한 홍익인간적인 건국사화라고 할 수 있다.

더 깊게 생각하고 토론해 봅시다

고구려는 단군조선의 계승국

고구려 시조 동명성왕(추모왕)은 건국 이듬해(서기전 36년)에 비류국왕 송양이 나라를 들어 항복하자 다물도多勿都로 삼고 송양에게 다스리게 했다. 고려의 이규보는 그때까지 전해졌던《구삼국사》를 보고 〈동명왕편〉을 서술했는데 송양이 "나는 선인의 후손"이라고 말했다고 썼다. 선인은 단군을 뜻한다. 송양의 비류국도 단군조선의 거수국(제후국)이었다. 고구려가 비류국과 다툰 것은 주변 국가 정복의 의도도 있지만 단군조선의 계승권 확보를 위한 것이다. 고구려 국시 다물多勿은 '옛 땅을 회복한다'는 고구려 말로 건국한 지 1년밖에 안 된 나라가 회복할 옛 땅은 고구려가 계승한 단군조선의 강역일 것이다.《삼국유사》〈왕력〉 조에는 시조 동명왕에 대해 "성은 고씨이고 이름은 주몽이다. 추모라고도 한다. 단군의 아들이다."라고 썼다.《삼국사기》는 위나라 유주자사 관구검의 침략으로 수도 환도성이 일시 함락되자 동천왕은 재위 21년(247)에 평양으로 천도했는데, "평양은 본래 선인왕검의 옛 터전이다."라고 말했다. 선인왕검은 단군왕검을 뜻하고 옛 터전이란 단군조선의 수도 평양을 뜻하는데 이 평양은 지금의 평양이 아니다. 단군조선의 거수국인 고구려가 국난 극복을 위해 단군조선의 옛 수도인 고대 평양으로 천도한 것이다. 고구려는 단군조선을 계승한 천자국이었다.

❷ 고구려 초기 도읍지와 강역

■ 고구려의 초기 도읍지

《삼국사기》는 고구려의 첫 도읍지를 '졸본천 비류수 가'에 세웠다고 말했다. 〈광개토태왕릉비〉는 '비류곡沸流谷 홀본忽本 서쪽 산위'라고 말했고, 중국의 《위서魏書》는 '흘승골성紇升骨城'이라고 말했다. 제2대 고구려 유리왕은 재위 22년(서기 3)에 흘승골성에서 국내성으로 천도했다. 고구려 첫 도읍지를 지금의 요녕성 환인현 오녀산성으로, 국내성을 길림성 집안현으로 보고 있는데 이는 시라토리 구라기치같은 일본인 식민사학자들의 주장을 따르는 것이다. 그러나 이런 주장들은 문헌사료는 물론 고고학 발굴결과와도 일치하지 않는다. 이들 지역에서는 서기전 1세기~서기 1세기 무렵의 유물들이 출토되지 않는다.

이 문제를 해결하려면 고구려 강역 범위를 먼저 찾아봐야 한다. 중국의 《구당서舊唐書》 〈배인열전〉에는 "고려(고구려) 땅은 본래 고죽국孤竹國이다. 주周나라 시대에 기자箕子를 봉한 곳이고 한漢나라 때는 삼군三郡을 나누어 설치하였고 진晉나라 또한 요동을 거느렸다."고 기록하고 있다. 이는 고구려의 초기 강역이 고죽국이 있던 곳이라는 뜻인데 중국학계는 고죽국의 위치를 하북성 당산시唐山市부터 지금의 하북성 노룡현盧龍縣까지로 보고 있다. 《삼국사기》 〈지리지〉는 주몽이 도읍한 졸본과 중국 사료의 흘승골성을 같은 지역으로 보면서 "이른바 주몽이 도읍했다는 흘승골성·졸본은 대개 한나라 현도군의 경계로서 요遼나라 동경東京의 서쪽에 있었다."고 말했다. 중국학계는 요나라 동경을 지금의 요녕성 요양遼陽으로 보고 있는데 그 서쪽에 고구려 도읍지가 있었다고 말했으니 고구려의 초기 도읍은 지금의 압록강 부근의 환인이나 집안은 아니다. 《삼국사기》와 중국 사료들은 고구려의 첫 도읍지가 요遼의 동경 서쪽과 그 수도 연경燕京(북경) 사이

▲ **고구려 오녀산성.** 길림성 환인시에 있으며 산꼭대기를 첫 도읍으로 삼았다는 것은 이치에 맞지 않다.

의무려산醫無閭山이 있던 의주醫州에 있었다고 말한다.

고구려의 초기 강역

통설에 의하면 고구려는 초기부터 압록강 유역에서 정복 활동을 펼친 것으로 보고있다. 그러나 고구려가 건국 초기에 후한과 전쟁하는 기사를 살펴보면 고구려가 압록강 유역에서 건국했다고 보기는 어렵다. 고구려 모본왕은 재위 2년(49)에 "장수를 보내 북평北平·어양漁陽·상곡上谷·태원太原을 습격했다."고 나온다. 중국의 《후한서》〈동이열전 고구려〉 조에도 서기 49년에 "요동 바깥의 맥인(고구려)이 우북평 어양, 상곡, 태원을 침범했다."고 나온다. 중국 학계는 우북평을 지금의 하북성 준화시遵化市와 당산시唐山市 부근, 어양을 지금의 북경시 밀운현密雲縣, 상곡을 지금의 하북성 회래현懷來縣 남쪽, 태원을 산서성 태원시太原市로 보고 있다.

만약 고구려의 초기 도읍지가 압록강 부근이라면 중국의 하북성과 산서성 지역까지 공격할 이유가 없다. 또한 《삼국사기》〈고구려본기 태조대왕 3년(55)〉에는 "요서에 10개 성을 쌓아 한나라 군사들을 대비했다."고 말했다. 모본왕 때 획득한 하북성 지역을 지키겠다는 뜻이다.

▲ 황해도 안악군 안악3호분 벽화에 그려진 고구려 개마무사. 고구려는 군사뿐만 아니라 말에도 철갑을 입힌 고구려 기마군단은 천하무적이었다.

또한 중국의 《삼국지》 〈동이열전 고구려〉 조는 고구려의 위치에 대해 "고구려는 요동(군) 동쪽 1,000리에 있다. 남쪽은 조선·예맥, 동쪽은 옥저, 북쪽은 부여와 접하고 있다."라고 기록되어 있다. 이때 요동은 지금의 하북성 난하 유역과 천진 일대의 고대 요동을 뜻한다. 《삼국지》 〈동이열전 부여〉 조는 "부여는 (만리)장성 북쪽에 있고······부여의 남쪽에는 고구려가 있다."고 하였다. 부여는 만리장성의 북쪽이니 지금의 하북성 북부와 내몽골 자치구 일부인데 그 남쪽에 고구려가 있다는 것이다. 이는 고구려 초기 강역이 환인과 집안같은 압록강 근처가 아님을 말해주는 것이다.

《삼국지》는 고구려의 지형에 대해 "큰 산과 깊은 골짜기가 많고 넓은 들은 없어서 산골짜기를 따라서 거주하는데 산골의 물을 식수로 한다. 좋은 전지田地가 없어서 힘써 농사를 지어도 배를 채우기에 부족하다."라고 말했다. 《삼국지》는 또 "그 나라 사람들의 성질이 흉하고 급하며 노략질하기를 좋아한다."고 말했는데, 이는 고구려가 후한과 가까운 지역에 있으면서 단군조선의 옛 강역을 되찾기 위해 자주 한나라를 공격한 상황을 말해주는 것이다.

▲ 모본왕 공격지역과 태조대왕 10성 축성 지역

❸ 전기 고구려의 정치제도와 영토확장

◀ 고구려의 중앙행정조직

《삼국지》에 따르면 고구려는 국왕 아래 중앙관직으로 상가相加, 대로對盧, 패자沛者, 고추가古鄒加, 주부主簿, 우태優台, 승사자丞使者, 조의皂衣, 선인先人이 있었다. 이중 대로와 패자는 하나만 두어서 대로가 있으면 패자를 두지 않았고, 패자가 있으면 대로를 두지 않았다고 한다. 왕의 종족으로 대가大加인 자는 모두 고추가로 불렸다. 이 대가들도 사자·조의·선인을 두었는데 그 명단을 국왕에게 보고해야 했다. 이들은 중원 왕조의 경卿이나 대인大人들의 가신家臣과 같은 존재였다.

고구려는 소노부消奴部, 절노부絶奴部, 순노부順奴部, 관노부灌奴部, 계루부桂婁部의 다섯 종족이 있었다. 본래 연노부에서 국왕이 나왔다가 점점 미약해져서 나중에는 계루부에서 국왕이 나왔다고 한다.

국왕을 중심으로 제가 등의 관리가 상층의 신분이었고 그 아래에 일반 백성인 민民이 있었고 그 아래 하호下戶가 있었다. 《삼국지》는 "그 나라의 대가大家들은 농사를 짓지 않아서 좌식자坐食者(앉아서 먹는 자)가 만여 명인데 하호下戶가 먼 곳에서 곡식·물고기·소금을 지어다 그들에게 공급한다."고 말했다. 앉아서 먹는 이들은 전문적인 기마전사들을 뜻한다. 고구려는 전쟁에 패한 자도 사형에 처할 정도로 전쟁의 승패로 국체의 보존과 국시인 다물을 실현하는 전사의 나라였다.

▲ **고구려 귀족생활도.** 길림성 집안시 각저총角抵塚 소재.

고구려의 법치와 관습

고구려는 엄격한 법에 의해 통치되었다. 제가들이 모여 논의한 후 중죄인은 사형에 처하고, 그 자산을 몰수하고 처자는 노비로 삼았다. 반역자는 군중이 모인 가운데서 화형시켰으며, 목을 베고 자산도 몰수하고 처자를 노비로 삼았다. 살인자, 강도뿐만 아니라 전쟁에서 패한 자도 사형에 처했고, 도둑질한 자는 열두 배로 배상해야 했으며, 소나 말을 죽인 자는 노비로 삼았다. 그러나 이런 법 이전에 예의와 염치를 중시하는 관습이 앞서서 길가에 떨어진 물건도 줍지 않았다.

주변 소국 병합과 영토 정비

= 주변 소국 통치체제

고구려는 건국 초부터 주변 소국을 통합하면서 영토를 확장했다. 추모왕은 건국 이듬해(서기전 36)에 비류국왕 송양이 나라를 들어 항복하자 '다물도'로 삼고 송양을 다물도의 '주主'로 삼았다. 추모왕은 또 행인국, 북옥저를 정벌하고 성읍으로 삼았다. 제2대 유리왕도 재위 11년(서기전 9) 선비를 속국으로 삼고, 재위 33년(14)에는 양맥梁貊을 멸망시켰다.

고구려는 새롭게 편입된 지역을 직접 다스리는 군현제를 실시하거나 지방분권제인 거수국제를 병행해서 실시했다. 병합한 소국의 통치자를 귀족으로 삼아서 왕王, 후侯, 주主 등의 작위를 내리거나 그 지역을 영지로 주어 거수로 삼았다. 또한 이들에게 우태于台, 고추가古鄒加 등의 중앙관직을 주고 성읍城邑이나 군현郡縣으로 삼아 행정조직에 포함시키기도 했다. 직접 다스리지 못하는 세력은 일시적으로 속국 또는 속민으로 삼아 조공하도록 하였다.

= 토착세력의 이탈과 한과 충돌

▲ **왕망 초상**. 현재 중국에서는 왕망을 사회주의 성향의 개혁군주로 재평가하고 있다.

추모왕이 부여에 있을 때 부인 예씨에게서 낳은 아들 유리를 태자로 삼자 토착세력들이 반발했다. 졸본부여의 토착 세력인 소서노와 비류, 온조 등은 고구려를 떠나 백제를 건국하였다. 이는 고구려의 국력을 약화시켜 동부여에게 고구려 병합을 꿈꾸게 했다.

유리왕 14년(서기전 6) 봄 정월에는 동부여 대소왕이 고구려 태자 도절을 볼모로 보낼 것을 요청했으나 도절이 거부해 무산되었다. 대소왕은 그해 겨울 11월 5만 대군으로 쳐들어왔다가 큰 눈 때문에 돌아갔다. 유리왕 13년(서기전 13)에 동부여가 다시 침략하였으나 학반령에서 왕자 무휼(후에 대무신왕)에게 패퇴당했다.

동부여의 침략을 막은 고구려는 단군조선의 옛 영토를 수복하기 위해서 요서 지역으로 진출하였다. 유리왕 31년(12) 신新나라 왕망王莽이 고구려 군대를 징발해 흉노를 정벌하려고 하자 고구려는 오히려 변방 요새를 나가 신나라를 공격했다. 신의 요서대윤遼西大尹 전담田譚이 추격하다가 오히려 전사당했다. 신의 무장 엄우嚴尤가 고구려 장수 연비延丕를 유인해 죽이자 왕망은 고구려를 '하구려下句麗', 고구려왕의 칭호를 '하구려후下句麗侯'라

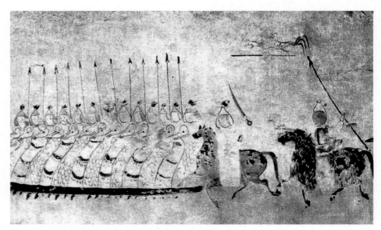

▲ **고구려 개마무사 군단**. 평안남도 강서군 약수리 고분 벽화.

III. 여러 나라 시대의 전개

고 낮출 정도로 분개했다. 《삼국사기》는 "이에 고구려가 한의 변방을 더욱 심하게 공격했다."라고 말해서 이 사건으로 고구려와 신(한)의 전쟁이 더욱 격화되었다고 말하고 있다. 실제로 2년 후인 유리왕 33년(14) 유리왕은 오이烏伊 등에게 2만 군사를 주어 서쪽의 양맥을 멸망시키고 한의 고구려현을 습격해 빼앗았다. 고구려현은 한사군의 하나인 현도군을 다스리던 현이었다.

● 대무신왕의 영토확장

고구려 초기 소국 통합

소국명	통합시기	통합형태
비류국	동명왕 2년(서기전 36)	다물도로 삼음.
행인국	동명왕 6년(서기전 32)	성읍으로 삼음.
북옥저	동명왕 10년(서기전 28)	성읍으로 삼음.
선비	유리왕 11년(서기전 9)	속국으로 삼음.
양맥	유리왕 33년(14)	멸망시킴.
개마국	대무신왕 9년(26)	왕을 죽이고 군현으로 삼음.
구다국	대무신왕 9년(26)	왕이 나라를 바치고 항복
최씨낙랑국	대무신왕 15년(32)	습격하자 항복.
동옥저	태조대왕 4년(56)	성읍으로 삼음.
갈사국	태조대왕 16년(68)	갈사왕의 손자 도두가 나라를 들어 항복함. 도두를 우태로 삼음.
조나	태조대왕 20년(72)	정벌하여 왕을 사로잡음.
주나	태조대왕 22년(74)	정벌하여 주나의 왕자 을음을 사로잡아 고추가로 삼음.

제3대 대무신왕大武神王은 대주류왕大朱留王이라고도 하는데 고구려 초기의 정복군주였다. 대무신왕 4년(21) 동부여를 정벌하기 위해 직접 출정했다가 동부여 군사에게 대패하였다. 그러나 행군 중에 얻은 북명北溟 출신 괴유怪由가 동부여의 대소왕을 죽

이는데 성공했다. 대소왕의 전사는 부여에 큰 충격을 주었다. 이 듬해 4월 대소왕의 막내아우가 부여에서 독립하여 갈사국葛思國 을 세웠고, 그해 가을 7월에 부여왕의 사촌 동생은 1만 명을 거느 리고 고구려에 투항하는 등 내부가 크게 분열되었다. 대무신왕은 대무신왕 9년(26) 개마국, 구다국 등 주변소국들을 계속 병합해나 갔다.

고구려의 영토확장에 두려움을 느낀 후한 요동태수가 후한 광 무제의 명령을 따라 대무신왕 11년(28) 7월 고구려를 공격했다. 고 구려가 위나암성尉那巖城을 굳게 지키자 후한은 포위를 풀고 물 러갈 수밖에 없었다. 이후 대무신왕은 후한에 강온양면책을 사용 했다. 대무신왕 15년(32) 4월에는 평양에 있던 최씨낙랑국을 병합 했다. 최씨낙랑국은 한나라 행정구역인 낙랑군과는 달리 고조선 의 후예들이 세운 나라였다. 같은 해 12월 대무신왕이 후한에 사 신을 보내자 광무제光武帝는 왕망이 후侯로 낮추었던 칭호를 다시 왕王으로 회복시켜 주었다. 이는 실제 지배권과는 아무런 상관없 는 행위였지만 고구려의 공격을 잠시 지연시키는 효과는 있었다.

▲ **한나라 군사 토용**土俑. 강소성江蘇省 서주시徐州市 사자산獅子山 출토.

❹ 후한과의 충돌

🌀 낙랑군을 둘러싼 공방

대무신왕은 국시 다물을 실현하기 위해서 후한을 계속 공격했다. 《삼국사기》는 대무신왕이 재위 20년(37) "낙랑을 습격해서 멸망시켰다."고 말하고 있는데, 이 기사는 《삼국사기》〈신라본기 유리 이사금 14년(37)〉에 "고구려왕 무휼無恤(대무신왕)이 낙랑을 습격하여 멸망시켰다. 그 나라 사람 5,000명이 와서 투항하자 6부六部에 나누어 살게 하였다."라는 기록에 의해서도 사실임을 알수 있다. 이때 고구려가 멸망시킨 낙랑이 중국 한漢의 군현인 낙랑군인지, 고조선의 거수국 낙랑국인지는 분명하지 않다. 후한 광무제는 이를 용인할 수 없었다. 《삼국사기》는 7년 후인 서기 44년 "한나라 광무제가 군사를 보내 바다 건너 낙랑을 치고 그 땅을 빼앗아 군현으로 삼으니, 살수薩水 이남이 한漢에 속하게 되었다."고 말하고 있다. 이때 살수를 평안도 청천강으로 보지만 근거가 없다.

낙랑군을 둘러싼 공방은 제4대 고구려 민중왕 때도 계속되었다. 민중왕 4년(47) 10월 잠지락부의 대가大家 대승戴升 등 1만여 가家가 낙랑에 가서 한나라에 의탁하는 사건이 발생했다. 낙랑군이 평양이라면 고구려 강역을 거꾸로 뚫고 한나라에 의탁할 수는 없었을 것이다. 고구려는 낙랑군 지역을 단군조선의 고토로 여겼으므로 반드시 수복해야 했다. 후한도 고구려의 공격을 막는 완충지대로서 하북성의 낙랑군을 계속 유지했다. 고구려와 후한은 계속 충돌할 수밖에 없었다.

🔹 고대 요동을 둘러싼 공방

= 모본왕과 태조대왕의 서진

제5대 고구려 모본왕은 재위 2년(49) 후한의 북평·어양·상곡·태원 등을 습격했고 제6대 고구려 태조대왕은 재위 3년(55) 요서 지역에 10개 성을 쌓았는데 이는 모본왕이 차지한 영토를 계속 장악하려는 의도였다. 태조대왕은 더 나아가 재위 94년(146) 후한의 요동군 서안평을 공격해 대방현령을 죽이고 낙랑태수 처자妻子를 생포했다. 이것도 중국의 《삼국지》·《후한서》에도 나오는 사건으로 고구려가 고대 요동에 있는 요동·대방·낙랑군을 두고 후한과 격전을 치르는 상황을 말해주고 있다.

더 깊게 생각하고 토론해 봅시다

낙랑군과 살수의 위치는?

낙랑군과 살수의 위치는 한국 고대 강역사에서 매우 중요하다. 일본인 식민사학자들은 한국사를 반도로 가두는 '반도사관'에 의해서 낙랑군은 지금의 평양이고 살수는 청천강이라고 주장했다. 그러나 낙랑군이 지금의 평양이 아님을 말해주는 중국 고대 사료는 많다. 낙랑군의 상급 행정기관이 지금의 북경 지역 유주幽州인데 낙랑군이 평양일 수는 없다. 한나라는 보통 30리마다 역참驛站을 설치했는데 보통 한 주州 안의 사건은 대략 하루 안에 주의 자사刺史에게 보고되어야 했다. 낙랑군이 평양이라면 낭림산맥, 장백산맥, 천산산맥을 넘고 광활한 만주벌판을 지나 연산산맥을 넘어야 유주에 보고할 수 있다. 강으로도 대동강, 청천강, 압록강을 건너고 요령성의 요하遼河와 대릉하大陵河, 하북성의 난하灤河를 건너야 유주에 보고할 수 있으니 중국 역사상 이런 행정구역은 설치된 적이 없었고 앞으로도 없을 것이다.

살수에 대해서 《삼국사기》〈고구려본기 대무신왕 27년(44)〉에는 "살수 이남이 한漢에 속하게 되었다."고 말하고 있지만 〈고구려본기 태조대왕 4년(56)〉에는 태조대왕이 "영토를 넓혀 동쪽으로 창해滄海에 이르고 남쪽으로 살수薩水에 이르렀다."고 달리 말하고 있다. 훗날 고구려와 수나라가 전쟁할 때 수나라 군사는 "동쪽으로 살수를 건넜다"고 되어 있다. 청천강을 건너려면 남쪽으로 건너야 하므로 이 살수는 위에서 아래로 흐르는 하북성이나 요령성의 강들에서 찾아야 할 것이다.

공손도 일가의 등장과 몰락

＝ 공손도 일가의 등장

고대 요동을 둘러싼 정국은 요동태수 공손도 公孫度(150~204) 일가가 등장하면서 더욱 복잡해졌다. 후한이 약화되면서 위·촉·오 세나라가 패권을 다투는 삼국시대(220~280)가 전개되는 데 요동태수 공손도 일가는 이를 이용해 고대 요동 지역에 위나라에 독립된 왕국을 세우려 했다. 고구려, 후한, 공손씨에게 고대 요동 지역은 모두 양보할 수 없는 중요한 지역이었다. 고구려는 후한과 적대적이었지만 고대 요동을 차지하

▲ **고구려 금관.** 평남 강서군에서 출토된 것으로 전해진다.

려는 공손씨 세력을 무너뜨리는 데는 뜻을 같이 했다.

공손도의 손자 공손연公孫淵(?~238)이 237년 고대 요동에 연燕 건국을 선포하자 위나라는 이듬해 사마선왕 사마의司馬懿를 보내 공손연을 공격했다. 고구려 동천왕東川王도 기마병을 보내 동쪽에서 공손연을 협공했다. 위魏와 고구려의 양면공격을 버틸 수 없던 공손연은 양평襄平(현 하북성 노룡현)에서 전사하는데《삼국지》〈공손도열전〉은 "공손연의 머리를 낙양에 보냈고, 요동·대방·낙랑·현도군이 모두 평정되었다."라고 말하고 있다. 공손연 제거

알고 싶어요

태조대왕 장수의 수수께끼

《삼국사기》에 따르면 태조대왕은 47년에 태어나 165년에 세상을 떠났으니 무려 118세까지 살았다. 재위기간도 53년부터 146년까지 93년으로 장수왕의 88년보다 길다. 일본인 식민사학자들은 이를 《삼국사기》 불신론의 근거로도 사용했다. 그러나 《후한서》〈동이열전 고구려〉 조에는 121년에 태조대왕 궁宮이 죽고 아들 수성遂成(차대왕)이 왕이 되었다고 나온다. 이는 태조대왕이 74세에 세상을 떠났다는 것이다. 《삼국지》〈동이열전 고구려〉 조에는 태조대왕이 세상을 떠나고 아들 백고伯固(제8대 신대왕)가 즉위했다고 달리 나온다. 이때 고구려 왕실 내에 어떤 변고가 있어서 왕위를 인정할 수 없는 인물이 재위했던 기간을 태조대왕에게 추가한 결과일 수도 있다.

에는 고구려가 후한과 목적이 같았지만 고대 요동의 요동·대방·낙랑·현도군 등을 차지했던 공손도 일가의 몰락은 고구려와 위의 직접 충돌을 부를 수밖에 없었다.

= 고구려와 위의 충돌

동천왕이 재위 16년(242) 요동군 서안평현을 습격해 격파하자 4년 후인 위나라 유주자사 관구검이 동천왕 20년(246) 현도군에서 나와서 고구려를 공격했다. 동천왕은 남옥저로 달아났고 관구검은 도성 환도성을 불태웠다. 이때 대륙백제는 좌장左將 진충眞忠을 보내 낙랑의 변경 주민을 습격하여 빼앗았다가 낙랑태수 유무劉茂가 화를 내자 되돌려 주었는데 이는 대륙백제도 낙랑군 지역 확보에 관심이 있었음을 말해준다.

동천왕이 위기에 몰린 상황에서 고구려 동부사람 유유紐由가 위나라 장수를 찔러 죽여 위나라 군중이 혼란스러운 틈을 타서

더 깊게 생각하고 토론해 봅시다

후한 때 요동군 서안평현의 위치는 어디인가?

요동군 산하에 있던 서안평현의 위치는 한국과 중국 고대사의 강역 비정에 아주 중요하다. 《삼국사기》〈고구려본기 태조대왕 94년(146)〉에는 "가을 8월에 왕이 장수를 보내 후한의 요동군 서안평현을 습격하여 대방령을 죽이고 낙랑태수의 처자를 잡아왔다."고 기록하고 있다. 이 사건은 중국의 《삼국지》와 《후한서》에도 기록되어 있다.

이 기록에 대해 일본 식민사학자들은 서안평이 지금의 압록강 건너편 단동丹東(옛 안동安東)이고, 낙랑군은 북한의 평양이고, 대방군은 황해도라고 주장했다. 만주의 단동을 공격했는데 왜 황해도에 있는 대방령이 죽고 평양에 있는 낙랑태수의 처자가 체포되느냐는 의문이 일자 고구려가 단동 지역을 우연히 지나던 대방령을 죽이고 낙랑태수의 처자를 사로잡은 것이라고 짜 맞추어 해석했다. 이 기사의 요동군은 물론 지금의 하북성 일대에 있던 고대 요동을 뜻하니 서안평도 하북성 일대에서 찾아야 할 것이다.

《요사遼史》에는 한漢의 요동군 서안평을 지금의 내몽골 파림좌기巴林左旗에 있었다고 설명하고 있다. 파림좌기는 요의 수도인 상경임황부 자리인데 이곳에 서안평이 있었다는 것이다. 그러나 한의 요동군이 지금의 내몽골까지 걸쳐 있지는 않았기 때문에 이 기사는 의문의 여지가 있다. 그런데 파림좌기에는 지금도 고구려의 토성 유적이 남아 있어서 많은 수수께끼를 남겨주고 있다.

동천왕이 세 길로 공격하자 위나라군은 고대 요동 지역인 낙랑군으로 퇴각하였다. 그후 위나라로 복귀한 관구검은 252년 중원 남방의 오나라와의 전투에 나타난다.

동천왕은 불탔던 환도성을 다시 도읍으로 삼을 수는 없다면서 재위 21년(247) 평양성으로 천도했다. 《삼국사기》는 평양성에 대해 "본래 선인 왕검의 땅이다. 다른 기록에는 '왕이 되어 왕험에 도읍하였다.'라고 하였다."고 기록하고 있다. 이때의 왕험은 위만조선의 도읍이었던 왕험성을 뜻하는데 고대 요동에 있었다. 동천왕이 천도한 평양은 지금의 북한 평양이 아니라 대륙에 있던 평양이었다.

단군을 계승했다는 천손사상과 단군조선의 고토회복을 국시로 지닌 고구려에게 중원왕조와 충돌은 숙명이었다. 고구려는 이 숙명을 거부하지 않았다. 그렇기에 건국 초부터 후한과 늘 전쟁 상태였다.

▲ 〈관구검기공비〉. 1906년에 길림성 집안에서 발견되었다.

▲ 〈관구검기공비〉 탁본

1세기~3세기까지 고구려와 중국 후한, 위나라와의 전쟁

시기	내용
모본왕 2년(49)	봄에 후한의 북평, 어양, 상곡, 태원 등을 습격.
태조대왕 3년(55)	봄 2월에 요서에 10개 성을 쌓아 한나라 군사에 대비.
태조대왕 53년(105)	봄 정월에 후한의 요동군으로 들어가 6개 현을 공격.
태조대왕 66년(118)	여름 6월에 예맥과 함께 후한의 현도군을 습격하고 화려성을 공격.
태조대왕 69년(121)	봄에 후한의 유주자사, 현도태수, 요동태수가 침략하자 태조대왕의 동생 수성이 군사 3천 명으로 현도와 요동을 공격해 2천여 명을 죽이거나 사로잡음.
	여름 4월에 선비 8천 명과 함께 후한의 요동군 요대현을 공격. 요동태수 채풍과 그의 부하 용단, 공손포 등 후한 병사 1백 명이 전사.
	12월에 마한과 예맥의 기병 1만여 기를 거느리고 현도성을 공격하였으나 부여-후한 연합군에 패배.
태조대왕 70년(122)	마한, 예맥과 함께 요동군을 공격하였으나 부여-후한 연합군에 패배.
태조대왕 94년(146)	가을 8월에 후한의 요동군 서안평현을 습격하여 대방령을 죽이고 낙랑태수의 처자를 생포.
신대왕 4년(168)	후한의 현도태수가 고구려를 침공.
신대왕 8년(172)	후한 요동태수가 침략하자 물리침.
고국천왕 6년(184)	후한의 요동태수 공손탁이 침략하자 물리침.
동천왕 16년(242)	요동군 서안평현을 습격하여 격파.
동천왕 20년(246)	위나라 유주자사 관구검이 현도로 침략하여 수도 환도성 함락시키자 고구려군이 위나라 군을 공격하여 물리쳤음.
중천왕 12년(259)	위나라 병사가 쳐들어오자 양맥 골짜기에서 물리침.

알고 싶어요

고구려의 순장

순장殉葬은 사람이 죽었을 때 강제로 혹은 자발적으로 함께 묻혀 죽는 것을 뜻한다. 제11대 동천왕이 재위 22년(248)에 세상을 떠나자 따라 죽으려고 하는 신하가 많자 중천왕中川王이 예禮가 아니라며 금지시켰다. 그러나 장례날 무덤에 와서 죽는 자가 많았다. 이는 자발적인 순장으로 고구려 전사집단의 사생관과 신앙을 말해준다. 동천왕은 후한과 여러 차례 격전을 치르면서 신하들과 생사고락을 함께 했으니 신하들은 사후에도 군주와 함께 하기 위해서 스스로 목숨을 끊은 것이다.

고구려의 도읍 이동 상황

도읍명	시기	존속년수	비고
졸본	동명성왕 원년(서기전 37)	41년	졸본은 일명 흘승골성, 한나라 현도군 경계에 있었음. 요나라 때 의무려산 남쪽 의주 지역이였다고함.
국내성	유리왕 22년(4)	205년	겨울 10월. 국내로 도읍을 옮김. 위나암성, 불이성으로도 불림.
환도성	산상왕 13년(209)	38년	겨울 10월. 환도로 도읍을 옮김.
평양	동천왕 21년(247)	96년	봄 2월 평양성으로 종묘와 사직을 옮김. 평양은 본래 선인왕검(단군왕검)이 있던 곳으로 왕험(위만조선 도읍지)에 도읍.
평양 동황성	고국원왕 13년(343)	28년	가을 7월. 왕이 거처를 옮김. 성은 서경 동쪽 산중에 있었음.
평양	장수왕 15년(427)	159년	평양으로 도읍을 옮김.
장안성	평원왕 28년(587)	82년	장안성으로 도읍을 옮김.

5 백제 전기사

① 백제 건국사화

◀ 온조 백제 이야기

《삼국사기》에 따르면 백제는 서기전 18년 위례성에서 건국했다가 서기 660년 신당연합군에 수도 사비성이 함락되고 서기 663년에 백제부흥군이 백강전투에서 신당연합군에 패배함으로써 멸망하였다. 백제는 대륙과 반도와 일본열도를 아우른 대제국이었지만 수수께끼의 왕국이라고 칭할 정도로 많은 부분이 아직 밝혀지지 않았다. 먼저 건국 시조와 혈통이 분명하지 않다. 《삼국사기》〈백제본기〉는 시조 온조의 건국 사실을 먼저 쓰고는 시조 비류의 건국 사실도 덧붙였다. 또한 《북사北史》·《수서隋書》 등의 중국 사료를 인용해 구태仇台가 시조인 대륙백제에 대해서도 쓴 다음 "어느 것이 옳은지 알 수 없다."고 평했다. 비류와 구태는 시조 부분에서만 등장할 뿐 《삼국사기》〈백제본기〉 본문에서는 더 이상 나오지 않는다.

《삼국사기》〈백제본기〉와 〈고구려본기〉의 백제·고구려 시조의 계보

	비류백제	온조백제	고구려본기
시조의 부친	우태(북부여왕 해부루의 서손)	주몽	해모수
시조의 모친	소서노(졸본 연타발의 딸)	부여왕 둘째 딸	유화
건국시조	비류(주몽의 양자)	온조(주몽의 친자)	주몽
도읍	미추홀	위례성	졸본천 비류수(홀승골성)

▲ **서울의 백제 풍납토성**. 온조백제의 왕성으로 추정된다.

《삼국사기》〈백제본기〉는 온조백제를 중심으로 서술한 역사서로서 온조의 건국 기사가 중심이다. 온조의 아버지 주몽이 동부여에서 난을 피해서 졸본부여에 이르렀다. 졸본부여왕은 주몽이 비상한 사람이라고 생각해서 둘째 딸을 아내로 삼게 했는데 얼마 후 부여왕이 죽자 주몽이 왕위를 이었다. 주몽은 졸본부여왕의 둘째 딸과 맏아들 비류 및 그 동생 온조를 낳았다. 그러나 주몽이 동부여에서 낳은 유리가 와서 태자가 되자 비류와 온조는 10명의 신하와 따르는 백성들과 함께 남쪽으로 떠나서 한산漢山 부아악負兒嶽에 이르러 살만한 곳을 찾았다. 비류는 바닷가 미추홀에 정착했고 온조는 서기전 18년 한수漢水 남쪽 위례성慰禮城에 도읍을 정했는데 이것이 십제十濟였다. 비류는 미추홀이 습하고 물이 짜서 살 수가 없었던 반면 위례성이 안정된 것을 보고 후회하다가 죽었다. 비류의 백성들은 모두 위례에 귀부했고 나라 이름을 백제로 고쳤다. 고구려와 함께 부여에서 나왔다고 해서 부여扶餘를 씨로 삼았는데, 이것이 온조 백제의 건국 기사이다.

비류백제 이야기

《삼국사기》의 비류백제 건국 이야기를 살펴보자. 시조 비류왕의 아버지는 북부여왕 해부루의 서손인 우태이고, 어머니는 졸본 사람 연타발의 딸 소서노다. 우태와 소서노는 맏아들 비류와 그 동생 온조를 낳았다. 우태가 죽은 후 주몽이 부여에서 졸본에 이르러 도읍을 세우고 고구려를 건국하고 소서노를 왕비로 삼았다. 주몽은 소서노를 총애하고 비류 등을 자기 자식처럼 아꼈으나 부여에서 예씨禮氏 사이에서 낳은 유류孺留가 오자 태자로 삼고 왕위를 이었다. 비류는 온조에게 '어머니를 모시고 남쪽으로 가서 따로 나라의 도읍을 세우자.'라고 말했고 온조와 함께 무리를 거느리고 패수浿水와 대수帶水를 건너 미추홀에 와서 살았다는 것이다. 이 기사는 비류를 백제의 시조처럼 기술한 것으로 비류백제의 건국기사라고 할 수 있다.

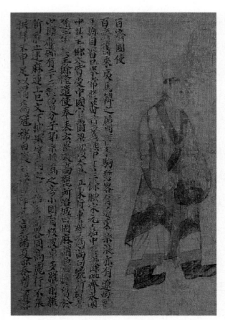

▲ 〈양직공도梁職貢圖〉 백제사신. 〈양직공도梁職貢圖〉는 양梁의 소역蕭繹(508 ~555)이 양나라에 온 여러 사신을 그린 그림이다.

대륙백제와 열도백제 이야기

= 구태백제

《삼국사기》〈백제본기〉는 《북사》·《수서》를 인용해 구태가 시조인 대륙백제 이야기를 실었다. 색리국索離國 국왕의 시녀가 하늘의 기운으로 임신해 동명을 낳았다. 색리국왕이 죽이려고 하자 도망쳐서 부여에 이르러 왕이 되었다. 동명의 후손 구태仇台가 처음 대방고지帶方故地에 나라를 세웠다. 한漢의 요동태수 공손도가 딸을 부인으로 삼게 해서 마침내 동이의 강국이 되었는데 처음 백가百家가 강을 건넜다고 해서 백제를 국호로 삼았다. 이에 따르면 구태백제는 공손도가 활동하던 2세기 말경 세운 것인데 요동태수 공손도의 사위이고 또 대방고지에 세웠으니 대륙백제 기사이다. 구태는 동명의 후손이므로 이때 갑자기 나라를 세운 것이 아니라 동명 이후 일정 정도 세력을 유지하고 있다가 후한後漢이 약해지면서 고대 요동의 지배권이 흔들리자 독립왕국 백제를 세운 것으로 보아야 할 것이다.

= 중국 정사의 대륙백제 이야기

중국의 24사 중에 백제에 관한 이야기가 처음 실린 것은 《송서宋書》〈이만夷蠻열전 백제국〉 조이다.

> "백제국은 본래 고구려와 더불어 요동 동쪽 1천여 리 밖에 있었다. 그 후 고구려가 요동을 경략하자 백제는 요서遼西를 경략하여 차지했는데 백제가 다스린 곳은 진평군晉平郡 진평현晉平縣이라 한다."

● 북사·수서
《북사》는 당唐의 이연수가 편찬한 남북조시대 북조의 역사서이다. 《수서》는 당나라 장손무기長孫無忌·위징魏徵 등이 태종의 명으로 편찬한 수隋나라의 역사서다.

● 송서
양梁나라 심약沈約(441~513)이 편찬한 남북조시대 남조 송宋(420~479)에 관한 기전체 역사서다. 요서에 백제가 실제로 있었던 시기에 쓴 역사서로서 가치가 있다.

▲ 에다후나야마고분江田船山古墳. 일본 큐슈 구마모토현熊本縣 다마나군玉名郡에 축조된 백제계 고분으로 앞은 사각형이고 뒤는 원형인 전방후원분前方後圓墳인데, 백제 강역인 전라도와 가야강역인 경상도에도 전방후원분이 나타난다.

이후 《양서梁書》·《남사南史》 등에도 같은 내용이 실려 있는데 백제는 고대 요서 지역을 지배했다는 것이다.

= 일본사료의 백제건국 이야기

백제 멸망 후 일본에서 편찬된 **《속일본기續日本記》**에는 백제의 시조를 도모왕都慕王이라고 말하고 있다. 《속일본기》에는 "대저 백제 태조 도모대왕都慕大王은 태양신이 영을 내려서 부여를 차지하고 나라를 열었는데 천제가 록籙(비결을 담은 책상자)을 주어 모든 한韓을 거느리고 왕을 칭했다."고 하였다.

《속일본기》에 백제 건국 기사가 나오는 것은 고대 야마토왜가 백제의 담로 또는 제후국이었기 때문일 것이다. 야마토왜는 3세기 말경 가야계가 큐슈 남부에서 처음 세웠다가 6세기 경 동쪽 나라奈良 지역으로 옮긴 이후에는 백제계가 주도했다. 백제 멸망후 백제계 유민들이 일본열도로 건너가 조선식산성(백제식산성)을 쌓은 것도 야마토왜가 백제의 제후국이었기에 가능한 일이었다.

② 백제 건국 연대와 초기 도읍지

서기전 18년에 건국했다는 《삼국사기》

《삼국사기》는 백제가 서기전 18년 건국했다고 말하고 있다. 대륙의 구태백제는 2세기 후반 경 공손도의 딸과 혼인하면서 세력이 커졌다. 그러나 일본인 식민사학자들은 서기 18년이라는 백제의 건국연대를 못 믿겠다고 주장했다. 이들은 '《삼국사기》 초기 기록 불신론'이라는 논리를 만들어 백제는 제13대 근초고왕(재위 346~375) 때 비로소 고대국가가 되었다고 주장했다. **《일본서기日本書紀》**〈신공神功기〉에 백제 '초고왕肖古王'이 왜에 조공을 바쳤다고 나오는데, 그가 사실은 근초고왕이고 백제의 사실상 첫 임

● 속일본기
서기 797년에 편찬되었는데 서기 697부터 서기 791년까지 95년간 일본의 역사를 다룬 역사서이다.

● 일본서기
백제 멸망 후인 서기 720년 편찬한 야마토왜大和倭의 역사서다. 빨라야 서기 3세기 말에 시작하는 왜의 역사를 서기전 660년에 시작한 것으로 조작해 1천 년가량 늘였기 때문에 연대부터 맞지 않는 역사서로 유명하다. 그래서 특정 사건에 대한 연도를 120년씩 끌어올리는 주갑제周甲制를 사용해 해석하기도 한다. 가공의 군주들이 다수 등장하는데 한 명의 군주를 두 명, 혹은 세 명으로 나누어 서술했다고 보기도 한다. 왜는 황제국이고 고구려·백제·신라는 모두 왜에 조공을 바치는 신하국으로 나온다. 백제 멸망 후 상국이던 백제를 거꾸로 제후국으로 격하시키고 제후국이던 왜를 상국으로 격상시킨 데서 나온 왜곡들이다.

금이라는 주장이다. 백제의 역사를 《삼국사기》가 아니라 《일본
서기》에 나오는 내용을 따라야 한다는 황당한 주장이다. 지금도
이 논리를 따라서 서기전 18년에 백제 건국한 기록을 부인하면서
연대를 조금 조정해 제8대 백제 고이왕(재위 234~286) 때 백제가
사실상 건국되었다고 주장하기도 한다.

◀ 서기전 3세기 중엽이라는 북한학계

북한학계는 백제 시조 온조가 고구려 시조 주몽의 아들이라는
점에서 백제 소국의 건국은 서기전 3세기 중엽이라고 보고 있다.
백제 소국이란 마한의 영향력 아래 있는 백제를 말한다. 백제 소
국은 서기전 1세기 말에 마한의 영향력을 벗어나 독립적인 봉건
왕조가 되었다고 하니 《삼국사기》의 백제 건
국 년대와 대략 일치한다. 북한학계에서 말하
는 백제 소국의 건국 연대는 《삼국사기》 온조
백제의 건국 연대보다 200년 정도 더 빠르다.
그 근거로 《삼국사기》에서 말하는 백제왕 31
명 사이에 누락된 왕이 여러 명 있다는 점을
든다. 북한학계는 일본의 **《신찬성씨록**新撰姓
氏錄**》**●의 내용을 근거로 삼는다.

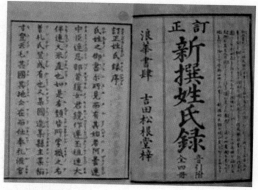
▲《신찬성씨록》

● 신찬성씨록
815년 일본에서 편찬된 일본의
왕족 및 귀족들의 계보에 대한
책이다. 수도와 기내畿內에 사는
1,182명의 성씨를 출신별로 나누
어 기록하고 있다.

《신찬성씨록》에 수록된 백제 국왕들의 대수
代數가 《삼국사기》 기록보다 많다는 것이다. 백제 혜왕은 《삼국사
기》에 의하면 온조왕의 28세손이지만 《신찬성씨록》에 의하면 백
제 시조 도모왕의 30세손으로 대수가 맞지 않는다는 것이다.

◀ 백제의 첫 도읍 위례성은 어디인가?

온조백제의 첫 도읍지는 위례성이다. 《삼국사기》는 위례성의

▲ 서울 몽촌토성 성벽

위치에 대해서 "하남 땅은 북쪽에 한수漢水가 띠처럼 두르고 있고 동쪽은 높은 산에 의지했으며 남쪽은 비옥한 벌판이 있으며, 서쪽은 바다로 막혀있다."고 말하고 있다. 이 위례성의 위치를 찾으려면 한수가 어디인지를 먼저 찾아야 한다.

온조왕은 온조왕 13년(서기전 6) 신하들에게 "우리나라 동쪽에는 낙랑樂浪이 있고, 북쪽에는 말갈靺鞨이 있어 번갈아 우리 강역을 침공하므로 편안한 날이 적다."고 말하고 국모가 세상을 떠난 사실을 말한 후에 "반드시 도읍을 옮겨야겠다. 내가 어제 순행을 나가 한수의 남쪽을 보니 땅이 기름지므로 마땅히 그곳에 도읍을 정하여 오래도록 편안한 계책을 도모해야 하겠다."고 말하고 한수 남쪽으로 천도하였다. 천도한 수도의 한수가 어디인가에 따라서 크게 달라진다. 학계 통설은 한수를 지금의 한강으로 보고 위례성을 하북위례성이라고 말하고, 온조왕 13년에 천도한 수도를 하남위례성이라고 말한다. 하북위례성은 서울시 도봉구, 하남위례성은 서울시 풍납토성과 몽촌토성으로 보기도 한다. 그런데 온조왕이 '동쪽에는 낙랑이 있고, 북쪽에는 말갈이 있다.'라고 말했는데 서울 동쪽에는 낙랑이 없고 북쪽에는 말갈이 없으니 한수를 한강으로 보기는 힘들다.

비류백제는 패수浿水와 대수帶水를 건너 미추홀에 와서 살았는데 중국 고대사료에 따르면 패수는 고조선과 진秦·한漢의 국경선이고, 대수는 낙랑군 함자현含資縣을 흐르는 강으로 모두 하북성을 흐르는 강들이다. 이는 백제 세력 일부가 대륙에서 반도로 이동하는 과정을 기록한 것으로 해석할 수 있다.

● 낙랑, 말갈과 싸우는 초기 백제

백제는 온조왕 13년(서기전 6)에 천도한 이후에도 낙랑, 말갈과 여러 차례 전쟁을 치렀다. 온조왕 17년(서기전 2)에 낙랑이 쳐들어와서 위례성을 불태웠고, 이듬해 10월에는 말갈이 습격했다. 11월에는 백제가 낙랑을 습격하려다가 큰 눈을 만나 돌아왔다. 온조왕은 재위 22년(4)에 기병 1천 명을 거느리고 말갈과 싸웠다.

이 낙랑이 지금의 평양이라면 초기 백제는 평양 서쪽 서해 가운데 있어야 한다. 이 역시 대륙에서 이동 중에 생긴 사건들이 아니면 이해하기 어렵다.

《삼국사기》 천문 관측한 기록을 분석하면 초기 백제가 천문 관측한 지역이 발해만 부근의 요서 지역으로 드러났다. 이는 초기 백제 도읍이 지금의 요서 지역에 존재하였음을 시사하는 것이다. 초기 백제는 마한의 통제를 받던 거수국이었다. 온조왕이 재위 24년(6) 도읍 남쪽 웅천에 목책을 쌓자 마한왕이 "왕이 처음 강을 건너왔을 때 발을 디딜 만한 곳도 없었는데, 내가 동북쪽 1백 리의 땅을 떼어주어 편히 살게 하였다."라면서 꾸짖었다. 이는 초기 백제는 마한의 동남쪽에 있었다는 뜻이다.

■ 대륙백제, 반도백제, 열도백제

● 주서
《주서》는 당나라 영호덕분令狐德
棻(583~666)이 편찬한 북주北周
(557~581)의 역사서이다.

● 담로
중국의 《양서》에서 "백제는 도성
을 고마固麻라고 하고 읍론을 담
로라고 하는데 중국의 군현郡縣
과 같은 말이다. 그 나라에는 22
개의 담로가 있는데 모두 왕의 자
제나 종족들이 나누어 웅거한다."
라고 말하고 있다. 《남제서》에 백
제국왕 아래 여러 제후들을 두었
다고 나오는데 이 담로는 중국의
제후국과 같을 것이다.

《삼국사기》의 백제 관련 기사는 대륙백제와 반도백제에 관한 기사가 섞여 있다. 중국의 《구당서舊唐書》〈백제열전〉은 "(백제)왕이 거주하는 곳은 동, 서 두 성이 있다."라고 기록하고 있는데 서성西城이 대륙백제의 도읍이고 동성東城이 반도백제의 도읍일 것이다. 중국의 《주서周書》는 백제의 도읍을 고마성固麻城이라고 말했고, 《수서隋書》는 거발성居拔城이라고 달리 말하고 있다.

두 성 중 하나는 대륙백제, 다른 하나는 반도백제의 수도라고 볼 수 있다. 백제 31명의 임금 중에 1971년 우연히 공주에서 발견된 무령왕릉 외에 왕릉이 하나도 발견되지 않는 것도 백제 왕릉은 한반도뿐만 아니라 대륙이나 백제의 **담로**擔魯였던 일본열도에 있었을 가능성을 시사해준다. 백제는 대륙과 반도, 일본열도를 아우른 제국이었다. 1971년 우연히 발견된 공주 무령왕릉의 지석은 무령왕의 죽음을 황제의 죽음을 뜻하는 '붕崩'으로 썼다. 중국의 《북사北史》는 백제 임금은 해마다 4계절의 중월仲月에 하늘과 오제五帝의 신에게 제사를 지낸다고 했는데, 하늘과 오제에 제사를 지내는 것은 천자의 제사라는 점에서도 백제는 천자국을 자임했음을 알 수 있다.

❸ 백제 전기 중앙행정 조직

■ 좌·우보와 16관등

온조왕은 재위 2년(서기전 17) 족부族父 을음乙音을 우보右輔로 삼고 군사에 관한 일을 맡겼고, 다루왕 7년(34)에는 우보 해루가 90세로 죽자 동부東部의 흘우屹于를 우보로 삼았다. 다루왕은 재위 10년(37) 우보 흘우를 좌보左輔로 삼고 북부의 진회眞會를 우보로 삼았다. 좌보와 우보가 백제 초기 최고 관직이었다.

백제는 고이왕 27년(260) 16관등의 중앙 행정조직을 마련하고 관품에 따라 옷의 색깔까지 구분했다. 제1관등이 좌평佐平인데 모두 여섯 좌평을 두었다. 내신좌평內臣佐平은 수석좌평으로서 왕의 명령을 알리고 국사를 국왕에게 보고했다. 내두좌평內頭佐平은 국가의 재정을 관장했고, 내법좌평內法佐平은 예법과 의례를 관장했고, 위사좌평衛士佐平은 왕궁과 도읍을 경비하는 군사를 지휘·감독했고, 조정좌평朝

▲ 백제 금동광배金銅光背. 부여 부소산성 출토.

廷佐平은 형벌과 감옥, 즉 사법과 경찰 업무를 관장했고 병관좌평兵官佐平은 대외군사 업무를 관장했다.

좌·우보나 좌평 등은 대체로 왕의 가족이나 가까운 친척들이 임명되었다. 16관등의 1품이 최고위직인 좌평이고 차례로 달솔達率, 은솔恩率, 덕솔德率, 한솔杆率, 나솔奈率, 장덕將德, 시덕施德, 고덕固德, 계덕季德, 대덕對德, 문독文督, 무독武督, 좌군佐軍, 진무振武, 극우剋虞 등의 순서였다. 1품 좌평부터 6품 나솔까지는 자주색 관복에 은화銀花로 관을 장식했고, 7품 장덕부터 11품 대덕까지는 붉은색 관복, 12품 문독부터 16품 극우까지는 푸른색 관복을 입도록 했다.

④ 백제 전기의 외교와 전쟁

마한을 멸망시키다

백제는 마한의 동북쪽 강역 100여 리를 떼어 받아 시작한 거수국이므로 개국 초에는 마한왕에게 조공을 바쳤다. 이 초기백제는 동쪽의 낙랑군, 북쪽의 말갈과 자주 충돌했다. 온조왕 8년(서기전 11) 낙랑군과 접경 지역에 마수성馬首城을 쌓고 병산책瓶山柵을 쌓자 낙랑태수가 크게 반발했다. 온조왕은 낙랑군 및 말갈과 관계가 악화되자 재위 14년(서기전 5)에 한수 이남으로 도읍을 옮겼다.

하남위례성으로 도읍을 옮긴 백제는 본격적으로 영토 확장에 나섰다. 온조왕은 계속 백제를 지배하려는 마한을 역습해 서기 9년에 병합시켰다. 고조선의 준왕이 서기전 194년 위만에게 나라를 빼앗기고 한왕韓王이 되면서 시작한 마한 왕실은 서기 9년까지 200여 년 동안 유지하다가 이때 망한 것이다. 마한의 일부 잔존 세력들은 명맥을 유지하고 있었다.

신라와 화친과 전쟁을 반복하다

백제는 다루왕 36년(63)에 동쪽으로 영토를 넓혀 신라와 국경을 접하게 되었다. 다루왕은 신라와 화친하려 했으나 신라가 거절하여 국경 분쟁이 일어나게 되었다. 이후 40여 년간 백제는 신라와 적대적이었으나 기루왕 29년(105) 신라에 사신을 보내 우호적인 관계가 성립되었다. 기루왕 49년(125)에는 말갈이 신라를 침략하자 백제가 구원병을 보내면서 신라와 관계는 한층 친밀해져 60여 년간 평화체제가 유지되었다. 그러나 개루왕 28년(155) 신라의 아찬阿湌 길선吉宣이 반란을 일으키려다가 탄로 나 백제로 망명하자 그를 받아주고 돌려보내지 않아서 신라가 백제를 공격했다. 그 후 백제의 초고왕과 구수왕仇首王 시대에 신라와 10여 차례의 전쟁을 벌였으나 서로 큰 성과는 거두지 못했다.

고이왕은 재위 22년(255) 9월 군사를 내어 신라를 괴곡槐谷에서 이기고 신라 장수 익종翊宗을 전사시켰다. 그해 10월 백제는 신라 봉산성烽山城을 쳤지만 패하는 등 고이왕 말년까지 일곱 차례 격전을 벌였다. 그러나 신라와의 전쟁이 크게 도움이 되지 않자 고이왕은 재위 53년(286) 사신을 보내 신라와 화친을 맺었다.

◖ 대륙으로 진출하다

백제는 원래 대륙에서 출발했으므로 대륙에도 세력을 갖고 있었다. 고이왕은 재위 13년(246) 위魏나라 유주자사 관구검과 낙랑태수 등이 고구려를 공격한 틈을 타서 좌장 진충을 보내 낙랑군의 변경을 공격하고 주민들을 사로잡았다가 돌려주었다. 책계왕 원년(286)에는 고구려가 백제 책계왕의 장인이 왕으로 있는 대방을 치자 군사를 내어 구해주었다. 책계왕 13년(298)에는 한漢이 맥貊과 함께 쳐들어오자 왕이 나가서 막다가 전사했다. 이때의 한은 낙랑·대방군으로 추측되는데 맥은 고구려를 뜻한다는 점에서 수수께끼의 기사이다. 분서왕은 재위 7년(304) 2월 군사를 보내 낙랑군의 서쪽 현을 공격해서 빼앗았는데 이는 대륙백제가 낙랑군 서쪽에 있었음을 의미한다. 분서왕은 같은 해 10월 낙랑태수가 보낸 자객에게 살해당했다. 이후에도 백제는 대륙에 세력을 유지하고 있다가 동성왕(재위 479~501)은 선비족이 세운 북위北魏 군사 수십만을 격퇴하였다. 중원에 통일왕조가 들어서면 일시 움츠러들었다가 중원이 분열하면 그 틈을 이용해 하북성·산동성·하남성 등지에 자국의 행정구역을 설치해 다스리는 것이 대륙백제의 일정한 흐름이었다.

6 가야

1 가야의 건국과 그 강역

◎ 가야 건국연대

가야는 서기 42년부터 562년까지 지금의 경상남·북도에 존재했던 고대국가로서 가락駕洛, 가라加羅 가라伽羅라고도 불렸다. 가야의 건국 연대에 대해《삼국사기》〈김유신열전〉과《삼국유사》〈가락국기〉는 모두 '서기 42년'이라고 말하고 있다. 그러나 일본인 식민사학자들은 아무런 사료적 근거도 없이 가야는 3세기 이후에 건국되었다고 우겼다.

일본인 식민사학자들이 가야 건국연대를 부정한 이유는 야마토왜大和倭가 가야를 점령하고 임나일본부를 설치했다고 왜곡하기 위해서였다. 그러나 가야가 서기 1세기에 존재했다는 사실은

> **더 깊게** 생각하고 토론해 봅시다
>
> ### 가야 건국연대
>
> 일본인 식민사학자들은《삼국사기》의 초기 기사를 믿을 수 없다는 '《삼국사기》 초기 기록 불신론'을 펴면서 가야의 건국연대를 부정했다. 또 시조 김수로왕이 42년부터 199년까지 158년 동안 왕위에 있었다는 것과 가야가 존속했던 520년 동안 10명의 왕밖에 없어서 한 왕의 재위기간이 너무 길다는 등의 논리로 건국연대를 부정했다. 그러나 왕위 계승의 정통성을 논하는 과정에서 특정 국왕들의 존재를 부인하고 다른 왕에게 그 재위기간을 합치는 것은 고구려 태조대왕의 경우에서 보듯이 그리 드문 것은 아니다. 실제로는 10명 이상의 국왕이 있었을 개연성이 있다.
>
> 또 하나는 중국의《삼국지》〈동이열전〉에 변진弁辰의 12국 중의 하나인 구야국狗邪國(구사국)이 가야라는 것이다.《삼국지》는 3세기 때 기록이니 이때까지 가야는 독립국가가 아니었다는 논리다. 그러나《삼국지》의 구야를 가야라고 보는 근거는 발음이 비슷하다는 것 하나뿐이다. 더구나 같은《삼국지》지만 오환烏桓같은 경우는 서기전 3세기의 진·한秦漢 때부터 기록하고 있다.〈동이열전〉 서문도 상고시대 순舜임금부터 설명하고 있으니《삼국지》에 나온다는 이유로 3세기에 건국했다는 것은《삼국지》의 논리로도 맞지 않다.

명확하다. 《삼국사기》〈신라본기〉는 서기 77년 신라 아찬 길문吉門이 가야 군사들과 황산진黃山津 어귀에서 싸워 1천여 명의 목을 베었다고 기록하고 있고, 서기 94년에는 가야가 신라의 마두성馬頭城을 포위했고, 2년 후에는 가야가 신라의 남쪽 변경을 침략했는데, 이에 분노한 신라는 그 다음 해인 서기 97년에 가야를 쳤다고 기록하고 있다. 결론적으로 가야가 1세기 중반에 건국되어 신라와 여러 차례 격전을 치렀다는 사실은 부정할 수 없다.

▲ 김수로왕 초상

가야의 건국 시조 부부

= 김수로왕이 가야를 건국하다

가야의 건국 시조는 김수로왕이다. 이 사실에 대해서는 《삼국유사》〈가락국기〉는 물론 《삼국사기》〈김유신열전〉도 간명하게 전해주고 있다.

> "김유신은 왕경王京 사람이다. 그의 12대조 수로는 어떤 사람인지 알 수 없다. 후한 건무 18년(42) 임인壬寅에 구봉龜峰에 올라가 가락駕洛 9촌을 바라보고 드디어 그 땅에 이르러 나라를 열고 이름을 가야加耶라고 했다가 뒤에 금관국金官國으로 고쳤다."《삼국사기》〈김유신열전〉

김유신의 12대 조상인 김수로왕이 서기 42년 가락 9촌에 가야국를 건국했다가 금관국으로 고쳤다는 것이다. 《삼국유사》〈가락국기〉는 나라 이름을 대가락大駕洛, 또는 가야국이라고 했다면서 곧 여섯 가야 중의 하나라고 말하고 있다. 《삼국유사》는 가락 9촌의 우두머리인 9간干이 김수로왕을 추대했다고 말한다. 하

▲ 2019년 허황후를 소재로 한 한국-인도 공동 기념 우표. 우정사업본부 발행.

늘에서 자줏빛 줄에 붉은 보자기로 싼 금으로 만든 상자가 내려
왔는데 상자 안에 여섯 개의 황금 알이 있었다는 것이다. 이 역
시 동이족 국가의 시조는 하늘과 관계되어 알에서 태어나는 고유
한 천손사상 또는 난생사화이다. 김해와 그 부근에는 서기 1세기
이전부터 여러 소국들이 있었는데 이런 토착세력들과 김수로왕이
라는 이주세력이 결합해 서기 1세기에 가야를 건국한 것이다.

= 허왕후가 아유타국에서 와서 왕비가 되다

《삼국유사》〈가락국기〉는 서기 48년 아유타국의 공주 허황옥
이 바다를 건너와서 김수로왕의 왕비가 되었다고 말하고 있다.
아유타국의 국왕과 왕비의 꿈에 황천皇天이 '가락국의 왕 수로는
하늘이 내려서 왕이 되었으니 공주를 보내 배필이 되게 하라.'고
말해서 배를 타고 가야로 와 혼인했다는 것이다. 이 사료는 고대

더 깊게 생각하고
토론해 봅시다

여러 성씨가 모인 가락종친들

《김해김씨세보》등은 김수로왕과 허왕후가 10남 2녀를 낳았는데 장남은 김씨 성과 왕위를 이어 2대 거등왕
이 되었고, 2남과 3남은 어머니 성을 따라서 허씨가 되었고, 일곱 아들은 허왕후의 오빠인 장유화상을 따라
서 불가에 귀의했다고 전하고 있다. 신라 경덕왕 때 아찬阿湌 허기許奇가 당唐에 사신으로 갔다가 안록산의
난으로 당 현종이 촉으로 피신할 때 호종扈從(왕을 모시고 따라감)한 공으로 당의 왕성王姓인 이李씨 성을 하사
받았다고 한다. 그 후예들이 인천 이씨다. 김수로왕과 허왕후를 시조부모로 모시는 후손들이 가락종친들인데
김해 김씨, 김해 허씨, 인천 이씨 등이 소속되어 있다.

국가의 첫 왕비에 대해서 그 계통이 상세하게 설명된 거의 유일한 사례이다.

🌀 가야의 강역

《삼국유사》〈가락국기〉는 김수로를 대가락국의 왕王으로, 그의 다섯 형제들을 5개 가야국의 주主로 설명하고 있다. 여섯 가야가 동등한 것이 아니라 금관가야에 종주권이 있다는 표현이다. 또한 김수로왕의 죽음을 제후의 죽음인 훙薨이 아니라 황제의 죽음인 붕崩으로 표현했는데 이는 김수로왕이 황제이고 다른 다섯 가야는 제후라는 인식의 표출이다.

더 깊게 생각하고 토론해 봅시다

가야불교는 언제 시작되었는가?

▲ 김해 김수로·허왕후 왕릉 입구의 파사석탑. 허왕후가 아유타국에서 싣고 온 것인데 가야 지역에서 나지 않는 엽락석 성분임이 밝혀졌다.

한국의 불교는 고구려 소수림왕 2년(372)에 시작했고 백제 침류왕 1년(384)에 그 뒤를 이은 것으로 설명하고 있다. 가야불교에 대해서는 《삼국유사》는 가락국 질지왕 2년(452) 허왕후의 명복을 빌기 위해서 수로왕과 허왕후가 혼인한 곳에 왕후사王后寺를 세운 것이 시초라고 보기도 한다. 그러나 왕후사 창건은 가야불교의 시작이 아니라 허왕후의 명복을 빌기 위해서 세운 왕립사찰이다. 김해 지역의 구전口傳(입에서 입으로 전한 것) 사료에는 허왕후의 오빠 장유화상長遊和尙이 허왕후와 함께 가야에 왔고 수로왕과 허왕후의 일곱 아들이 불가에 귀의했다고 전하고 실제로 장유화상이 세웠다는 사찰도 여러 곳에 있다. 《삼국유사》는 허왕후가 파사석탑을 가지고 왔다고 했으니 허왕후가 이 석탑을 중심으로 예배를 드렸다면 이 또한 가야불교의 시작이라고 볼 수 있다. 최치원은 경북 문경의 〈봉암사지증대사비〉에서 남방의 소승불교가 먼저 전래했고 이후에 북방의 대승불교가 전래했다고 썼다. 《삼국사기》에 전하는 고구려와 백제의 불교전래 기사는 북방불교의 전래기사이고 가야에는 남방불교가 먼저 전해졌다면 모순이 없게 된다. 고려 사관 민제(1339~1408)는 〈금강산 유점사 사적기〉에서 신라 남해왕 원년(4) 인도에서 바다를 건너 온 불상을 가지고 금강산 유점사를 창건했다고 말하고 있다. 구전 사료뿐만 아니라 여러 문헌에서도 남방불교가 북방불교보다 먼저 왔다는 기사들이 있는 만큼 고구려, 백제보다 가야에 불교가 먼저 전래되었을 개연성이 높다.

● **고녕가야와 고령가야**

고녕古寧가야는 경상북도 북쪽의 상주·문경 등지에 있었던 나라이고, 고령高靈가야는 경상북도 남쪽 고령에 있었던 대가야를 뜻한다. 1592년 상주의 함창에서 〈고녕국태조가야왕릉古寧國太祖伽耶王陵〉이라고 새긴 묘비가 발견되었다. 여러 문헌과 구전사료에 의하면 고녕가야는 시조 고로왕古露王, 2세 마종왕摩宗王, 3세 이현왕利賢王을 거쳐 254년 신라에 멸망했다고 전하고 있다. 일제 식민사학을 추종하는 쪽에서는 가야를 왜의 식민지 임나로 볼 때는 가야의 강역을 경상도뿐만 아니라 전라도, 충청도까지 넓은 영역을 차지했다고 주장한다. 그러나 왜의 식민지가 아닌 가야로 볼 때는 가야가 경북 북쪽의 상주·문경까지 차지했을 리 없다면서 고녕가야를 경남 진주라고 왜곡하기도 했다.

《삼국유사》〈5가야〉 조에는 '아라가야阿羅伽耶·고녕가야古寧伽耶·대가야大伽耶·성산가야星山伽耶·소가야小伽耶'를 다섯 가야국이라고 말하고 그 위치를 이렇게 설명했다.

> "아라가야(지금의 함안), 고녕가야(지금의 함녕), 대가야(지금의 고령高靈), 성산가야(지금의 경산京山·성주), 소가야(지금의 고성)"

김해 지역의 금관가야를 포함하면 6가야인데, 금관가야, 아라가야, 소가야는 지금의 경상남도이고, **고녕가야**, 대가야, 성산가야는 경상북도이다.

《삼국유사》〈가락국기〉는 가야의 강역이 "동쪽은 황산강黃山江(낙동강), 서남쪽은 창해滄海, 서북쪽은 지리산, 동쪽은 가야산伽倻山, 남쪽은 나라의 끝"이라고 말하고 있다. 이 강역은 6세기경 가야의 강역이 축소된 이후의 강역이다. 가야 북쪽 강역이었던 경북 상주·성주·선산 등지가 빠졌고, 가야의 동쪽 경계선을 황

더 깊게 생각하고 토론해 봅시다

호남가야, 호서가야는 무엇인가?

'호남·호서가야'라는 말은 일본인 식민사학자들이 가야가 왜의 식민지 '임나'라면서 왜가 지배한 임나(가야)가 경상도뿐만 아니라 전라도(호남), 충청도(호서)까지 지배했다고 왜곡한 데서 나온 것이다. 1895년 명성황후 시해에 가담했던 낭인 아유카이 후사노신鮎貝房之進(점패방지진)이 처음 주장했고 이후 조선총독부의 스에마쓰 야스카즈末松保和(말송보화) 등이 따라서 오늘까지 이르고 있다. 야마토왜가 경상도뿐만 아니라 전라도, 충청도까지 지배했다는 지배주의 관점에서 나온 것으로《삼국유사》,《삼국사기》가 말하는 것과 전혀 다른 내용이다.

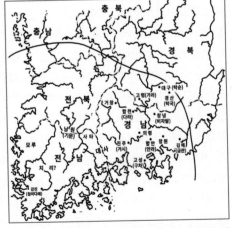

▲ **쓰에마스가 주장한 임나(가야)의 영역.** 선 아래 지역을 임나라고 보는 것이다.

산강(낙동강)이라고 했지만 낙동강 동쪽의 창녕에 있던 비화非火가
야 등이 빠졌기 때문이다. 가야의 3~4세기 강역은 북쪽은 경상
북도 상주·문경 부근까지였고 서쪽으로는 지리산 일대의 함양과
소백산줄기와 섬진강의 계선까지였고 동쪽으로는 낙동강 건너
경남 양산 일대까지였다. 이후 신라에 강역을 빼앗기면서 축소된
강역이 〈가락국기〉에서 말하는 가야 강역이다.

❷ 가야의 성장과 멸망

🔵 신라와 전쟁에서 우위를 보이다

《삼국사기》는 가야가 신라와 적대와 화친을 반복했다고 말하
고 있다. 《삼국사기》〈신라본기〉에는 가야가 신라와 전쟁한 기사
가 보이는 반면 《삼국사기》〈백제본기〉에는 가야가 백제와 전쟁
을 한 기사는 보이지 않는다. 가야는 동쪽으로는 신라와 국경을
맞대고 있었고 서쪽으로는 백제와 국경을 맞대고 있었는데 동쪽
의 신라와는 자주 충돌한 반면 서쪽의 백제와 충돌한 기사가 없
다는 것은 백제와는 우호적인 관계였다는 뜻이다.

가야는 건국 직후인 서기 77년 황산진 어귀에서 신라 아찬 길
문에게 1천여 명의 목을 베어지는 패배를 당했다. 신라의 파사 이
사금은 재위 8년(87) 신라의 서쪽에는 백제, 남쪽에는 가야가 있
다면서 가소성과 마두성을 쌓았다. 가야는 파사 이사금 15년(94)
에 마두성을 포위했고, 2년 후에는 신라의 남변을 공격해서 신라

알고 싶어요

가야 지명의 변천

《삼국유사》〈5가야〉 조에는 가야가 '아라·고녕·대·성산·소가야'였는데 본조의 《사략》을 인용하면서 고려 태조
23년(940)에 5가야의 이름을 '금관·고령·비화·아라·성산'으로 바꾸었다고 말한다. 앞에서는 금관가야가 누락되
었고, 뒤에서는 대가야가 누락되었다.

의 성주 장세長世를 전사시켰다. 파사 이사금이 직접 5천의 용사를 이끌고 출전해 격퇴했다. 파사 이사금은 재위 18년(97) 가야를 공격하려다가 가야 국주가 사신을 보내자 그만두었고, 지마 이사금은 재위 4년(115) 직접 가야 정벌에 나섰다가 복병에 포위되어 겨우 빠져나왔다. 지마 이사금 5년(116) 8월에는 먼저 장수를 보내 가야를 공격하게 하고 지마 이사금이 1만 정예군사를 거느리고 뒤따랐다. 가야가 성문을 굳게 잠그고 지키는데 비가 오랫동안 오자 철수하고 말았다. 이와같이 가야는 신라에 군사적으로 전혀 밀리지 않는 군사강국이었다.

포상팔국이 공격하다

▲ 가야 배모양 토기. 국립중앙박물관.

가야는 신라 내해 이사금 6년(201)에 화친을 요청했다. 그 8년 후인 내해 이사금 14년(209)에 포상8국浦上八國 이 가라加羅 공격을 모의하자 가라 왕자가 신라에 구원을 요청했다. 신라의 내해 이사금은 태자 우로于老와 이벌찬 이음利音에게 6부의 군사를 이끌고 구원하게 하여 8국의 장수들을 죽이고 포로 6천 명을 빼앗아 돌려주었다. 《삼국사기》는 대부분 '가야'라고 기록하고 있는데 신라와 연합 군사작전을 전개했던 이 기사에서는 유독 '가라'라고 기록하고 있다. 내해 이사금 17년(212)에는 가야가 왕

더 깊게 생각하고 토론해 봅시다

포상8국

포상8국과 가야의 전쟁에 대해서는 《삼국사기》·《삼국유사》 모두 기록하고 있다. 포상8국의 보라국保羅國·고자국古自國·사물국史勿國 등을 보통 경남 고성, 사천 등의 경남 연안지역에 있던 나라들이라고 설명한다. 그러나 신라와의 전쟁에서도 우위를 보이던 가야가 그때까지 경남 연안지역도 장악하지 못했다고 보기 어려운 점에서 포상8국은 경남 지역의 나라들이라기 보다는 경남 연안 이외의 다른 지역의 정치세력일 가능성도 있다.

자를 인질로 보내왔는데 이후 소지마립간 3년(481)까지 250여년 이상 신라와 전쟁한 기사가 없다.

소지마립간 3년(481)에 고구려와 말갈이 신라의 북쪽 변경을 공격하자 가야는 백제와 함께 군사를 보내 신라를 구원해 주었다. 그 후 법흥왕 9년(522) 가야국왕이 혼인을 청하자 신라는 이찬 비조부比助夫의 누이를 보냈다. 법흥왕은 재위 11년(524) 신라 남쪽 변방에 새로 확장한 영토를 순행할 때 이때 가야국왕이 와서 만났다고 한다. 이후 가야와 신라의 관계는 급변해서 가야가 멸망한다.

가야, 멸망하다

가락국 10대 구형왕(재위 520~532)은 재위 12년(532:법흥왕 19)에 세 왕자 노종奴宗, 무덕武德, 무력武力과 함께 신라에 항복했다. 법흥왕은 구형왕에게 상대등의 지위를 주고 진골로 삼았으며 금관국을 식읍으로 삼게 했다. 김무력은 김유신의 조부이다. 12년 후인 진흥왕 15년(554)에는 가야가 백제의 성왕과 연합해서 신라 관산성을 공격하다가 패전해서 백제 성왕을 비롯해 좌평 4명과 사졸 2만 9,600명이 전사했다. 맹주격인 금관국은 항복했지만 이에 승복하지 않는 다른 가야세력들이 백제와 연합해 신라와 격전을 벌인 것이다. 8년 후인 진흥왕 23년(562)《삼국사기》는 "가야가 배반하자 왕이 이사부에게 토벌하라고 명했다."고 전한다. 이 기사에서 가야가 경북 고령의 대가야라고 해석하기도 하지만 분명하지 않다. 백제와 연합해 신라를 공격했다가 패배한 가야 부흥세력들이 다시 한 번 가야 재건을 도모하다가 신라의 공격으로 좌절된 것이다. 이 사건 이후로 가야는 역사서에서 모습을 감추었다.

❸ 가야계의 일본열도 진출

◀《삼국사기》에서 사라진 가야

《삼국사기》〈신라본기〉에는 가야가 212년(내해 이사금 17) 신라에 왕자를 인질로 보낸 기사 이후 가야 관련 기사가 사라진다. 이후 481년(소지마립간 3)에 고구려와 말갈이 신라 북쪽 변경을 공격하자 가야는 백제와 함께 신라를 돕는 세력으로 나타난다. 가야가 《삼국사기》에서 사라진 시기 일본열도에서는 고분시대가 전개된다. 일본사는 죠몬시대→야요이시대→고분시대로 전개되는데 고분시대는 큐슈 지역에 갑자기 거대한 고분이 등장하면서 시작된다. 고분시대는 3세기 후반 경부터 시작하는 것으로 설명한다. 큐슈에는 가야계 고분이 다수 존재하는데 이는 신라와 격전을 치르던 가야계 일부 세력이 새로운 땅인 일본열도로 진출한 것으로 해석할 수 있다.

일본에서는 일 왕가의 발상지를 큐슈 남부 미야자키현宮崎縣 사이토시西都市 사이토바루西都原 고분군古墳群으로 보는데 서기 3세기 말부터 7세기까지의 유적이다. 남북 4.2km, 동서 2.6km의 대지에 319기의 능묘가 남아 있는데 둥근 원분圓墳이 286기, 앞은 네모지고 뒤는 둥근 전방후원분前方後圓墳이 31기, 네모진 방분方墳 2기가 있다. 북한 역사학계는 이를 모두 가야고분군으로 분류하고 있다. 이곳에는 횡혈식 무덤이 10기가 있는데 김해 예안리 가야고분도 횡혈식 묘이다. 큐슈 지역의 고분은 4세기경에는 가야계가 압도적이다가 5세기경에는 백제계가 대거 늘어난다.

◀ 일본열도로 진출한 가야

일본의 고분시대는 가야계가 그때까지 뚜렷한 정치세력이나 국가가 존재하지 않았던 일본열도에 진출해서 분국分國을 설치한 것으로 이해할 수 있다. 일본열도에 진출한 가야계는 분국의 이름을 가라, 또는 임나라고 불렀다. 가야계 유적은 대마도, 큐슈, 오카야마, 나라 등지에 산재해 있다. 이중 가야계가 일본열도에 진출해 세운 분국이 임나인데 그 위치에 대해서 대마도설, 큐슈설, 오카야마현岡山縣(강산현)설 등의 학설이 있다. 북한 학계는 오카야마현에 있던 고대 길비국吉備國(키비노쿠니)을 가야계가 세운 분국 임나라고 보고 있다. 오카야마현의 조산고분造山古墳(쯔쿠리야마고훈)·작산고분作山古墳(쯔쿠리야마고훈)은 축조 당시 일본열도 최대의 고분이었고 현재도 조산고분은 4번째로 큰 고분이다. 오카야마현 소자시総社市(총사시) 귀성산鬼城山은 397m의 높이인데 이곳에 있는 귀의성鬼ノ城(키노죠)도 가야계가 축조한 산성으로 석성 및 판축 유적이 남아있다.

이밖에도 큐슈 지역에는 가야계 지명이 다수 남아 있는데 이는 신라와 격전을 피한 가야계가 대거 큐슈 지역으로 이주해 분국을 세웠음을 말해준다. 가야세력들이 일본열도로 이주한 것은 가야본국伽耶本國의 세력을 약화시켰고 나아가 항복하거나 멸망하고 말았다.

▲ 쯔쿠리야마 고분造山古墳. 일본 오카야마현岡山縣에 길이가 350m, 높이가 29m로 5세기에 축조된 것으로 추정하는 가야계 전방후원분 고분이다. 축조 당시 일본열도에서 가장 큰 규모로서 이때까지도 나라의 백제계 야마토왜가 큐슈 지역을 차지하지 못했음을 말해준다.

7 최씨낙랑국

① 최씨낙랑국의 기원

◀ 두 개의 낙랑

낙랑은 두 개가 있었다. 한나라 행정구역인 한사군 낙랑군과 최리崔理가 왕으로 있던 낙랑국이 그것이다. 한사군 낙랑군은 고대 요동인 하북성에 있었다. 고구려 왕자 호동과 낙랑공주의 사랑이야기가 전하는 낙랑국은 최씨낙랑국崔氏樂浪國이라고도 한다.《삼국사기》〈고구려본기 대무신왕 15년(32)〉에는 낙랑왕 최리崔理가 대무신왕의 아들 호동을 보고 '북국北國 신왕神王의 아들'이라면서 자기 딸을 아내로 삼게 했다고 말한다. 호동은 낙랑공주에게 적이 침입하면 저절로 울리는 낙랑국의 북과 나팔을 부

▲ **평양 외곽 보성리 고구려 무덤.** 2017년에 북한 평양에서 서기 3세기 전반기 무덤이 발굴되었는데 고구려의 벽화와 유물이 출토되었다. 평양에 한나라 낙랑군이 있었다는 식민사학의 주장이 허구임이 드러났다.

수게 했는데 이것이 자명고自鳴鼓다. 낙랑공주가 북과 나팔을 부수자 고구려 대무신왕은 재위 15년(32) 낙랑을 습격했다. 최리는 북과 나팔이 울리지 않아 대비하지 못하다가 공주가 부순 것을 알고 딸을 죽이고 항복했다. 북한 학계는 낙랑국을 위만조선의 유민들이 평양 일대에 세운 나라로 보고 있다.

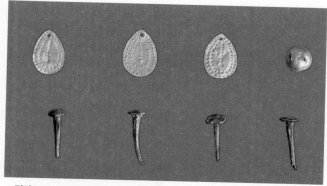

▲ 평양 보성리 벽화무덤의 금관장식과 은못

그런데 5년 후인 《삼국사기》〈고구려본기 대무신왕 20년(37)〉에는 "왕이 낙랑을 습격하여 멸망시켰다."는 기사가 있다. 이는 5년 전에 멸망시킨 낙랑국이 부흥운동을 일으키자 다시 멸망시킨 것인지 서쪽의 한나라 낙랑군을 멸망시킨 것인지 정확하게 알 수 없다.

또 7년 후인 《삼국사기》〈고구려본기 대무신왕 27년(44)〉에는 "후한 광무제가 군사를 보내 바다를 건너 낙랑을 정벌해서 그 땅을 취해 군·현으로 삼으니 살수 이남이 한漢에 속하게 했다."고 말하고 있다. 이 낙랑은 낙랑군을 뜻하는 것으로 보여진다. 대무신

더 깊게 생각하고 토론해 봅시다

최씨낙랑국

한사군의 낙랑군과 낙랑국을 구별한 역사학자는 단재 신채호였다. 한나라 낙랑군은 태수가 다스리는데 《삼국사기》에 낙랑태수가 아니라 낙랑왕 최리라고 나오는 것에 주목한 것이다. 신채호는 《조선상고사》에서 삼조선 중 말조선, 곧 마한馬韓의 도읍이 지금의 평양이었는데, 마한이 남쪽으로 천도한 후에 평양에 최씨낙랑국이 궐기해서 그 부근의 소국들을 병합했다고 주장했다.
김부식은 《삼국사기》에서 낙랑국의 멸망에 대해 서술한 후 "혹은 말하기를, (고구려가) 낙랑을 멸망시키기 위해서 마침내 혼인을 청해서 그 딸을 아들의 처로 삼고 후에 본국으로 돌아가게 해서 그 군사의 물건을 파괴하게 했다."고 덧붙였다. '낙랑국'에 관해서 두 개 이상의 사료가 전해지고 있었다는 뜻이다. 그러므로 낙랑국과 낙랑군은 다르다.

왕이 서기 37년 낙랑군을 정벌하자 후한에서 서기 44년 군사를 발해를 통해 보내 재건한 것으로 해석할 수 있다. 최리의 낙랑국은 이후 사료에서 사라진 반면 하북성에 있던 낙랑군을 둘러싼 공방은 계속되기 때문이다. 최씨낙랑국이 언제 시작되었는지는 알 수 없다. 마지막 국왕이 최리라는 사실만 알 수 있다.

② 낙랑군이 평양에 있었다고 조작한 유적과 유물들

◀ 효문묘동종

한나라 행정구역인 낙랑군의 위치는 지금의 하북성 일대임이 중국의 여러 사료로 입증되었다. 반면 낙랑국은 지금의 평양 일대에 있던 단군조선의 계승국 중 하나이다. 그러나 아직도 일제 식민사학을 추종하는 역사학자들은 낙랑군이 여전히 평양 일대에 있었다고 주장하고 있다. 그 증거로 평양 일대의 각종 유적, 유물을 들고 있다. 조선총독부의 의뢰로 한국의 고적을 조사한

알고 싶어요

효문묘동종

1920년 평양의 목곽묘木槨墓(귀틀무덤)에서 출토되었는데 한나라 문제文帝(재위 서기전 179~서기전 157)의 제사를 지내는 효문묘孝文廟에서 사용하던 청동단지라는 것이다. 그러나 한사군은 문제 사후인 서기전 108년 생겼을 뿐만 아니라 문제의 사당은 문제와 직접 관련 있는 지역에만 세웠기 때문에 그와 아무런 관련이 없는 평양에 사당을 세웠을 까닭이 없다. 또한 이 무덤은 서기 1세기 중엽에 만들어진 무덤이다. 발굴 과정에서 슬쩍 끼워 넣지 않았다면 후세에 중국에서 들어온 유물일 것이다.

▲ **두 개 또는 세 개가 있었던 것으로 밝혀진 효문묘동종.** 2011년 SBS 3·1절 특집 '역사전쟁-금지된 장난, 일제 낙랑군 유물조작'에서 전문가들은 일제가 동종을 두 개 또는 세 개 제작했음이 드러났다.

세키노 타다시關野貞는 1915년부터 《조선고적도보朝鮮古蹟圖譜》를 간행했는데 평양에서 효문묘 동종孝文廟銅鐘 등을 발견했다면서 낙랑군이 평양 일대에 있었다고 주장했다. 그런데 세키노 타다시는 이 유적, 유물들을 모두 '우연히' 발견했다고 써서 해석의 여지를 남겼다.

▲ 평양 대동군 남정리 고분을 발굴 사진. 조선총독부 박물관은 평양에 낙랑군이 있었다고 조작하는데 사활을 걸었다. 1931년 평양 대동군 남정리 고분을 발굴하고 낙랑군 고분이라고 조작했다.

〈점제현신사비〉

조선총독부의 이마니시 류今西龍는 1914년 평남 용강군에서 〈점제현신사비秥蟬縣神祠碑〉를 발견했다면서 낙랑군이 평양 일대에 있었다는 증거로 삼았다. 낙랑군 산하의 25현 중의 하나인 점

더 깊게 생각하고 토론해 봅시다

세키노 타다시 일기

세키노 타다시는 1917년 북경의 골동품 거리인 유리창가琉璃廠街에 가서 한나라 및 낙랑군 유물을 대거 구입해 조선총독부 박물관에 보냈다고 기록했다.

❶ "대정 7년(1918) 3월 20일 맑음 북경…유리창의 골동품점을 둘러보고, 조선총독부 박물관을 위하여 한나라 때漢代의 발굴품을 300여 엔에 구입했음."

❷ "대정 7년 3월 22일 맑음 : 오전에 죽촌竹村 씨와 유리창에 가서 골동품을 샀음. 유리창의 골동품점에는 비교적 한나라 때漢代의 발굴물이 많고, 낙랑 출토류품은 대체로 모두 갖추어져 있기에, 내가 적극적으로 그것들을 수집했음."

낙랑군이 평양에 있었다는 세키노 타다시가 북경에서 구입한 낙랑군 유물들은 낙랑군이 평양에 있었다고 조작하는데 주요하게 악용되었다.

7. 최씨낙랑국 **181**

제현에서 풍년을 기원하던 신사비가 서기 85년 용강군에 세워졌다는 것이다. 그러나 지난 2천여 년 동안 평야지대에 세워진 이 신사비를 본 사람이 아무도 없었다. 또한 비석 밑에서 조선의 사기조각이 나왔다. 북한 고고학연구소가 분석한 바에 따르면 비석의 재질은 용강군이 아니라 요동 지역의 화강석에 가깝다는 사실 등이 밝혀지면서 일본인들이 평안도에 낙랑군이 있었다고 조작하기 위해서 갖다 놓은 것으로 유추되고 있다.

▲ 일제가 조작한 〈점제현신사비〉. 국내의 동북아역사재단에서 이것이 사실인 것처럼 영문 책자를 발간했다.

❸ 북한학계에서 발굴한 낙랑국 유적과 유물들

북한학계는 광복 이후 평양 일대의 많은 고대무덤을 발굴했다. 그 결과를 《평양일대 낙랑무덤에 대한 연구》라는 책자로 발간하여 일제가 발굴한 평양 일대 고분은 70여 기인데 비해 북한이 1990년대까지 발굴한 무덤은 무려 3,000여 기에 달한다고 발표했다.

그중에 한사군 낙랑군의 무덤은 단 하나도 없었다는 것이다.

낙랑군 인구의 변화

《한서》〈지리지〉는 낙랑군의 인구가 6만 2,813호에 40만 6,748만명이라고 말하고 있다. 그러나 《후한서》〈군국지〉는 낙랑군의 인구가 6만 1,492호에 25만 7,050명으로 대폭 줄어들었다고 말하고 있다. 나아가 《진서晉書》〈지리지〉는 낙랑군의 호수가 3,700호라고 말하고 있다. 전한 때에 비해서 호수가 20분의 1로 줄어든 것이다. 낙랑군이 평양 일대에 있었다면 불과 3,700호의 인구로 고구려, 백제, 신라 등과 맞서 싸운다는 자체가 불가능한 일이다.

▲ **낙랑국 유물들**. 2022년 준공된 평양의 낙랑박물관.

북한학계는 "락랑국은 고조선의 마지막 왕조였던 만(위만)조선이 무너진 후에 평양 일대의 고조선 유민들이 세운 나라였다."라고 말하고 있다. 평양에서 발견되는 무덤들은 위만조선이 무너진 후에 고조선 유민들이 세운 '낙랑국'의 무덤이라는 것이다.

그러나 남한학계는 아직도 낙랑국을 낙랑군으로 바꾸거나 낙랑국과 낙랑군이 모두 평양 일대에 있었다는 식으로 평양을 한나라의 식민지로 만들려는 식민사학의 왜곡은 계속되고 있다. 낙랑국은 고조선의 후예들이 평양 일대에 세운 나라이고, 낙랑군은 위만조선이 있던 하북성 일대에 있었던 한사군의 하나이다.

8

읍루·동옥저·예

❶ 읍루·동옥저·예의 위치

읍루挹婁·동옥저東沃沮·예濊는 고조선을 계승한 여러 나라 가운데 동쪽 바닷가에 있었던 나라들로서 남북으로 서로 연접해 있었다. 이 나라들의 위치를 《후한서》·《삼국지》의 〈동이열전〉을 통해 찾아보자.

읍루에 대해 《삼국지》는 부여에서 동북쪽 천 여리 밖에 있는데 큰 바다에 닿아 있고 남쪽은 북옥저와 접해있고 북쪽은 그 끝이 어디인지 알 수 없다고 말하고 있다. 《후한서》는 읍루를 옛 숙신肅愼 지역에 있던 나라라고 말하고 있다.

동옥저에 대해 《삼국지》는 고구려 개마대산蓋馬大山 동쪽에 있는데 큰 바다에 접해 있으며, 북쪽은 읍루·부여와 접해있고, 남쪽은 예맥과 접해 있는데 남북이 길다고 했다.

예에 대해 《삼국지》는 남쪽은 진한, 북쪽은 고구려·옥저와 접해있고, 동쪽은 대해에 닿았다면서 조선의 동쪽이 모두 예의 지역이라고 말했다. 《후한서》는 예의 서쪽은 낙랑에 이른다면서 예·옥저·고구려는 모두 옛 조선 지역이라고 말했다.

❷ 서쪽에서 동쪽으로 이주한 국가들

《후한서》가 읍루를 옛 숙신이었다고 말한 것은 읍루 역시 이주한 국가이기 때문이다. 읍루·동옥저·예는 모두 고조선의 거수국으로 오늘날 요서 지역에 있다가 동쪽으로 이동한 국가들이다.

옥저에 동東 자를 쓰고 예를 동예東濊라고 부르는 것은 모두 서쪽에서 동쪽으로 이주했기 때문이다. 읍루는 옛 숙신 지역인데 동숙신이라고 부르는 대신 읍루라는 새로운 국명을 사용한 것으로 보인다. 읍루 이외 다른 곳으로 이주한 집단은 숙신, 또는 말갈靺鞨이라고도 불렀다.

《삼국지》는 동옥저는 읍루의 남쪽에 있다고 했고, 읍루는 남쪽이 북옥저와 접하고 있다고 했다. 또한 《후한서》·《삼국지》는 모두 북옥저를 치구루置溝婁라고 하는데 남옥저와 8백 리 떨어져 있으며 풍속은 모두 남옥저와 같다고 말하고 있다. 동옥저는 남부와 북부로 나뉘어 있었는데 북부를 차지한 옥저를 북옥저라고 불렀고 남부를 차지한 옥저를 남옥저라고 불렀던 것으로 추정할 수 있다.

❸ 예와 예맥

《삼국지》는 동옥저가 남쪽으로 예맥濊貊과 접하고 있다고 말했다. 예의 공식명칭은 예국濊國이지만 맥족貊族이 많이 거주하

▲ **고구려 무용총 벽화의 시녀도.** 예 사람들은 고구려와 같은 종족이라고 여겼다.

고 있어서 예맥이라고도 불렀다. 예의 노인들은 스스로 "고구려와 같은 종족이다."라고 말했다고 하는데, 고구려를 때로 맥貊이라고도 불렀다는 점에서 예는 고구려 유민들 일부가 이동해서 세운 나라로 볼 수도 있다. 예는 10월에 무천舞天이라는 제천행사를 치른 것으로 봐서 천손민족 사상을 갖고 있었다.

④ 민족 귀속성

읍루·동옥저·예는 고조선이 멸망하자 동쪽으로 이주한 고조선의 거수국들이었다. 그만큼 고조선의 후예라는 정체성이 강했을 것이다. 그런데 이주한 사람들은 주로 지배층들이었을 것이다. 거주민 대다수는 해당 지역에 대대로 살던 토착인들이었을텐데 이들도 고조선 백성이라는 생각을 갖고 있었기 때문에 이 지역으로 이주했을 가능성이 크다.

읍루를 숙신이라고 기록한 것은 의미가 있다. 숙신은 훗날 말갈·여진·만주족으로도 불리는 동이족의 일원이다. 숙신의 후예들은 금金·청淸 등을 세워 산해관을 넘어 중원 대부분을 차지하게 된다. 이들의 역사도 동이족의 역사로 포괄해야 할 때가 되었다.

⑤ 건국과 멸망시기

읍루·동옥저·예가 언제 나라를 세웠는지는 정확하게 알 수 없다. 다만 고조선이 멸망하면서 각자 독립된 국가가 되었다고 유추할 수 있다.

읍루는 부여에 예속되었으나 부여가 세금과 부역을 무겁게 물리자 서기 220년경 난을 일으켰다. 부여가 여러 차례 정벌에 나섰으나 험한 산 속에 거주하면서 강한 활을 가지고 있어서 끝내 굴복시키지 못했다.

동옥저는 남옥저와 북옥저로 나뉘었는데, 《삼국사기》에 따르면 고구려 추모왕은 재위 10년(서기전 28) 북옥저를 멸망시키고 성읍으로 삼았고, 태조대왕은 재위 4년(56) 동옥저를 정벌해 성읍으로 삼았다. 이때 고구려의 강역이 동쪽으로는 창해에 이르고 남쪽으로는 살수에 이르렀다. 고구려 동천왕은 재위 20년(246) 관구검의 공격을 피해 남옥저까지 달아났다. 중국의 《삼국지》는 "동천왕이 북옥저로 달아났는데 북옥저는 일명 치구루로서 남옥저에서 800리"라고 말하고 있다. 동천왕이 남옥저로 달아났다가 다시 북옥저로 피신했음을 시사해준다. 고구려는 옥저를 정벌한 후 성읍으로 삼아서 행정구역으로 편입했든지 아니면 제후국 형태로 지배한 것으로 보인다.

《삼국지》에 따르면 고구려 동천왕이 247년 위魏의 관구검에게 쫓기던 때에 예가 위에 조공을 바치자 위가 예왕을 불내예왕不耐濊王으로 봉했다고 한다. 불내예왕이 예의 전체 지역을 지배했는지 아니면 일부 지역을 지배하던 존재였는지는 분명하지 않다.

이 나라들이 언제까지 존속했는지는 분명하지 않으나 대부분 고구려의 확장 과정에서 정벌당해 행정구역으로 편입되었든지 제후국으로 존속했을 것으로 추측된다.

9 왜

① 왜국의 위치

중국 사료 《후한서》·《삼국지》의 〈동이열전〉은 동이족 일곱 나라를 기록했는데 왜倭도 그 안에 포함시켰다. 중원 역사학자들이 보기에 왜국은 부여, 고구려 등과 같은 동이족 국가였다는 뜻이다. 그런데 중국 사료 《후한서》·《삼국지》의 〈동이열전〉의 왜처럼 논란이 많은 정치세력도 찾기 힘들다. 가장 큰 논란은 왜국의 위치가 어디냐는 것이다.

> "왜인은 대방帶方 동남쪽 큰 바다 가운데 있는데, 산과 섬에 의지해 국읍國邑을 만들었다. 예전에는 백여 국이었으며 한 나라 때 조정에 온 자가 있었는데 지금은 통역으로 통하는 나라가 30국이다."《삼국지》 〈동이열전 왜〉 조

왜국의 위치를 찾는 기준은 대방의 위치이다. 대방의 동남쪽 큰 바다 가운데 있다고 했기 때문이다. 대방을 황해도로 보고 왜국을 지금의 일본열도로 보는데, 대방이 황해도라면 그 동남쪽은 강원도 내륙이지 큰 바다가 아니다.

② 왜의 이동사

◀ 양자강 유역에 살던 왜인들

중국 사료 《사기》의 〈오태백세가吳太伯世家〉나 〈월왕구천세가〉
는 서기전 12~11세기 경 왜인들이 양자강 유역에 살고 있었음을
시사해준다. 《사기》 〈월왕구천세가〉는 이렇게 말하고 있다. 월왕
구천句踐의 선조가 양자강 유역의 회계會稽에 봉해졌다면서 "문
신을 하고 머리를 짧게 깎았으며 거친 풀밭을 파헤쳐 읍邑을 만
들었다."라고 말하고 있다. 문신과 단발斷髮은 왜의 고유 풍습이
었다. 양자강 유역에 있던 왜는 점차 발해 연안으로 올라온다.
《후한서》·《삼국지》의 〈동이열전〉에서 왜는 양자강 유역에 살던
왜인을 염두에 두고 쓴 것처럼 해석된다. 《후한서》 〈동이열전 왜〉
조에는 이렇게 말하고 있다.

> "왜는 한韓의 동남쪽 큰 바다 가운데 있는데, 산과 섬에 의지
> 해 거주하며 무릇 100여국이다. 한 무제가 조선을 멸한 이래
> 통역을 사용해 통하는 자가 30개국 남짓 된다. 나라는 모두
> 왕을 칭해서 세세로 전해 다스렸다. 그 대왜왕大倭王은 야마
> 대국邪馬臺國에 거주한다. 낙랑군에서 돌아가면 그 나라는 1
> 만 2천 리인데 그 서북계에서 구야한국拘邪韓國까지 7천여 리
> 다. 그 땅은 대략 회계會稽 동야東冶의 동쪽에 있고 주애朱崖,
> 담이儋耳와 서로 가깝다."

《삼국지》는 '대방 동남쪽'이라고 했는데, 《후한서》는 '한의 동
남쪽'이라고 했으니 대방을 한으로도 달리 기록했음을 알 수 있
다. 이 기사에서는 왜의 위치를 말해주는 기준점은 '회계'와 '동
야'인데 회계는 지금의 절강성浙江省 소흥紹興이고, 동야는 회계현
에 속했던 현으로 한나라 때 복주福州로서 복건성에 속하는 지역

이다. 주애와 담이는 모두 해남도 지역들이다. 이는 고대 왜인들이 지금의 양자강 유역의 중국 동남해안에 살고 있었음을 말해 준다.

발해의 섬에 있던 왜인들

양자강 유역의 왜인들 일부는 지금의 발해 연안으로 올라왔다. 《한서漢書》〈지리지 연지燕地〉는 지금의 북경 부근인 연나라 땅에 대해 기록한 것인데, "낙랑 바다 중에는 왜인倭人이 있어서 백여 국으로 나뉘었는데 사계절마다 조정에 조공을 바쳤다."라고 말하고 있다. 이는 낙랑 바다 중에 왜인이 있었다는 것이다.《삼국지》는 '대방 동남쪽 큰 바다'에 왜인이 있었다는 것으로 같은 내용이다. 곧 이 기사의 왜인들은 지금의 요동반도와 산동반도 사이의 섬들에 살던 왜인들에 대한 기록들이다.

고대에는 발해가 큰 호수였다가 점차 바다가 되면서 많은 섬들이 생겨났다. 진·한때는 요동반도와 산동반도 사이에 지금보다 많은 섬들이 있었기 때문에 이 지역을 말했을 가능성도 있다.

일본 열도로 이동하는 왜인들

서기전 11세기 경 양자강 유역에 있던 왜인들은 차차 북상해서 한나라 때는 발해 연안에 정착했다.《후한서》·《삼국지》를 기록할 때의 왜인도 발해 연안의 왜인들인 것이다. 이 왜인들이 다시 이주하는 것이다. 고대 뱃길은 바다를 곧바로 건너는 것이 아니라 연안을 따라서 항해하는 것이었다. 발해 연안의 왜인들은 발해 연안에서 한반도 서북부와 서남부를 거쳐서 일본열도로 건너갔을 것이다. 이것이 왜인 이동의 한 흐름이고, 다른 한 흐름은 가야계와 백제계가 일본열도로 건너갔다. 이 두 이동세력이 일본

열도에 크고 작은 정치세력을 만들면서 실질적인 일본사가 시작
된다. 4세기 무렵에는 큐슈 지역이 중심이 되면서 가야계가 우세
하다가 5세기 이후 백제계가 우세해지면서 큐슈에서 동쪽 나라
奈良로 천도한다. 이후 일본의 야마토왜는 백제계가 주도하면서
점차 일본열도 서부를 통일해 가는 것이다.

점검

- 단군조선의 거수국에 대해서 알아보자.
- 여러 나라의 계승관계에 대해서 살펴보자.
- 초기 국가들의 발전상황에 대해서 살펴보자.
- 중국에서 동이족 국가로 본 나라들에 대해서 살펴보자.

IV

다섯 나라 시대의
통합과 발전

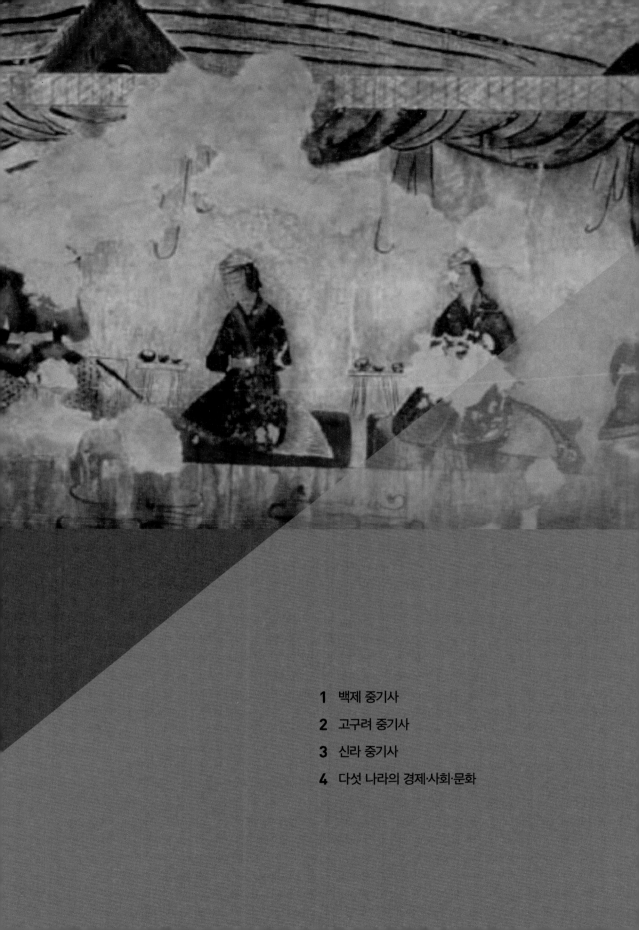

개요

단군조선이 약화되고 위만조선이 한나라에 멸망하면서 고조선의 거수국들이 독립해서 여러 나라 시대가 전개되었다. 여러 나라들은 모두 단군 조선의 정통성을 잇기 위해 노력하면서 나라 발전에 매진했으나 점차 그 우열이 드러났다. 여러 나라들은 각각 주변 소국들을 점령하거나 병합하여 강역을 확대했다. 이 과정에서 여러 소국들이 강국들에게 점령당하거나 강국들의 제후국으로 전락하였다. 그 결과 5세기 말엽에는 부여·신라·고구려·백제·가야의 다섯 나라가 각축하는 다섯 나라 시대가 전개되었다. 494년 부여에서 갈라진 고구려가 부여를 병합하면서 네 나라 시대가 전개되었고, 562년 가야가 신라에 멸망하면서 신라·고구려·백제 세 나라가 각축하는 세 나라 시대가 전개되었다.

학습 목표

- 백제가 대륙과 반도와 일본열도를 아우른 대제국이었음을 설명할 수 있다.

- 신라가 법흥왕과 진흥왕 때 비약적으로 성장한 배경을 설명할 수 있다.

- 고구려 광개토대왕의 업적에 대해서 설명할 수 있다.

- 중국 남북조의 분열이 삼국의 쟁패에 어떤 영향을 주었는지 설명할 수 있다.

- 동이족 선비족과 고구려의 관계에 대해서 설명할 수 있다.

백제 중기사

① 백제의 성장과 고구려와의 충돌

◀ 중국 남북조시대의 전개

중원에서 위·촉·오 세 나라가 패권을 다투던 삼국시대(220~280)는 위나라 출신 사마의司馬懿의 손자 사마염司馬炎이 세운 진晉이 280년 중원을 통일하여 최후의 승자가 되었다. 이때의 진을 서진西晉(266~316)이라고 한다. 서진 곧 '팔왕八王의 난'이라 불리는 내부 분열과 북방 민족의 중원 진출로 중원의 북방 지역을 잃고 중원의 남쪽인 양자강 유역으로 천도하는데, 이를 동진東晉(317~420)이라고 한다.

중원의 북방 지역을 주로 차지한 선비족은 전연·후연·서연·서진·남량·남연을 건국했는데 386년 선비족 탁발拓拔씨가 건국한 위魏(386~535)가 중원의 북방을 차지하였다. 이를 조조曹操가 세운 위와 구분해서 북위라고 한다. 중원의 남방은 동진이 망하고, 한족漢族이 세운 송宋·제齊·양梁·진陳 순서로 양자강 유역을 차지한다. 중원의 북방과 남방에 각각 독립된 왕조가 들어서는 시대를 남북조시대(420~589)라고 한다. 북위를 세운 선비족과 고구려, 백제는 밀접한 관계가 있다. 특히 백제는 북위와 대륙에서 여러 차례 전쟁을 치렀다.

알고 싶어요

5호16국시대(304~439)

서진이 약화될 무렵 북방에 흉노匈奴·갈羯·선비鮮卑·강羌·저氐의 다섯 기마민족이 성한成漢·전조前趙·후조後趙·전량前涼·전연前燕·후연后燕·전진前秦·후진后秦·서진西秦·후량後涼·남량南涼·서량西涼·북량北涼·남연南燕·북연北燕·하夏 등 16국을 세워 각축하다가 선비족이 세운 북위에게 통일되는 시대를 말한다.

▲ **구원강**九原崗 **북위벽화.** 산서성 흔주시忻州市 소재. 고구려 벽화와 흡사하다.

반도와 대륙을 아우른 제국 백제

초기 백제는 주변의 소국들을 정복하며 영토를 확장했다. 백제는 한반도의 서해西海와 대륙의 발해渤海로 이어지는 해상을 장악하고 중원이 남북조로 분열된 틈을 타서 기존의 대륙백제 세력과 손잡고 요서遼西와 진평晉平 지역을 자국의 영역으로 다스렸다. 백제는 한반도 곡창지대에서 생산하는 풍부한 농산물과 요서 지역을 기반으로 한 무역으로 경제력을 크게 발전시켰다. 넓어진 강역과 생산물과 무역의 증대로 백제는 4세기 말 전성기를 맞이하였다.

고구려와 격전을 치르다

= 고국원왕을 전사시키다

고구려와 백제는 같은 뿌리에서 나왔으므로 부여와 고구려가 그랬던 것처럼 정통성 경쟁이 치열했다. 고구려는 백제를 견제하기 위해서 자주 공세를 펼쳤다. 4세기 중엽 백제 근초고왕과 고구려 고국원왕은 숙적이었다. 고국원왕이 근초고왕 24년(369) 9월 보병과 기병 2만 명을 이끌고 공격하자 근초고왕은 태자 근구수近仇首를 보내 고구려 군사를 격퇴하고 5천여 명을 사로잡았다. 그해 11월에 백제는 한수漢水 남쪽에서 군사를 크게 사열하면서 황제의 깃발인 황색 깃발을 사용해 위세를 떨쳤다. 나아가 근초고왕은 재위 26년(371)에 태자와 정예군사 3만 명을 이끌고 고구려 평양성을 공격해 고국원왕을 전사시켰다. 고구려와 경쟁에서 열세였던 백제는 이 전투로 전세를 단숨에 뒤집었다. 근초고왕이 재위 30년(375) 박사 고흥에게 백제의 역사서 《서기書記》를 짓게 한 것도 국력신장에 대한 자부심에서 나온 것이었다.

고국원왕 전사는 두 나라를 확실한 적대국으로 만들었다. 고국원왕의 뒤를 이은 고구려 소수림왕이 근구수왕 2년(376) 11월 백제의 북쪽을 공격하자 근구수왕은 이듬해 3만 군사를 거느리고 고구려 평양성을 다시 공격했고, 그 이듬해 다시 고구려가 백제를 공격하는 등 공방이 계속되었다.

= 남방 동진과 연결하다

백제는 남북조의 분열을 이용해 본격적으로 대륙에 진출했다. 백제는 중원 남방의 동진東晉과 동맹을 맺어 북방 대륙을 차지하려는 전략을 세웠다. 백제 근구수왕 재위 4년(379) 동진에 사신을 보냈으나 해상에서 강풍을 만나 되돌아와야 했다. 북방 연안항로를 고구려가 장악하고 있었으므로 서해를 관통하려다가 실패한 것이었다. 근구수왕의 뒤를 이어 즉위한 침류왕은 즉위 원년(384) 7월 사신을 동진으로 보냈다. 같은 해 9월 인도출신의 호승胡僧 마라난타가 동진에서 와서 불법을 전하자 침류왕은 재위 2년(385) 한산漢山에 절을 세우고 승려 10명을 두어 불교를 장려했다.

▲ 동진 고개지顧愷之의 〈여사잠도女史箴圖〉

= 개로왕 전사하다

　제16대 진사왕(재위 385~392) 때도 백제는 고구려와의 격전을 계속하였다. 제17대 아신왕(재위 392~405)은 즉위 이듬해(393) 정월 동명의 사당에 배알하고 남쪽 제단에서 하늘과 땅에 제사했다. 그 뒤를 이은 제18대 전지왕(재위 405~420)도 즉위 이듬해(406) 정월 동명의 사당에 배알하고 같은 제사를 지내 백제가 천손국가임을 과시했다. 전지왕과 구이신왕, 비유왕 때는 고구려와 충돌이 조금 잦아들었으나 제21대 개로왕(재위 455~475) 때 다시 크게 충돌했다. 고구려 광개토태왕의 뒤를 이은 장수왕(재위 413~491)은 승려 도림을 보내 백제에 대대적인 토목사업을 일으켜 국력을 허비하게 한 후 고구려가 개로왕 21년(475) 직접 3만 군사를 이끌고 백제 한성을 포위했다. 이 전투에서 개로왕은 전사하고 아들 문주왕(재위 475~477)은 겨우 탈출해 웅진熊津으로 천도해야 했다. 성왕 18년(538)에 사비泗沘로 천도할 때까지 63년간 웅진 시대가 전개되었다.

● 계속되는 내부 혼란

= 병관좌평 해구의 전횡

　개로왕 전사 이후 백제 내부의 혼란은 계속되었다. 문주왕은 2년(476) 8월 해구解仇를 병관좌평兵官佐平으로 임명하고 이듬해 4월 아우 곤지昆支를 내신좌평內臣佐平으로 삼고, 맏아들 삼근三斤을 태자로 책봉했다. 그러나 곤지는 석 달 후 사망했다. 《삼국사기》는 "병관좌평 해구가 마음대로 법을 어지럽히면서 임금을 없는 것으로 여기는 마음이 있었는데 왕이 제어하지 못했다."라고 설명하고 있다. 곤지의 죽음도 해구의 전횡과 연관된 것으로 보인다. 그해 9월 문주왕은 사냥하러 갔다가 밖에서 숙박했는데, 《삼국사기》는 해구가 도적을 시켜 살해했다고 말하고 있다.

= 해구의 반란과 진압

문주왕의 뒤를 이어 제23대 삼근왕三斤王(재위 477∼479)이 열세 살 어린 나이로 즉위했다. 어린 삼근왕은 군국의 정사 일체를 좌평 해구에게 맡겼다. 그러나 삼근왕 2년(478) 해구가 은솔恩率 연신燕信과 함께 대두성大豆城을 거점으로 반란을 일으켰다. 왕은 좌평 진남眞南에게 군사 2천 명을 주어 토벌하게 했으나 이기지 못하자 다시 덕솔德率 진로眞老에게 정예군사 5백 명을 주어 해구를 죽였다. 연신이 고구려로 도망가자 웅진 시장에서 그의 처자들의 목을 베었다. 삼근왕은 재위 3년(479) 11월에 세상을 떠났다. 《삼국사기》는 "왕이 세상을 떠났다."라고만 써서 열다섯 살 어린 임금이 왜 죽었는지 서술하지 않았다. 《삼국사기》〈백제본기〉는 아주 소략한 기사가 많아 많은 의문을 남기고 있다. 심지어 19대 구이신왕(재위 420∼427)은 즉위 기사와 사망 기사 두 개 뿐이다. 그래서 백제사를 복원하려면 중국 사료들을 잘 활용해야 한다. 대륙백제의 경우가 특히 그렇다.

▲ **무령왕릉 출토 백제 석수**石獸.
문화재청.

▲ **석촌동 고분.** 1916년 일제 조사 때 석총 86기와 토총 23기가 확인되었는데 현재 3기만 남아 있다.

② 대륙을 경영하다

🔵 중흥군주 동성왕의 등장

= 남제와 우호관계를 맺다

　삼근왕의 뒤를 문주왕의 동생 곤지의 아들 동성왕東城王(재위 479~501)이 즉위하면서 백제는 다시 비상하게 된다. 개로왕은 재위 18년(472) 북위의 태종 명원제明元帝(재위 409~423)에게 사신을 보내 장수왕의 공격을 막아주기를 요청했다. 그러나 북위는 백제의 요청을 거부했고, 백제는 고구려뿐만 아니라 북위에게도 적대감을 갖게 되었다. 백제는 전쟁을 치루면서 대륙백제를 경영하려 했고, 중원 남방에 있던 남제南齊(479~502)에 사신을 보내 북위를 견제했다. 동성왕은 재위 6년(484)에 남제에 사신을 보냈지만 서해에서 고구려 수군에 막혀 가지 못한 경우도 있었다.

= 신라와 혼인·군사동맹을 맺다

　제24대 동성왕은 재위 7년(485) 사신을 신라로 보내 우호관계를 맺는 한편 재위 8년(486)에는 사신을 남제로 보냈다. 동성왕은 재위 15년(493) 신라에 사신을 보내 혼인을 요청했고 신라의 소지마립간炤知麻立干은 이찬伊飡 비지比智의 딸을 보내 화답했다. 동성왕은 신라와 혼인동맹에 이어 군사동맹까지 맺었다. 재위 16년(494) 신라가 살수薩水 벌판에서 고구려와 싸우다가 이기지 못하고 견아성犬牙城에서 고구려 군사에게 포위되자 동성왕이 3천의 군사를 보내 포위를 풀게 한 것이다. 이듬해(495)에 고구려가 백제 치양성雉壤城을 포위하자 동성왕은 신라에 도움을 요청했고 신라는 장군 덕지德智를 보내 구원했다. 이로써 백제는 신라와의 군사동맹이 확고해진 것이다.

📦 위나라와 싸우는 백제

= 선비족 북위가 북조를 장악하다

《삼국사기》〈백제본기〉는 백제의 대륙경략 기사를 대부분 삭제했다. 그러나 동성왕 10년(488) "위魏나라가 군사를 보내 침략했는데 우리(백제)에게 패했다."라는 짤막한 기사를 남겼다. 백제가 선비족 탁발拓拔씨가 세운 북위를 격퇴했다는 기사이다. 이 기사에 대해 대륙백제를 부인하는 학자들은 북위가 배를 타고 충청도에 와서 싸운 것이라고 해석했지만 전혀 가능성이 없는 주장이다. 북방 기마민족인 선비족이 배를 타고 충청도로 와서 백제와 싸울 이유가 없기 때문이다.

북위는 386년에 제1대 도무제道武帝 탁발규拓跋珪가 지금의 내몽고자치구 허린거얼현和林格爾縣인 성락盛樂에서 건국해서 398년에는 지금의 산서성山西省 대동시大同市에 있는 평성平城으로 천도하였다. 3대 태무제太武帝(재위 423~452) 탁발도拓跋燾는 439년 화

▲ **선비족 발상지 알선동굴.** 내몽골 호륜패이맹呼倫貝爾盟 아리하진阿里河鎭.

북華北 지역을 통일했다. 6대 효문제孝
文帝(재위 471~499) 탁발굉拓跋宏은 494
년 고도古都 낙양洛陽으로 천도해 화
북지역을 통일했다. 양자강 북쪽 회수
淮水를 경계로 지금의 하북성·섬서성·
산동성·하남성 등지를 차지하고 남제
南齊와 대치했다.

▲ 산서성 대동의 옛 성벽. 1907년 Edouard Chavannes 촬영.

　그런데 효문제는 선비족의 정체성
을 버리고 한족漢族 문화를 대폭 수
용하는 '한화정책漢化政策'을 써서 선비족의 운명을 바꾸었다. 탁
발씨를 원씨元氏로 바꾸고 선비족 8대 귀족들도 모두 한식漢式 성
씨로 바꾸게 했다. 궁성에서도 선비어 사용을 금하고 한어漢語만
사용하게 했는데 이를 '효문개혁'이라고 한다. 소수의 선비족이
다수의 한족을 다스리기 위한 고육책이었지만 선비족의 정체성
을 버린 결과는 선비족이 역사에서 사라지는 결과를 낳았다. 효
문제가 왕위에 있던 시기는 북위의 전성기라 해도 과언이 아니었
다. 이때에 백제가 북위와 전쟁을 치러 대승을 거두었다.

= 백제가 대륙에 진출했다는 최치원

　《삼국사기》〈최치원열전〉에는 신라의 최치원이 당나라 태사시
중太師侍中에게 보낸 편지가 실려 있다. "고려(고구려)·백제는 전성
기에 강한 군사가 백만이어서 남쪽으로 오吳·월越을 침략하고,
북쪽으로 유幽·연燕·제齊·노魯를 흔들어 중국의 큰 해가 되었습니
다." 오·월은 지금의 양자강 부근, 유·연은 북경 및 하북성 부근,
제·노는 산동성 일대이다. 고구려와 백제가 양자강 유역과 북경
및 하북성과 산동성, 그리고 중원 남부 지역을 장악했다는 것이
다. 당나라에서 과거에 합격했던 최치원이 당나라 총리격인 태사
시중에게 보낸 편지에서 말한 내용이니 신빙성이 있다.

= 중국 정사에도 나오는 대륙백제설

● **자치통감**
중국 북송 北宋의 사마광 司馬光 (1019~1086)이 11세기 중엽에 편찬한 역사서로 모두 294권의 방대한 내용인데, 백제가 북위를 꺾은 기사가 실려 있다. 자치資治는 다스리는데 자료가 된다는 뜻이고, 통감通鑑은 역대의 역사사실들이 지금을 비추는 거울이 된다는 뜻이다.

● **송서**
남북조시대 유유劉裕가 양자강 유역의 동진을 멸망시키고 세운 남송南宋(420~478)의 역사를 기록한 책이다. 남제南齊(479~502)는 479년 남송을 멸망시키는데 487년에 남제의 무제武帝가 심약沈約에게 《송서》를 편찬하게 했다. 《송서》는 남제 때 처음 편찬한 것이 아니라 462년에 송 효무제孝武帝(재위 453~464)의 칙명으로 서원徐爰 등이 편찬했던 것을 보충해 완성한 역사서이다.

백제 동성왕 10년(488) 북위와 싸웠다는 《삼국사기》의 내용은 중국의 《**자치통감**資治通鑑》에 "영명永明 6년(488) 북위의 군대가 백제를 침략했으나 백제에게 패했다."라고 나온다. 이 내용은 중국 정사 《남제서南齊書》에도 기록되어 있다. 백제가 북위를 꺾고 차지한 영토가 요수 서쪽인 요서遼西 지역이기 때문에 이를 '요서 경략설'이라고도 한다. 백제의 요서경략설은 《**송서**宋書》〈백제전〉에도 아래와 같이 나온다.

> "백제는 본래 고구려와 함께 요동 동쪽 1,000리에 있었다. 그 후 고구려가 요동을 점거하자 백제는 요서를 공략해 점령하였다. 백제가 다스리는 곳을 진평군 진평현이라 한다."

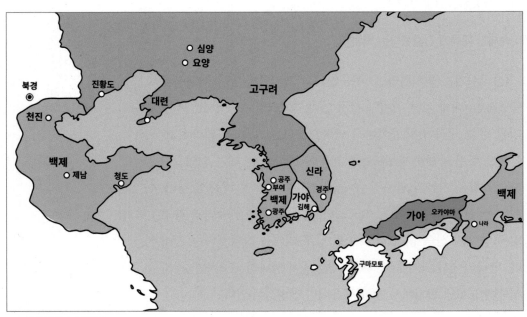

▲ 5세기 말 동아시아 강역

◀ 백제가 지배한 대륙 지역

= 요서군과 진평군을 설치한 백제

당나라 두우杜佑(735~812)가 편찬한 《통전通典》 〈백제열전〉에는 "백제가 요서·진평 두 군에 거처했다."면서 요서군과 진평군이 당나라 때의 유성柳城과 북평北平(지금 하북성 노룡현 부근) 사이에 있다고 위치까지 표시해놓았다. 《양서梁書》 〈백제전〉에는 "백제는 원래 고구려와 함께 요동 동쪽에 있었는데, 진晉나라 때 고구려가 이미 요동을 공략하여 소유하자 백제는 요서·진평 두 군 땅을 점거하고 백제군百濟郡을 설치하였다."라고 말하고 있다. 백제가 대륙에 요서·진평 두 군 지역을 차지하고 행정구역으로 백제군을 설치했다는 것이다.

= 신하를 왕으로 임명하다

백제 임금은 수하에 여러 왕을 두었던 황제였다. 《남제서南齊書》 〈백제열전〉에는 동성왕이 위나라 군사를 물리치는 데 공을 세운 백제 장수들에게 관직을 수여하고 이를 남제에 통보한 〈국서國書〉가 실려있다. 동성왕이 남제의 무제武帝(재위 483~493) 소색蕭賾에게 국서를 보내 수하 장수들을 왕과 제후로 삼았다고 알린 것이다.

> "삭녕장군寧朔將軍 면중왕面中王 저근姐瑾은 대대로 시무를 잘 도왔고, 무공도 뛰어났으므로 지금 가행관군장군假行冠軍將軍·도장군都將軍·도한왕都漢王으로 삼았소."《남제서》 〈백제열전〉

백제에서 저근을 면중왕에서 도한왕으로 승진시켰다는 것이니 백제 황제 아래 서열이 다른 여러 왕이 있었음을 알 수 있다. 또한 동성왕은 세조에게 팔중후八中侯 여고餘古를 아착왕阿錯王으로, 건위장군建威將軍 여력餘歷을 매로왕邁盧王으로, 광무장군廣武將軍 여고餘固를 불사후弗斯侯로 승진시켰다고 말하고 있다.

= 좌현왕과 우현왕을 두다

중국의 《송서宋書》는 황제국 백제의 관직체계에 대해서 일부 설명하고 있다. 백제 개로왕이 재위 3년(457) 송나라에 보낸 〈국서〉에 우현왕右賢王 여기餘紀 등 11명 등을 왕이나 장군으로 삼았다는 내용이다. 우현왕 여기는 관군장군冠軍將軍으로 삼고, 좌현왕左賢王 여곤餘昆 등은 정로장군征虜將軍으로 삼아달라고 송나라에 요청했다는 것이다. 이는 중국 사서의 윤색이고 사실은 승진을 통보한 것이다. 흉노는 황제인 대칸[대한大汗]이 중앙을 다스리고, 우현왕과 좌현왕을 두어 광대한 좌우 강역을 다스렸는데, 백제도 대륙과 반도와 열도에 걸친 넓은 강역을 다스리기 위해서 우현왕과 좌현왕을 두었던 것이다. 《양서》 〈백제열전〉은 백제에

▲ 서울 백제 풍납토성

IV. 다섯 나라 시대의 통합과 발전

22개 담로가 있었는데, "모두 임금의 자제, 종족들이 나누어 다스린다."고 기록하고 있다. 《송서》에 따르면 왕이나 후로 봉함 받은 인물들은 대부분 백제의 왕성인 여씨餘氏(부여씨)였다. 거대한 영역에 걸친 22담로를 왕족이 다스린 것이다. 또한 《구당서舊唐書》〈백제열전〉에는 백제왕이 동·서 두 왕성에 거주한다고 말하고 있다. 이는 백제가 대륙과 반도에 각각 도읍을 가지고 있었음을 말해준다.

중국 정사《남제서》에 기록된 백제 장수의 관작

이름	승진 전 관작	승진 관작	승진 내용
저근姐瑾	삭녕장군 면중왕	가행관군장군·도장군·도한왕	왕에서 왕으로 승진
여고餘古	건위장군 팔중후	가행삭녕장군·아착왕	후에서 왕으로 승진
여력餘歷	건위장군	가행용양장군·매로왕	장군에서 왕으로 승진
여고餘固	광무장군	가행건위장군·불사후	장군에서 후로 승진

= 대륙에 여러 군을 설치하다

백제는 대륙 여러 곳에 지방행정 구역을 가지고 있었다. 《송서》에는 백제 비유왕이 재위 24년(450) 대사臺使 풍야부馮野夫를 서하태수西河太守로 삼았다고 전해주고 있다. 백제가 풍야부를 태수로 삼아 서하군西河郡을 행정구역으로 운영했다는 것이다. 중국 학계에서는 북위 때의 서하군을 현재의 산서성山西省 분양시汾陽市 일대로 보고 있다.

《남제서》에는 대륙백제의 지방행정과 태수들의 이름까지 나타나 있다. 동성왕이 광양태수廣陽太守로 있던 고달高達을 대방태수

▲ 산서성 분양시 분주고성汾州古城. 백제 서하군이 있던 곳으로 추정된다.

帶方太守로, 조선태수朝鮮太守로 있던 양무楊茂를 광릉태수廣陵太守로, 참군參軍 회매會邁를 청하태수淸河太守로 삼았다는 것이다. 백제가 대륙에 광양군廣陽郡, 대방군帶方郡, 조선군朝鮮郡, 광릉군廣陵郡, 청하군淸河郡 등의 지방행정조직을 운영했다는 것이다. 기존의 요서군, 진평군과 함께 최소한 7개 군을 다스렸음을 알 수 있다. 조선군은 하북성 일대에 있던 낙랑군 지역일 것이고, 대방군은 그 아래에 있었다. 광양군은 지금의 하북성 낭방시廊坊市 광양구, 청하군은 지금의 하북성 형대시邢臺市 산하의 청하현에 비정된다. 광릉군은 지금의 산동성 수광시壽光市 상구진上口鎭 광릉촌에 비정할 수 있을 것이다. 백제는 황제 휘하에 좌현왕·우현왕을 비롯해 여러 왕이 있었고, 대륙에 최소한 7개 군을 가지고 있던 대륙국가였다.

❸ 열도를 경영하다

◀ 무령왕의 왜 경영

백제는 대륙과 반도, 열도를 경영한 대제국이었다. 백제는 대륙백제와 함께 일본열도의 야마토왜를 담로, 즉 제후국의 하나로 관리했다. 720년에 편찬된《일본서기》는 황제국인 백제를 제후국으로, 제후국인 왜를 황제국으로 뒤바꾸어 서술한 역사서이다. 왜가 백제의 제후국이라는 사실은 백제가 왜왕에 보낸 칠지도에 '후왕에게 공급할만하다'라고 쓴 데서도 알 수 있다. 또한 1971년 발견된 제25대 무령왕武寧王(재위 501~523)의 왕릉 지석은 백제 사마왕斯麻王(무령왕)의 죽음을 제후의 죽음인 훙薨이 아니라 황제의 죽음을 뜻하는 붕崩으로 적었다.《일본서기》에는 백제가 여러 신분, 여러 직종의 사람들을 왜에 바쳤다고 썼는데 사실은 백제가 왜 경영을 위해 파견한 인물들을 뜻한다.

《일본서기》〈무열武烈기 7년〉(무령왕 5년:505) 조에는 백제가 왕족인 사아군을 파견했다고 말하고 있다. 또한 《일본서기》〈계체繼體 7년〉(무령왕 13년:513) 조에는 "백제가 조미문귀 장군·주리즉이 장군을 파견하여 수적신압산과 함께 오경박사 단양이를 바쳤다."고 말하고 있다. 《일본서기》는 바쳤다고 표현했지만 장군을 파견하는 것은 군사적인 지배목적 이외에는 있을 수 없다. 즉 조미문귀 장군 등은 백제에서 야마토왜 군대를 지휘하러 간 것이다. 학자를 보내는 경우도 대부분 학문 전수와 지도를 위한 것

▲ 나라현奈良縣 백제사 삼층탑

이었다. 이때 왜에 파견된 조미문귀 장군은 2년 후에 백제로 돌아온다. 《일본서기》〈계체 10년〉(무령왕 16년:516) 조에 주리즉차 장군을 파견하고 오경박사 한고안무를 보내고 왜에 갔던 단양이를 귀국시켰다고 말한다. 백제는 야마토왜에 장군을 보내 군사활동을 지도하고 오경박사를 보내 학문을 가르치게 하다가 2~3년간의 임기를 마친 후 귀국시키는 순환근무 체제를 갖고 있었음을 알 수 있다. 무령왕이 왜를 지배했다는 사실은 무령왕릉의 관을 만든 관재棺材가 일본산 금송이라는 사실에서도 알 수 있다. 일본에서 바친 금송으로 관을 만든 것이다.

◀️ 성왕이 불교를 전파하다

= 여러 관리들을 파견해서 왜를 경영하다

　　제26대 성왕聖王(재위 523~554)도 왜에 여러 관직의 신하들을 파견했다. 《일본서기》에는 백제의 성왕이 재위 24년(546) 중부中部의 나솔奈率 약엽예 등을 파견했고, 이듬해에는 하부下部의 동성자언을 파견해서 덕솔德率 문휴사마를 대신했다고 말하고 있다. 나솔은 백제의 16관등 중 제6품관이며 덕솔은 제4품 관직이다. 《일본서기》에 이런 사례는 수없이 많은데 이들이 왜의 행정을 지도한 것이다. 모기업이 해외 지사에 사원을 파견하는 것처럼 백제는 왕족뿐만 아니라 중하급 벼슬아치들도 파견해 왜를 경영했다.

= 왜에 불교를 전파하다

　　백제 성왕은 재위 30년(흠명 13:552년) 서부西部의 달솔 노리사치

▲ 하라카타시枚方市 백제왕신사百濟王神社

계 등을 파견해서 금동 석가불상과 번개幡蓋(깃발과 일산) 및 불교 서적을 보내 왜에 불교를 전래했다. 이후 불교는 왜에서 종교전쟁까지 치른 후에 국교 지위까지 상승한다. 《일본서기》는 성왕 32년(흠명 15년:554)에 백제에서 승려 담혜曇慧 등 9명을 보내 승려 도심道深 등 7명과 대신하게 했다고 말하고 있다. 야마토왜에 불교를 전파해서 사찰을 세우고 그 사찰의 승려도 백제에서 보냈다가 임기를 마치면 교체시키는 순환근무 체제였다.

● 왜는 백제의 제후국

《일본서기》는 상국 백제와 제후국 왜의 관계를 거꾸로 썼지만 왜가 백제의 제후국이라는 사실을 숨길 수는 없었다. 《일본서기》〈서명기舒明紀〉는 이를 분명하게 말해준다. 《일본서기》〈서명 12년(640)〉 조는 백제천百濟川 곁에 커다란 궁과 절을 지었다고 말하는데, 이 궁이 백제궁百濟宮이고 이 절이 백제사百濟寺이다. 또한 〈서명 13년(641)〉 조는 일왕이 백제궁에서 세상을 떠나서 시신을 궁의 북쪽에 안치했는데 이를 백제대빈百濟大殯이라고 한다고 했다. 황제가 거주하는 궁전의 이름을 제후국의 국명을 써서 짓는 일은 없다. 이 기사들은 야마토왜가 곧 백제의 일부라는 사실을 잘 말해준다.

▲ 〈양직공도〉의 왜 사신

2 고구려 중기사

① 고구려와 선비족

　위·촉·오 삼국시대를 끝낸 서진이 남방으로 쫓겨 동진으로 축소
되면서 중원은 남북조시대가 되었다. 북방의 기마민족들이 중원
의 북방을 차지하고 양자강 이남의 동진과 맞섰다. 중원의 이런
정세변화는 고구려와 백제에게 큰 영향을 끼쳤다. 특히 몽골의
전신인 선비족과 고구려는 적대적인 관계와 우호적인 관계를 반
복했다. 선비족은 동부東部에 단씨段氏·모용씨慕容氏·우문씨宇文氏
등의 유력 부족이 있었고, 북부北部에 탁발씨拓拔氏 등이 있었다.

▲ **내몽골 파림좌기 고구려 토성**. 현재 중국에서는 요나라 성이라고 왜곡하고 있다.

이중 모용慕容씨가 세운 전연前燕(337~370)이 고구려와 자주 충돌했다. 고대 요동의 지배권을 두고 패권을 다퉜기 때문이다.

모용씨가 세력을 확장하자 서진은 그 우두머리 모용외慕容廆를 요동공遼東公으로 삼고 나아가 조선공朝鮮公으로 봉해주었다. 모용외를 조선공으로 봉한 것은 단군조선의 강역을 회복하는 것이 국시였던 고구려를 무시하는 처사였다. 그래서 고구려와 모용외는 자주 충돌했다. 고구려 봉상왕 2년(293) 모용외가 군사를 이끌고 고구려 신성을 공격했다가 패했다.

중국 고대 역사서는 선비족을 동호東胡, 부여·고구려 등은 동이東夷로 분류했는데, 사실 같은 동이족이었다. 중국 각지의 방언方言(지역어)을 기록한 《방언方言》*에는 모용씨와 고구려가 언어가 통했다고 기록하고 있을 정도였다.

그래서 선비족이 고대 요동을 두고 고구려와 싸우느냐 중원으로 남하해 한족漢族과 싸우느냐는 고구려는 물론 중원의 정세에도 큰 영향을 미쳤다. 고구려가 모용씨와는 자주 부딪친 반면 중원으로 남하하려던 탁발씨와는 우호적이었던 이유가 여기에 있다.

중흥군주 미천왕의 등장

고구려 14대 봉상왕烽上王(재위 292~300)은 동생 돌고가 다른 마음을 먹고 있다고 하여 자결하게 했다. 그 아들 을불乙弗은 성 밖으로 도주했다. 봉상왕은 모용외가 침략하는 위기상황에서도 을불을 찾아 죽이려 했다. 또한 지진과 가뭄으로 흉년이 들었는데 대대적인 궁실 수리에 나섰다. 드디어 국상國相 창조리倉助利가 다른 신하들과 함께 봉상왕을 폐하고 을불을 국왕으로 추대했다. 그가 고구려 중기의 중흥군주 미천왕美川王(재위 300~331)이다.

미천왕은 즉위 후 서진정책을 펼쳐 모용씨 및 서쪽의 낙랑·현도군에 공세를 취했다. 미천왕은 재위 3년(302) 가을 3만 군사를 거

▲ **미천왕릉 추정지.** 길림성 집안시.

느리고 현도군을 공격해 8천 명을 포로로 잡아 평양으로 옮겼다. 재위 12년(311) 8월에는 장수를 보내 요동군 서안평현을 습격해 빼앗았다. 이듬해(313) 10월 낙랑군을 공격해 남녀 2천 명을 포로로 잡았다. 재위 15년(314)에는 낙랑군 남쪽의 대방군을 공격했고, 이듬해(315) 2월에는 현도성을 공격해 깨트렸는데 죽이고 사로잡은 자가 매우 많았다.

더 깊게 생각하고 토론해 봅시다

낙랑군 교치설

낙랑군 교치설이란 지금의 평양에 있던 낙랑군이 요동으로 이동했다는 주장으로 조선총독부의 이마니시 류今西龍(금서룡)가 처음 주장한 것이다. 《자치통감》에 요동사람 장통張統이 313년 미천왕과 싸우다 패하자 낙랑·대방사람 1천 가家를 거느리고 요동의 모용씨에게 갔다는 기록이 있다. 이것이 지금의 평양에 있던 낙랑군이 요동으로 이주한 기록이라는 것이다. 평양에서 고구려와 싸우다 패배한 장통이 고구려 강역 수천 리를 뚫고 요동으로 가는 것은 불가능한 일이다. 또한 요동사람 장통이 미천왕과 싸운 곳은 당연히 요동이다. 식민사학에서는 평양에 있던 낙랑군이 313년 고구려에 멸망했다고 주장해왔는데 중국사료에 낙랑군이 계속 존재하는 것으로 나오자 평양에서 요동으로 이주했다는 설을 만들었다. 낙랑군이 313년까지 지금의 평양에 있었다고 호도하려 한 것이다.

미천왕이 공격한 현도·낙랑·요동·대방군은 모두 고대 요동 지역에 있었다. 미천왕은 요동을 두고 선비족 모용씨와 자주 충돌했다. 그래서 《양서》와 《북사北史》〈고구려열전〉에서 "고구려왕 을불리乙弗利(미천왕)가 자주 요동 서안평을 공격했는데, 모용외가 통제하지 못했다."라고 말하고 있는 것이다. 본래 고대 요동 지역은 공손씨 집안이 차지하였고, 공손씨 집안이 위魏와 고구려의 협공으로 멸망하자 위나라가 고대 요동을 차지하였다. 그래서 고구려 동천왕은 고대 요동을 되찾기 위해 위나라와 충돌하였고 이후 고대 요동을 차지했던 진晋(서진)이 남방으로 쫓겨가자 선비족 모용씨와 고구려는 고대 요동을 두고 충돌하게 된다. 그래서 미천왕은 고대 요동을 되찾기 위해 자주 서쪽으로 진군한 것이다.

미천왕 20년(319) 진나라 평주平州자사 최비崔毖가 모용외에게 쫓겨 고구려로 망명하자 최비는 모용씨와 같은 선비족인 단段씨와 우문宇文씨 그리고 고구려와 함께 고대 요동을 차지한 모용외를 공격하였다. 이처럼 고대 요동을 둘러싼 격전은 계속되었다.

고국원왕의 분투와 전사

= 전연과 전쟁하다

미천왕의 뒤를 이어 제16대 고국원왕故國原王(재위 331~371)이 즉위했다. 고국원왕은 미천왕이 확장한 영토를 수호하기 위해서 서쪽에서 수많은 전쟁을 치렀고 남쪽에서 백제와 격돌했다. 모용외의 셋째아들 모용황慕容皝은 전연前燕(337~370)을 건국하고 연왕이 되었다. 고국원왕은 평양성을 증축하고 신성을 축조해서 전연과 전쟁에 대비하는 한편 남방의 동진에 사신을 파견해 전연을 압박하려 했다. 고국원왕 9년(339) 모용황의 연나라 군사가 신성까지 이르자 고국원왕은 화해를 요청했고 이듬해 태자를 전연에 파견해 잠시 소강상태를 유지했다.

▲ 환인 오녀산 정상의 고구려 석성

그러나 평화는 오래가지 못했다. 고국원왕 12년(342) 10월 모용
황의 이복형 모용한慕容翰이 고구려를 먼저 취하고 우문씨를 멸
망시킨 후에야 중원을 도모할 수 있다고 설득하자 11월에 모용황
은 군사를 둘로 나누어 남도南道와 북도北道로 각각 쳐들어왔다.
고구려는 크게 패해 고국원왕은 달아나고 고국원왕의 어머니 주
씨周氏와 왕비가 사로잡혔다. 모용황은 도읍 환도성을 파괴하고
미천왕의 무덤을 파헤쳐 시신까지 탈취하고 남녀 5만 명을 볼모
로 잡아 돌아갔다.

❷ 중기 고구려의 시련과 극복

◀ 고구려의 굴욕

고국원왕이 재위 13년(343) 동생을 보내 신하를 칭하면서 진기
한 예물을 바치자 연왕 모용황은 미천왕의 시신은 돌려주었지만
어머니 주씨는 계속 볼모로 잡아두었다. 고국원왕은 같은 해 평
양 동쪽의 동황성東皇城으로 거처를 옮겼는데, 동황성은 고구려

의 서경西京 동쪽 목멱산木覓山 중에 있었다. 같은 해 동진에 사신을 보냈으나 별 효과는 없었다. 고국원왕 15년(345) 모용황은 모용각慕容恪에게 고구려의 남소성南蘇城을 빼앗은 후 수비병을 두고 돌아갔다. 어머니가 볼모로 잡힌 상황에서 연과 계속 대치할 수 없다고 판단한 고국원왕은 재위 25년(355) 정월 연에 인질로 보낸 태자 대신 왕자 구부丘夫(소수림왕)를 태자로 삼고 그해 12월에 다시 볼모를 바치며 어머니를 돌려달라고 요청했다. 서기 348년 모용황의 뒤를 이어 연왕이 된 모용준慕容儁은 이를 받아들여 주씨를 돌려보내고 고국원왕을 낙랑공樂浪公으로 삼았다. 고국원왕은 어머니를 돌려받기 위해 일시 연과 군신관계를 맺는 수모를 감내했다.

◀ 고국원왕 전사하다

서쪽의 전연과 소강상태에 접어들자 고국원왕은 재위 39년(369) 2만 군사를 이끌고 백제를 공격했으나 패전했다. 재위 41년(371) 10월에는 백제 근초고왕이 군사 3만 명을 이끌고 평양성을 공격했는데 고구려 고국원왕은 앞장서서 백제군을 막다가 화살에 맞아 전사하였다. 고구려의 국왕이 전사한 것은 건국 이후 유례를 찾기 어려운 국난이었다.

전연이 사방에 적을 만드는 동안 저족氐族이 세운 전진前秦(350~394)이 새롭게 부상했다. 전진왕 부견苻堅(재위 357~385)은 고국원왕이 전사하기 한 해 전(370) 왕맹王猛과 등강鄧羌 등을 파견해 전연의 수도 업성鄴城을 포위했다. 이때 전연에 포로로 잡혀 있던 부여, 고구려, 상당上黨의 인질 500명이 밤중에 몰래 성문을 열어 전진 군사를 끌어들이면서 전연이 멸망하였다. 이때 연

▶ 전연의 수도 용성龍城 (현 요녕성 조양시朝陽市)의 북탑

▲ 고구려 개마총 벽화. 평양특별시 삼석구역.

의 태부太傅이자 모용황의 동생인 모용평慕容評이 고구려로 도주하자 고국원왕은 잡아서 진秦으로 보낼 정도로 전연에 대한 한이 깊었다.

소수림왕의 체제정비

고국원왕의 뒤를 이은 17대 소수림왕小獸林王(재위 371~384)은 고구려의 전통적인 서진정책을 잠시 중단했다. 안으로는 내정안정에 힘을 쏟으면서 밖으로는 전진과 우호관계를 갖는 한편 부왕의 원수를 갚기 위해 백제를 공격했다. 소수림왕은 재위 2년(372) 태학太學을 설립해 자제들을 교육시키고, 이듬해에는 율령을 반포해 내부체제를 한층 더 정비했다.

전연과 달리 전진은 고구려와 우호관계를 맺은 후 중원을 도모할 수 있다고 여겼다. 전진왕 부견이 소수림왕 2년(372) 사신과 승려 순도順道를 보내 불상과 경문을 보내자 고구려는 사신을 보

▲ 고구려 금강사터. 1938년 배수구를 파다가 발견되었다.

내 사례하고, 재위 5년(375)에는 초문사肖門寺를 창건해 순도를 머무르게 하고, 이불란사伊弗蘭寺를 창건해 아도阿道를 머무르게 했다. 고구려가 왕실차원에서 북방불교인 대승불교를 공인한 것이었다.

소수림왕은 재위 5년(375) 7월 백제의 수곡성水谷城을 공격했고, 이듬해 7월에도 백제의 북쪽 변경을 공격해 부왕의 원수를 갚으려 했다. 백제 근구수왕은 같은 달 즉각 3만 군사를 거느리고 평양성을 침공했고, 다음달 소수림왕은 다시 백제를 공격했으나 서로 결정적인 승리를 거두지는 못했다.

고국양왕의 요동공략

소수림왕이 재위 14년(384)만에 세상을 떠났는데 아들이 없자 아우 고국양왕故國壤王(재위 384~391)이 18대 왕으로 즉위했다. 같은 해 전연 모용황의 다섯째 아들 모용수慕容垂가 북경 서남쪽 중산中山(현 하북성 정주定州)에 도읍하여 후연後燕을 건국하였다. 고국양왕은 재위 2년(385) 4만 군사를 이끌고 고대 요동을 공격했다. 모용수의 명령을 받아 용성龍城을 지키고 있던 대방왕 모용좌

慕容佐가 막아섰지만 고구려 군사에 패배했다. 고국양왕은 다시 요동·현도군을 점령하고 남녀 1만 명을 포로로 잡아 돌아왔다. 그러나 그해 겨울 모용수의 셋째 아들 모용농慕容農이 다시 공격해 요동·현도 두 군을 빼앗았다. 비록 두 군을 다시 빼앗기기는 했어도 이는 고구려가 고국원왕 때의 시련을 딛고 다시 고대 요동을 도모할 수 있게 되었음을 말해준 것이었다. 고국양왕은 백제와 공방전을 계속하는 한편 재위 9년(392) 신라와 화친을 맺고 내물 이사금(재위 356~402)의 조카 실성實聖을 볼모로 삼았다. 고국

안악 3호분의 주인공은 누구인가?

1949년 황해도 안악군 오군리에서 발견된 안악 3호분은 그 주인공을 두고 논쟁 중이다. 이 무덤에는 벽면에 '영화永和 13년(357)'과 '동수冬壽'라는 이름이 쓰여 있어서 '동수묘'로 보아왔다. 《자치통감》에 따르면 동수는 전연의 사마司馬라는 벼슬에 있다가 고국원왕 6년(336) 고구려로 망명한 인물이었다. 벽면의 글에 의하면 동수는 '낙랑후樂浪侯'와 창려昌黎·현도玄菟·대방帶方 태수 등을 역임했다.

발굴 당시에는 북한도 동수의 무덤으로 해석했으나 1960년대 중반 이후에는 미천왕의 무덤으로 보고 있다. 벽화의 행렬도 규모나 화려함이 일개 망명객의 생전 활동을 그린 것으로 볼 수 없다는 것이다. 높이 2m, 길이 10m의 벽화에는 250여 명의 행렬도와 200여 명의 취주악대吹奏樂隊가 있고 행렬 앞에 성상聖上이라고 쓴 깃발 등을 가지고 미천왕의 무덤으로 보게 된 것이다.

전연의 모용황은 고국원왕 12년(342)에 고구려를 공격해 미천왕의 무덤을 도굴하고 그의 시신을 탈취했다가 343년 반환하였다. 357년 동수가 죽자 묘를 다시 열고 묵서를 썼다는 것이 되므로 미천왕 무덤설은 설득력이 떨어진다. 그래서 북한학계는 1980년대 후반부터는 고국원왕의 능陵으로 재수정했다. 분묘 내부 천장에 연꽃무늬를 장식했는데 이는 고국원왕의 뒤를 이은 소수림왕이 불교를 받아들인 후 부왕의 극락왕생을 비는 의미를 담고 있다고 해석할 수도 있다는 것이다.

▲ 안악 3호분 행렬도

양왕은 재위 9년(392) 5월 세상을 떠났는데, 그가 재위 3년(386) 태자로 책봉한 담덕談德이 즉위했다. 그가 19대 광개토대왕廣開土大王(재위 391~412)이었다. 드디어 숱한 시련을 딛고 고구려 중흥의 시기가 다가온 것이었다.

❸ 광개토대왕의 영토확장

📖《삼국사기》에서 말하는 광개토대왕

= 백제를 공략하다

〈광개토대왕릉비〉에서 광개토대왕을 국강상광개토경평안호태왕國岡上廣開土境平安好太王이라고 적고 있어서 광개토태왕이라고도 불린다. 또한 〈광개토대왕릉비〉는 대왕이 '영원히 편안하다'는 뜻의 영락永樂이라는 **연호**年號*를 썼다고 전한다. 그러나 《삼국사기》는 이 연호를 적지 않았다.

광개토대왕은 즉위하자마자 숙적 백제를 공략했다. 즉위년(392) 7월에 백제의 10개 성을 뺏고 10월에는 백제 북방의 요충지인 관미성을 빼앗았다. 광개토대왕 3년(394) 7월 백제가 침공하자 왕이 직접 정예기병 5천 명으로 패배시켰고, 한 달 후에는 남쪽에 7개의 성을 쌓아 백제의 침공에 대비했다. 재위 4년(395)에는 패수浿水 가에서 백제를 크게 격퇴하고 8천 명을 사로잡았다. 패수가 대륙에 있는 강이라는 점에서 이는 대륙백제와의 전쟁기사로 해석된다. 백제, 신라를 복속시켰다고 판단한 광개토대왕은 재위 18년(409) 남쪽 지방을 순행하였다.

= 후연을 멸망시키다

광개토대왕은 새로 일어선 후연과 충돌했다. 재위 9년(400) 정월 후연에 사신을 보냈는데, 다음 달 후연왕 모용성慕容盛이 광개

● **연호**
연호는 한 군주가 다스리는 연대를 부르는 이름이다. 서기전 140년 한 무제가 건원建元이란 연호를 사용한 것이 최초다. 광개토대왕이 영락永樂이란 연호를 썼고 그 아들 장수왕은 건흥建興이라는 연호를 써서 고구려가 독자적인 연호를 사용했음을 알 수 있다. 신라의 법흥왕도 건원建元 등의 연호를 썼다. 후백제의 견훤은 정개正開, 후고구려의 궁예는 무태武泰, 고려의 왕건은 천수天授라는 연호를 썼다. 연호의 사용은 역법曆法을 독자적으로 제정해 반포한다는 황제국의 의미를 갖고 있기도 하다..

토대왕의 예절이 오만하다면서 직접 3만 군사를 거느리고 습격해 고구려의 신성新城, 남소성南蘇城과 700리 땅을 빼앗았다. 고구려의 사신이 황제의 사신임을 자처했기 때문에 예절이 오만하다고 했을 것이다. 광개토대왕이 재위 11년(402) 후연의 숙군성宿軍城을 공격하자 후연의 평주자사平州刺史 모용귀慕容歸가 성을 버리고 도망갔다. 평주는 공손씨가 276년 유주幽州의 일부인 창려·요동·현도·대방·낙랑군을 떼어 설치한 것으로서 다스리는 치소는 요동군 양평현襄平縣(현 하북성 노룡)이었다. 고구려와 후연이 하북성 일대의 고대 요동을 두고 다시 충돌한 것이다.

광개토대왕이 재위 13년(404) 11월 다시 후연을 공격하자 이듬해 정월 후연왕 모용희慕容熙가 고구려의 요동성을 공격했으나 함락시키지 못하고 돌아갔다. 광개토대왕 15년(406) 12월 모용희는 거란을 습격하다가 실패했고, 고구려 목저성木底城을 공격했다가 또 실패했다. 이때 후연군이 3천 리를 행군해 시체가 길에 이어졌다고 말하고 있다.

▲ **고구려 고검지**高儉地 **산성.** 요녕성 본계시本溪市 목우자진木盂子鎭.

　IV. 다섯 나라 시대의 통합과 발전

= 고구려 출신 북연황제 고운

광개토대왕 16년(407)년 모용운慕容云과 풍발馮跋이 후연왕 모용
희를 폐위시키고 북연을 건국했다. 모용운은 북연의 개국군주가
된 후 이름을 고운高雲으로 바꾸었다. 원래 고구려 출신이기 때
문이다. 《삼국사기》는 광개토대왕이 재위 17년(408) 북연에 사신
을 보내 같은 종족의 예를 베풀자 북연왕 고운이 시어사侍御史 이
발李拔을 보내 답례했다고 말하고 있다. 광개토대왕 고담덕과 북
연왕 고운은 모두 고구려 혈통이었다. 그러나 고운은 409년 이반
離班과 도인桃仁 등에 의해 살해당하고 만다.

〈광개토대왕릉비〉가 말하는 광개토대왕의 업적

= 양평도는 어디인가?

《삼국사기》는 광개토대왕과 백제, 후연과 관련된 사건을 주로
기록했다. 그런데 〈**광개토대왕릉비**〉에는 이런 사건들은 기록하
지 않고, 비려, 숙신, 왜, 동부여 등을 정벌한 사건들 위주로 기록
하고 있다.

〈광개토대왕비문〉과 《삼국사기》 비교표

연대	〈광개토대왕비문〉	《삼국사기》	비고
즉위 해(재위 1년)	391년	392년	391년이 맞음
영락 1년(391)		7월 백제의 10개성을 빼앗다. 9월 거란을 정벌하다. 10월 백제 관미성을 빼앗다.	
2년(392)		백제 침략 물리치고 평양에 사찰 창건	
3년(393)		7월 기병으로 백제 침략 물리침 8월 남쪽에 7성을 쌓음	
4년(394)		8월 백제와 패수에서 싸워 이김	

● 광개토대왕릉비

장수왕이 414년에 아버지 광개토
대왕의 공훈을 기록한 비문이다.
고구려인들이 직접 기록한 사료
이므로 중요한데 크게 3부분으로
나눌 수 있다. 첫 부분은 고구려
건국 사화를 담았고, 두 번째 부분
은 광개토대왕의 정벌 기록을 담
았고, 세 번째 부분은 왕릉을 지
키는 수묘인들에 대해서 기록했
다. 이 릉비는 조선시대까지 만주
족 금金나라 황제비皇帝碑로 알
려져 있었는데 1883년 일본육군
참모본부의 간첩 사쿠오酒句景信
(주구경신) 중위가 광개토대왕비라
는 사실을 알아냈다. 사쿠오는 릉
비의 탁본을 떠 일본으로 가져가
비밀리에 해독작업을 한 후 발표
했다. 그 내용 중에 "왜가 바다를
건너와 백제 신라 등을 깨고 신민
으로 삼았다."는 내용이 있었는데
1972년 재일사학자 이진희 교수
가 일본육군참모본부가 임나일
본부설을 조작하기 위해 비문을
변조했다고 밝혀 국제적인 파장
이 일었다.

연대	〈광개토대왕비문〉	《삼국사기》	비고
5년(395)	비려 정벌, 염수鹽水에 이르러 600~700명 격파		
6년(396)	왜와 백잔(제) 정벌		
8년(398)	식신息愼 정벌		
9년(399)	평양 순수巡狩, 신라 사신 만남	후연이 신성과 남소성 빼앗음	
10년(400)	5만 군사로 신라 구원하고 왜 정벌		
11년(401)		후연의 숙군성 공격	
13년(403)		후연 공격	
14년(404)	대방 침략한 왜 정벌	후연이 요동성 공격 실패	
15년(405)		후연의 목저성 공격 격퇴	
17년(407)	5만 군으로 ?(글자가 마모되어 알 수 없음) 정벌. 귀환길에 사구성 등 격파		
18년(408)		왕자 거련을 태자로 삼다. 나라 동쪽에 6성을 쌓다. 남쪽 지방을 순회하다.	
20년(410)	동부여 정벌 투항시킴	광개토대왕 승하	

〈광개토대왕비문〉에 나타난 정벌지 중에 중요한 내용은 영락 5년(395)에 기록된 비려 정벌 기사이다.

"(왕이 비려를 정벌하고) 부산富山과 부산負山을 지나 염수鹽水 가에 이르러 그 3개 부락 600~700영營을 부수고…행차를 돌려 양평도襄平道를 지나 동으로 후성候城, 역성力城, 북풍北豊, 오비해五備海에 와서 영토를 시찰하고 사냥을 한 다음에 돌아왔다."

이 기사에서 '비려를 공격하고 염수를 지나고 양평도를 지나

▲광개토태왕의 영토 확장도. 이종상, 1975, 전쟁기념관 소장.

동쪽으로 진군했다.'는 기록에서 염수와 양평도의 위치가 고구려
서쪽 강역이 어디인지 짐작하게 해준다. 기존 통설에서는 지금의
요녕성 요양遼陽을 양평으로 보고 있다. 염수는 소금이 나는 호
수나 강을 뜻하는데 요양에는 그런 곳이 없는 반면 내몽골 적봉
赤峯 북쪽에 여러 염호鹽湖가 있으며 시라무렌西拉沐倫강을 염하
鹽河라고도 한다. 양평은 공손도가 평주목을 자칭하며 웅거한 곳
인데,《후한서》〈원소·유표열전〉은 양평의 위치에 대한 주석에서
"양평襄平은 현으로 요동군에 속해있는데 옛 성이 지금의 평주
노룡현 서남쪽에 있다."고 하였다. 하북성 갈석산 북쪽에 노룡현
이 있는데 명·청 때는 영평부永平府라고 불렸고, 기자의 옛 도읍지
라고도 한다.《후한서》의 주석자는 5세기 초의 유소劉昭와 7세기
후반 당唐의 장회태자 이현李賢이니 당나라 때까지도 요동군이
지금의 요동이 아니라 하북성 지역이 고대 요동임을 알 수 있다.
또한 고구려가 지금의 요동을 넘어서지 못했다는 기존의 학설이
모두 오류임을 알 수 있다.

▲ 광개토대왕릉비의 원경. 1912년 일제조사단이 촬영한 것이다.

= 〈광개토대왕릉비〉의 왜와 비문변조설

〈광개토대왕릉비〉에는 왜倭가 자주 나타난다. 그중 신묘년(391) 조에 "왜가 바다를 건너와 백제, 신라 등을 깨고 신민으로 삼았다."는 기사를 놓고 국제적인 논란이 계속되고 있다. 왜의 실체에 대해 일본 학자들은 나라奈良에 있던 야마토왜大和倭가 바다를 건너 정복전쟁을 전개한 것이라고 주장해 왔다. 야마토왜가 가야를 점령하고 '임나일본부任那日本府'를 설치한 것이 이 릉비로 확인된다는 것이다. 북한학계는 이 왜를 가야계가 북규슈 지역에 세운 작은 소국으로 보고 있다.

철기 생산 능력은 고대 국가 성립의 기본조건인데 일본열도에는 5세기 후반~6세기 초까지 철기를 생산한 유적이 없다. 철기 생산 능력이 없는 야마토왜가 바다를 건너 정복전쟁을 수행할 수는 없는 노릇이다. 그래서 이 구절을 일본군 참모본부가 변조했다는 주장이 설득력이 있다.

《삼국사기》와 〈광개토대왕릉비〉의 내용을 분석하면 광개토대왕 때 고구려는 하북성 일대는 물론 내몽골 지역까지 장악했음을 알 수 있다. 또한 고구려는 백제와 선비족과의 경쟁에서 승기를 잡았으며 거수국인 숙신(말갈), 동부여, 거란을 거느린 황제국가로 발돋움했음을 알 수 있다.

❹ 장수왕의 평양천도

🔹 장수왕이 천도한 평양은 어디인가?

광개토대왕이 재위 22년(413)만에 서른여덟 살의 젊은 나이로 세상을 떠나고 그 아들 장수왕長壽王(재위 413~491)이 제20대 왕으로 즉위했다. 장수왕은 중원이 남북조로 나뉜 것을 활용해서 남조 동진과 그 뒤를 이은 송·제는 물론 북조의 북위에도 사신을 보내 외교관계를 맺었다. 장수왕은 65년 동안 모두 40회의 사신을 북위에 보내고 남조에도 사신을 보냈는데《삼국사기》는 이를 제후가 황제국에 조공을 바친 것처럼 낮춰 썼지만 중국의《요사》는 대등한 관계로 서술하고 있다. 고구려는 북방의 황제국으로 중원의 북조와 남조에 사신을 교환한 것이다.

장수왕은 백제 개로왕을 전사시켜 고국원왕 전사에 대해 보복했다. 《삼국사기》는 장수왕이 재위 15년(427)에 "평양으로 도읍을 옮겼다."라고 짤막하게 쓰고 있다. 이 평양의 위치는 한국고대

더 깊게 생각하고 토론해 봅시다

덕흥리 고분벽화가 말해주는 고구려

1976년 12월 평안남도 강서군 덕흥리에서 고구려 고분벽화가 발견되었다. 이 고분벽화에서 화려한 그림과 함께 600여 자의 묵서墨書(먹물로 쓴 글씨)가 발견되었다. 무덤의 주인공은 고구려의 유주자사 진鎭인데, 신도현信都縣에서 태어나 건위장군, 국소대형, 좌장군, 용양장군, 요동태수, 사지절 동이교위 유주자사幽州刺史 등의 관직을 역임하다가 77세에 사망한 인물이다. 그의 출신지인 신도信都에 대해서 북한학계는 고려 신도군信都郡이라고 보지만 하북성 안평군安平郡 신도현信都縣 출신으로 유주자사를 역임한 후 망명해 평양 일대를 지배하던 인물로 보는 견해도 있다.

고분 묵서는 그가 '영락 18년(408)'에 세상을 떠났다고 했으니 광개토대왕의 신하라는 뜻이다. 유주자사는 북경 일대를 다스리는 직책이므로 이 지역이 고구려 강역인가 북위北魏 강역인가 하는 문제가 발생한다. 벽화에는 유주자사 진이 연군태수, 어양태수, 요동, 낙랑, 현도태수 등 휘하의 13개 지역의 태수들로부터 하례 받는 장면이 그려져 있다. 이 지역들이 고구려 강역이 아니라면 고구려에서 왜 이런 벽화를 그려서 진을 높였는지 설명할 수 없다. 고구려뿐만 아니라 자국 경내에 막대한 자금을 들여서 조성한 무덤에 다른 나라를 높이는 벽화를 그린 사례는 찾을 수 없다. 광개토대왕 시절 고구려가 유주(북경일대)를 지배했기에 이런 벽화를 그렸을 것이다.

사 강역에서 대단히 중요하다. 신라의 김춘추(태종 무열왕)는 당 태종과 당나라 군사 동원에 합의한 후 백제·고구려를 멸망시키면 "평양 이남과 백제 땅은 신라가 차지한다."고 합의했다. 그간 이 평양을 지금의 북한 평양 동북쪽 대성산성大城山城 일대로 보아왔다. 조선의 사대주의 유학자들과 일본인 식민사학자들의 견해인데 이는 중국 사료에서 말하는 것과는 아주 다르다. 《신당서》는 고구려 임금이 거주하는 평양성을 한漢 낙랑군 지역이라고 말하고 있다. 한 낙랑군을 다스리던 조선현은 지금의 하북성 노룡현 일대다. 《요사》〈지리지 동경요양부東京遼陽府〉조에는 요나라 동경요양부가 본래 조선 땅이고, 기자가 봉함을 받은 지역이라고 말하고 있다. 현재 중국 학계는 요나라 동경요양부는 요녕성 요양遼陽으로 비정하면서, 기자가 봉함을 받은 지역은 하북성 노룡현이라고 모순되게 비정하고 있다. 어느 경우이든 중국 사료들은 장수왕이 천도한 평양을 지금의 북한 평양이라고 말하지 않고 있다. 그러므로 장수왕이 천도한 평양은 지금의 북한 평양이 아니다.

▲ 요양고성遼陽古城 옛 사진

IV. 다섯 나라 시대의 통합과 발전

북연황제를 데려온 장수왕

장수왕은 고구려 출신 고운이 407년 풍발의 보좌를 받아 건국한 북연의 정세에 적극 개입했다. 고운은 409년 이반离班, 도인桃仁 등에게 살해당했는데, 풍발이 이를 진압하고 천왕天王으로 추대되어 연호를 태평太平으로 정했다. 풍발이 죽은 후 그 동생 풍홍馮弘이 왕위를 잇는데 그가 소성제昭成帝(재위 431~436)이다.

북연은 선비족 탁발씨가 세운 북위와 격렬하게 싸웠다. 쇠퇴하던 북연이 새로 흥기하는 북위를 제압하기 어렵자 장수왕 23년(435) 소성제 풍홍이 도움을 청해왔다. 이듬해 북위는 고구려에 사신을 보내 북연 토벌 계획을 알렸다. 북연을 돕지 말라는 의사 표시였다. 같은 해 북위는 북연의 백랑성白狼城을 함락시켰는데 장수왕은 장수 갈로葛盧와 맹광孟光에게 수만 군사를 주어 화룡和龍에서 소성제 풍홍을 맞이해 고구려로 오게 했다. 고구려 군사들이 풍홍 일행을 호위해오는데 그 행렬이 80여 리나 될 정도였다. 북위 태무제가 사신을 보내 북연 소성제를 보내라고 요구했지만 장수왕은 거절하였다.

장수왕은 풍홍을 평곽平郭과 북풍北豊 등지에 거주하게 해서 북연을 제후국으로 삼았다. 그러나 풍홍이 황제처럼 행세하자 시중드는 사람들을 폐하고 북연의 태자를 인질로 삼았다. 풍홍은 남송에 사신을 보내 자신을 맞아달라고 청했고 북위와 대치하던 남송의 문황제 유의륭劉義隆(재위 407~453)은 왕백구王白駒 등을 사신으로 보내 풍홍을 데려가려 했다. 장수왕은 재위 26년(438) 장수 손수孫漱·고구高仇 등을 보내 고구려를 벗어나려 한 풍홍을 죽였다. 고구려는 막강한 힘을 가지고 동아시아를 주도하던 황제 국가였다.

▲ 조양시 출토 연나라 인물 토기

3 신라 중기사

① 중기 신라의 비약적 발전

지증왕과 법흥왕의 개혁

신라는 5세기까지 주변의 여러 나라들과 때로는 대결하고 때로는 화친하면서 국체를 보존하며 국력을 길렀다. 신라는 제22대 지증왕(재위 500~514) 때부터 비약적으로 발전한다. 《삼국사기》에 따르면 지증왕 4년(503)까지는 국호도 사라斯羅, 사로斯盧, 신라新羅 등으로 사용하다가 지증왕 4년 신라로 확정하고, 임금의 칭호도 마립간에서 국왕으로 확정했다.

지증왕은 재위 5년(504)에 파리성·미실성·진덕성·골화성 등 12개 성을 쌓았으며, 재위 13년(512)에는 내물왕의 4세손인 이사부異斯夫를 보내 우산국于山國(울릉도)을 정벌했는데, 이때부터 울릉도와 독도가 신라사에 편입되었다.

23대 법흥왕(재위 514~540)은 재위 4년(517)에 병부兵部를 설치해 국방력을 강화하였고, 재위 7년(520)에는 율령을 반포하고, 모든 관리들의 공복을 빛깔에 따라 제정해서 내부체제를 한층 더 정비했다. 재위 9년(522)에는 가야 국왕이 혼인을 청하자 이찬伊飡 비조부比助夫의 누이를 가야에 보냈지만 10년 후 재위 19년(532)에는 금관가야를 멸망시키고 가야의 구형왕과 세 아들인 노종奴宗·무덕武德·무력武力을 진골로 편입시켰다. 구형왕의 셋째 아들인 무력의 손자가 김유신이다.

◀ **경주 남산 신성비.** 진평왕 13년(591) 남산에 신성을 쌓으면서 관계자들을 기록한 한 비석이다. 국립경주박물관 소장.

법흥왕은 재위 15년(528) 이차돈의 순교를 계기로 불교를 공인하였다. 국왕을 부처의 현신現身으로 여겨서 흩어진 사상을 통일하고 그 중심에 설 수 있기 때문이었다. 법흥·진흥 등의 불교식 시호를 제정할 정도로 불교는 신라의 국교로 성장했다. 법흥왕은 재위 23년(536) 이런 개혁정책의 성과를 바탕으로 건원建元이란 연호를 제정했다. 연호제정은 독자적인 역법을 제정해서 반포하는 황제국이란 의미였다.

② 진흥왕대 신라의 비상

◀ 연호를 개국으로 바꾸다

법흥왕은 재위 27년인 건원 5년(540) 세상을 떠나고 제24대 진흥왕眞興王(재위 540~576)이 일곱 살 어린나이로 왕위에 올랐다. 진흥왕은 법흥왕의 동생 갈문왕葛文王 김입종金立宗의 아들이고 어머니는 법흥왕의 딸 김씨였다. 즉위 직후에는 어렸으므로 왕태후가 섭정했지만 재위 기간 동안 많은 업적을 남겼다.

재위 5년(544) 흥륜사興輪寺를 창건해 왕실의 권위를 높이고, 이듬해에는 이찬 이사부의 청으로 대아찬 거칠부에게 《국사國史》를 편찬케 했다. 《국사》는 현존하지 않지만 국사 편찬은 나라의 국력이 크게 신장되었음을 표시하는 것이다.

장수왕이 평양으로 천도(427)하자 신라의 눌지왕은 재위 17년(433) 백제 비유왕과 화친동맹을 맺어 이에 대비했다. 진흥왕은 재위 2년(541) 백제가 사신을 보내 화친을 청하자 화답했다. 진흥왕 9년(548)에는 고구려가 예인穢人과 함께 백제의 독산성獨山城을 공격하자 백제 성왕이 신라에 구원을 청했는데 진흥왕은 장군 주령朱玲에게 3,000명의 군사를 거느리고 가서

▲ 〈양직공도〉의 신라 사신

▲ **화랑 수련도**. 정창섭, 1977, 한국학중앙연구원 소장.

● **화랑**
진흥왕은 재위 37년(576) 화랑제도를 만들었다. 진흥왕은 두 여성을 원화源花로 삼아 무리를 거느리게 했는데 서로 다툼이 생겨 살인사건까지 발생하자 귀인의 자제 중에서 미모의 남자를 뽑아 화랑으로 삼았다. 화랑은 신라 고유의 풍류風流를 따르면서 평소에는 교화를 실천하다가 나라에 위기가 생기면 목숨을 던져 충성했다. 화랑은 백제와 고구려를 멸망시키는 과정에서 결정적 역할을 했다. 그래서 김대문은 《화랑세기花郎世記》에서 '충성스런 신하와 훌륭한 장수와 용감한 병졸이 여기에서 나왔다.'고 높게 평가했다.

돕게 했다. 이때 죽이거나 사로잡은 고구려 군사들이 아주 많았다고 기록되어있다.

그러나 신라와 백제의 신백동맹, 곧 백신동맹은 곧 위기를 맞았다. 백제 성왕은 재위 28년(550) 정월 장군 달기達己에게 1만 군사를 주어 고구려의 도살성을 공격해 빼앗았다. 그해 3월에는 고구려가 반격에 나서 금현성을 포위해서 함락시켰다. 진흥왕은 백제를 돕는 대신 이찬 이사부를 보내 두 나라 군사가 피로한 틈을 타서 도살성과 금현성을 빼앗고 군사를 두어 지키게 했다. 이는 동맹을 깨고 백제를 적으로 돌리는 행위였다. 진흥왕은 개의치 않고 재위 12년(551) 정월 연호를 개국開國으로 바꾸어 과거의 신라와 단절했음을 선언했다. 진흥왕은 재위 29년(568)에 연호를 '크게 창성'한다는 뜻의 태창太昌으로 다시 바꾸고, 33년(572)에는 '세상을 널리 구제하다'라는 뜻의 홍제鴻濟로 바꾸었다. 진흥왕은 거칠부 등에게는 고구려를 공격하게 하고 고구려 강역이었던 함경남도 함주군(지금의 영광군) 황초령과 함경남도 마운령 고개에 순수비를 세워 영토를 크게 확장시켰다. 진흥왕은 또한 **화랑제도**●를 만들어 청년들의 상무정신을 크게 고취시켰다. 진흥왕은 정신면으로나 영토면에서 신라를 크게 중흥시킨 군주였다.

백제 성왕을 전사시키다

진흥왕은 재위 14년(553) 월성月城 동쪽에 새 궁궐을 짓게 했는데 황룡이 나타나자 이를 기념하기 위해서 **황룡사**를 지었다. 같은 해 7월에는 신라는 백제의 동북쪽 변경을 빼앗아 신주新州를 설치하고, 가야의 마지막 임금 구형왕의 셋째 아들 김무력金武力을 군주軍主로 삼았다.

백제 성왕은 신라에 보복하기 위해서 진흥왕 15년(성왕 32년:554년) 7월 백제군과 가야부흥군을 이끌고 신라 관산성管山城을 공격했다. 신라의 군주 우덕于德 등이 맞서 싸우다가 패배하자 김무력이 신주 군사를 이끌고 구원했다. 성왕은 구천狗川에서 신라의 비장 도도都刀의 습격으로 전사했는데 백제의 좌평 4명과 사졸 2만 9,600명이 전사하고 말 한필도 돌아가지 못했다고 전할 정도로 큰 타격을 받았다.

백제는 475년 개로왕이 고구려에 의해 전사한 데 이어 80여 년만인 554년 성왕이 신라에 의해 전사하면서 큰 위기에 봉착한 반면 신라는 백제 강역에 신주를 설치하고 성왕까지 전사시킴으로써 국력을 크게 신장시켜 열세를 우세로 뒤집었다.

● **황룡사**

황룡사는 553년 짓기 시작해 16년만인 569년 완공했다. 선덕여왕 5년(636) 자장법사가 당나라의 오대산에서 불법을 닦을 때 문수보살을 만나 나라의 어려움을 호소하자 '황룡사 호법룡은 나의 장자로 그 절을 호위하고 있으니 귀국해서 황룡사 안에 9층탑을 쌓으면 이웃나라가 항복하고 9한韓이 와서 조공할 것이다.'라고 말했다. 선덕왕 12년(643) 자장법사가 귀국해서 이를 전하자 백제에 기술자를 청해서 9층탑을 완성했다. 성덕왕 17년(718)에 벼락을 맞아도 불타지 않았으나 고려 고종 25년(1238) 몽골의 침략 때 불타 없어졌다.

4 다섯 나라의 경제·사회·문화

① 다섯 나라의 경제

◀ 다섯 나라의 농업과 목축업

＝ 부여의 농업과 목축업

고대 시대의 경제는 농업이 기본이었다. 철제 농기구가 보급되면서 생산력이 비약적으로 높아졌는데, 철제 농기구는 보다 넓은 땅을 깊게 개간할 수 있었기 때문이다. 고조선은 서기전 8~7세기경부터 철기를 제작했는데 여러 나라 시대에는 철제 농기구의 보급이 크게 확산되었다. 대부분의 나라에서 벼, 보리, 조, 콩 등의 오곡五穀을 생산했고 여러 가지 과일도 생산했다. 부여의 땅은 평탄하고 넓었으며 토질이 좋았다. 부여는 농업에 알맞아 5가지 곡식을 길렀다. 부여는 3세기 위나라 관구검에게 군량미를 지원했는데 이는 국가에서 세금으로 받은 곡식을 나라 창고에 쌓아두었음을 말해준다. 부여는 말, 소, 돼지, 닭 등의 이름을 빌려 관직명으로 삼았을 정도로 목축업도 중시했다. 부여는 농업과 목축을 모두 중시하는 국가였다.

＝ 신라의 농업, 수공업, 상업의 발달

신라는 일찍부터 농업이 발달했다. 《삼국유사》는 3대 노례왕(유리왕:재위 24~57) 때 소나 말을 이용해 땅을 깊게 갈 수 있는 보습과 여름에도 얼음을 보관할 수 있는 장빙고藏氷庫와 수레를 만들었다고 말하고 있다. 귀족들은 여름에도

◀ **가야 수레바퀴형 토기.** 미국 메트로폴리탄 예술박물관.

장빙고의 얼음을 사용했고 말이나 소가 끄는 수레를 타고 다녔다. 일성 이사금은 재위 11년(144) "농사는 정치의 근본이며 식량은 백성들의 하늘이다."라면서 여러 주·군州郡에 제방시설을 수리하고 농사 지을 들판을 개간하라고 명했다. 제방시설을 수리하라는 말은 이미 물을 저장하는 저수지들이 있다는 뜻이다. 흘해 이사금 21년(330)에는 커다란 벽골지碧骨池를 만들었다. 지증왕 3년(502)에는 소를 이용하는 우경牛耕을 장려해서 농업생산력을 더욱 크게 확산시켰다.

= 고구려의 부경과 좌식자

고구려는 농지가 적어서 자급자족하기가 힘들었으므로 주변 소국들로부터 부족한 식량을 공급받았다. 《삼국지》〈고구려열전〉에는 "고구려는 큰 창고는 없고 집집마다 작은 창고가 있는데 이름이 부경桴京이다."라고 말하고 있다. 고구려는 빈부격차가 적은 대신 집집마다 작은 창고에 곡식을 쌓아놓은 부유한 사회였다. 또한 같은 기록에는 "그 나라의 대가大家들은 농사를 짓지 않아서 앉아서 먹는 인구[좌식자坐食者]가 만여 명인데 하호下戶가 먼 곳에서 곡식·물고기·소금을 가져다가 공급한다."라고 하였다. 좌식자는 말을 탄 전문적인 전사 집단을 뜻하는 것이다. 이들은 말을 기르고 무장하면서 군사훈련의 일환으로 집단사냥을 했고, 신분이 낮은 하호는 이들 전사집단을 부양하는 것으로 나라의 안위를 유지했다.

= 백제의 농업과 목축업

백제는 건국 초기부터 왕이 직접 농업생산력 증대를 권장했다. 시조 온조왕(재위 서기전 18~서기 28)은 부락들을 순무하며 백성들에게 농사를 권장하였다. 《삼국사기》

▶ 가야 부경 모양 토기. 국립중앙박물관.

〈백제본기 시조 온조왕〉에는 "한성 사람의 말이 소를 낳았는데 머리는 하나고 몸은 둘이었다."고 기록되어 있는데 이는 백제에서 소를 이용해 농사를 지었음을 말해준다. 또한 전쟁에 대비해 민간에서도 말을 길렀음을 알 수 있다. 2대 다루왕(재위 28~77)은 남부 지역 주·군州郡에 토지를 개간하여 논을 만들게 했다. 8대 고이왕(재위 234~286)은 백성들에게 남쪽의 늪지를 논으로 개간하도록 명령했다. 백제는 368년과 434년에 신라에 종자말 한 쌍씩을 보냈고 왜에도 종마말을 보냈는데 이는 백제에서 가축의 품종 개량을 할 정도로 목축업이 발달했음을 알 수 있다.

= 가야의 철기문화

가야는 문헌사료가 부족해서 농업이나 목축업에 관해서 기록이 남아 있지 않다. 그러나 가야 지역에서 출토되는 각종 철제농기구나 토기들은 농업이 발달했음을 말해준다. 금관가야가 지금의 김해 지역에서 개국한 이유는 넓은 평야가 존재하는 농경지대였기 때문이었다. 가야는 수많은 유적지에서 덩이쇠인 철정鐵鋌이 출토될 정도로 철기문화가 발달했다. 유적 연대가 서기전 1세기인 경남 창원시 다호리유적에서 호미가 출토된 것을 비롯해서 창녕 교동, 복천동 유적에서도 호미가 출토되었다. 또한 진주 옥

삼국의 조세제도

"세(인두세)는 베 5필에 곡식 5섬이다. 조租는 상호上戶가 1섬이고, 그 다음이 7말이며, 하호는 5말을 낸다." 《수서》〈고구려열전〉

···→ 고구려는 신분과 경제력에 따라 세금액수가 달랐음을 알 수 있다.

"세는 포목, 명주실과 삼, 쌀을 내었는데, 풍년과 흉년에 따라 차등을 두어 받았다." 《주서》〈백제열전〉

"2월 한수 북부 사람 가운데 15세 이상 된 자를 징발하여 위례성을 수리하였다." 《삼국사기》〈백제본기 시조 온조왕 41년(23)〉조

···→ 백제는 농사의 풍흉에 따라 세금액수가 달랐으며 15세 이상이면 부역의 의무가 있었음을 알 수 있다.

봉 유적과 창녕 교동 등에서는 보습이 출토되었고, 도끼나 나무를 다듬는 자귀 등도 여러 곳에서 발견되었다. 또한 농산물을 담는 토기가 여러 곳에서 출토된 것을 보아 농업이 크게 발달했음을 알 수 있다.

▲ 창원 다호리 출토 철제 농기구. 서기전 1세기의 것으로 가야 전사前史에 해당한다.

❷ 다섯 나라 시대의 수공업과 상업

🔹 다섯 나라 수공업의 발달

다섯 나라들은 건국 초기부터 실을 내어 옷감을 짜는 길쌈을 장려했는데 베는 물론 비단 같은 고급모직물도 생산했다. 동이족은 전통적으로 가죽 가공에 능했으므로 여러 짐승들의 가죽을 무두질해서 모피의류를 만들어 입었다. 관직의 품계에 따라 다른 색의 관복을 입게 했다는 것은 염색과 수놓기도 발달했음을 말해준다. 금과 은을 가공하는 금속공예기술도 발달하여 여러 가지 장신구는 물론 화려한 금관을 만들었다. 금·은·보화·비단·모직물 등을 귀하게 여기지 않는다는 중국인의 기록이 있을 정도로 수공업품들이 널리 보급되어 있었음을 알 수 있다.

부여인들은 음식을 먹고 마시는데 **조두**俎豆*를 사용할 정도로 음식문화가 발달했다.

부여인들은 외국에 나갈 때 비단옷, 수놓은 옷, 모직옷을 즐겨 입었는데 귀족들은 그 위에 여우, 살쾡이, 원숭이, 담비 가죽으로 만든 옷을 입고 금과 은으로 장식한 모자를 썼다. 부여는 수공업이 크게 발달했음을 알 수 있다.

고구려인들도 공공모임에 갈 때는 모두 비단에 수놓은 의복을 입고 금과 은으로 장식하였다.

● 조두
조두는 제사기구의 하나로서 조俎는 고기를 담고 두豆는 채소를 담는다. 이는 부여인들이 제사기구로 식사를 한 것이 아니라 음식의 종류에 따라 다른 그릇을 사용했다는 뜻이다.

▲ 신라 금제 관식. 경주 천마총 출토.

신라는 거의 모든 가정에서 길쌈을 하였다. 신라는 유리 이사금 9년(32) 6부 여인들을 두 편으로 나누어 길쌈 시합을 한 뒤 진 편에서 이긴 편에 술과 음식을 대접하면서 가무를 하고 온갖 놀이를 즐겼는데 이것이 한가위(추석)의 원형인 '가배嘉俳'였다. 이때 진 편에서 회소곡會蘇曲를 불렀는데, 이는 신라인들이 높은 수준의 음악생활을 했음을 말해준다.

다섯 나라의 시장 개설

농업생산물과 각종 수공업제품은 시장을 통해서 유통되었을 것이지만 시장에 대한 사료는 거의 남아 있지 않아서 자세한 내용을 알기 힘들다. 《삼국지》〈동이열전 한韓〉 조에는 "여러 시장에서는 모두 철로 매매가 이루어진다."는 구절이 있어서 여러 곳에 시장이 있었음을 알 수 있다. 신라에서는 소지 마립간 12년(490)에 서울에 시장을 열어서 사방의 재화를 유통시켰고 지증 마립간 10년(509)에는 서울에 동시東市를 설치했다.

❸ 다섯 나라의 자연과학과 금속 기술

자연현상의 변화와 인간의 대응

고대인들은 자연현상의 변화에 대해 큰 관심을 갖고 있었다. 이들은 자연현상의 변화와 인간만사에 신의 뜻이 반영된 것으로 믿었다. 그래서 이상기후, 자연재해, 천문변화 등에 대한 관찰을 통해 하늘의 뜻을 파악하려고 노력했다. 자연에 대한 지식과 경험은 자연과학의 발달로 이어졌다. 《삼국사기》에는 이상기후, 자연재해, 천문 등에 관한 기록이 자주 발견되는데, 이는 자연과학이 발달했음을 말해주는 것이다. 특히 농경과 깊은 관계가 있는 기후에 관심이 많았다.

고대인들은 천인감응天人感應 사상을 갖고 있었는데, 이는 자연재해의 발생을 군주나 귀족들의 잘못된 정치에서 비롯된 것으로 여긴 것이다. 부여의 풍속에 가뭄이나 장마가 계속되어 오곡이 영글지 않으면 그 허물을 왕에게 돌려 왕을 바꾸거나 죽이기도 했다는 것에서 이를 알 수 있다.

천문을 관측하다

= 《삼국사기》 천문관측 기록의 정확성

동이족 홍산 문화에는 하늘을 관측하는 시설들이 여럿 발견된다. 이런 천문관측 기술은 고조선시대와 여러 나라 시대를 거쳐 다섯 나라 시대까지 그대로 이어졌다. 《후한서》 〈동이열전 예濊〉 조에는 "예는 새벽에 별자리의 변화를 관찰해 그해에 풍년이 들 것인지를 미리 알았다."고 기록하고 있다. 여러 나라 시대 사람들은 자연현상의 변화에 일정한 법칙이 있다는 사실을 알았던 것이다. 천문 현상은 일정한 물리 법칙으로 일어나기 때문에 수천 년 전의 현상도 재연할 수 있다. 《삼국사기》에 기록된 66개의 일식기록은 53개가 사실로 확인되어 80%의 실현율을 보였고 특히 삼국 초기에는 89%의 실현율을 보였다. 중국 역사서의 일식현상의 최대 실현율은 한나라 때 78%이고 일본 역사서는 35%이다. 《삼국사기》에는 중국이나 일본 기록에는 나타나지 않는 천문 현상이 기록되어있는데 이는 삼국이 독자적인 천문관측을 하였음을 말해준다.

= 이상기후와 자연재해에 대한 기록들

《삼국사기》에는 서기전 1세기부터 서기 560년경까지 삼국의

▲ 〈양직공도〉의 고구려 사신. 6세기 초반 양의 왕족 소역蕭繹이 그린 것을 7세기 당의 염립본閻立本이 모사한 것이다.

이상기후, 자연재해, 천문 등에 관해 자세한 기록이 담겨있다. 우레, 우박, 서리, 기근, 가뭄 등의 이상기후에 관한 기록을 살펴보면 고구려와 백제는 각각 40여 건, 신라는 70여 건이 기록되어있다. 농경사회였기 때문에 기후에 큰 관심을 갖고 있었다.

지진, 홍수, 폭풍, 가뭄, 황충, 우박, 기근 등의 자연재해에 관한 기록을 보면, 고구려는 50여 건, 백제는 45건, 신라는 65건이 기록되어있다. 자연재해에 관한 기록이 많은 것은 군주나 귀족이 정치를 잘못하면 하늘이 재앙을 내린다는 천인감응설의 영향도 있었을 것이다. 군주나 귀족들이 하늘의 뜻을 받들어 더 좋은 정치를 하도록 경계하는 한편 자연재해로 생활이 어려운 백성을 구제하는 정책 자료로도 사용되었다.

혜성의 출현이나 일식, 월식, 별자리 침범 같은 천문에 관한 기록은 고구려 20여 건, 백제 40여 건, 신라 27건이다. 고구려, 백제, 신라는 건국 초기부터 혜성과 유성이 나타났던 방향과 시간, 위치 등에 대해서 자세한 기록을 남기고 있는데, 이는 그 이전의 홍산 문화나 고조선에서 천문관측을 했던 전통을 계승한 것이다. 건국 초에 이미 관측과 기록을 할 수 있는 국가기구나 전문가가 존재했음을 알 수 있다.

청동기와 철기 기술의 발전

여러 나라 시대에는 철기 제작기술이 크게 발전했다. 서기전 3세기경에는 연철과 선철 외에 강도가 강한 강철도 생산할 수 있었다. 고구려 고분벽화에는 철제 투구, 철제 갑옷, 철제 무기로 중무장하고 말에도 철갑을 입힌 개마鎧馬 군단이 그려져 있다. 《일본서기》

◀ **백제 바둑판**. 일본 나라奈良 정창원正倉院.

에는 백제가 왜에 덩이쇠
인 철정鐵鋌을 주었다는
기록이 있다. 일본 나라현
奈良縣의 이소노가미신사
石上神社에는 백제의 칠지
도七支刀가 전해진다. 칠지

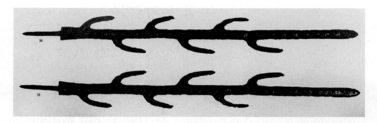

▲ 백제가 왜왕에게 하사한 칠지도七支刀. 일본 이소노카미 신궁石上神宮 소장.

도는 백 번 담금질한 백련철百鍊鐵로 만들었는데 60여 자 명문銘
文(금석 등에 새긴 글)이 상감되어 있다. 그 내용에 '후왕侯王에게 공
급할만 하다.'는 글이 있어서 백제가 왜를 제후국으로 여겼음을
알 수 있다. 또한 나라현 동대사東大寺 정창원正倉院에는 백제 의
자왕이 보낸 바둑판과 바둑돌 등이 전해지는데 정교하고 호화롭
기가 그지없다. 백제의 제철기술, 금속공예기술, 상감기술이 매우
높은 수준에 있음을 알려준다.

　신라의 도읍인 경상북도 경주 황남동 무덤에는 철화살촉, 철
모, 철도끼, 철정 등 대량의 철기가 출토되었으며 경상남도 신라
의 여러 유적에는 쇠스랑, 괭이, 가래 등 철제 농기구가 출토되어
철이 널리 사용되었음을 알 수 있다.

　가야도 경상남도 창원시 동읍의 다호리 유적에서 수많은 청동
기 및 철기 유물이 발견되었다. 철검과 철 방패, 철모 및 철제 농
기구 등 이었다. 다호리 유적은 서기전 1세기 무렵의 것으로 가야
보다 이른 시기의 가야 전사前史에 해당된다. 이런 전통을 이은
가야는 이른 시기부터 발달된 철기문화를 가지고 있었
다. 또한 신라와 가야의 여러 유적에서 덩이쇠인 철정
이 많이 출토되는데 신라와 가야의 철정은 왜 열도에
전해졌음이 문헌과 유적을 통해 증명된다.

▲ 백제 바둑돌. 일본 나라 정창원.

◀금, 은 가공기술

▲ 백제 바둑돌 함. 일본 나라 정창원.

여러 나라 시대에는 황금, 은, 구리 등을 가공하는 금속공예기술도 크게 발전했다. 《삼국사기》〈고구려본기 유리명왕 11년〉에 선비를 정벌하는 데 공로가 큰 부분노에게 왕이 황금 3,000근과 좋은 말 10필을 하사했다는 기록이 있다. 《삼국사기》〈온달열전〉에는 평강공주가 금팔찌를 팔아서 농토, 주택, 노비, 우마, 기물들을 사들였다는 기록이 있다. 《위서》〈고구려열전〉에는 위나라에 고구려 사신이 자주 왕래했는데 해마다 황금 200근과 백은 400근을 공물로 가지고 왔다고 전하고 있다. 오늘날 황해남도 안악군의 안악 3호 무덤에서는 금귀걸이가 출토되었고, 평양의 청암리 토성 부근에서는 여러 종류의 금동유물이 출토되었다.

백제 강역이었던 전라남도 나주군 반남면 신촌리에서는 금동관이 출토되었고, 충청남도 공주의 무령왕릉에서는 금관과 금귀걸이, 금비녀, 은잔 등 백제 왕실의 많은 장식품이 출토되었다. 백제의 31명 왕 중에서 무령왕릉에서 나온 유물들만으로도 공주국립박물관을 만들 정도였으니 다른 왕릉들이 발견된다면 그 규모나 유물이 어떠할 것인지 미루어 짐작할 수 있다.

《삼국사기》〈신라본기 눌지 마립간 18년〉에는 백제에서 좋은 말 두 필과 흰 매를 보내자 신라에서 황금과 좋은 구슬을 답례로 보냈다는 기록이 있고, 《삼국사기》〈신라본기 진흥왕 35년〉에는 황룡사에 장륙상을 조성하는 데 구리 3만 5,007근이 들었고 황금 1만 198푼을 도금했다는 기록이 보인다. 신라의 도읍지인 경주의 금관총에서는 금관과 더불어 황금으로 만든 여러 종류의 유물들이 출토되었고, 황남리 82호 고분과 155호 고분, 호우총, 봉황총 등에서도 금과 은으로 만든 여러 종

◀ 가야 청동검과 철검. 창원 다호리 고분군 출토.

류의 장식품과 청동 제품들이 출토되었다. 이
상의 기록과 유물들은 여러 나라 시대의 금속
가공기술이 당대 세계 최고 수준이라고 말해도
과언이 아닐 정도이다.

가야 금관도 여러 곳에서 발견되었다.

《삼국사기》〈직관지〉에 따르면 신라에는 갑
옷생산을 담당하는 흑개감黑鎧監, 비단 생산을
담당하는 조하방朝霞房, 금전錦典과 염색을 담

▲ **가야금관.** 고령 지산동 출토.

당하는 염전染典, 칠기 생산을 담당하는 칠전漆典, 가죽제품의 생
산을 담당하는 피전皮典, 가죽신발 생산을 담당하는 탑전鞜典과
화전靴典, 옷감 생산을 담당하는 마전麻典 등이 있었다. 각 품목
별로 제작 담당관청이 있을 정도로 각종 물품이 풍부하게 제작되
었다.

🔵 무기제작과 조선술

여러 나라 시대는 전쟁이 잦았으므로 경쟁적으로 칼·창을 비롯
해서 활·화살·화살촉 등의 무기를 생산했다. 무기의 재료는 청동
기시대에 석기와 청동기를 사용하다가 철기시대 들어서 철제무기
가 보편화되었다.

부여인들은 집집마다 갑옷과 활, 화살, 칼, 창 등의 병기를 보유
했을 정도로 병기를 많이 생산했다. 고구려는 전사 집단인 좌식
자가 1만 명인 사회였으므로 무기생산이 발달했음을 따로 설명
할 필요가 없을 정도다.

신라는 왜의 침략에 대비해서 배를 수리하고 갑옷과 병기를 수
선하였다고 기록되어있다. 백제는 대륙과 반도와 열도에 모두 강
역이 있었으므로 조선술과 항해술이 모두 뛰어났다. 백제는 특
산품을 가지고 중국의 물건들과 교환하거나 판매하였고, 제후국

인 일본에는 여러 선진 문물을 전해주었다. 백제는 왜의 사신에게 오색비단과 각궁전, 철정, 좋은 말 등을 주었고 비단 짜는 기술자, 불상 만드는 기술자, 절 짓는 기술자, 불탑 만드는 기술자, 기와 만드는 기술자, 심지어 옷감 짜는 기술자까지 다양한 기술자 등을 파견해 관리했다.

❹ 다섯 나라 시대의 사회

◀ 다섯 나라 시대의 신분구조

= 지배층과 피지배층

여러 나라의 신분 구조는 크게 지배층과 일반 백성, 노예로 나뉘어 있었다. 지배층은 국왕과 귀족으로 구성되어 있었는데 종교지도자도 지배층에 포함되었다. 피지배층은 평민과 노비로 구성되어 있었다. 고조선은 정치지도자가 종교지도자를 겸하는 제정일치 사회였지만, 여러 나라 시대에는 정치와 종교가 보다 분리되면서 정치가 우위에 서게 되었다. 그러나 종교는 여전히 정치권력의 전횡이나 충돌을 막는 기능을 하고 있었다. 《삼국지》〈동이열

▲ **무용총 고분벽화.** 지배층은 크게, 피지배층은 작게 그려 신분을 표현하였다.

전 한〉조에는 천신天神에 대한 제사를 주관하는 천군天君이 있고 각 나라에는 소도蘇塗라고 불리는 별읍別邑이 있는데 그곳으로 죄지은 자가 도망가면 돌려보내지 않는다고 말하고 있다. 죄를 지은 자를 모두 보호한다는 것이 아니라 정치적 망명객을 보호하는 기능을 했을 것이다.

▣ 여러 종류의 피지배 신분

피지배 신분 중에서 평민은 호민, 민, 하호, 향민, 부곡민 등으로 나눌 수 있다. 평민 가운데 가장 숫자가 많았던 민民은 자신의 땅을 경작하는 농민들이었다. 촌락에 거주하는 유력한 평민이 호민豪民이었다. 평민보다 아래의 신분이 하호下戶였는데 여러 나라에 존재하는 신분이었다.

《삼국지》〈동이열전 예濊〉조에는 "예에는 대군장이 없고 한나라 때 이래로 후侯, 읍군邑君, 삼로三老의 관직이 있어서 하호를 통치한다."고 했다. 《삼국지》〈동이열전 부여〉조에는 "적군의 침입이 있으면 제가들이 몸소 전투를 하고 하호들은 양식을 져다가 음식을 만든다."고 했으며, 《삼국지》〈동이열전 고구려〉조에는 1만 명의 좌식자들에게 하호들이 먼 곳에서 곡식·물고기·소금을 공급한다고 말하고 있다. 이와 같이 하호는 평민 중에서 신분이 낮은 사람들이었다.

피지배 신분 중에 향민과 부곡민도 있었는데, 여러 나라 시기의 향민과 부곡민이 어떤 신분의 사람들인지는 분명하지 않다. 《삼국사기》〈지리지〉에는 신라의 9주州에서 관할하는 군현이 450곳이라면서, "이른바 향, 부곡 등 잡다한 곳들은 구체적으로 기록하지 않았다."라고 설명하고 있다. 이는 향과 부곡이 군현보다 아래에 있는 특수 행정구역이라는 뜻이니 평민보다 낮은 신분의 사람들일 것이다.

◀ 하층민인 노비

노비는 주로 전쟁 포로나 형벌에 의해 노비로 전락한 신분이었다. 《후한서》〈동이열전 부여〉 조에는 장례를 치를 때 "사람을 죽여 순장하는데 많을 때에는 100명으로 헤아린다."고 하였다. 고인과 특수한 관계의 자발적인 순장자도 있었겠지만 대부분 저승에서도 이승처럼 시중을 들게 할 목적으로 노비들을 죽여서 함께 묻었을 것이다. 또한 《신당서》〈동이열전 백제〉 조에 백제에서는 반역자는 죽이고 그 가족은 적몰籍沒한다고 했는데, 적몰은 재산을 몰수하고 노비로 만드는 것이다. 또한 백제에서는 "사람을 죽인 자는 3명의 노비를 보내 속죄한다."면서 그 풍속은 고구려와 같다고 했는데, 이는 부여·고구려·백제에 모두 노비가 있었음을 알 수 있다. 《신당서》〈동이열전 신라〉 조에는 "재상의 집에는 노비가 3천 명이나 된다."고 말하면서 "곡식을 빌렸다가 기간 안에 다 갚지 못하면 노비로 삼아 일을 시킨다."고 했으니 빚 때문에 노비가 되는 부채노비도 상당했음을 알 수 있다.

⑤ 다섯 나라 시대의 생활풍습

◀ 중국인들이 본 여러 나라 사람들

중국인들이 기록한 《후한서》·《삼국지》의 〈동이열전〉에서는 부여, 동옥저, 예, 한, 읍루 등에 대해서 주로 체격이 크고 굳세고 용감했다고 평가하고 있다. 그러나 《후한서》〈동이열전 고구려〉 조에는 "그 나라(고구려) 사람들은 성질이 흉악하고 급하며, 기력이 있고 전투를 잘하고 노략질하기를 좋아하여 옥저와 동예를 복속시켰다."라고 부정적으로 기록하고 있다. 고구려가 건국 초부터 단군조선의 고토를 회복한다는 '다물'의 국시를 가지고 중원을

자주 공격했기 때문이다.《후한
서》〈동이열전 고구려〉조에는
고구려인들이 "걸을 때 모두 달
음박질하듯 빨리 간다."고 하였
는데 이는 일상이 전시체제였
던 고구려인들의 무예를 높이
는 상무(尙武)정신이 일상에도 스
며든 것이다.

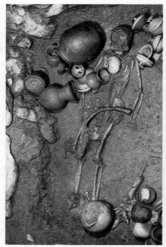

▲ 고령 대가야 순장무덤(좌)과 창녕 송현동 15호분에 순장된 16세 소녀를 복원한 모습(우)

🔵 제천 풍습과 공동체의 축제

여러 나라는 모두 단군을 계승했다는 천손의식을 갖고 있었는
데 이는 하늘을 경배하는 제천신앙으로 나타났다. 여러 나라들
의 제천신앙은 국가적인 의식과 축제로 나타났다.

부여의 '영고(迎鼓)', 고구려의 '동맹(東盟)', 예의 '무천(舞天)'은 모두
하늘에 대한 제천의식이 나라공동체 전체의 축제로 승화한 것이
다. 이때는 신분이나 남녀의 차별 없이 상하가 함께 음식과 술을
먹고 마시며 노래하고 춤추면서 즐겼다.《후한서》〈동이열전 한
韓〉조는 "해마다 농사일을 마치고 귀신에게 제사를 지내는데 낮
이나 밤이나 술자리를 베풀고 떼 지어 노래 부르며 춤춘다."라고
하였다. 축제의 명칭은 적지 않았지만 부여, 고구려. 예와 같은 제
천축제가 있었음을 알 수 있다.

《후한서》〈동이열전 부여〉조에는 "길에 다닐 때에는 낮이나
밤이나 늙은이 젊은이 할 것 없이 모두 노래를 부르기 때문에 온
종일 노래 소리가 그치지 않는다."고 하였고《삼국지》〈동이열
전 고구려〉조에는 "그 백성들은 노래와 춤을 좋아하여 나라 안

에 마을마다 밤이 되면 남녀가 떼 지어 모여서 서로 노래하며 유희를 즐긴다."고 하였다. 《후한서》〈동이열전 한〉 조에는 "그들의 풍속은 노래하고 춤추며 술 마시고 비파 뜯기를 좋아한다."고 하였다.

동부여에서는 12월, 고구려와 예에서는 10월, 한에서는 5월과 10월에 제천의식을 치르는데 시기의 차이는 있으나 의식의 성격과 내용은 모두 비슷하였다. 신분과 성별의 구별 없이 제천의식을 함께 하는 것은 비록 신분의 차이는 있지만 같은 천손민족이라는 공동체 의식이 있었음을 말해준다. 이는 더불어 행복하게 사는 삶을 추구했던 고조선의 홍익인간 건국이념이 여러 나라에 계승되었기 때문일 것이다.

◖ 다섯 나라들의 명절과 전통종교

여러 나라들은 설날과 한가위 등의 명절을 지냈다. 《수서》〈동

읽기 자료

신라는 골품에 따라서 가옥의 크기를 정했다

"진골은 방의 길이와 넓이가 24척을 넘을 수 없고 당唐의 기와를 덮을 수 없고 높은 처마를 둘 수 없고, 물고기 장식을 조각할 수 없고, 금·은·놋쇠·오채五彩로 꾸밀 수 없다. 계단석을 갈아서 사용할 수 없고 삼중 계단을 두지 못한다."

"육두품은 방이 21척을 넘을 수 없고 진골에게 불허되는 것은 모두 불허되며 금·은·놋쇠 외에 백랍白鑞(납과 주석의 합금)도 사용할 수 없고, 이중 계단을 사용할 수 없다."

"오두품은 방이 18척을 넘지 못하고, 4두품 이하 백성들은 방이 15척을 넘지 못하고 느릅나무를 쓰지 못하고 격자무늬 천장을 할 수 없고 석회를 칠할 수 없고 큰 문과 사방 문을 둘 수 없고 마구간에는 말 두 마리만 둘 수 있었다."《삼국사기》〈잡지 옥사屋舍〉

⋯《구당서》〈동이열전 고구려〉 조에는 '임금만이 오채五綵(청·황·적·백·흑색)의 옷을 입을 수 있고, 흰 비단으로 된 관을 쓰고 흰 빛깔 가죽으로 만든 띠를 차는데 관과 띠는 모두 금으로 장식한다. 관직이 귀한 자는 푸른 비단으로 만든 관을 쓴다.'라고 말하고 있다. 신라·고구려는 국왕과 그 밑의 신하들을 구별하는 엄격한 가옥 및 복장규정을 갖고 있었다.

이열전 신라〉에는 신라의 풍속은 고구려, 백제와 같다면서 이렇게 말하고 있다.

▲ 고구려 무용총 무용도

"매년 정월 원단元旦(설날 아침)에 서로 하례하는데 왕은 연회를 베풀어 관원들의 노고를 치하한다. 이날에는 일신日神과 월신月神에게 제사를 올린다. 8월 15일에는 풍악을 울리고 관인들로 하여금 활을 쏘게 하여 말과 베를 상으로 준다."

이때는 투호, 바둑, 윷, 쌍륙, 활쏘기, 제기차기, 연날리기 등의 놀이도 함께 즐겼다.

여러 나라들은 하늘을 최고신으로 받들었지만 나라와 지역에 따라 전통신과 토속신이 있었다. 고구려와 백제는 시조와 시조의 어머니를 이성二聖으로 모셔서 신격화하였다. 《삼국지》〈동이열전 고구려〉 조에는 "(고구려는) 거처하는 좌우에 큰 집을 세우고 귀신에게 제사를 지낸다. 또 영성靈星과 사직社稷에도 제사를 지낸다."고 하였다. 또한 "그 나라(고구려) 동쪽에 큰 굴이 있는데 그것을 수혈隧穴이라 부른다. 10월에 온 나라에서 크게 모여 수신隧神을 맞이하여 나라의 동쪽 강 위에 모시고 가서 제사를 지내는데 나무로 만든 수신을 신의 좌석에 모신다."고 하였다. 《후한서》〈동이열전 예〉 조에는 "(예는) 호랑이를 신으로 섬겨 제사를 지낸다."고 하였고, 《삼국지》〈동이열전 한〉 조에는 여러 나라의 별읍에 소도가 있었는데, "그곳에 큰 나무를 세우고 방울과 북을 매달아놓고 귀신을 섬긴다."고 하였다. 같은 기록에는 변진과 진한

사람들은 "언어와 법속은 비슷하지만 귀신에게 제사를 지내는 방식은 달라서 문의 서쪽에서 모두 조신竈神(부엌을 맡은 신)을 모신다."고 하였다. 이러한 기록은 국가마다 고유한 토속 신앙과 숭배 방법이 존재하였음을 알 수 있게 해준다.

다섯 나라 시대의 학문

고구려, 백제, 신라인들은 모두 학문을 중시했는데 무술도 함께 익히는 문무겸전文武兼全의 기풍이 있었음을 알 수 있다. 《구당서》〈동이열전 고구려〉조에 고구려인들은 "습속이 서적을 매우 좋아하여 문지기, 말먹이 같은 가장 미천한 집에 이르기까지도 각 거리마다 큰 집을 지어 경당이라 부르고, 자제들이 결혼할 때까지 밤낮으로 이곳에서 독서와 활쏘기를 익히게 한다."고 하였다. 《수서》〈동이열전 백제〉조에는 "풍속이 말 타기와 활쏘기를 숭상하며 고서古書와 사서史書를 읽고 관리의 일도 잘 본다."고 하였다. 《북사》〈열전 신라〉조에 신라인들은 "8월 15일에는 풍악을 울리고 관인官人들로 하여금 활쏘기를 하게 하여 말과 베를 상으로 준다."고 하였다. 중국인들의 이런 기록으로 알 수 있는 것처럼 세 나라는 모두 학문을 중시하면서도 무예도 중시했는데 이는 다른 여러 나라들도 마찬가지였을 것으로 추측할 수 있다.

관습과 엄격한 법치

다섯 나라는 예와 관습이 사회 질서를 유지하는 기본원칙이었는데 이를 어기면 엄격한 법으로 처벌했다. 《후한서》〈동이열전 고구려〉조에는 "범죄자가 있으면 제가들이 모여 평의한 뒤 곧 사형에 처하고 그 처자는 몰수하여 노비로 삼았다."고 하였다. 중대범죄에 제가들이 평의를 거쳐 선고하는 것은 형벌을 신중하게

▲ 고구려 무용총 수렵도

행사했음을 말해준다.

《구당서》〈동이열전 고구려〉 조에 따르면 고구려는 반란을 음모한 자가 있으면 화형에 처한 뒤 참수하고 가속은 모두 몰수하였고, 성을 지키다가 적에게 항복한 자, 전쟁에서 패한 자, 사람을 죽이거나 겁탈한 자는 목을 베었고, 물건을 도둑질한 자는 12배를 물어주게 했으며, 소와 말을 죽인 자는 노비로 삼았다. 전쟁에서 패한 자와 적에게 항복한 자를 모두 사형시켰으니 결사항전하지 않을 수 없었다. 고구려는 길가에 떨어진 물건도 줍지 않았다고 하는데 형벌이 무섭기 보다는 예와 자존심을 중시한 사회이기 때문일 것이다.

《구당서》〈동이열전 백제〉 조에 따르면 "반역자는 죽이고 그 가족을 적몰하고, 살인한 자는 노비 세 명으로 속죄케하고, 관인으로 뇌물을 받거나 도둑질한 자는 3배를 추징하고 죽을 때까지 벼슬에 등용하지 않는다."라고 말하고 있다. 《북사》〈열전 백제〉 조에 따르면, 백제에서는 반역한 자, 퇴각한 군사, 사람을 죽인 자는 목을 베었고, 도둑질한 자는 귀양 보내는 동시에 그 장물의 2

▲ 충남 아산 영인산성

배를 징수하였으며, 부인이 간통하면 남편 집의 계집종으로 삼았다. 《북사》〈열전 신라〉 조에 따르면, 신라의 형정은 고구려, 백제와 비슷하였다고 하였으므로 신라도 엄격한 형벌과 법이 있었음을 알 수 있다.

옷차림과 머리

동이족의 특징 중의 하나가 집과 몸을 깨끗하게 하는 청결이다. 여러 나라 사람들은 깨끗한 것을 좋아했고 위생 관념이 강했다. 《후한서》〈동이열전 고구려〉 조에는 "모두 깨끗한 것을 좋아한다."고 하였고, 《구당서》〈동이열전 신라〉 조에는 "풍속·형법·의복은 고구려, 백제와 대략 같은데 조복朝服은 흰색을 숭상한다."라고 말했다. 《후한서》〈동이열전 예〉 조에는 누군가 병을 앓거나 사람이 죽으면 그 집을 버리고 다시 새 집을 지어 살았다고 하였다. 이는 병을 앓거나 죽으면 병균이 전염되는 것을 막기 위해

새로운 집을 지어 이사하는 피병避病풍습이 오래되었음을 알 수
있다.

동이족은 고대부터 머리를 틀어 묶는 상투를 했다. 《사
기》〈조선열전〉은 전국시대 연나라 사람 위만衛滿이 고조
선으로 망명할 때 "북상투[추결魋結]와 만이蠻夷(이민족)복장
을 하고 동쪽으로 도주해 요새를 나왔다."고 말하고 있다.
이는 위만이 연나라에서 고조선으로 망명하면서 고조선 사
람들과 같은 머리 형태를 하고 옷을 입었음을 말해준다. 《삼
국지》〈동이열전 한〉 조에는 "머리칼을 틀어 묶고 상투를 드
러내는데 마치 날카로운 병기와 같다."고 하였다. 상투는 한민족
특유의 머리 모양이었다. 남월南越사람들도 상투를 하는 풍습이
있었고, 진시황제릉에서 출토된 병마용兵馬俑들도 상투를 했는
데, 이는 남월사람이나 진秦나라 사람이나 모두 동이족이기 때문
이다.

▲ **홍산문화의 옥으로 만든 용과 신.**
동이족의 신성을 잘 말해준다.

더 깊게 생각하고
토론해 봅시다

진나라는 동이족?

진秦나라 왕실의 성씨는 영성嬴姓인데 영성의 뿌리는 순舜 임금이다. 순은 맹자가
동이족이라고 했다. 조趙나라 왕실도 영성이니 그 뿌리가 같다. 서기전 260년 경 진
과 조는 지금의 산서성 고평시高平市 부근에서 장평대전長平大戰을 치렀다. 이 전투
에서 진군은 약 20여만 명, 조군은 약 45만여 명이 전사하면서 진의 승리로 끝난다.
장평대전 이후에는 어느 한 나라의 힘으로 진을 막을 수 없게 되어서 이른바 합종연
횡책이 등장했다. 진이 서기전 221년 중원 통일하는 기반을 만든 것이 장평대전인데
진과 조는 그 뿌리가 같은 동이족 국가들이었다.

◀ **청나라 때 그린 진시황 상상도**

⑥ 다섯 나라 시대의 문화

◼ 다섯 나라 시대의 종교와 사상

= 하늘 숭배사상과 선교

▲ 고구려 사신총 신선도. 길림성 집안시.

단군 계승의식을 갖고 있던 여러 나라 사람들은 하늘 숭배 신앙을 갖고 있었다. 다섯 나라 시대 부여, 고구려, 신라, 가야 등의 건국사화가 모두 하늘과 연관된 것은 이 때문이다. 삼한의 각 국읍에는 하늘을 섬기는 제사장인 천군이 있었고, 이는 하늘 숭배 사상과 관련이 있는 것이다. 여러 나라들은 인간세상을 널리 이롭게 한다는 홍익인간 사상이 사회의식의 기초를 이루었다. 단군과 하늘 숭배사상은 선교仙敎로 이어졌다. 《삼국사기》〈고구려본기 동천왕 21년(247)〉에 단군의 도읍지였던 평양성을 선인仙人 왕검王儉의 땅이라고 말한 것은 고구려도 고조선처럼 선교가 강했음을 말해준다. 최치원의 《난랑비》 서문에 신라에는 원래부터 풍류를 추구하는 풍습이 있었다면서 그 내용이 《선사仙史》에 실려 있다고 했다. 신라도 고구려처럼 고조선을 계승해 선인의 역사를 배웠고 신앙했음을 알 수 있다.

= 시조숭배 사상과 여러 신앙대상들

여러 나라들은 하늘 숭배와 더불어 조상신과 토지신, 산천신

등의 자연신도 숭배했다. 《구당서》〈동이열전 고구려〉 조에는 고구려 사람들이 '가한신可汗神'과 '기자신箕子神'에게 제사지낸다고 하는데, 가한신은 곧 단군을 섬기는 것이다. 또한 기자를 섬긴 것은 동이족 국가였던 은나라에서 왔기 때문이다. 부여가 은나라 정월에 '영고迎鼓'라는 제천행사를 한 것도 동이족 은나라와 관련이 있는 것이다.

고구려는 국왕이 즉위하면 초기 도읍지 졸본에 가서 시조묘에 제사를 지냈다. 《북사》〈열전 고구려〉 조에 따르면, 고구려는 2개의 신묘神廟를 모셨는데 부여신과 고등신高登神이었다. 부여신은 주몽의 어머니 유화부인을 말하고, 고등신은 주몽을 뜻하는 것이니 건국시조와 그 어머니를 신앙의 대상으로 삼았음을 알 수 있다. 고구려에서는 또한 귀신, 사직, 영성에 제사지내는 것을 좋아한다고 하였는데 귀신은 조상신과 자연신을 말하고, 사직신은 토지신과 곡물신을 말하고, 영성신은 별신을 뜻한다. 또한 큰 굴에 수신隧神을 모셨다. 고구려 각저총 벽화에는 곰과 호랑이가 등장하는 단군사화가 그려져 있는데 큰 굴은 곰이 살았던 곳으로 고구려족의 수호신이었다.

백제 온조왕은 큰 제단을 설치하고 직접 하늘과 땅에 제사를 지냈다. 백제는 건국 원년(서기전 18)에 동명왕의 사당에 제사지내고 또 국모인 소서노에게도 제사를 지내서 건국 시조의 아버지와 시조의 어머니를 신성시하였음을 알 수 있다. 경기도 하남시 춘궁동 이성산에는 이성산성二聖山城이 있는데 백제 시조인 온조와 모친인 소서노를 이성으로 지칭하는 것으로 추측된다.

신라도 건국 초기에 시조묘를 세웠는데 역대왕들은 친히 시조묘에 봄, 여름, 가을, 겨울 사철에 제사를 지냈다고 기록되어 있다. 신라에는 또 일월제日月祭와 오성제五星祭가 있어서 해와 달, 별을 숭배하는 사상이 있었다.

● 다섯 나라 시대의 학술

= 고조선의 고유언어

여러 나라 시대에는 학술도 높은 수준에 도달해 있었다. 《삼국유사》에는 《신지비사神誌秘詞》라는 책이 나오는데 신지神誌는 고조선 때 문서를 관리하는 벼슬이라는 점에서 일찍부터 문자생활을 했음을 알 수 있다. 북한 역사학계는 고조선시대에 한민족의 고유한 신지 문자가 있었다고 말하고 있다. 신지 문자는 신지가 단군의 지시를 효율적으로 전달하기 위해 사슴의 발자국을 본따서 문자를 만든 것으로 녹도문鹿圖文이라고도 한다. 그러나 여러 나라 시대에 고조선의 문자를 계승한 독자적인 문자를 갖고 있었는지 여부는 불분명하다. 동이족 국가인 은殷나라에서 만든 것이 한자漢字인데, 부여에서 은 정월에 영고라는 제천행사를 하는 것이나 고구려에서 기자를 신으로 모시는 것은 은나라가 동이족 국가라는 사실을 알고 있었기 때문이었다. 따라서 일찍부터 동이족 은나라에서 만든 한자를 사용했을 개연성이 높다.

= 다섯 나라의 역사서 편찬

고구려는 건국 초기 1백 권의 《유기留記》를 편찬했는데 이는 고구려가 계승한 단군조선의 역사가 포함된 역사서로 추정할 수 있다. 또한 중국의 《논형論衡》에는 "요동과 낙랑 사람들은……《시경詩經》,《서경書經》,《춘추春秋》의 뜻을 읊는다."고 하였다. 《논형》은 1세기 중엽의 왕충王充(27~97)이 저술한 책이니 고대 요동과 낙랑 지역 사람들의 한문 습득 수준이 높았음을 알 수 있다. 고구려인이 직접 기록한 〈광개토대왕릉비〉의 문장은 우리식 어순語順이라는 점에서 한문을 주체적으로 사용했음을 알 수 있다. 그 서체 역시 고구려의 상무정신이 담긴 힘 있는 자체字體이다. 경상남도 의창군 다호리에서 서기전 1세기의 청동기, 철제 농구, 제기, 철기 등과 함께 다섯 자루의 붓이 출토되었는데, 이것은 고조선 말기에 이미 높은 수준의 필묵문화가 있었음을 말해주는 것이다.

이러한 필묵문화는 한 나라만의 것이 아니라 여러 나라가 계승했을 것임은 당연하다. 이런 문화적 바탕 위에서 고구려, 백제, 신라는 역사서를 편찬하였다. 고구려는 제1차 고수전쟁에서 대승을 거두고, 고구려 영양왕은 재위 11년(600) 대학박사 이문진에게 국초에 편찬한 1백 권의 역사서 《유기》를 《신집新集》 5권으로 요약하여 편찬하게 했다. 백제 근초고왕은 고구려를 꺾고 국력이 크게 상승하자 재위 30년(375) 박사 고흥高興에게 《서기書記》를 편찬하게 했다. 이 외에도 《일본서기》 등의 기록을 통해서 백제에는 《백제고기百濟古記》, 《백제기百濟記》, 《백제신찬百濟新撰》, 《백제본기百濟本紀》 등의 역사서가 있었던 것으로 전해진다. 백제는 일본의 문화 발전에도 크게 기여했다. 285년에 박사 왕인王仁이 왜에 건너가 《논어論語》와 《천자문千字文》을 전해 문자를 보급하고 문화를 발전시키는 데 크게 도움을 주었음을 알 수 있다. 신라 진흥왕은 국력을 크게 신장시키자 545년 대아찬 거칠부 등에게 《국사國史》를 편찬하게 했다. 현재 이 책들은 모두 전해지지 않고 있다.

점검

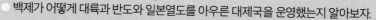

- 백제가 어떻게 대륙과 반도와 일본열도를 아우른 대제국을 운영했는지 알아보자.
- 신라가 비약적으로 성장하는 과정에 대해서 살펴보자.
- 고구려와 백제의 주도권 다툼에 대해서 알아보자.
- 고구려와 백제가 중국 남북조의 분열을 어떻게 활용했는지 살펴보자.
- 동이족인 선비족의 역사를 우리 역사로 편입시킬 수 있는지 알아보자.

V

세 나라 시대와
동아시아 대전

개요

세 나라 시대는 가야가 신라에 병합된 562년부터 신라·당의 연합군(신당연합군)에게 660년에 백제, 668년에 고구려가 멸망하기까지의 100년 남짓한 시기이다. 세 나라 시대 당시 중원에서는 남과 북이 분열된 남북조시대(420~589)의 종지부를 찍고 수隋 (581~619)·당唐(618~907)의 통일시대가 전개된다. 중원에 통일제국이 들어선 것은 삼국, 특히 고구려의 정세에 큰 영향을 끼쳤다.

고구려가 중원 통일제국의 제후국을 자처하면 충돌은 면할 수 있겠지만 그것은 단군 조선을 계승한 천손국가의 주체적 천하관을 포기하는 것이었다. 고구려는 황제국의 정체성을 포기할 생각이 없었기에, 북방의 천자제국 고구려와 중원의 천자제국 수隋· 당唐의 충돌은 불가피한 것이었다.

고구려는 수·당과 전쟁을 모두 승리로 이끌었지만 신라가 백제와 고구려를 멸망시키기 위해 당唐을 끌어들이면서 중원과 고대 요동 및 한반도, 일본열도가 모두 전란에 휩쓸리는 동아시아 대전大戰이 발생했다. 신라·당의 연합군과 백제·왜 연합군이 맞붙은 663년의 백강전투를 끝으로 대제국 백제는 역사 속으로 사라졌다. 고구려는 신당 연합군에 맞서 승리를 거두었으나 연개소문 사후 자식들의 분열로 668년에 역사 속으로 사라졌다.

당은 백제·고구려를 멸망시킨 후 백제 강역은 물론 고구려 강역이었던 고대 요동까지 차지하려 했으나 신라가 격렬하게 반발하면서 신당대전을 치러야 했다. 신라는 신당 대전을 승리로 이끌고 고구려 강역 일부를 차지해 대륙까지 강역을 확장시켰다. 고구려가 사라진 자리에 대진大震(발해)이 들어서면서 신라·고구려·백제가 겨루던 세 나라 시대는 대신라와 대진이 겨루는 두 나라 시대로 접어들게 되었다.

학습 목표

● 고구려가 고수·고당대전을 승리로 이끌 수 있었던 요인을 설명할 수 있다.

● 백제와 일본열도의 야마토왜의 관계에 대해서 설명할 수 있다.

● 신라가 백제·고구려를 꺾고 통일을 달성한 요인을 설명할 수 있다.

● 신당대전 이후 대신라의 영토에 대해서 설명할 수 있다.

1 고수대전

❶ 세 개의 전선을 가졌던 고구려

🔷 중원에 통일제국이 들어서다

6세기 말~7세기 말까지의 100여 년 간은 동아시아 정세가 근본적으로 변한 시기다. 중원에서는 위·촉·오가 패권을 다투던 삼국시대(220~280)를 위魏에서 나온 사마씨 집안이 세운 진晉이 통일했다. 그러나 진은 북방 민족에 의해 중원 남방인 양자강 유역으로 쫓겨 내려가고 중원 북방에는 다섯 민족이 세운 열여섯 나라가 각축하는 이른바 5호16국시대(304~439)로 접어들었다. 이후 북방 민족이 중원 북방을 차지하고, 한족이 중원 남방을 차지해 북조와 남조가 세워져 이어지는데 이를 남북조시대(420~589)라고 한다. 북방에서는 선비족들이 북위北魏(386~534)를 필두로 서위西魏(535~557)와 동위東魏(534~550), 북주北周(557~581)와 북제北齊(550~577)를 세워서 북조北朝를 이루었다. 남방에서는 한족漢族들이 세운 송宋·제齊·양梁·진陳 순서로 남조南朝(420~589)를 이루었다. 북주에서 나온 양견楊堅이 수隋(581~619)를 세워 589년 남방의 진陳(557~589)을 멸망시키면서 370여 년 만에 중원을 통일했다. 양견은

▲ 수隋 문제文帝 양견楊堅. 370여 년만에 중원을 통일했다.

양씨 대신에 보륙여普六茹라는 성씨를 써서 보
륙여견이라고도 불리는데 보륙여는 북위 선비
족의 성씨였다. 양견의 수나라 역시 동이족의
일파인 선비족이 세운 나라였다. 중원에 통일국
가가 들어선 것은 동아시아 정세가 크게 요동칠
것임을 예고하는 것이었다.

🔴 전쟁 준비에 나서는 고구려

▲ 광개토태왕릉비. 시조를 하늘의 자손이라고 기록했다. 1913
년 식민사학자 도리이 류조鳥居龍藏(조거용장) 촬영.

그간 대륙국가였던 고구려는 물론 대륙에도
영토가 있던 백제는 중원의 분열 상황을 적절
하게 활용해 국력을 키웠다. 중원 남북조시대
때 백제는 남조와 동맹 관계를 맺고 대륙 북방
여러 지역을 자국의 강역으로 지배했다.

고구려 25대 평원왕(재위 559~590)은 남북조
모두와 국교를 맺으며 국력을 신장시켰다. 남방의 진陳은 물론 북
방의 북제北齊에도 사신을 보내 우호관계를 맺었다. 북주北周에서
나온 수隋(581~619)가 세력을 떨치자 수에도 자주 사신을 보내 정
세를 엿보았다.

백제는 물론 고구려도 중원에 통일제국이 들어서기를 바라지
않았다. 그러나 그런 바람과는 달리 수가 중원을 통일함으로써
전혀 다른 정세가 조성되었다. 중원에 통일제국이 들어서면 고구
려는 통일제국의 천하관을 수용하고 제후국이 될 것인지 천손제
국의 천하관을 계속 유지할 것인지 결정해야 했다. 후자의 길은
전쟁의 길이었다.

《수서隋書》〈고구려열전〉은 "개황開皇(581~600) 초에는 입조入
朝하는 (고구려) 사신이 자주 있었으나 진陳을 평정한 뒤로는 탕湯
(평원왕)이 크게 두려워하여 군사를 훈련시키고 곡식을 저축하여

방어할 계획을 세웠다."라고 기록하고 있다. 《삼국사기》 〈고구려 본기 평원왕 32년(590)〉 조에도 "(평원왕은) 진나라가 망했다는 말을 듣고 크게 두려워하여 군비를 다스리고 군량을 쌓아 지킬 계책을 세웠다."고 전하고 있다. 고구려가 수에 맞서 천손제국의 천하관을 유지하는 길은 전쟁밖에 없었다.

이런 상황에서 평원왕이 재위 32년(590) 세상을 떠나고 맏아들 영양왕(재위 590~618)이 26대 왕으로 즉위하였다. 고구려와 수나라는 서로 사신을 교환하며 정세를 엿보았다. 고구려에 오는 수나라 사신은 정세와 지형을 엿보러 온 간첩이기도 했다. 영양왕은 수나라 사신의 정보 수집을 차단하기 위해 숙소 이외의 출입을 제한했다. 그러자 영양왕 8년(597)에 수 문제가 국서를 보내 항의했다.

> "(영양)왕은…말갈을 핍박하고 거란을 금고禁錮(묶어둠)시켰다… 몇 년 전에는 몰래 재물을 뿌려 소인을 움직여 사사로이 노수弩手(다연발 화살기술자)를 빼어갔소… 왕은 짐의 사자使者를 빈 객관客館에 앉혀놓고 삼엄한 경계를 펴며, 눈과 귀를 막아 끝내 듣고 보지도 못하게 했소… 또 종종 기마병을 보내 짐의 변경 사람을 살해했소."《수서》 〈동이열전 고구려〉)

▲ 장수왕릉. 고구려 천하관을 말해주는 릉이다.

V. 세 나라 시대와 동아시아 대전

'말갈을 핍박하고 거란을 금고 시켰다'는 말은 말갈·거란이 고구려의 제후국이었음을 시사해준다. 고구려는 수나라의 다연발 화살을 만드는 기술자를 몰래 영입했다. 또한 수나라 사신을 빈 객관에 가두어 정보 유출을 막았다. 수문제는 국서에서 "한 명의 장수만 보내도 영양왕을 문책할 수 있다."고 위협했다. 영양왕은 문제의 위협에 맞서 재위 9년(598)

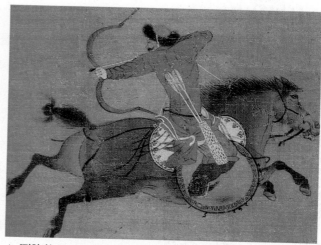

▲ 《평원사녹도平原射鹿圖》 여진인. 여진족은 말갈족의 후신이다. 타이페이 고궁박물원 소장. 남송南宋 진거중陳居中 작품.

말갈 군사 1만여 명을 거느리고 요서 지역을 선제 공격했다. 영양왕이 친위군이 아닌 말갈 군사를 이끌고 수나라를 선제공격한 이유가 있었다. 밖으로는 말갈이 고구려의 제후국임을 과시하는 한편 안으로는 고구려 내부를 단결시키려는 것이었다.

❷ 제1차 고수대전

◀ 수군 참패하다

370여 년 만에 중원을 통일한 수문제는 고구려의 선제공격에 격분했다. 즉각 넷째아들인 한왕漢王 양양楊諒과 왕세적王世績에게 수륙군水陸軍 30만을 주어 고구려를 공격하게 하였다. 서기전 109년의 조한전쟁 이후 700여년 만에 중원의 통일국가 수와 북방의 황제국인 고구려가 전면적으로 부딪힌 것이었다. 제1차 고수高隋대전이었다.

수군은 **임유관**臨楡關*을 나가서 고구려군과 맞붙었다. 제1차 고수대전에 대해 여러 기록은 장마와 태풍 때문에 수나라 군대가

● **임유관**
임유관에 대해 중국학계는 하북성 무녕현撫寧縣에 있었던 관문關門이라고 비정한다. 이곳이 고구려와 국경이었다는 뜻이다. 중국학계의 견해에 따라도 고구려의 서쪽 강역은 지금의 요녕성 요하 동쪽이 아니라 하북성이었다.

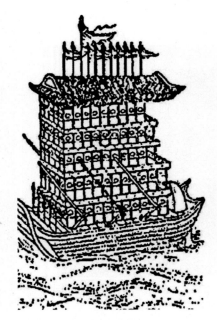

▲ 수의 군선인 오아선五牙船

몰살한 것처럼 기록하고 있다.《삼국사기》는 한왕의 군대가 임유관을 나간 후 장마를 만나 군량이 운반되지 않은데다가 전염병을 만났으며, 동래東萊에서 평양성으로 향하던 주라후周羅喉의 군사가 바람을 만나 배가 대부분 표류하거나 침몰해 10명 중에 8~9명이 죽었다는 것이다.《수서》〈고조본기高祖本紀〉는 "한왕 양량의 군사가 역병을 만나 돌아왔는데, 죽은 자가 10명 중에 8~9명이나 되었다."라고 전염병 때문에 철군한 것으로 기록하고 있다. 그러나 단재 신채호는 지금은 전하지 않는《대동운해大東韻海》와《서곽잡록西郭雜錄》등을 인용해 제1차 고수대전 때 큰 공을 세운 고구려 장수가 강이식姜以式이라고 전하고 있다. 고구려의 육군과 수군이 수나라를 크게 격파한 결과라는 것이다. 제1차 고수대전의 승전은 고구려가 천자제국임을 군사력으로 입증한 것이었다. 승전 2년 후인 재위 11년(600) 영양왕은 태학박사 이문진李文眞에게 역사서인《신집新集》5권을 편찬하게 했다.《신집》은 현재 전해지지 않지만 고구려가 천자의 제국임을 서술하는 내용이었을 것이다.

❸ 제2차 고수대전

◀ 제1차 고수대전 이후의 정세

수 문제 양견이 604년 세상을 떠나고 태자 양광梁廣이 즉위했는데 그가 수 양제煬帝(재위 604~618)이다. 양제는 부친을 살해했다는 소문이 무성했고 이에 반발해 동생인 병주幷州총관 양량陽良이 거병했으나 양제의 측근 양소楊素에게 진압당했다. 양제는 여러 대역사大役事를 일으켰다. 북방의 황하와 남방의 장강長江(양자강)을 연결하는 대운하를 만들어 남방의 물자를 북방으로 옮겼고 만리장성도 다시 수축했는데 이것이 수장성隋長城이다. 그러나 양제는 내부 역사에 만족하지 못하고 고구려 정벌을 꿈꿨다. 부왕이 실패한 고구려 정벌을 성공시켜야 진정한 천자가 된다고 여겼다.

고구려는 기본적으로 두 개의 전선을 가졌다. 남방의 신라·백제와 서방의 중원 제국이었다. 신라와 백제는 끊임없이 고구려 남방을 흔들었다. 신라와 백제는 신백동맹을 맺고 고구려를 공격하거나 신백동맹이 깨진 후에도 신라 진흥왕이 함경도 유역까지 진군해 남방을 흔들었다. 지증왕 때부터 부상하기 시작한 신라는 진흥왕 이후 화랑들이 목숨을 던지는 분전으로 전세를 자주 뒤집었다. 대륙·반도·열도를 아울렀던 백제는 고구려와 정통성을 다투면서 고구려와 대립했다.

백제는 수를 끌어들여 고구려를 압박하려 했다. 《수서》〈백제열전〉은 제1차 고수대전 때 "백제의 창昌(위덕왕)이 장사長史 왕변나王辯那를 보내 고구려 정벌군의 길잡이가 되겠다고 자청했다."고 전하고 있다. 이미 수군隋軍이 철수한 뒤이므로 실제 종군은 이뤄지지 않았다. 고구려 영양왕은 재위 9년(598) 수의 길잡이를 자청한 백제를 공격하는 한편 재위 14년(603)에는 장군 고승高勝을 보내 신라의 북한산성을 공격했다. 그러나 신라 진평왕이 직접 나서서 거세게 저항하는 바람에 함락시키지 못했다. 영양왕은 재위 18년(607)에는 백제의 송산성과 석두성을 공격해서 남녀 3천여 명을 사로잡아온 데 이어, 이듬해 2월에는 신라의 북쪽 영토를 공격해 8천여 명을 포로로 잡아왔다. 같은 해 4월에는 신라의 우명산성을 빼앗았다. 고구려는 중원의 통일 제국 수와 남방의 백제, 신라와 동시에 싸워야 했다.

▲ 수 양제 양광楊廣

역사상 최대의 수나라 군사

영양왕은 재위 18년(607) 지금의 몽골 지역에 있던 돌궐 황제 계민가한啓民可汗에게 사신을 보냈다. 때마침 수 양제가 계민가한의 장막에 거둥했다가 고구려 사신을 만났다. 수양제는 고구려 사신에게 영양왕이 직접 수도 낙양洛陽에 입조入朝하라고 요구했다. 영양왕은 입조는 커녕 수나라 사신이 백제나 신라로 가는 길까지 막았다. 이는 백제나 신라도 모두 고구려 천하관에 소속된 제후국들이라는 뜻이자 이 나라들에 대한 수의 영향력을 인정하지 않겠다는 뜻이었다.

수양제는 영양왕 22년(611) 제2차 고수대전을 일으켰다. 모두 113만 3,800명이었는데 통칭 200만 대군이라고 일컫는 역사상 유례없는 대군이었다. 군량과 기타 군수품을 운반하는 보급부대의 숫자를 더하면 300~400만의 대부대가 고구려 침략에 나선 것이었다. 수양제는 전군을 북경 서남쪽 탁군涿郡에 모은 후 좌·우 12군씩 총 24군을 편성해 평양으로 진격 명령을 내렸다. 《삼국사기》는 "근고近古이래 보지 못하던 장대한 출진"이라고 표현하고 있다.

▲ **수 양제가 탔다는 황룡선**黃龍船. 높이 45척, 길이 200척, 4층으로 건조되었다.

🔵 고구려의 서쪽 강역

수군隋軍이 집결한 탁군에 대해 중국학계는 북경시 방산구房山區 서남쪽에서 약 50㎞ 떨어진 탁주涿州로 보고 있다. 고구려 서쪽 국경이 요녕성 요하遼河라면 수군은 너무 먼 곳에서 출발하는 셈이었다. 《수서》〈배구裴矩열전〉에는 수나라 대신 배구가 양제에게 "고구려의 땅은 본래 고죽국입니다."라고 말했다고 전한다. 중국 역사학계는 고죽국의 위치를 지금의 하북성 노룡현으로 본다. 고구려 강역이 최소한 하북성 노룡현까지라는 것이다. 북경에서 노룡까지는 직선거리로 210㎞ 정도이고, 탁군에서 노룡까지는 직선거리로 260㎞이니 옛날의 곡선 거리로는 훨씬 더 길었다. 북경에서 요하까지는 직선거리로 720㎞가 넘으니 탁군부터는 800㎞ 정도 된다. 탁군에서 출발한 수군은 요하까지 2,000여 리를 넘게 행군해야 고구려 국경에 닿는다는 뜻이니 고구려 서쪽 국경은 지금의 요하일 수가 없다. 그러므로 지금의 하북성 노룡현 서쪽까지가 고구려 강역이었다.

🔵 수군의 진격로

수양제는 24군에게 평양으로 오는 진군로를 지정해 주었다. 그런데 이 진군로에 한사군과 그 산하 현縣들의 명칭이 그대로 들어있다. 좌12군 중 제2군의 진격로는 장잠도長岑道, 제7군의 진격로는 요동도遼東道, 제8군은 현도도玄菟道, 제10군은 조선도朝鮮道, 제11군은 옥저도沃沮道, 제12군은 낙랑도樂浪道이다. 우12군 중 제1군은 점제도黏蟬道, 제4군은 임둔도臨屯道, 제9군은 갈석도碣石道, 제11군은 대방도帶方道, 제12군은 양평도襄平道이다. 북경 서남쪽 탁군에서 이 지역을 거쳐서 고구려 수도 평양으로 진격하라는 명령이다. 이때 진격로는 모두 고대 요동 지역과 관련있는 지명이다.

제2차 고수대전 시 수나라 좌·우 12군의 평양진격로

군	진격로	지명 특징	중국·일본과 한국의 일부 역사학계에서 보는 위치
좌 12군	누방鏤方	낙랑군 속현	평양시 강동군
	장잠長岑	낙랑군 속현	황해남도 과일군
	명해溟海	낙랑군 속현	황해북도 해주
	개마	현도군 속현(서개마현)	북한 양강도 일대
	건안建安	건안군	요녕성 개주시 蓋州市
	남소	현도군 지역으로 추측	요녕성 무순시 撫順市
	요동	요동군	요녕성 요양 遼陽
	현도	현도군	혼하 渾河 유역
	부여	동이족 국가명	길림성 농안 農安 요녕성 서풍 西豊
	조선	낙랑군 속현	평양
	옥저	동이족 국가명	함경도 일대와 두만강 유역
	낙랑	낙랑군	평양

더 깊게 생각하고 토론해 봅시다

제2차 고수대전에서 수군의 진격로

현재 역사학계의 통설대로 고구려 평양이 현재의 북한 평양이고, 낙랑군도 지금의 평양이라면 양제가 명령한 진격로는 절대 성립할 수 없다. 현재 역사학계 또한 대방은 황해도, 임둔은 강원도라고 주장한다. 그렇다면 북경 서남쪽 탁군에서 출발한 군사들이 황해도나 강원도에 먼저 도착한 후 평양성으로 가야 한다는 것이니 공수부대가 아니면 불가능하다. 낙랑군과 한사군은 지금의 평양이나 북한 강역이 아니라 하북성 등지에 있었다는 것은 양제가 명령한 진격로를 통해서도 알 수 있다.

군	진격로	지명 특징	중국·일본과 한국의 일부 역사학계에서 보는 위치
우 12군	점제黏蟬	낙랑군 속현	평안남도 용강군
	함자含資	낙랑군 속현	황해북도 서흥군
	혼미渾彌	낙랑군 속현	평안남도 증산군과 평원군 일대
	임둔臨屯	임둔군	함경남도 남부와 강원도, 함경남도 일대
	후성候城	요동군 속현	요녕성 심양瀋陽
	제해提奚	낙랑군 속현	평양 남쪽
	답돈踏頓	종족 명칭	요녕성 조양朝陽 하북성 노룡盧龍
	숙신	동이족 국가명	
	갈석碣石	고유 지명	북한 남포특별시 룡강군. 하북성 창려昌黎
	동이東聰	낙랑군 속현	함경남도 덕원군
	대방	낙랑군 속현	황해북도 봉산군 문정면
	양평襄平	요동군 속현	요녕성 요양

제2차 고수대전의 경과

영양왕 23년(612) 2월 수양제가 직접 이끄는 수군隋軍이 요수遼水에 집결하는 것으로 제2차 고수대전이 시작되었다. 이 요수는 지금의 요녕성 요하가 아니라 그 서쪽의 난하灤河가 유력하다. 고구려 군사가 요수를 굳게 지키는 바람에 건널 수가 없자 수군은 부교浮橋(뜬다리)를 만들어서 건너려 했다. 수는 선봉군의 장수 맥철장麥鐵杖, 전사웅錢士雄 등이 전사하는 희생을 치른 끝에 겨우 요수를 건너 요동성을 포위했다. 요동성 위치에 대해《삼국사기》와《자치통감》은 한나라 때 양평성이라고 말하는데, 지금의 하북성 노룡현 일대이다.

수나라군의 총사령관 내호아來護兒는 7개 군을 이끌고 뱃길로

▲ 을지문덕 장군 초상

● 살수
살수의 위치를 지금의 청천강이라고 보지만 수군이 살수를 남쪽으로 건넌 것이 아니라 동쪽으로 건넜다는 점에서 동서로 흐르는 청천강이 아니라 남북으로 흐르는 대륙의 강에서 찾아야 한다. 북한학계는 요동반도에서 바다로 흐르는 대양하大洋河의 지류인 소자하哨子河(초자하)로 보고 있는데, 이보다 더 서쪽의 강일 가능성이 크다.

패수 하구로 들어와 평양성에서 60여 리 떨어진 곳에서 고구려군을 격파했다. 내호아는 평양성까지 점령하려다가 고구려의 유인전술에 걸려 살아 돌아간 자가 수천 명에 불과한 대참패를 당했다.

수양제는 자신이 직접 요동성을 포위하는 동안 우문술宇文述, 우중문于仲文 등에게 9개 군 30만 5천여 명을 주어 평양성을 공격하게 했다. 고구려 을지문덕은 하루에 일곱 번 거짓 패하는 전략으로 수나라군을 깊숙이 끌어들여 피로하게 만들었다. 수나라군은 동쪽으로 **살수**薩水●를 건너 평양성 북쪽 30리 되는 곳에 주둔했다가 반격을 당해 30여만 군사 중에 2,700명만이 살아서 요동성으로 돌아가는 대참패를 겪었다.

내호아와 우문술 등이 모두 참패했기 때문에 양제도 더 이상 전쟁을 계속할 수 없었다. 양제는 같은 해 7월 우문술을 쇠사슬로 묶고 돌아갔다. 제2차 고수대전도 고구려의 완승으로 끝났다.

④ 제3차 고수대전과 수나라의 멸망

▧ 고구려의 일방적 승전

수 양제는 이듬해인 613년(영양왕 24) 4월에 다시 군사를 일으켜 요동성을 포위했다. 그러나 수나라 내부에서 고구려 정벌을 반대하는 목소리가 커지면서 예부상서 양현감楊玄感이 군사를 일으켰다. 이 군사가 10만 대군으로 커지자 양제는 6월에 회군할 수밖에 없었다. 양현감의 반란을 겨우 진압한 수양제는 이듬해(614) 다시 고구려를 침략했으나 별다른 성과를 거두지 못했다. 요동에 가면 죽는다는 공포감이 확산되면서 전쟁을 계속하려는 양제에 대한 반발이 잇따랐다. 수나라 각지에서 봉기가 일어나면서 양제는 재위 14년(618) 3월 호위대장이었던 우문화급宇文化及에게 살해되었다. 370여 년 만에 중원을 통일한 수나라는 북방의 천자제국 고구려를 침략했다가 불과 30여 년 만에 멸망하고 말았다.

고구려는 두 개의 전선을 유지해야 하는 불리한 상황에서도 중원의 통일제국 수와 천하의 패권을 둘러싼 고수대전을 완벽한 승리로 귀결지었다. 그 결과 고구려는 단군조선을 계승한 천손제국이라는 천하관을 계속 유지할 수 있었다.

▲ **살수대첩도**. 박각순, 1975, 전쟁기념관 소장.

2 고당대전

① 당나라가 들어서다

당 태종의 등장

● 이연

당을 세운 이연은 수 문제 양견의
황후인 독고씨의 조카이자 수 양
제 양광의 내외종 사촌이다. 독고
獨孤씨는 선비족 8대성의 하나로
써 북위 효문제 때 낙양洛陽으로
옮겨온 이후 북위, 북주, 북제 및
수, 당의 귀족이 되었다. 당도 수
와 마찬가지로 동이족인 선비족
출신들이 세운 나라였다.

수 양제가 고구려 침략으로 몰락하면서 북주北周 출신의 **이연**
李淵•이 부상했다. 이연은 양제의 장자 양소楊昭의 셋째 아들을
수隋 공제恭帝로 세운 후 그에게 선양 받는 형식으로 황제가 되었
다. 수나라를 이은 통일제국 당唐의 출현이었다. 그러나 당 고조
이연은 626년 황위 계승권에 불만을 가진 둘째 아들 진왕秦王 이
세민李世民(당 태종)이 형인 태자 이건성李建成과 동생 원길元吉을
살해하는 '현무문玄武門의 변'을 일으키는 바람에 제위를 빼앗기
고 태상황으로 물러나야 했다.

아버지의 황위를 빼앗은 태종 이세민은 '현무문의 변' 때까지
형 건성을 돕던 위징魏徵같은 인재를 등용해 내정을 안정
시켰다. 이 시기를 태종의 연호 정관貞觀(626~649)을 딴
'정관의 치[정관지치貞觀之治]'라고 부르는데 중원 역사
상 최대의 태평세대라고 평가한다. 내정을 안정시킨
이세민은 재위 7년(633) 돌궐을 비롯한 주위의 여러 이
민족 국가를 복속시켰다. 그러나 그도 고구려를 정벌하지
못하면 진정한 황제가 아니라고 여겼다.

영류왕의 대당 유화정책과 그 반발

고구려 영양왕이 세상을 떠나고 이복동생인 제27대

◀ 당 태종 이세민

영류왕(재위 618~642)이 즉위하였다. 영류왕은 고수전쟁 당시 많은 전공을 세웠던 맹장이었다. 그러나 고구려가 수나라와 네 차례에 걸친 전쟁으로 큰 피해를 입었기 때문에 당나라와 화친정책을 추진하였다. 거의 매년 당나라에 사신을 보냈으며, 재위 8년(625)에는 당에 불교와 도교의 교법敎法을 구했다. 재위 9년(626)에는 신라와 백제가 고구려가 당으로 가는 길을 막는다고 항의하자 당에 사과하는 글을 보냈다. 재위 11년(628)에는 당 태종이 돌궐 임금 힐리가한頡利可汗을 사로잡은 것을 치하하면서 고구려의 봉역도封域圖(강역도)까지 바쳤다.

영류왕의 이런 대당 유화정책에 고구려 내부에서 반발이 일었다. 그러나 영류왕은 재위 14년(631) 수나라를 물리친 것을 기념해 세운 전승기념탑인 **경관**京觀●을 헐고 수나라 포로들도 돌려보냈다. 《구당서》〈동이열전 고구려〉 조에는 "건무建武(영류왕)가 화인華人(수나라 포로)들을 수색해서 예로써 보냈는데, 전후로 돌아온 자가 1만 명에 이르자 고조(이연)가 크게 기뻐했다"고 말하고 있다. 영류왕이 재위 23년(640) 태자 환권桓權을 직접 당나라에 보내 조회하게 하자 연개소문 중심의 대당강경파들은 천손국가 고구려의 천하관을 포기한 것으로 여겼다.

🐚 연개소문의 정변

영류왕이 태자를 보내자 태종은 진대덕陳大德을 답례사로 보냈다. 《삼국사기》는 진대덕이 "역로歷路의 성읍마다 그 관수자官守者(지방장관)에게 예물을 주면서 고구려의 산천과 지형을 염탐했다."고 전하고 있다. 영류왕이 아무리 대당 유화정책을 펴도 태종은 고구려 정벌의지를 꺾지 않고 정보를 수집하며 전쟁을 준비한 것이다. 영류왕은 대당강경파를 약화시키기 위해 재위 25년(642) 1월 서부 대인大人 연개소문을 장성 축조 감독으로 내보냈다. 그

● 경관
적군의 시체를 쌓고 그 위에 봉토를 입혀 만든 산으로 고대의 전승 기념탑이다. 《진서晉書》〈고조본기〉는 "15세 이상 남자 7,000여명을 모두 죽이고 경관으로 만들었다."고 기록하고 있다. 《북사北史》〈동순董純열전〉에도 "1만여 명의 목을 베고 경관을 쌓았다."고 기록하고 있는 것처럼 중국도 경관을 만들었다. 고구려는 수나라 전사자들의 시신을 쌓아서 경관을 만들었는데, 《구당서》〈태종본기 정관 5년(631)〉에 "사신을 보내 고구려에서 세운 경관을 허물고 수나라 사람들의 해골을 수습해 제사 지내고 장례를 치러주었다."고 기록하고 있다. 이는 고수대전에서 전사한 고구려군의 유족들의 반발을 샀고 연개소문이 정변을 일으킨 주요 이유 중 하나가 되었다.

러나 연개소문은 그해 10월 정변을 일으켜 영류왕을 시해하고 정권을 장악하였다. 연개소문은 태자 대신 영류왕의 아우 보장왕(재위 642~668)을 왕으로 추대했다. 당 태종은 장안의 왕궁 어원御苑에서 영류왕에게 제사를 지내주면서 크게 애도했다.

❷ 제1차 고당전쟁

🔹 두 천하관이 충돌하다

보장왕 2년(643) 당 태종은 "연개소문은 그 임금을 죽이고 국정을 제 마음대로 하니 진실로 참을 수 없다."면서 고구려 침략을 선포했다. 황후 장손씨의 오빠였던 재상 장손무기長孫無忌가 '연개소문이 나태해졌을 때 치더라도 늦지 않다.'면서 말려 일단 중지했으나 이듬해(644) 태종은 다시 "연개소문은 임금을 시해하고 대신들을 도륙해 한 나라의 백성들이 모두 목을 늘이고 구원해 줄 것을 기다리고 있다."면서 군사를 일으켰다. 당 태종은 고구려에 사신을 보내 고구려가 신라를 공격한 것을 꾸짖으며 "만일 또다시 신라를 친다면 내년에는 군사를 일으켜 너희 나라를 칠 것이다."라고 위협하기도 했다. 연개소문은 당의 사신에게 "지난번 수나라가 쳐들어왔을 때 신라는 그 틈을 타서 우리 땅 500리를 빼앗아 그 성읍을 모두 차지했으니 그 땅을 돌려주지 않으면 싸움은 그칠 수 없을 것이다."라고 반박했다.

고수대전 때 종군했던 전 의주宜州자사 정천숙鄭天璹이 태종에게 "요동은 길이 멀어 양곡을 수송하기가 어렵고 동이東夷는 수성守城을 잘하니 갑자기 항복시킬 수 없습니다."라고 반대했으나 이세민은 "지금은 수나라에 비할 바가 아니니 공은 나의 뜻을 따르기만 하라."고 침략의지를

◀ **당 의위무사**儀衛武士 **벽화.** 섬서성 건릉 장회태자 묘.

그치지 않았다. 중원의 통일제국 당과 북방의 통일제국 고구려의 천하관이 다시 충돌하는 것이었다.

◀ 당 태종의 고구려 침공 명분

당 태종은 보장왕 4년(645) 2월 육군六軍(임금이 거느리는 군대)을 거느리고 낙양을 출발해서 지금의 하북성 정주定州까지 북상해 시신侍臣들에게 이렇게 말했다.

> "요동은 본래 중국의 땅인데 수나라가 네 차례 군사를 일으켰으나 취하지 못하였다. 내가 지금 동쪽을 정벌함은 중국을 위하여 자제子弟의 원수를 갚고 고구려를 위하여 군부의 치욕(영류왕 시해)을 씻으려 할 뿐이다. 또 사방이 크게 평정되었는데 오직 고구려만 평정되지 않았으니 내가 아직 늙기 전에 이를 취하려 한다." 《삼국사기》〈고구려본기 보장왕 4년〉

당 태종은 고수대전 때 전사한 수나라 자제의 원수를 갚고, 영류왕이 시해된 것을 씻는 것을 명분으로 내세웠지만 가장 중요한 것은 '사방이 크게 평정되었는데 고구려만 평정되지 않았다'는 것이었다.

◀ 당나라의 초기 승전

보장왕 4년(645:당태종 18) 4월 당군唐軍이 요수를 건너 현도성을 포위하는 것으로 제1차 고당대전의 문이 열렸다. 이때 당 태종은 "요수를 건너 다리를 철거하여 병졸의 마음을 굳게 했다."고 했다. 다리를 끊었으니 승리하지 못하면 돌아갈 길이 없게 만든 것이다. 당군은 수군과 전략도 달랐다. 이세적李世勣이 이끄는 군사는 유성柳城을 떠나 회원진懷遠鎭으로 나오는 것처럼 군사를 크게 배치했지만 다른 군사를 숨겨 북으로 용도甬道(양쪽에 담을 쌓은 길)로 가서 고구려가 예상치 못한 때에 나타났다. 《삼국사기》 〈고구려본기 보장왕 4년〉 조에는 "이세적의 군사가 통정通定에서 요수를 건너 현도성에 이르니 우리 성읍이 크게 놀라 모두 문을 닫고 스스로 지켰다."고 말할 정도로 고구려의 허를 찔렀다.

당군은 개모성蓋牟城을 함락시키고 당나라 행정구역인 개주蓋州를 설치했다. 서전을 승리로 장식한 당군은 고구려 시조 주몽의 사당이 있는 요동성을 포위했다. 연개소문은 신성과 국내성에서 4만의 군사를 차출해 보내 구원했지만 패배했다. 5월 하순 당군은 요동성을 함락시키고 요주遼州를 설치했다. 요동성 동북쪽의 백암성주 손대음孫代音이 스스로 항복하고 비사성도 당나라 수군에게 함락되면서 고구려군의 사기가 크게 저하되었다.

● 안시성 승전과 당나라의 철군

당 태종은 여세를 몰아 6월 20일 안시성을 공격했다. 연개소문은 남부욕살 고혜진高惠眞과 북부욕살 고연수高延壽에게 15만 대군을 주어 구원하게 했다. 대로對盧 고정의高正義가 '지연전술로 당군의 보급로를 끊어 식량이 떨어지게 하자.'고 제안했으나, 고연수는 고정의의 작전을 무시하고 정면승부를 벌였다가 참패하였다. 고연수·고혜진은 3만여 명의 군사를 잃고 3만 6,000여 명의 군사와 함께 항복했다.

그러나 안시성은 굴하지 않고 버텼다. 당 태종은 50만 명을 동원해 60여 일간 안시성보다 높은 토산을 쌓아 위에서 공격하려 했다. 고구려군은 토산 일부가 무너진 틈을 타 토산을 빼앗았다. 당군은 토산을 되찾기 위해 3일간 총공세를 펼쳤으나 실패했다. 3개월에 걸친 공성전이 실패로 돌아가자 당 태종은 9월 18일 철

▲ **안시성싸움**. 박창돈, 1975, 독립기념관 소장.

군을 결정했다. 《삼국사기》는 "당주唐主(당태종)는 요동 지방이 일찍 추워 풀이 마르고 물이 얼어 병마가 오래 머물기 어렵고, 또 양식이 다하려 하므로 군사를 거두게 하였다."고 중국 기록을 인용해 적고 있다. 그러나 철군길은 순탄치 못했다.

더 깊게 생각하고 토론해 봅시다

당 태종의 철군 이유

김부식은 '논하여 말한다'에서 당 태종이 철군한 이유에 대해 이렇게 설명했다. "유공권의 소설에, '주필산駐蹕山 전투에서 고구려와 말갈을 합친 군대가 40리에 뻗치자 태종이 두려워하는 빛이 있었다.'고 적혀 있다. 또 육군六軍(황제가 거느린 군대)은 고구려에 패배해 거의 떨치지 못하였고, 염탐하는 자가 '이세적이 거느리는 흑기黑旗가 포위되었다.'고 고하자 당주가 크게 두려워하였다고 했다. 비록 마침내 스스로 탈출했는데도 저처럼 위험했는데 《구당서》·《신당서》와 사마광의 《자치통감》에는 이를 언급하지 않았으니, 이는 자기 나라를 위하여 수치를 감춘 것이 아니겠는가?" 《삼국사기》 〈고구려본기 보장왕 8년〉 조

···> 김부식도 당 태종이 고구려군에게 사로잡힐 것을 우려해 철군했다고 생각했음을 알 수 있다.

◀힘겨운 도주의 길

중원의 사관들은 중원 제국이 패전하면 늘 기후나 전염병 때문이라는 식으로 패배의 요인을 왜곡한다. 그러나 더 이상 전쟁을 수행할 수 없을 정도로 결정적 타격을 입었기 때문에 도주하는 것으로 당나라군은 고구려가 말갈 등의 제후국 군사들과 연합군을 구성해 맞서는 것에 큰 타격을 입은 것이었다.

당 태종은 후군後軍 4만 명으로 자신의 뒤를 지키게 하고 철군 길을 요하 하구로 잡았다. 이곳이 요택遼澤이었는데 "진흙과 물 때문에 마차가 통하지 못해서", "풀을 베어 길을 메우고 물이 깊은 곳은 수레로 다리를 삼아야" 건널 수 있는 곳이었다. 당 태종 자신도 말의 칼집에 장작을 매어 일을 도와야 할 정도로 다급한 상황이었다. 그래서 "풍설風雪이 사나워 사졸이 젖고 죽는 자가 많았다."고 기록하고 있을 정도였다. 이런 길을 도주로로 선택한 것은 스스로 요수에 놓은 다리를 끊은데다 다른 길은 모두 고구려 군사가 지키고 있기 때문이었다. 당 태종은 악전고투 끝인 645

더 깊게 생각하고 토론해 봅시다

중국의 역사 기록

중국에는 자국에게 불리한 내용은 삭제하거나 간략하게 쓰는 역사서술 원칙이 남아 있다. 이를 '한漢을 위해 수치를 감춘다'는 뜻의 '위한치휘爲漢恥諱'라고 한다. 그래서 《구당서》·《신당서》·《자치통감》 등은 당태종의 패전 기록을 적지 않았고, 안시성주의 이름도 적지 않았다. 《삼국사기》에도 안시성주의 이름은 전하지 않는데 조선 중후기 송준길의 《동춘당선생별집同春堂先生別集》에 그 이름이 나온다. 조선 현종이 안시성주의 이름을 묻자 '양만춘梁萬春'이라고 대답했는데, 그 근거를 묻자 "돌아가신 부원군 윤근수가 중국에서 들은 것을 기록한 것을 봤습니다."라고 대답했다. 박지원도 《열하일기》에서 "당태종이 화살에 맞아 눈이 멀었다… 세상에 전하기를 안시성주는 양만춘이라고 한다."고 기록하고 있다. 윤근수는 선조 5년(1572) 명나라에 다녀온 적이 있고 박지원도 정조 4년(1780) 청나라에 다녀온 적이 있는데 이때 사신길에서 들은 내용을 적은 것이다. 1천여 년 뒤에도 안시성 승첩에 대한 구전이 광범위하게 퍼져 있었던 것이다. 신채호는 《조선상고사》에서 연개소문이 패주하는 당 태종을 쫓아 북경 북쪽의 상곡 지방까지 공격했다고 기록했다. 지금도 북경 북쪽 순의구順義區에는 고려진高麗鎭과 고려영高麗營이 남아있다.

년 11월 겨우 장안長安(서안)으로 돌아갈 수 있었는데 경사京師(장안)에서 이정李靖에게 "내가 천하의 군사로서 작은 오랑캐(고구려)에게 괴로움을 당한 것은 무슨 까닭이냐?"라고 물을 정도로 큰 충격을 받았다.

▲ 당〈목마도牧馬圖〉. 패주하는 당군의 모습같다.

③ 제2차 고당전쟁

당 태종의 유언

2년 후인 보장왕 21년(647)에 당 태종은 이세적 등을 시켜 다시 고구려를 공격했으나 실패했고, 이듬해에도 설만철薛萬徹을 시켜 박작성泊灼城을 공격했지만 또 패배로 끝났다. 《신당서》는 이때 설만철이 압록을 건넜다고 말하고 있는데, 이때의 압록에 대해 북한학계는 요동반도 태자하太子河라고 비정하고 있다. 보장왕 23년(649) 5월에 당태종은 고구려를 정복하지 못한 한을 남긴 채 세상을 떠나면서 유조遺詔로써 고구려 정벌을 중지시켰다. 그는 평상시에도 "만일 위징이 살아 있었다면 나에게 이 원정을 하지 못하게 했을 것이다."라고 후회했다. 고수대전에 이어 고당대전도 고구려의 일방적 승리로 끝난 것이다.

🔵 고구려 천하관의 수호

고수대전과 고당대전의 승리는 고구려가 자국의 힘으로 독자적인 천하관을 지켜냈음을 의미한다. 북방의 황제국인 고구려는 중원 통일국인 수·당에 맞서 두 통일제국과의 전쟁을 모두 승리로 끝맺고 천손제국의 정체성을 만방에 과시했다. 당 태종은 고연수와 고혜진이 3만 6,000여 명의 군사와 항복했을 때 고구려 군사들은 살려주는 대신 말갈 군사 3,300명은 따로 골라내 산 채로 묻어 죽였다. 당나라가 아닌 고구려 천하관에 복속하는 이민족들에 대한 강력한 경고의 의미가 포함된 것이었다.

그러나 고구려 또한 승전의 대가가 너무 컸다. 당태종이 죽은 후에도 당과 고구려의 국지전은 계속되었다. 보장왕 17년(658: 당 고종 3) 6월에 당 고종은 정명진程名振, 설인귀薛仁貴 등에게 고구려를 침략하게 했으며, 이듬해 11월에도 설인귀를 보내 고구려를 공격하게 했다. 고구려는 이런 모든 공격들을 막아냈지만 계속된 전쟁은 고구려의 국력을 크게 소진시켰다. 고구려 국력이 크게 손실된 상황에서 남방의 신라와 백제는 여전히 고구려를 위협했다. 이런 와중에 연개소문이 사망하면서 고구려에 큰 위기가 닥쳐오고 있었다.

3 / 오국대전

① 신라와 백제의 충돌

신라의 뛰어난 군주들

중원에 통일제국이 들어서던 6~7세기 신라·고구려·백제 세 나라는 계속 충돌했다. 신라 진흥왕은 백제 성왕을 전사시켜 신백동맹을 파탄냈지만 신라 강역을 크게 확장시켰다. 진흥왕이 세상을 떠나고 제25대 진지왕(재위 576~579)이 즉위하였다. 진지왕은 재위 2년(577) 백제가 서쪽 변경에 침입하자 이찬 세종世宗을 보내 일선군 북쪽에서 백제를 물리치고 3,700여 명의 목을 베었다. 진

▲ 진흥왕 북한산 순수비

지왕이 재위 4년만인 579년 7월 세상을 떠나고 진흥왕의 태자 동
륜의 아들 진평왕(재위 579~632)이 제26대 왕으로 즉위했다. 진평
왕은 재위 2년(580) 신궁神宮에 제사를 지내고 재위 6년(584)에 연
호를 건복建福으로 바꾸었다. 진평왕이 재위 16년(594) 수나라에
사신을 보내자 수나라는 낙랑군공樂浪郡公 신라왕新羅王으로 삼
았다. 수나라가 신라왕을 낙랑군공으로 삼은 것은 대륙 신라와
관련성이 있을 것으로 추측된다. 백제, 고구려와 계속 전쟁하는
동안에 수隋가 망하고 당唐이 들어서자 진평왕은 당에 사신을 보
내 우호관계를 맺었다.

🌑 시련을 딛고 국세를 회복한 백제

백제는 성왕 전사 후 아들 위덕왕(재위 554~598)이 27대 왕으
로 즉위하였다. 위덕왕은 재위 8년(561)에 신라의 변경을 공격했으
나 오히려 1천여 명의 전사자를 내고 물러났다. 위덕왕은 진陳, 제
齊 등 중원의 남방 왕조에 사신을 보내고, 수隋가 부상하자 수에
도 사신을 보내 화친을 맺었다. 위덕왕은 재위 24년(577)에도 신라
를 공격했다가 패했다. 위덕왕은 재위 45년(598) 세상을 떠나고 성
왕의 둘째 아들 혜왕惠王(재위 598~599)이 뒤를 이었다가 2년 만에
세상을 떠나고 혜왕의 아
들 법왕法王(재위 599~600)
이 뒤를 이었는데, 그 역
시 2년 만에 세상을 떠났
다. 법왕의 뒤를 아들 무
왕武王(재위 600~641)이 이
으면서 백제는 다시 국력
을 회복했다. 무왕은 재
위 3년(602) 좌평 해수解讎

▲ 경남 합천 대야성 추정지

에게 보병과 기병 4만 명을 주어 신라를 공격하게 했는데, 이 전투에서 신라는 귀산貴山과 추항箒項이 전사하면서 분전한 덕분에 겨우 막아낼 수 있었다. 백제는 성왕 전사의 충격을 딛고 4만 군사를 동원할 수 있을 정도로 국세가 회복되었다.

◀ 대야성 함락과 김춘추의 맹세

고구려가 수·당과 격전을 치르는 동안 백제 무왕은 수·당과 화친을 맺고 동쪽의 신라를 공격하였다. 무왕이 세상을 떠나고 백제의 마지막 31대 의자왕(재위 641~660)이 즉위하였다. 《삼국사기》는 의자왕에 대해 "빼어나게 용맹하며 결단성이 있었다."라고 설명하고 있다. 의자왕은 즉위 직후 신라를 선제공격했다.

의자왕은 재위 2년(642) 7월 신라 서쪽의 미후성 등 40여 성을 공격해 함락시켰다. 의자왕은 동시에 장군 윤충允忠을 보내 대야성大耶城을 공격해 함락시켰다. 윤충이 성을 함락시키면서 대야성주 김품석과 그 부인 고타소가 죽었는데 고타소는 김춘추(후에 태종 무열왕)의 딸이었다. 《삼국사기》는 고타소의 사망 소식을 들은 김춘추가 "기둥에 의지해 서서 종일토록 눈을 깜짝이지 않고, 사람이나 물건이 그 앞을 지나가도 알지 못할 정도였다."고 말할 정도로 큰 충격을 받았다. 김춘추는 "슬프다. 대장부가 되어 어찌 백제를 멸하지 못하랴."라면서 백제를 멸망시키겠다고 결심했다.

고타소 부부의 전사 사건이 신라·고구려·백제에 당·왜까지 뒤엉키는 '오국대전'의 문을 연 것이다. 이 사건은 554년 진흥왕이 신백동맹을 깨고 관산성전투에

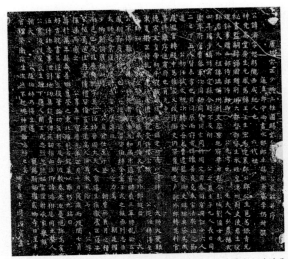

▲ 당나라 이제李濟 묘지명. 섬서성 서안西安 장안長安박물관 소장인데 당으로 끌려간 의자왕의 후손으로 드러났다.

서 성왕의 목숨을 빼앗은 사건의 연장선상에 있었다. 의자왕은 재위 3년(643) 11월 고구려와 화친을 맺고 신라가 당나라로 가는 당항성을 공격해 신라가 당으로 가는 길을 끊으려 했다. 고구려와 백제로부터 공격받는 상황에서 신라는 외부와 손을 잡아 전세를 뒤집으려 했다.

② 신라, 당나라와 영토 분할 협정을 맺다

🔹 왜군의 지원을 요청하는 김춘추

선덕왕 11년(642) 겨울 김춘추는 고구려로 가서 백제를 칠 군사를 요청했다. 연개소문은 김춘추에게 되레 진흥왕이 빼앗은 고구려의 옛 땅 마목현麻木峴과 죽령竹嶺 반환을 요구했다. 김춘추가 거절하자 연개소문은 그를 투옥했고 신라는 대장군 김유신에게 결사대 1만 명을 주어 고구려 남쪽 경계로 들어가게 했다. 당나라와 전쟁이 임박한 상황에서 두 개의 전쟁을 치를 수 없었던 고구려는 김춘추를 풀어주었다.

고구려의 군사 지원을 얻는데 실패한 김춘추는 선덕왕 16년(647) 왜국에 가서 군사를 요청했다. 645년 야마토왜의 왕자 중대형中大兄(나카노에)이 백제계 호족 소아가蘇我家를 몰락시키는 **대화개신**大化改新●이 일어나자 반백제계가 정권을 장악한 것으로 판단하고 군사를 요청한 것이었다.

《일본서기》〈효덕孝德 3년〉조에는 "김춘추를 인질로 삼았다. 춘추는 용모가 아름답고 쾌활하게 담소하였다."라고 적고 있는데, '쾌활하게 담소하였다'는 말은 인질이 아니라는 사실을 말해준다. 김춘추는 대화개신으로 집권한 중대형도 결국 백제계라는 사실을 확인하고 빈손으로 돌아와 당으로 향했다.

● **대화개신**

일왕 서명舒明과 황극皇極 사이에서 난 왕자 중대형中大兄은 645년 왕실을 좌지우지하던 백제계 호족 소아입록蘇我入鹿(소가노 이루카)을 참살하는 태극전太極殿의 변을 일으켰다. 이것이 이른바 대화개신大化改新인데 근대 일본은 이를 메이지유신明治維新처럼 왕실이 호족을 꺾고 직접 통치를 이룬 것으로 높게 평가했다. 그러나 이 사건은 왕실 위에 있던 백제계 호족 소아가蘇我家를 몰락시킨 것일뿐 야마토왜는 여전히 백제계 정권이었다. 중대형 왕자는 나중에 일왕 천지天智가 되는데 660년 백제 수도 사비성이 함락되자 큐슈에 전시수도 태재부太宰府를 설치하고 3년 동안 전쟁을 준비했다. 663년 왜는 400여 척의 전선과 2만 7천여 명의 대군을 보내 신당연합군과 백강전투를 치르는데 이 전투는 백제왕자 풍이 지휘했다. 백강전투에서 패전하면서 백제는 비로소 멸망했고 백제계 장군들은 일본 열도로 건너가 각지에 조선식산성(백제식산성)을 쌓아 신당연합군의 공격에 대비했다.

▲ 대화개신도. 에도시대 그림으로 일본 나라현 담산신사談山神社에서 소장하고 있다.

백제 강토와 평양 이남은 신라강역

진덕왕 2년(648) 김춘추는 셋째아들 김문왕金文王을 대동하고 당나라를 찾았다. 3년 전의 고구려 정벌 실패로 상심해 있던 당 태종은 아들까지 데리고 찾아온 김춘추의 연합제의를 수락해 신당新唐동맹이 결성되었다. 《삼국사기》〈신라본기 문무왕 11년〉 조에 당태종이 김춘추에게 "내가 두 나라를 평정하면 평양 이남과 백제 땅은 다 신라에게 주어 길이 평안하게 하려 한다."고 말했다고 전한다. 신당연합군이 백제와 고구려를 멸망시키면 백제 땅과 고구려 평양 이남의 땅은 신라가 차지한다는 영토 분할 협정이었다. 이때 두 나라가 합의한 '평양'의 위치를 두고 후대에 많은 오해가 발생했다. 중국의 《요사遼史》〈지리지〉는 이때의 평양을 지금의 북한 평양이 아니라 요녕성 요양遼陽으로 적고 있다. 장수왕이 천도한 평양이 요녕성 요양이라는 것인데 사실은 요양보다 더 서쪽일 가능성도 있다.

김춘추는 귀국길에 고구려 순라선을 만나 종자 온군해溫君解가 김춘추로 변장하고 대신 죽는 틈을 타서 작은 배로 갈아타고 겨우 귀국했을 정도로 위험한 사신 길이었다. 신당동맹은 신라·고구려·백제뿐만 아니라 당과 왜까지, 대륙과 반도 및 열도의 다섯 나라를 모두 전쟁으로 몰고 갔다.

백제의 내부 갈등

이때 백제는 내부갈등을 겪고 있었다. 의자왕의 왕권강화책에 대한 내부 반발 때문이었다. 왕권강화가 지배귀족들의 세력약화를 뜻하는 것으로 판단한 귀족들이 반발했다. 《수서》〈백제열전〉에는 "(백제에는) 여덟 씨족의 대성大姓이 있으니, 사씨沙氏, 연

◀ 태종 무열왕 김춘추 비석

씨燕氏, 협씨劦氏, 해씨解氏, 진씨眞氏, 목씨木氏, 국씨國氏, 백씨苩氏 이다.”라고 말하고 있다. 이들이 백제의 8대 지배성씨였다. 이들 호족들은 각 지역을 세력기반으로 갖고 있었는데, 한성시대 지배 호족들은 진씨, 해씨 등과 같은 왕비족들이었고, 웅진시대에 이들 외에 백씨, 연씨, 사씨, 목씨(목협씨) 등이 새롭게 대두했다. 성왕 16년(538)에 웅진에서 사비로 천도한 사비시대에는 사씨, 즉 사택씨가 강력했다.

의자왕 15년(655)에 백제 16관등 중 1품인 좌평 임자任子가 신라 김유신과 내통하였다. 좌평은 정원이 5~6명이었는데 의자왕은 재위 17년(657) 자신의 서자 41명을 좌평으로 제수하고 각각 식읍食邑을 주었다. 의자왕의 이러한 왕권강화책에 유력 호족들이 반발해 신라와 내통하게 된 것이다. 성충은 강하게 간쟁하다가 투옥되었고 좌평 흥수는 고마미지현으로 귀양 갔는데 내부가 분열되면서 백제는 국력이 약화되었으나 즉위 초 성과에 취한 의자왕은 이를 인지하지 못했다.

③ 백제, 멸망하다

◉ 신당연합군의 백제공격

당 태종 이세민이 649년 사망하고 그의 9남 이치노李雉奴가 즉위했는데 그가 당 고종이다. 고종이 부왕의 뜻을 계승해 신당연합군을 결성해 백제·고구려 침략에 나서면서 다섯 나라가 전쟁에 휩쓸리게 된다. 의자왕 20년(660) 신당연합군이 백제로 출발했는데 의자왕은 연합군의 목표를 고구려라고 오판할 정도로 정보망도 붕괴되었다. 13만 대군을 이끌고 바다를 건넌 소정방蘇定方이 덕물도德物島에서 김유신, 태자 김법민金

▶ **김유신 초상**. 진천 길상사 소장.

● 화랑들의 분전
전세가 불리하자 신라 장군 김흠순은 아들 반굴에게 충효를 실천하라고 요구했고 반굴은 백제 진영에 돌진해서 전사했다. 이를 본 좌장군 품일이 아들 관창에게 모범을 보이라고 요구했고 관창은 돌진했다가 생포되었다. 계백은 관창이 어리고 용감한 것을 아껴 살려 보냈으나 관창은 다시 돌진했다가 전사했다. 이를 본 신라의 삼군이 일제히 공세를 펴서 백제군은 패전했다. 감정에 흔들린 계백의 오판이 전황을 그르친 것이다.

法敏과 회동했을 때도 공격 목표를 고구려라고 낙관하다가 신당 연합군이 백제 영토에 상륙하자 당황했다.

좌평 의직義直이 먼 뱃길에 피곤한 당군을 공격하자고 주장하자 달솔 상영常永 등은 사기충천한 당군을 피하고 신라군을 공격하자고 반대했다. 결론을 내리지 못한 의자왕은 귀양 가 있던 좌평 흥수의 견해를 물었다. 흥수는 전략요충지 백강白江과 탄현炭峴을 지키라고 충언했지만 다른 신하들의 반대로 채택되지 않았다. 그 사이 당군이 이미 백강으로 들어오고, 신라군은 탄현을 넘자 신하들이 도주하기 시작했다.

계백이 이끈 백제의 결사대가 겨우 5천 명에 불과했다는 사실은 백제가 내부에서 이미 붕괴했음을 뜻하는 것이었다. 계백은 황산벌에서 신라군과 네 번 싸워 승리했지만 어린 **화랑들의 분전**●에 아량을 베풀면서 전세는 뒤집히고 자신도 전사했다.

계백의 패전 이후 백제는 변변한 저항 한번 하지 못하고 수도 사비성을 빼앗겼다. 의자왕과 태자 효는 여러 성과 함께 항복하였다.

그러나 곧바로 백제 강역 곳곳에서 부흥운동이 일어나자 당황한 당의 소정방은 의자왕과 태자 효, 왕자 태, 융 및 여러 대신과 장사 88명과 1만 3,000여 백성을 장안으로 압송했다. 이때 백제

더 깊게 생각하고 토론해 봅시다

미륵사지 석탑은 누가 쌓았나?

전북 익산의 미륵사지 석탑은 그간 《삼국유사》의 기록에 따라 무왕과 진평왕의 딸인 선화공주가 건축한 것으로 여겨왔다. 그러나 1993년 미륵사지 석탑에서 나온 봉안기에는 백제왕후인 지평 사택적덕의 딸이 639년(무왕 40) 건축했다고 나온다. 익산지역은 사택씨가 지배했음을 시사하는데 이는 백제의 담로 중 하나였을 가능성이 높다.

▲ 미륵사지 석탑 사리봉안기

▲ **황산벌전투**. 오승우, 1976, 전쟁기념관 소장.

의 행정 구역과 인구수를 "본래 5부部, 37군郡, 200성城, 76만호
戶"라고 이라고 기록하고 있다. 고대의 한 호는 보통 5~7인 정도
로 추산하니 백제 인구는 대략 380만~530만 명 정도로 추산할
수 있다.

백제부흥군이 일어나다

의자왕이 항복하고 사비성이 함락되었다는 소식을 들은 백제
의 군민軍民들은 즉각 백제부흥군을 일으켜 신당연합군에 저항
했다. 무왕의 조카 복신福信과 승려 도침道琛은 주류성周留城을
근거로 삼고 왜에 가 있던 의자왕의 아들 부여풍扶餘豊을 임금으
로 추대하였다. 백제부흥군은 신당연합군에 저항하는 한편 백
제의 제후국(담로)인 야마토왜에서 군사를 기르고 전선을 건조했
다. 야마토왜에는 신당연합군과 맞서 싸울 군사가 없었고 군사
를 실어 나를 전선戰船도 없었기 때문이다. 왜왕 천지天智는 백제
부흥군과 상의해 큐슈의 태재부太宰府에 전시戰時수도를 설치해
서 군사를 기르고, 전선을 건조했다. 3년 간 준비를 거친 후 663
년 400여 척의 전선에 2만 7,000여 명이 바다를 건너와 백강 하

구에서 신당연합군과 맞붙었다. 백제부흥군과 왜 지원군이 한편이 된 백제군은 부여풍이 지휘했다. 백강白江전투에서 신당연합군이 승리하면서 백제는 700년의 역사를 뒤로하고 사라지고 말았다. 야마토왜인들은 백제의 멸망을 모국의 멸망으로 슬퍼했다.

◀ 일본열도로 건너간 백제의 지배층

백제의 지배층들은 일본열도로 건너가 각지에 성을 쌓아서 신당연합군의 열도공격에 대비했다. 이 성들이 조선식산성, 또는 백제식산성이다. 예상과 달리 신당연합군이 일본열도를 공격하지 않자 백제 유민들과 왜의 지배층들은 670년 왜의 국호를 일본으로 고치고 720년 《일본서기日本書紀》를 편찬했다. 《일본서기》는 상국이었던 백제를 제후국으로 낮추고 제후국이었던 왜를 상국으로 높여서 서술했기 때문에 많은 왜곡이 발생했다.

더 깊게 생각하고 토론해 봅시다

《일본서기》〈천지 2년(663)〉 조는 이렇게 말하고 있다

"백제 주유성州柔城이 처음 당에 항복했다. 이때 나라 사람들이 서로 '주유성이 항복했다. 일을 어떻게 할 수가 없다. 백제라는 이름은 오늘로써 끊어졌다. 조상들의 무덤이 있는 그곳을 어떻게 다시 갈 수 있겠는가!'…라고 일컬었다."

… 야마토왜의 지배층들에게 백제는 조상들의 무덤이 있는 모국이었다.

④ 고구려, 멸망하다

🐛 백제부흥군의 저항

663년 백강전투로 백제를 멸망시킨 신라는 당과 손잡고 고구려 정벌을 모색했다. 661년 세상을 떠난 태종의 맏아들 문무왕(재위 661~681)이 제30대 왕으로 즉위했다. 문무왕 원년(661) 당 고종은 소정방蘇定方에게 수군과 육군 35도道의 군사를 주어 고구려를 공격하면서 신라에게도 군사를 일으켜 호응하라고 요구했다. 문무왕은 김유신을 대장군으로 삼고 자신이 직접 호응하려 했지만 백제부흥군이 옹산성甕山城에서 저지하는 바람에 겨우 함락시켰다. 이후에도 백제부흥군이 곳곳에서 저항하는 바람에 고구려 공격이 쉽지 않았다. 그러자 당 고종은 신라에게 평양까지 군량 운반을 요구했는데 김유신이 직접 나서야 했을 정도로 쉽지 않은 임무였다. 그러나 소정방

▲ **일왕 텐지**天智. 백제부흥을 위해 국력을 기울여 군사를 길러 보냈다.

더 깊게 생각하고 토론해 봅시다

웅진도독부의 위치는?

당나라는 660년 백제를 멸망시킨 후 백제 강역에 웅진熊津·마한馬韓·동명東明·금련金漣·덕안德安의 5도독부를 설치해 웅진도독부에서 총괄하게 했다. 웅진도독부는 지금의 충남 공주에 설치되었다고 보고 있다. 그런데 당나라는 웅진도독부 속현으로 우이현嵎夷縣·신구현神丘縣·매라현邁羅縣 등 13개 현을 설치하고 동명도독부 산하에도 4현을 두는 등 여러 현을 설치했다. 그런데 그 수많은 현들은 반도백제 강역에서 찾을 수 없다. 우이嵎夷는 산동성의 교동반도膠東半島 일대의 동이족을 가리키는 말이다. 당나라는 676년에 웅진도독부를 요동의 건안建安으로 옮겼는데, 충청도에 있던 행정기관을 요동으로 옮길 수는 없다는 점에서 이 또한 옛 대륙백제에 설치한 것으로 추측할 수 있다.

은 군량을 얻자 싸움을 그만두고 돌아가고 말았다. 백제부흥군이 계속 저항했기 때문에 고구려를 공격하기가 쉽지 않았다. 백강전투에서 패전한 후에도 백제부흥군은 임존성任存城을 근거로 계속 저항했고 신라는 663년 10월 임존성을 공격했으나 함락에 실패했다. 문무왕 4년(664) 2월 김춘추의 아들 김인문金仁問은 당 유인원劉仁願과 의자왕의 아들 부여융과 웅진熊津에서 맹약했다. 의자왕의 아들을 내세워 백제부흥군의 기세를 잠재우려 한 것이다.

고구려의 분열

문무왕은 재위 4년(664) 7월 동생 김인문과 장군 김품일金品日,

조선식 산성

최근 일본에서는 조선식 산성이라는 종래의 표현을 고대 산성으로 바꾸어 부르며 백제의 흔적을 지우는 중이다. 백제부흥군은 백강전투에서 패전 후 신당연합군의 열도공격에 대비해서 망명 백제인이 현지 왜인들을 동원해서 쌓은 산성이다. 큐슈와 세토내해 연안, 수도 나라 등지에 조선식 산성들이 있는데 《일본서기》에는 백제 장군들이 건너 와 축조했다고 기록하고 있다. 《일본서기》 등에 백제 장군들이 현지 왜인들을 동원해 쌓은 것으로 기

▲ **후쿠오카 오노성.** 백제인들이 건너가 쌓은 성이다.

록된 산성들이 조선식 산성이고, 사료에 나오지 않는 산성들이 신롱석식神籠石式 산성이다. 신롱석식 산성은 백강전투 이전에 백제, 가야, 신라, 고구려인들이 쌓은 것이다. 대마도의 가네다성金田城(금전성), 후쿠오카현福岡縣 태재부시太宰府市의 오노죠大野城(대야성), 시가현滋賀縣의 이바라키茨城(자성), 미오노끼三尾城(삼미성), 히로시마현廣島縣의 쯔네키常城(상성), 나라현奈良縣의 다카야스노키高安城(고안성) 등이 백제인들이 쌓은 조선식 산성으로 신당연합군의 침공에 대비해 쌓은 것이다. 백제 패장들이 현지 왜인들을 동원해서 산성을 쌓을 수 있었던 것은 왜가 백제의 제후국이기 때문에 가능한 일이었다.

군관軍官 김문영金文穎 등에게 옛 백제 자리에 설치한 웅진도독부
熊津都督府 군사들과 일선주一善州와 한산주漢山州의 두 주 군사
를 이끌고 고구려 돌사성突沙城을 공격해 함락시켰다. 그러나 이
를 제외하면 연개소문이 급서하는 666년(보장왕 25)까지 신라의 고
구려 공격은 효과를 보지 못했는데 여기에는 백제부흥군의 저항
도 큰 역할을 했다. 문무왕은 재위 5년(665) 당의 사신 유인원과
새로 웅진도독에 임명된 부여융과 웅진의 취리산就利山에서 맹약
했다. 백제부흥군이 거의 소멸되자 문무왕은 재위 6년(666) 4월
당에 군사를 요청했다.

　같은 해인 고구려 보장왕 25년(666) 연개소문이 세상을 떠나고
그의 장남 연남생淵男生이 막리지가 되어 국정을 총괄하면서 내
분이 발생했다. 연남생이 지방 순시에 나선 틈을 타서 두 아우 남
건男建·남산男産이 남생의 아들 헌충獻忠을 죽이고 막리지가 되었
다. 남생은 옛 수도 국내성에 웅거해 자신을 따르는 세력들과 거
란·말갈 군사들을 근거삼아 반격을 모색했다.

　그런데 남생은 그 누구도 상상하지 못했던 행보를 보였다. 보
장왕 25년 6월 아들 헌성獻誠을 당나라로 보내 군사를 요청한 것
이다. 신당연합군이 고구려를 노리는 상황에서 바로 그 적국 당
나라에 손을 내민 것이다. 당 고종은 헌성을 곧바로 우무위右武
衛 장군에 제수하고 군사지원을 약속하면서 남생에게도 '요동대
도독·평양도안무사·현도군공' 등의 관직을 주었다. 부친 연개소문
은 영류왕의 대당 유화정책에 불만을 품고 정변을 일으켰는데 그
장남은 집안싸움에 불만을 품고 당나라에 투항한 것이었다. 남생
은 나아가 남소성南蘇城과 창암성倉巖城 등을 당나라에 바쳤다.

● 신당연합군의 공격

　남생으로부터 최고급 정보를 입수한 당 고종은 그해(666) 12월

▲ **고구려 인물도.** 북한 남포특별시 와우도구역 감신총 벽화.

73세의 노장군 이적李勣을 요동도행군대총관 겸 안무대사로 삼아 고구려로 보냈다. 대막리지 출신 남생이 적국의 향도嚮導(길잡이)로 나서자 고구려는 당황했다. 연개소문의 친족 연정토淵淨土가 12개 성을 들어 신라에 항복했는데 이중 8개 성은 온전한 상태로 항복한 것이었다. 당 고종은 신라 문무왕에게 조서를 보냈고, 667년(문무왕 7) 7월 문무왕은 당나라군과 함께 고구려 공격에 나섰다.

그해 9월 문무왕과 김유신은 신라군을 이끌고 북상해 한성정漢城停에 도착했다. 당나라 육군은 요동의 고구려 성들을 격파하며 진군하고, 수군은 뱃길로 평양성으로 직진했다. 당나라 사령관 이적은 요수를 건너 전략적 요충지이자 한 번도 점령되지 않았던 신성新城을 함락시켰다. 신성 사람 사부구師夫仇 등이 등이 결사항전을 주장하는 성주를 결박한 후 성문을 여는 바람에 신성이 함락되었다. 신성 함락은 고구려군의 사기를 크게 떨어뜨렸고 삽시간에 16개 성이 연달아 무너졌다.

읽기 자료

연남생 일가의 최후

연남생은 당나라 이적李勣과 함께 평양성 함락에 공을 세운 후 당의 수도에 거주했다. 신당전쟁 때 당군唐軍이 신라와 고구려부흥군 연합에게 패배하자 당은 그를 고대요동에 설치한 안동도호부安東都護府의 관리로 삼아 고구려 부흥군을 제어하게 했다. 그러나 이미 고구려에 대한 영향력을 모두 상실한 남생이 할 일은 없었다. 그는 679년 안동도호부에서 세상을 떠나 낙양에 묻혔다. 열여섯 살 때 부친 남생에 의해 당에 보내진 연헌성은 고구려 멸망 후 당에서 여러 관직을 역임하다가 무고를 당해서 42세에 목매어 자살했다. 이후 무고가 밝혀져 우우림위대장군右羽林衛大將軍에 제수되고 낙양의 부친 남생 무덤 동쪽에 묻혔다. 천손제국을 팔아먹은 대가치고는 허망한 것으로 이후 나라를 팔아먹는 자들의 거울이 될만 했다.

남건이 5만 군사로 신성 탈환을 시도했으나 실패하자 금산을 대결 장소로 삼아 당군과 맞붙어 싸웠으나 협공을 당해 패하고 말았다. 고구려는 요동의 주요 성들을 대거 빼앗긴 상태에서 운명의 해인 668년을 맞았다.

천자제국, 역사 속으로 사라지다

668년 2월에 다시 공세를 개시한 당군이 부여성을 함락시키자 주변의 40여개 성이 모두 항복했다. 남건은 군사 5만 명을 보내 부여성을 탈환하려 했으나 대패하고 3만 군사까지 잃었다. 고립된 평양성이 신당연합군의 전면적인 공세를 오래 버티기는 어려웠다. 이적이 이끄는 당군과 김인문이 이끄는 신라군에게 포위된 평양성을 지키던 연남산은 한 달 남짓 만에 수령 89인과 함께 성문을 열어 항복했다. 항복을 거부하고 굳게 맞서던 막리지 연남건은 신당연합군이 평양성 안으로 밀려 들어오자 자살을 기도했으나 미수에 그치면서 체포되고 말았다.

사대주의 득세하다

보장왕과 남건·남산 등이 모두 체포되면서 대제국 고구려는 멸망하고 말았다. 북방의 패자로 우뚝 서서 단군조선의 정통성을 계승한 천자국의 천하관을 떨치던 고구려는 내부분열 끝에 멸망하고 말았다. 당나라는 보장왕과 그 아들 복남福男, 덕남德男과 막리지 남건·남산을 비롯한 지배층과 20여만 명에 달하는 고구려 백성들을 당나라로 끌고 갔다. 《삼국사기》는 고구려 멸망 때의 행정구역과 인구수를 "5부

▲ 남생 묘지명 탁본

部, 176성城, 69만여 호”라고 적고 있으니 가구 당 5명~7명으로 잡으면 350만~500만 정도였다. 이중 20여만 명을 끌고 간 것은 저항능력이 있는 장정들을 뿌리째 뽑으려는 것으로 고구려 부흥 전쟁을 철저히 차단하겠다는 의도였다.

이들은 장안에 들어서기 전에 함양咸陽에 있는 당 태종의 무덤인 소릉昭陵에 끌려가서 먼저 절을 해야 했다. 제국을 팔아먹은 남생은 이적李勣, 계필하력契苾何力 같은 당나라 장수 및 신라 장수들과 개선군 대열에 서서 행진했다. 그러나 그의 일가의 최후도 그리 순탄한 것은 아니었다.

고구려의 멸망은 천자국의 붕괴이자 천손민족들의 눈으로 세상을 바라보는 주체적 역사관의 붕괴를 뜻했다. 고구려 멸망 이

▲ **고구려 현 평양성**. 그러나 고구려 멸망 당시의 평양성은 만주에 있었다.

후 우리 역사는 사대주의가 크게 득세하게 되었다. 자신의 주체성을 버리고 남을 섬기는 사대주의는 우리 역사의 강역까지 크게 축소시켰고, 지금까지도 한국인들의 정신적 주체성을 크게 훼손시키고 있다.

4 신당대전

① 당나라, 영토 분할 협정을 어기다

◀ 백제, 고구려 옛 강역을 빼앗은 당나라

신라가 신당연합군을 결성해 전쟁에 나선 이유는 648년 신라의 김춘추와 당태종 사이에 백제, 고구려 멸망 후 '백제 땅과 평양 이남'은 신라가 갖는다는 영토 분할 협정 때문이었다. 그러나 당나라는 백제를 멸망시키자 옛 백제 땅에 웅진도독부熊津都督府를 설치하고 당군 1만 명을 사비성에 두어 직접 지배했다. 그뿐만 아니라 고구려를 멸망시키자 수도 평양에 안동도호부安東都護府를 설치하고 설인귀에게 2만 명을 주어 고구려 강역까지 지배하려 했다. 신라는 전 국력을 기울여 백제와 고구려를 멸망시켰지만 전공은 모두 당나라의 차지였다. 이를 묵과할 수 없었던 문무왕이 백제 강역 일부를 점령하자 당나라가 크게 질책했고 문무왕은 재위 9년(669) 5월 김유신의 동생 김흠순과 김양도를 보내 경위를 설명해야 했다. 당나라는 적반하장으로 이듬해 김흠순만 귀국시키고 김양도는 옥에 가둬 죽게 했다.

◀ 신라, 압록강을 건너 당나라를 공격하다

당나라의 배신에 분노한 문무왕은 대당전쟁을 결심했다. 당을 내쫓지 못하면 신라는 전 국력을 기울여 당만 좋은 일 시켜준 나라가 되는 셈이었다. 문무왕은 당과 맞서려면 고구려 잔존세력과 연합군을 결성해야 했다. 문무왕은 재위 10년(670) 3월 신라의 사

찬 설오유와 고구려 태대형太大兄 고연무에게 각각 정예
병 1만 명씩을 주어 압록강을 건너 옥골屋骨까지 진군시
키는 것으로 신당대전의 문을 열었다. 이때의 압록강은
지금의 압록강이 아니라 만주에 있는 강일 가능성이 높
다. 고구려는 멸망했지만 고구려 부흥세력과 함께 당나
라가 차지한 고구려 땅을 차지하기 위해서 군사공세를 취
한 것이다. 이때 말갈 군사가 먼저 개돈양皆敦壤에 이르러
이들을 기다렸다가 합류했다. 사전에 잘 짜여진 군사전략
이었다. 이들의 목적은 당이 안동도호부를 설치한 평양
을 점령하려는 것이었다. 그 첫 공세가 압록강을 건넌 것
이라는 점에서도 당이 안동도호부를 설치한 평양은 지금
의 평양이 아님을 다시 알 수 있다. 식민사학자 이케우치
히로시池內宏(지내굉) 등은 신라군이 건넌 압록강을 대동
강이라고 말하고 신라 강역을 반도 내에 가두려고 했다.

▲ 신라 금관. 경주 천마총 출토.

　다음 달인 4월 신라군은 압록강 북쪽에서 당군과 맞
서 크게 이겼다. 문무왕 10년 6월 고구려 수림성水臨城 출신의 검
모잠劍牟岑 등이 연개소문의 동생 연정토의 아들이자 보장왕의
외손인 안승安勝을 왕으로 추대하자 문무왕은 안승을 나라의 서
쪽 금마저金馬渚에 살게 했다. 고구려를 신라의 제후국으로 부활
시켜 준 것이다.

 백제 고토를 모두 차지하다

　신당대전의 문을 연 신라는 거침없었다. 문무왕 10년 7월에는
품일 등을 보내 당나라가 차지한 백제 고토의 36개 성을 차지했
고, 천존天存 등을 보내 다시 7개 성을 취하고, 김문영 등을 보내
12개 성을 취했다. 당나라 군사들은 신라군을 만나는 족족 패하
였다.

문무왕은 재위 11년(671) 백제의 옛 땅에 소부리주所夫里州를 설치해 아찬 진왕眞王을 도독으로 삼았다. 당나라가 차지했던 백제 옛 땅을 대부분 장악한 것이었다. 당 고종은 설인귀薛仁貴를 통해 서한을 보내 이근행李謹行이 이끄는 당군과 말갈 병사가 구름같이 몰려오고 있다고 협박했다. 문무왕은 설인귀에게 보낸 답서에서 태종 무열왕과 당 태종이 맺은 영토 분할 조약을 상기시키고 "신라가 백제를 평정하고 고구려를 정벌할 때까지 충忠을 다하고 힘을 바쳐 국가(당)를 배신하지 않았는데 무슨 죄로 하루아침에 버림받았는지 알 수 없다."라고 항의했다. 신라는 당을 상국으로 여기는 형식을 취했지만 사실상 독립국가였다. 신라의 태종 김춘추와 당 태종 이세민 사이에 맺은 영토 협정에 의해 신라 영토가 만주에 있던 평양 이남이라는 사실을 명확히 천명한 것이다.

② 당나라를 패퇴시키다

◀ 공격과 회유를 반복하다

문무왕 14년(674) 당 고종은 문무왕의 관작을 삭탈하고 당나라에 있던 문무왕의 동생 김인문을 신라왕으로 삼았다. 또한 유인궤劉仁軌 등에게 군사를 주어 신라를 공격하게 했다. 문무왕 15년(675) 당의 악성후樂成侯 유인궤는 당군과 거란·말갈군을 이끌고 칠중성七重城을 공격해 신라를 패퇴시켰다. 중국의 《자치통감資治通鑑》은 이때 당나라에서 "말갈군을 바다로 띄워서 신라 남쪽 경계를 경략해 많은 무리의 목을 베었다."라고 말하고 있다. 말갈군이 지금의 남해로 와서 경상남도에 상륙한 것이 아니라 발해로 온 것이니 전쟁터는 지금의 만주였다. 칠중성에서 패한 문무왕은 사신을 보내 사과하는 것으로 잠시 시간을 벌었다. 그러자 당 고종은 문무왕의 관작을 회복시켜주고 신라왕으로 봉했던 김인문을 임해군공臨海郡公으로 낮춰 봉했다. 이후에도 전쟁은 계속되었다. 문무왕은 옛 백제·고구려 강역에 남은 당군에 대한 공격을 계속했다. 당나라가 말갈과 거란군까지 포함한 대군을 이끌고 신라군을 공격하자 문무왕은 구군九軍을 보내 막게 했다.

매소성 전투에서 승리하다

문무왕 15년(675) 9월이 문무왕 10년(670)부터 시작된 신당전쟁의 분수령이었다. 이달 설인귀가 이끄는 당군이 천성泉城을 공격하자 신라의 문훈文訓이 격퇴했다. 신라는 안북하安北河를 따라 관문關門과 성城을 설치하고 또 철관성鐵關城을 쌓아 당군의 공격에 대비했다. 당나라는 먼저 말갈군사로 신라를 공격했다. 말갈이 아달성阿達城을 공격하자 아달성주 소나素那가 맞서 싸우다가 전사했고, 적목성赤木城도 함락시켰다. 기세를 탄 당군은 석현성石峴城을 함락시켰다.

더 깊게 생각하고 토론해 봅시다

진성여왕과 최치원이 바라본 신라 강역

최치원이 작성해서 당나라에 보낸 〈양위표讓位表〉에서 진성(여)왕은 신라의 서쪽 강역에 대해서 '백이伯夷·숙제叔齊의 고죽국孤竹國과 강역이 연접해 있다.'고 말했다. 진성여왕 때의 신라 강역이 고죽국까지라는 것인데 고죽국은 지금의 하북성 노룡현을 뜻한다. 이 국서는 다른 나라도 아닌 당나라에 보낸 신라의 정식 국서였다. 여기에서 신라의 서쪽 강역을 하북성 노룡현까지라고 썼다면 이것이 신당전쟁 후 신라인들의 대신라의 서쪽 강역에 대한 인식이었을 것이다. 신당전쟁 후 대신라의 강역사에 대한 새로운 연구가 필요하다.

⋯ 대진(발해) 건국 후 두 나라 강역의 변화에 대해서 연구가 필요하다.

▲ 대신라 서쪽 강역지도. 백제, 고구려 병합 및 신당대전 승전 직후 강역.

● 매소성의 위치

매소성에 대해 연천 대전리산성
大田里山城이나 양주 대모산성大
母山城으로 비정한다. 그러나 대
전리산성은 둘레가 670m밖에 되
지 않아서 20만 군사는커녕 2만
명도 주둔할 수 없는 작은 곳이다.
그러자 식민사학은《삼국사기》
에서 기록하고 있는 20만 군사의
숫자가 과장되었다면서 그보다
축소해서 보아야 한다고 사료를
조작하고 있다.《신당서新唐書》
는 매소성 전투를 이끈 이근행李
謹行의 관직을 고구려 옛 강역을
진압하는 안동진무대사安東鎮撫
大使라고 말하고 있으니 매소성
은 당연히 만주 벌판에서 찾아야
할 것이다.

신당대전의 분수령은 문무왕 15년 9월 29일의 **매소성**買肖城 전
투였다. 당의 행군대총관 유인궤, 행군총과 고간, 이근행, 설인귀
등이 당군, 거란, 말갈병사들을 포함한 20만 대군으로 매소성에
주둔하고 있었는데, 신라는 이들을 격퇴해야 신당대전을 승전으
로 끝낼 수 있었다.

신라군은 매소성에서 당군을 격퇴하고 전마戰馬 3만 380필과
수많은 병장기를 획득하는 대승리를 거두었다. 매소성 전투는 문
무왕 10년(670)부터 문무왕 15년(675)까지 계속된 신당대전의 승패
를 결정짓는 대전투였다. 이듬해인 문무왕 16년(676) 11월 사찬 시
득施得이 소부리주 기벌포伐浦에서 설인귀가 이끄는 당군과 싸
워 승리한 것처럼 매소성 전역 이후에도 전투는 계속되었지만 당
은 더 이상 대규모 공세를 펼치지 못했다. 신라는 당군을 격퇴하
고 태종 무열왕이 당 태종과 맺은 영토 분할 협정을 군사력으로
차지한 것이었다. 신당대전의 격전지는 대부분 만주 지역에서 일

더 깊게 생각하고
토론해 봅시다

안동도호부의 위치?

당나라가 고구려 수도 평양에 설치한 안동도호부의 위치에 대해 지금의 북한 평양이라고 보는 견해가 많다. 그
러나 이 역시 치밀한 고증의 결과가 아니라 '장수왕이 천도한 평양성=지금의 평양=당나라 안동도호부'라는 도
식에서 나온 것이다.《구당서》〈지리지 안동도호부〉 조는 총장總章 원년(668) "평양성을 뿌리 뽑고 그 땅을 안
동도호부로 삼았다."라고 설명하고 있다. 그런데 상원上元 3년(676) "안동도호부를 요동군 옛 성으로 옮겼다."
고 말하고, 곧이어 의봉儀鳳 2년(677) "안동도호부를 신성新城으로 옮겨 통치했다."라고 말하고 있다. 이때의
요동은 하북성 일대의 고대 요동인데, 안동도호부가 이리저리 옮겨 다닌 것은 고구려 부흥운동 때문이었다. 안
동도호부는 개원開元 2년(714)에 평주平州로 이전 설치했는데,《구당서》〈천문지天文志〉는 당나라 때의 평주
를 옛 고죽국이라고 말하고 있으니 지금의 하북성 노룡현이다. 지금의 평양에 처음 설치했던 안동도호부를 하
북성 노룡현으로 이전한 것이 아니라 요녕성 요양에 설치했던 도호부를 고구려 부흥운동과 신라의 공격에 쫓
겨 서쪽으로 이전한 것이었다.

조선 순조 때 동지사의 서장관을 따라간 문인이 쓴《계산기정薊山紀程》은 현재의 요양遼陽인 요성遼城을 '조
선의 옛 땅'이며 '당나라 때는 안동도호부였다'고 말했다. 조선의 문인도 지금의 요녕성 요양을 고구려 평양으
로 보았다는 뜻이다.

어났다. 신라는 지금의 요양遼陽 지역이었던 옛 평양 이남의 강역을 차지했다. 신당대전에서 승리함으로써 명실상부한 대신라大新羅가 비로소 출범한 것이었다.

▲ 매소성 전투도. 오승우, 1975, 전쟁기념관 소장.

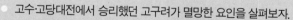

점검

● 고수·고당대전에서 승리했던 고구려가 멸망한 요인을 살펴보자.

● 야마토왜에서 백제 부흥을 위해 사력을 다했던 이유를 살펴보자.

● 약소국이었던 신라가 백제·고구려 정복전쟁에 나선 이유를 살펴보자.

● 신당대전 이후 대신라의 영토가 어디까지였는지 살펴보자.

VI

두 나라 시대와 후기
세 나라 시기

개요

신라는 당과 연합해 백제·고구려를 멸망시켰다. 신라는 당과 전쟁 끝에 백제 강역과 만주의 평양성 이남 땅을 차지했다. 고구려 멸망 30년 후인 698년 고구려 유민들은 말갈계 유민들과 연합해 대진국大振國(大震國)을 세웠다. 《구당서舊唐書》는 대조영이 스스로 서서 진국왕振國王이 되었다고 '떨칠 진振' 자를 쓴 반면 《신당서》는 대조영이 스스로 진국왕震國王으로 불렀다고 '권위가 떨칠 진震' 자로 달리 쓰고 있다. 당나라는 진국을 발해渤海라고 불렀다. 고구려의 후예를 자처한 대진의 등장으로 두 나라 시대가 열렸다. 북국 대진과 남국 대신라의 남북국시대의 전개이기도 했다.

백제·고구려를 멸망시키고 만주 일부까지 차지한 신라는 확대된 강역을 갖춘 새로운 나라를 이끌어갈 새로운 지향점을 제시해야 했다. 폐쇄적인 신분제를 개혁하고 백제, 고구려 유민들을 화학적으로 통합하는 새로운 사회를 지향해야 했지만 과거 체제에 안주했다. 지배층은 극도의 부귀를 누렸지만 피지배층인 농민 생활은 피폐해졌다. 그 결과 후백제와 후고구려가 나타나 신라 사회의 해체를 촉진시켰고 궁예의 부하로 출발한 왕건이 고려를 개창해 새 시대를 열었다.

- 진이 고구려의 후예국가임을 설명할 수 있다.
- 진의 강역과 후기 신라의 강역 변천을 설명할 수 있다.
- 대신라가 쇠퇴한 이유를 설명할 수 있다.
- 궁예와 견훤이 패배한 반면 왕건이 승리한 이유를 설명할 수 있다.

1 북조 대진국

1 대진 건국

고구려 후예 대진국 등장하다

= 쫓겨 가는 안동도호부

신당연합군은 고구려를 멸망시켰지만 고구려의 영토를 모두 차지하지는 못했다. 당나라는 고구려를 멸망시킨 후 수도 평양에 안동도호부를 설치하였다. 이 평양은 물론 만주의 평양이었다. 고구려 유민들이 고구려 부흥운동을 일으키면서 안동도호부는 고대 요동의 옛 성으로 쫓겨갔다가 다시 신성新城으로 쫓겨갔다. 《구당서》〈지리지 안동도호부〉조에는 당唐 개원開元 2년(714) 평주平州로 옮겼다고 말하는데 평주는 현재의 하북성 노룡현이다. 안동도호부는 천보天寶 2년(743) 다시 요서의 옛 군郡에 있던 성으로 옮겼다가 지덕至德(758) 후에 폐지했다고 말하고 있다. 고구려

▲ 진의 상경용천부 추정지 성벽

는 붕괴했지만 신라는 지금의 요하 동쪽까지 차지했고 당은 고구
려 옛 지역을 지배하지 못했다. 옛 고구려 지역은 국가가 없는 공
백 상태였는데 고구려 유민들과 고구려의 제후국들이었던 말갈
족(여진족)과 거란족이 고구려의 후예국가를 세우기 위해 손을 잡
았다.

= 거란국의 등장

당나라는 영주營州에 영주도독부를 설치해 거란족을 다스렸
다. 영주도독 조홰趙翽가 가혹하게 통치하자 거란인 이진충李盡
忠·손만영孫萬榮 등이 부족들을 규합해서 696년 영주를 점령하고
조홰를 죽였다. 이진충은 거란국을 세우고 황제란 뜻의 무상가한
無上可汗에 올라 손만영을 대장으로 삼았다. 거란군은 이르는 곳
마다 군중이 호응해 열흘 만에 수만 명이 모였다. 이때 당은 고종
의 부인이었던 측천무후 무씨武氏가 금륜성신황제金輪聖神皇帝라
고 자칭하고 당을 장악했다. 거란국을 묵과할 수 없었던 당은 조
인사曹仁師 등 28명의 장수를 보냈으나 패배했고, 거란군은 단주
檀州까지 점령했다. 중국학계에서는 단주를 현 북경시 북쪽의 밀
운구密雲區로 비정한다. 그러나 거란국은 이진충이 697년 9월 병
사하면서 위기에 처했다. 손만영이 군사를 이끌고 계속 싸워 기
주冀州를 공격하고 현재의 북경 지역인 유주幽州를 점령했다. 측
천무후가 이듬해 왕의종王懿宗에게 20만 대군을 주어 보내자 거
란 장수 이해고李楷固 등이 투항하면서 거란국은 약해졌고, 당은
돌궐족, 해족奚族 등과 연합해 거란국을 무너뜨렸다.

= 고구려 후예국가 진의 건국

이진충이 군사를 일으켰을 때 고구려 후예 대조영大祚榮과 그
부친 걸걸중상乞乞仲象도 걸사비우乞四比羽 등과 반당反唐 봉기에
가담했다. 《구당서》는 대조영을 고려高麗(고구려)의 별종, 곧 후예

▲ 흑룡강성 발해 상경유지박물관의 〈결전천문령〉 부조

라고 설명하고 있다. 대조영 부자가 큰 세력을 갖게 되자 당은 걸걸
중상을 진국공震國公, 걸사비우를 허국공許國公에 봉해 회유하려
했지만 거부당했다. 당군은 거란 출신 이해고에게 수십 만 군사를
주어 걸사비우가 이끄는 군사를 격파했으나 대조영은 '천문령天門
嶺 대첩'에서 당군을 크게 격파해서 새나라 건설로 나아갔다.

《구당서》〈발해말갈 열전〉은 대조영이 계루桂婁 고지故地로 이
전해 동모산東牟山에 성을 쌓고 거주했다고 말하고 있다. 대조영
은 698년 계루부 고지에서 대진국을 건국했다. 고구려의 왕족을
배출하던 계루부의 옛 터전인 계루고지에서 건국한 대진은 고구
려 후예국가였다. 천문령과 동모산이 어디인지는 분명하지 않다.
동모산을 현재 길림성吉林省 돈화시敦化市의 성자산城子山이나 육
정산六頂山 등지로 비정하지만 이는 대진이 건국한 지역이 압록강
바로 북쪽이라는 선입견을 전제로 억측한 것에 불과하다. 중국의
입장에서 서술한 《신당서》〈발해열전〉은 당 예종睿宗이 대조영
을 발해군왕渤海郡王으로 제수하면서 "비로소 말갈이라는 이름
을 버리고 발해로만 불렀다."고 말하고 있다. 그러나 대조영이 세
운 나라는 대진국이지 말갈국이 아니라는 점에서 이는 당의 억지
에 불과하다. 대조영은 연호를 천통天統으로 삼았는데 이는 '천
제天帝(하느님)의 아들' 나라였던 고구려를 계승했다는 뜻이었다.

발해는 일본에 사신을 보낼 때 '고구려'라고 자칭했으니 진의 건국은 고구려의 재건이었다.

▲ 발해상경유지박물관에서 표시한 발해지도

= 진국의 강역

《신당서》〈발해열전〉은 발해의 영토가 사방 5천 리로서 부여·옥저·변한·조선 등 바다(발해) 북쪽의 여러 나라 땅을 모두 차지했다고 말하고 있다. 발해는 지금의 하북성부터 그 동쪽으로 5천 리의 강역을 갖고 있었다. 《신당서》는 진의 남쪽은 신라와 맞닿았는데 니하泥河로 경계를 삼았다고 말하고 있다. 이 니하를 한반도 내의 여러 강으로 비정하지만 반도사관에 의한 억측일 뿐 근거가 없다. 현재 중국의 흑룡강성 송화강의 지류 중 송눈평원松嫩平原 동쪽에 니하가 있다. 또한 《요사*》〈지리지 동경도東京道〉 조는 "패수浿水를 또한 니하泥河라고 말하고, 또 헌우락蓒芋濼이라고 말한다."면서 요양현遼陽縣을 한漢의 패수현浿水縣"이라고 설명하고 있다. 한의 패수현은 낙랑군 소속이므로 지금의 하북성에 있었는데 《요사》는 지금의 요녕성 지역으로 인식하고 쓴 것으로 보인다. 《요사》를 따른다면 초기 대진과 대신라는 요녕성에 흐르는 강인 니하를 경계로 삼았다.

• 요사

대요大遼(907~1125)의 역사서이다. 대요는 대거란국이라고 불렸는데, 《요사》는 원나라 때 탈탈脫脫 등이 1344년 편찬한 역사서이다. 한족漢族이 아닌 몽골족이 편찬했기 때문에 요의 역사와 지리에 대해서 중화사관으로 윤색하지 않고 비교적 사실대로 서술했다.

= 당과 평화관계를 맺다

당은 고구려의 후예 진국의 등장을 용납할 수 없었다. 그러나 때마침 고비사막에서 남하한 돌궐이 거란 및 해족과 연합해 현재의 북경시 서남쪽 정주시定州市 등을 공격하면서 진을 공격할 길이 끊겼다. 그래서 당은 중종中宗 복위년(705) 시어사侍御史 장행급張幸岌을

▲ 상경용천부 궁전 유적

진에 보내 회유하는 길을 택했다. 대조영도 개국 초에 당나라와 전면전을 펼칠 필요는 없다는 판단에서 둘째 아들 대문예大門藝를 당에 보내 화답했다. 천통 16년(713)에 당 예종은 낭장 최흔崔忻을 사신으로 보내 대조영을 발해군왕으로 봉했는데, 돌궐·해족 등이 진국과 결합하는 것을 막기 위한 회유책이었다. 진은 당의 제후국이 아니었으나 건국 초에 굳이 당의 회유책을 거부해서 전쟁까지 할 것은 아니라고 판단했다.

② 대당 전쟁과 진국의 발전

◀ 대당 전쟁이 발생하다

= 대당 전쟁의 발발

▲ 진의 천문군인天門軍印 상경용천부 출토. 천문군은 임금의 시위군이다.

대진과 당의 평화시기는 그리 오래 가지 못했다. 돌궐칸국이 동돌궐과 서돌궐로 분열되면서 동돌궐의 임금이 된 묵철가한默啜可汗이 698년 10만 기병을 거느리고 당나라 단주·조주·정주 등을 공격했다. 동돌궐칸국은 동서 만 여리에 40만 군사를 가진 강국으로 발전했다. 그러나 내분이 일어나 묵철가한이 피살되고 필가가한毗伽可汗이 뒤를 이었다. 당이 돌궐의 내분을 이용해 회유한 결과 필가가한은 718년 당에 화친을 요구했다. 진국 고왕高王 대조영은 당과 돌궐에 모두 사신을 보내 양측과 모두 외교 관계를 맺었다.

719년 고왕 대조영이 세상을 떠나고 그 아들 계루군왕桂婁郡王 대무예大武藝가 뒤를 이었다. 그가 2대 무왕武王(719~737)인데 인안仁安을 연호로 삼았다. 당은 계속 이간책을 썼다. 당은 진국 인안仁安 8년(726) 흑수말갈黑水靺鞨을 꾀어 그 지역에 흑수부黑水府를 설치하고 장사長史를 두어 다스리려 했다. 무왕은 당이 말갈과 손잡고 공격하려는 의도라고 판단하고 아우 대문예에게 군사를

▲ 당나라 갑옷을 입은 병사

주어 반격하게 했다. 대문예는 과거 당의 수도 장안長安에 가서 시위侍衛했던 친당파였다. 대문예는 "오늘날 발해의 인구가 고구려보다 몇 배나 작은데, 당을 저버리려고 하니 결단코 옳지 못하다."면서 대당 전쟁을 반대했다.

무왕은 대문예를 전선에서 소환하고 대일하大壹夏를 보냈다. 대문예가 당나라로 망명하자 무왕은 그를 죽이라고 당에 요청했는데 당 현종은 거꾸로 그를 좌요위장군佐驍衛將軍에 제수해 우대했다. 격분한 무왕은 인안仁安 14년(732) 장군 장문휴張文休에게 해군을 주어 산동반도 등주登州를 공격하게 했다. 등주에 상륙한 장문

더 깊게 생각하고 토론해 봅시다

진은 당의 제후국인가?

《구당서》등의 중국 사료들은 당이 진(발해)에게 여러 벼슬을 내렸다면서 진(발해)을 당의 제후국처럼 묘사하고 있다. 그러나 이는 중국측의 일방적 서술일 뿐이다. 진은 군주가 사망하면 당에 시호를 요청하지 않고 스스로 시호를 올렸는데, 대조영의 시호 고왕高王부터가 진의 독자적 시호다. 중국 사료는 이를 당이 내린 시호가 아니라 사사로운 시호라는 뜻에서 사시私諡라고 불렀다. 진은 또 독자적인 연호를 사용했다. 1대 대조영은 천통, 2대 무왕은 인안仁安(719~737), 3대 문왕은 대흥大興, 보력寶曆이란 연호를 사용했고, 7대 정왕은 영덕永德이라는 연호를 사용했다. 스스로 시호를 올리고, 독자적 연호를 사용한 진은 고구려를 계승한 황제국을 지향했다.

휴는 당의 자사刺史 위준韋俊을 전사시키는 등 대승을 거두었다.

＝ 대당 전쟁의 승리

당 현종은 좌령左領장군 갈복순葛福順을 보내 맞서는 한편 대
문예를 유주幽州(북경)로 보내 군사를 모아 역습하게 했다. 대문예
가 유주에서 군사를 모았다는 사실은 진의 서쪽 강역이 북경 부
근임을 말해준다. 당은 또한 당나라에 머물던 신라 왕족 김사란
金思蘭을 귀국시켜 733년(성덕왕 32) 진국의 남쪽 국경을 공격하게
했다. 《삼국사기》〈김유신열전〉은 이때 당 현종이 김유신의 손
자 김윤중金允中을 직접 장수로 지목해서 공격을 명령했다고 적

▲ 〈산간기사도山間騎士圖〉. 섬서성 건현乾縣 장회태자章懷太子 묘 벽화.

고 있다. 김윤중과 그 아우 윤문允文
등 네 장수가 당나라 군사와 함께 진
국을 공격했다. 그러나 새로운 신당
연합군은 큰 추위와 눈을 만나 동사
자가 반 이상 되는 큰 피해를 입었다.
당나라는 흑수말갈을 이용해 진국을
협공하려다가 오히려 산동성 등주를
진에 빼앗기고 말았다.

갈복순과 대문예가 이끄는 당군은
진국의 서쪽을 공격했으나 성과를

대문예의 운명

대조영의 둘째 아들 대문예는 시종 친당인사를 자처했다. 대문예가 무왕의 명령을 거부하고 당으로 망명하자
당 현종은 좌효위장군을 제수했다가 무왕이 죽이라고 청하자 몰래 안서安西로 보내고 영남嶺南으로 유배 보
냈다고 속였다. 무왕이 현종에게 "대국은 남에게 신의를 보여야 하는데, 어찌 거짓을 일삼느냐?"고 꾸짖자 현
종은 사실을 누설한 자들을 처벌하고 문예를 영남으로 보냈다. 대당 전쟁을 승리로 이끈 무왕은 당의 동도東都
낙양洛陽에 자객을 보내 천진교天津橋 남쪽에서 문예를 습격했으나 실패했다. 대문예는 끝내 진으로 귀국하
지 못하고 당에서 죽었다.

거두지 못하는 상황에서 진의 무왕이 군사를 이끌고 지금의 하북성 산해관山海關 부근의 마도산馬都山 마도성馬都城까지 공격하자 당 현종은 다급해졌다. 자칫 장성을 넘어 남하할 수 있었기 때문이다.

무왕이 마도성을 함락시키자 당은 평로선봉平盧先鋒 오승자烏承玼를 보냈는데, 그는 큰 돌로 400리나 되는 참호를 쌓아 길을 막았다. 당과 연합한 북쪽의 흑수말갈과 실위室韋도 5,000여 명의 군사를 보내자 무왕은 자칫 남북에서 공격당할 것을 우려해 일단 전진을 중단했다. 이로써 전쟁은 종결되었지만 진국은 해로로는 산동성 등주와 육로로는 하북성 일대까지 장악하는 일방적 승리를 거두었다.

◖ 진의 발전

= 여러 임금들의 업적

무왕의 뒤를 이은 3대 문왕文王(재위 737~794)은 연호 대흥大興처럼 내치에 힘을 기울이면서 각국에 사신을 보내 평화를 추구했다. 당은 물론 일본에도 사신을 보냈는데 일본에 보낸 사신편에 고려 국왕이라고 자칭했다. 문왕은 대흥大興 18년(755년) 수도를 동모산에서 상경용천부上京龍泉府로 천도했다.

진국의 성장에 위기를 느낀 신라 경덕왕은 재위 21년(762) 신라 북방에 오곡五谷·휴암鵂巖성 등 6성을 축조하고 태수를 두어 대비했다. 백제의 후예 일본은 문왕 대흥 21년(758) 발해에 사신을 보내 '신라정토계획'을 제시하면서 신라 협공을 제의했다. 신라는 남북에서 협공당할 것을 우려해 대흥 54년(791) 진에 사신을 파견해 우호관계를 맺자고 제의했다.

진은 건국 후 2대 무왕과 3대 문왕을 거치면서 발전의 기틀을 잡았으나 57년 동안 왕위에 있던 문왕이 793년 사망하면서 내분

▲ **상경용천부 부근의 흥룡사.** 진의 사원터에 청 강희원년(1662) 창건.

이 발생했다. 이 내분은 제10대 선왕宣王이 즉위하던 건흥建興 원년(818)까지 25년 동안 계속되었다.

문왕의 아들 대굉림大宏臨이 일찍 죽는 바람에 족제族弟 대원의大元義가 즉위했으나 재위 1년 만에 살해되었는데 그가 폐왕廢王(재위 793~794)이다. 그 뒤를 대굉림의 아들 대화여大華璵가 이어 5대 성왕이 되었는데, 그 역시 즉위한 해(794) 죽고 말았다. 6대 강왕康王(재위 794~809), 7대 정왕定王(재위 809~812), 8대 희왕僖王(재위 812~817), 9대 간왕簡王(재위 817~818) 등이 뒤를 이었지만 이들은 재위 기간이 짧아 뚜렷한 업적을 남기지 못했다. 간왕에 이어 10대 선왕宣王(재위 818~830)이 즉위하면서 진국은 다시 중흥의 기회를 맞게 되었다.

= 선왕의 영토확장

선왕 대인수大仁秀는 고왕 대조영의 아우인 대야발大野勃의 4세손으로 건흥建興(819~830)을 연호로 삼았다. 《신당서》〈발해열전〉이 선왕 때 "해북海北의 여러 부족을 쳐서 크게 영토를 넓혔다."고 기록하고 있을 정도로 영토를 크게 확장시킨 임금이었다. 흑수말갈이 선왕 재위 무렵부터 당에 조공을 중지한 것은 다시 진국에게 신속臣屬되었음을 뜻한다. 《요사》〈지리지 동경도東京道〉 조는 "발해왕 대인수大仁秀(선왕)가 남쪽으로 신라를 평정하고 북쪽으로 여러 부部를 공략해서 군郡과 읍邑을 설치했다."고 적고 있다. 진국은 이때 만주의 신라 강역 일부도 차지한 것으로 여겨지는데 어디까지 차지했는지는 자세히 알 수 없다. 《삼국사기》는 신라 헌덕왕憲德王이 재위 18년(826) 7월에 '한산漢山 이북의 인민 1만 명을 징발해 패강 장성 300리를 쌓았다.'고 기록하고 있는데, 이는 진국의 남하정책에 대한 대비책이었다.

= 해동성국

선왕의 중흥 노력에 힘입어 그 뒤를 이은 11대 대이진大彝震(재위 831~857), 12대 대건황大虔晃(재위 858~871), 13대 대현석大玄錫(재위 871~893)에 이르기까지 국력을 크게 떨쳐 당나라로부터 '해동성국海東盛國'이란 칭호를 듣기에 이르렀다.

그러나 진국의 발전된 모습을 보여주는 사료들은 거의 남아 있지 않아서 대이진부터는 왕의 시호조차 전하지 않고 있다. 당도 내부 혼란에 휩싸여 기록을 제대로 남기지 못하면서 진국의 본모습을 찾기는 더욱 어려운 일이 되었다. 심지어 진국의 마지막 15대 대인선大諲譔은 13대 대현석大玄錫(재위 871~893)을 계승한 14대 왕으로 알려져 왔었는데, 후대에 《발해국지장편渤海國志長編》을 쓴 김육불金毓黻(1887~1962)이 1933년 《당회요唐會要》에서 895년 10월 발해왕 대위해大瑋瑎(재위 894~906)에게 국서를 전한 기사를 찾아냄으로써 대위해가 대현석을 계승한 제14대왕이 되고, 대인선은 대위해를 계승한 마지막 15대왕으로 정리될 수 있었다.

▶ 진 삼족채색 자기

③ 진의 사회구조

◀ 황제국을 지향하다

= 황상, 대왕, 성왕

▲ 진의 유리삼채수瑠璃三彩獸.
상경용천부 출토.

진은 고구려를 계승한 천자국이었다. 그래서 황제를 뜻하는
황상皇上, 대왕大王, 성왕聖王 등으로 불렸고, 그 아래에 왕들이
있었다. 진의 3대 문왕 대흠무大欽茂의 둘째 딸인 정혜공주貞惠
公主(737~777) 묘가 길림성 돈화현 육정산六頂山 고분에서 발견되
었고, 넷째 딸 정효공주貞孝公主(757~792) 묘가 길림성 화룡현和
龍縣 용두산龍頭山에서 발견되었는데 발해가 자국 임금을 어떻
게 인식했는지를 보여준다. 〈정혜공주 묘지명〉에는 마모된 부분
이 많지만 '황皇' 자는 뚜렷하게 보인다. 〈정효공주 묘지명〉과 문
맥을 비교해보면 '황상皇上'으로 쓴 것으로 보인다. 대왕도 황제
라는 뜻인데 〈정효공주 묘지명〉에는 "공주는 우리 대흥보력효감
□□□법대왕 보력효감금륜성법대왕의 넷째 딸이다."라고 기록
하고 있다. 《일본후기》〈환무기桓武紀 연력 15년(794)〉 조에는 강
왕이 일왕에게 문왕의 사망을 알리는 기사가 전해지는데 "할아

▲ 진의 흥륭사 석등

버지 대행대왕께서 대흥 57년(793) 3월 4일 세상을 떠났다.”고 기록하고 있다. 《신당서》는 발해에서 국왕을 대면할 때는 성왕聖王으로 불렀다고 말하고 있는데, 고구려 동명성왕에서 유래한 것으로 추측된다.

송나라 때인 1013년에 편찬한 《책부원구冊府元龜》[•]에는 “발해 국왕 대무예는 본래 고구려의 별종이다. 그 아버지 대조영이 동쪽으로 가서 계루의 땅을 지키며 스스로 서서 진국왕이 되고 대무예를 계루군왕으로 삼았다.”고 말하고 있다. 대조영이 아들을 ‘군왕’으로 삼은 것도 자신을 황제로 여겼기 때문일 것이다. 일본 오카야마현 구라시키시倉敷市의 대원大原박물관에 있는 오존불五尊佛은 11대 대이진 함화咸和 4년(833) 허왕부許王府 참군參軍 기도위騎都尉 조문휴趙文休의 어머니 이씨가 조성한 것인데, 진의 황제 아래 허왕이 있었음을 말해준다. 이 또한 대진이 황제국 체제를 갖고 있었음을 말해주는 사료다.

● 책부원구

송 진종眞宗이 서기 1005년 왕흠약王欽若 등에게 편찬하게 한 서적으로 모두 1천 권에 이르는 방대한 내용이다.

진의 행정과 군사제도, 신분제도

= 중앙 행정체제

진은 5천 리에 달하는 거대한 강역을 다스리기 위해 다섯 수도를 두는 오경제五京制를 실시하였다. 5천 리의 넓은 강역 다섯 곳에 각각 수도를 두어 고른 발전을 꾀한 것이다. 당초 상경용천부上京龍泉府·중경현덕부中京顯德府·동경용원부東京龍原府의 3경을 두었다가 선왕이 확장한 영토를 다스리기 위해 서경압록부西京鴨綠府·남경남해부南京南海府를 더해 5경을 설치했고, 그 아래 15부 62주를 두었다. 진은 네 번 천도했던 것으로 여겨진다. 처음 나라를 세웠던 구국舊國에서 중경현덕부로 옮겼다가 문왕 때 상경용천부로 옮겼고, 동경용원부로 옮겼다가 5대 성왕 때 다시 상경용천부로 옮겨 멸망할 때까지 수도로 삼았다.

▲ 정혜공주묘 출토 석사자

진의 중앙통치조직은 3성 6부제인데 3성은 정당성政堂省·선조성宣詔省·중대성中臺省이었다. 정당성의 장관은 대내상大內相이고, 선조성의 장관은 좌상左相, 중대성의 장관은 우상右相이다. 《신당서》는 "정당성에는 대내상 1명이 있는데 좌·우상의 위에 있다."고 했다. 대내상이 고구려의 막리지나 신라의 상대등 같은 최고 관직임을 말하고 있다.

대내상 아래에 좌사左司와 우사右司가 있어서 3개씩의 행정기관들을 관장했는데 좌사는 충忠·인仁·의義 3부를 관장했고, 우사는 지智·예禮·신信 3부를 관장했다. 각 부에는 장관인 경卿과 차관인 소경少卿이 있었다. 충부忠部는 문관을 관장했고, 인부仁部는 재정을 관장했고, 의부義部는 의례·제사·과거·학교 및 대외관계 등을 관장했고, 지부智部는 무관을 관장했다. 예부는 법률·형법 등을 관장했고, 신부信部는 교통이나 건축 등을 관장했다.

선조성은 무슨 일을 담당했는지 구체적인 기록은 없지만 국왕에게 조야의 의견을 전하고 자문하는 역할을 했을 것이다. 중대성은 정령을 기초하고 제정하며 정책을 심의하는 일을 맡았을 것이다. 그 외에 감찰기구인 중정대中正臺와 외국의 사신을 접대하는 사빈시司賓寺 등 여러 행정기관을 갖고 있었다.

= 5경 15부 62주의 지방행정제도

진은 오경을 중심으로 15부府를 두어 5천 리 광할한 영토를 관장했다. 진의 오경은 고구려의 오부에서 유래했는데 상, 중, 동, 서, 남의 방위에 따라 설치했다. 그러나 고구려의 5부는 수도와 그 부근에 설치한 것으로 해석되는데 진의 오경은 전국에 걸쳐 포진했던 행정단위라는 점에서 달랐다. 5경의 소재지는 15부 중에 속하는데 5개 부의 중심지이기도 했다.

부는 도독都督이 다스렸고 15부 밑의 62주는 자사刺史가 다스렸는데 주 아래 백수 십 개의 현이 있었다. 현 외에 부곡과 촌 등

▲ 〈정효공주 묘지명〉

도 있었다. 부곡은 향리들이 대신 다스렸는데 정복전쟁 때 저항
했던 피정복지역의 주민들과 중앙의 지배에 저항해서 봉기를 일
으켰던 백성들이 살던 마을로 여겨진다. 촌 역시 전국적으로 분
포했던 지방행정구역으로 여겨진다.

= 신분제도

진은 황제를 정점으로 왕족들과 벼슬아치들이 지배층을 이루
고, 평민, 부곡민, 노비 등이 피지배층을 이룬 계급사회였다. 남송
南宋 홍호洪皓(1088~1155)는《송막기문松漠紀聞》에서 발해의 왕성
은 대씨大氏이고 유력가문의 성은 고高·장張·양楊·두竇·오烏·이씨
李氏 등 몇 성 뿐이었다고 기록하고 있다. 부곡과 노비 등 성이 없
는 사람들은 모두 그 주인을 따랐다고 기록하여 지배층은 성이
있고, 피지배층은 성이 없는 것으로 설명하고 있다. 후대의 역사
학자 김육불은《발해국지장편》에서 발해에는 하賀·왕王·임任·마
씨馬氏 등 49개 성씨가 있었다고 달리 말하고 있다.

진의 지배층은 작위도 있었는데 개국공, 개국호, 개국백, 개국
자, 개국남의 5개 작위가 있었다. 작위자들이 사신으로 가는 경
우가 적지 않았는데 758년 일본에 갔던 사두 양승경은 개국공이

▲ 정효공주 묘 벽화. 길림성 화룡시 용해龍海 고분군.

었고, 798년 일본에 파견되었던 사두 대창태는 개국자였다. 개국 남이 파견되는 경우도 있었다. 벼슬아치들은 품계에 따라 관복의 색깔이 달라서 3품 이상은 보라색 옷을 입었고, 5품 이상은 붉은 비색 옷을 입었다.

피지배층은 평민이 중심이었다. 평민은 농민이 다수였는데 상인, 수공업자들도 있었다. 자작농이 중심인 평민들은 조세, 공물, 부역의 의무를 지고 있었고 재능에 따라 낮은 벼슬도 할 수 있었다. 토지를 많이 소유한 호민도 있었다. 평민 아래 부곡민과 노비도 있었는데, 부곡민은 주인에게 예속된 존재로 노비와 큰 차이가 없었을 것으로 여겨진다.

= 군사제도

진의 군대는 중앙군과 지방군이 있었는데, 중앙군은 8위와 금군으로 구성되었다. 금군은 궁성을 수비하고 임금을 호위하는 최정예부대였다. 8위는 좌맹분위, 우맹분위, 좌웅위, 우웅위 등 8개 부대로 구성되어 있었는데 각각 대장군과 장군이 지휘했고 그 아래 도장, 소장 등의 무관들이 있었다. 자세한 자료는 전해지지 않으나 진의 중앙군은 당군과 천문령 대첩을 승리로 이끈 군사들이 주축이 되었을 것으로 여겨진다.

진의 지방군도 사료가 부족해서 자세히 알 수 없으나 고구려 멸망 후 각지에서 반당反唐전쟁을 전개했던 항전세력들이 지방군을 형성한 것으로 여겨진다. 진은 지방군을 거느리는 지방장관들에게 중앙의 관직을 겸임시키는 경우가 많았는데 이 또한 대당항전에서 같이 싸웠던 동지의식의 발로였을 것이다.

각 부의 도독, 각 주의 자사, 각 현의 현승 등의 지방관들은 그 지역의 군사권도 장악했다. 또한 중요한 부에는 도독이 아니라 절도사가 파견되어 그

▲ **진 삼족솥.** 상경용천부 출토.

지역의 군사권을 장악했다. 지방군은 중앙군과 달리 병농일치의 원칙에 의해 농민들이 주축이었는데 말갈출신 군사들도 지방군을 형성했다.

진의 군사는 육군과 수군으로 구성되었다. 육군은 기병과 보병으로 이루어졌는데 기병은 전문적인 군사들로 구성된 군대이고 보병은 스스로 말을 장만할 수 없는 농민들 위주로 구성된 군대였을 것이다. 《속일본기》에 따르면 755년 당나라에 안록산安祿山·사사명史思明이 봉기하는 안사安史의 난이 일어났을 때 평로平盧 유후사 서귀도徐歸道가 진에 기병 4만을 보내 도와달라고 요청한 일이 있었다. 이는 진에 최소한 4만 이상의 기병이 있었던 것을 말해주는 사례로서 진의 강한 군사력의 기초는 기병임을 알 수 있다.

진은 강력한 수군도 있었다. 진은 동쪽으로는 동해, 서남쪽으로는 발해와 접하고 있었기에 수군이 중요했다. 무왕 때 장문휴가 수군을 이끌고 산동반도 등주를 점령할 수 있었을 정도로 강력한 수군이 존재했다.

❹ 진의 대외관계

◖ 당과의 관계

= 진과 당

현재 중국에서는 진을 중국의 지방봉건정권이라면서 중국사의 범주에 집어넣고 있다. 그러나 《구당서》·《신당서》가 모두 발해를 외국열전에 서술하고 있다는 점에서 이는 모순이다. 《신당서》〈발해열전〉은 진이 "(초기에는) 유주절도사와 서로 사신을 보냈으나 영주營州·평주平州부터 경사京師(서안)까지는 8천 리의 먼 거리이므로 그 후에 조공을 했는지 여부는 역사가들도 전하지 못

▲ **작은 금불상.** 상경용천부 추정
지 출토.

했다."라고 말하고 있다. 진은 당의 속국도 아니고 당에 조공하지도 않았다는 뜻이다. 《구당서》는 진이 여러 번 조공을 바쳤다고 쓰고 있지만 이는 외국에서 사신을 보내면 무조건 "조공을 바쳤다."라고 쓰는 중국 역사서의 관례적 표현에 불과하다. 당과 진은 서로 사신을 주고 받은 대등한 관계로 일방적으로 조공한 제후국이 아니었다.

최치원이 쓴 〈사불허북국거상표謝不許北國居上表〉(북국北國(발해)이 신라 위에 있는 것을 허락하지 않은 것에 사은하는 상표) 라는 글이 있다. 897년 발해의 하정사賀正使(정월 초하루를 축하하는 사신)였던 왕자王子 대봉예大封裔가 신라 사신을 진 사신보다 상석에 배치했다고 당에 항의했지만 진의 항의에도 당이 관례대로 신라 사신을 위에 있게 하자 최치원이 감사하는 상표를 올린 글이다. 당은 진과도 외교관계를 맺었지만 한때 동맹이었던 신라를 더욱 우대했던 것이다. 신라는 당과 동이족 국가 사이에 분쟁이 발생하면 대부분 당의 편에 섰다.

산동반도 일대를 장악하고 있던 제왕 이사도李師道(?~819)가 당의 운하를 끊자 다급해진 당은 신라 헌덕왕에게 군사 지원 요청을 하였다. 신라는 3만 군사를 지원해 제국 공격에 가담했다. 신라는 신당대전 이후에도 당과 군사동맹 관계였고, 진국이나 제국 같은 고구려 후예국가들이 당과 대립할 때 늘 당의 편을 들었다.

더 깊게 생각하고
토론해 봅시다

고구려의 후예국가 제국齊國

고구려의 후예국가 중에는 이정기李正己(732~781)가 세운 제국도 있었다. 이정기는 당에 안사安史의 난 (758~763)이 발생하자 지금의 산동반도를 다스리는 평로치청절도사가 되어 산동성 청주靑州를 거점으로 삼아 15개 주를 장악했다. 이정기가 781년 사망하고 그 아들 이납李納(759~792)이 뒤를 이어 제국을 수립하고 제왕齊王임을 선포했다. 제국은 이후 이납의 아들 이사고李師古(?~806)와 그 동생 이사도李師道(?~819)가 뒤를 이어 제왕에 올라 당의 운하를 끊는 등 당과 중원의 패권을 다투었으나 819년 부장으로 있던 유오劉悟의 반란으로 붕괴하고 말았다.

그래서 당은 늘 신라를 우대했다. 진은 당과도 외교관계를 맺었지만 당 중심의 국제질서에 편입되는 제후국이 되지는 않았다.

신라 관계

진과 후기 신라

고구려의 계승국을 자처한 진은 고구려를 멸망시킨 신라와 관계가 좋지 않았다. 2대 무왕武王(719~737)이 고구려 영토 수복전쟁을 전개한 것은 곧 신라와 충돌을 의미했다. 《삼국사기》는 신라의 성덕왕이 재위 20년(721)에 "하슬라도何瑟羅道의 장정 2천 명을 징발하여 북쪽 국경에 장성長城을 쌓았다."고 말하고 있다. 진의 남하정책에 맞서 신라가 북방에 성을 쌓은 것이다.

진 10대 선왕宣王(재위 818~830)이 고구려 옛 강역 수복에 나서면서 신라의 북방 강역은 더욱 축소되었을 것으로 여겨진다. 신라 헌덕왕이 재위 18년(826) 한산漢山 북쪽 여러 주의 1만여 주민을 동원해 패강장성浿江長城 300리를 쌓았다는 기사 또한 진의 남하정책에 대응하기 위한 것이었다. 그러나 대진과 대신라의 남쪽 경계의 변천에 대해서는 연구가 부족해서 정확하게 알 수 없다.

더 깊게 생각하고 토론해 봅시다

하슬라는 어디인가?

신라 선덕왕은 재위 8년(639) 하슬라주州를 북소경北小京으로 삼았다. 이때의 하슬라를 현재 신라의 명주溟州라면서 강원도 강릉이라고 비정한다. 그러나 태종 무열왕은 재위 5년(658) 하슬라가 말갈 땅과 맞닿아 있다면서 소경을 폐지하고 주로 삼고 도독을 두어 지키게 했다. 지금의 강원도 강릉이 말갈(훗날의 여진)과 맞닿아 있다고 볼 수는 없다. 하슬라는 고구려의 주였는데《삼국사기》〈지리지〉는 고구려의 '하슬라주'가 30개의 군현을 가지고 있었다고 말하고 있다. 반면《삼국사기》〈지리지〉는 신라의 명주는 4개 현뿐이라고 말하고 있다. 또한《삼국사기》는 명주를 예濊의 땅이자 부여夫餘 땅이라고도 기록하고 있다. 그러므로 통일 후인 성덕왕이 장성을 쌓은 하슬라는 강원도가 아니라 만주일 가능성이 높다.

일본 관계

= 진과 일본

　진과 일본은 우호적인 관계였다. 고구려의 후예인 진과 백제의

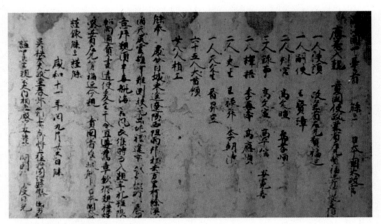

▲ 진에서 일본 태정관에게 보낸 문서

후예인 일본은 반당反唐·반신라라는 공통분모가 있었기 때문이
다. 《속일본기續日本記》는 진이 일본에 34차례의 사신을 보냈고,
일본은 진에 13차례의 사신을 보냈다고 말하고 있다. 진은 2대 무
왕 인안 9년(727)에 최초로 고제덕高齊德 등을 일본에 파견했는데
당초 24인이 출발했다가 중로에 폭풍을 만나 8명만이 일본의 수
도 나라奈良에 도착을 정도로 험한 뱃길이었다. 진 문왕 대흥 3년
(739)에 보낸 두 번째 사신도 충무장군 서요덕胥要德은 물에 빠져죽
고 이진몽已珍蒙 등만 살아남아 수도 나라에 도착할 수 있었다.

　이런 어려움에도 불구하고 진이 일본에 사신을 자주 보낸 것
은 반당·반신라라는 공통분모 때문이었다. 일왕 순인淳仁(재위
758~764)은 신라 정벌 계획까지 세웠다. 순인은 759년 큐슈의 태
재부太宰府에 '행군식行軍式(해외파병준비)'을 만들라고 명했는데《속
일본기》는 "장차 신라를 정벌하려는 뜻"이라고 설명하고 있다.

이 무렵 당에서 안사의 난(758~763)이 발생해서 당이 군사 개입할 여지가 사라졌다고 판단한 일본은 진에 세 차례(758·759·761)나 사신을 보내 신라정벌에 함께 하자고 요청했다.

진 문왕은 대흥 22년(758)·23년(759) 무관武官을 일본에 보내 신라 정벌에 함께 할 의지를 보였다. 신라 경덕왕은 이에 맞서 재위 21년(762) 오곡五谷·한성漢城·장새獐塞 등에 6개 성을 쌓고 각각 태수를 두었는데, 진의 공격을 의식한 것이었다. 그러나 일본과 달리 진에게 안사의 난은 기회이자 위기이기도 했다. 안사의 난이 어떻게 전개될지 불분명한 상황에서 신라 정벌을 위한 군사를 출동시키기는 어려웠다. 자칫 고대 요동의 지배권이 흔들릴 수 있었기 때문이다. 일본 내에서도 정세 변화가 있었다. 일본에서 신라 정벌을 주도했던 에미대신惠美大臣이 764년 실각하고 곧 죽으면서 동력이 떨어졌다. 이런 정세의 변화로 진과 일본이 연합한 신라 정벌은 이루어지지 못했으나 각각 고구려와 백제의 후예였던 양국은 끝까지 우호적인 관계였다.

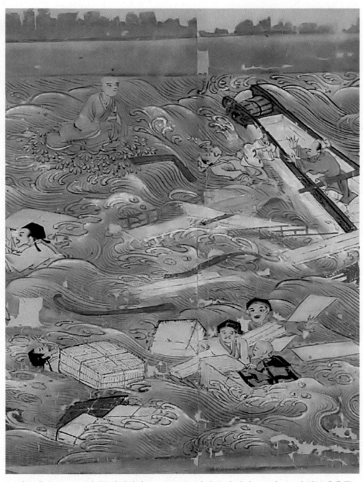

▲ 당초제사唐招提寺의 《동정전회권東征傳繪卷》. 당의 승려 감진鑑眞이 759년 일본에 율종律宗을 전하러 오다가 낭구포狼溝浦에서 난파된 그림.

⑤ 진의 경제와 사회문화

◀ 진의 경제

= 농업과 각종 경제

▲ 정효공주 묘 비파악사

진의 경제에 대한 사료가 많지 않아 정확한 실상을 파악하기는 힘들다. 대체로 농업을 위주로 목축업, 수공업, 상업이 발달한 것으로 여겨지고 있다. 왕실과 귀족들은 거대한 식읍을 갖고 있었는데 부곡민이나 노비들이 경작했을 것이다. 농민들은 자경 농지를 갖고 있었다. 대조영이 이끈 고구려·말갈군사는 40만 명이나 되었는데 이중 직업 군인은 일부였을 것이고 대다수는 자신의 농지를 가지고 군역에도 복무하던 자영 농민이었을 것이다. 말갈족들은 공동체적 토지소유제를 가지고 말이나 가축 등을 방목했다. 《신당서》에는 진이 위성位城의 철鐵, 솔빈부率賓府의 말, 남해부南海府·현주顯州·옥주沃州·용주龍州 등의 옷감 등과 노성盧城의 쌀, 환도丸都의 오얏, 악유樂游의 배 등을 귀하게 여긴다고 기록하고 있다. 진의 내부 지역에는 철과 옷감 등을 생산하는 수공업과 말 등을 기르는 목축업, 쌀을 생산하는 농업과 과일을 생산하는 과수업 등이 발달했음을 말해준다.

진은 중앙관청으로 각종 창고를 관장하던 대농시大農寺와 외국 무역을 위한 직물과 각종 재정을 관장하는 사장시司藏寺, 궁중의 음식과 술 등을 관장하는 사선시司膳寺 등이 있었는데 이 또한 농업, 수공업, 상업이 발달했음을 말해준다.

◀ 진의 문화

= 진의 종교

고구려에 불교가 성행했던 것처럼 진도 불교가 성행했다. 문왕의 존호 중에 '금륜성법대왕金輪聖法大王' 등의 불교식 용어를 사용했는데, 이는 불교가 왕실의 종교였음을 말해준다. 또한 《책부원구》에는 대조영이 건국 16년만인 713년 아들을 당나라에 보냈는데 절에서 예배를 청했다는 기사가 나온다. 시조 대조영이 불교 신자였을 가능성이 높다는 뜻이다. 일본의 나라 정창원正倉院 문서에는 문왕 대흥 25년(762) 일본에 사신으로 갔던 왕신복王新福 일행이 나라의 동대사東大寺에서 예불했다는 기사가 있다. 왕실과 지배층 모두 불교를 신봉했음을 의미한다.

1933∼34년 일본의 고고발굴단이 흑룡강성黑龍江省 영안현寧安縣 동경성東京城 터에서 진의 궁성유적을 발굴하고 수도인 상경용천부라고 비정했다. 이곳에서는 10여 개의 크고 작은 절터가 확인되었는데 성 남쪽 흥륭사興隆寺 터에서는 큰 돌부처를 비롯해서 1천여 개의 크고 작은 불상과 불탑, 사리함 등이 발굴되었다. 정효공주 무덤도 불교식 양식으로 조성되었는데 그 산 아래에서 절터가 발견되었다.

진의 승려로는 석인정釋仁貞·석정소釋貞素·살다라薩多羅·재웅載雄 등이 알려져 있는데 8세기말∼9세기에 활동한 인물들이다. 특히 석정소는 일본의 학승 영선靈仙(?∼828)을 당나라에서 만났다. 석정소가 일본에 갔을 때 일본에서 중국 오대산에 있는 영선에게 황금과 서신 전달을 요청하자 오대산까지 가서 전달했던 것이다. 석정소처럼 진과 일본, 당을 오가며 불법을 찾는 것은 그리 드문 경우가 아니었다.

불교 이외에 기독교의 네스토리우스파를 뜻하는 경교景教도 들어왔던 것으로 보인다.

경교는 서안에 교회를 지을 정도로 해외포교에 열심이었는데, 진의 팔련성 절터에서 발견된 삼존불三尊佛은 십자가 형태의 목걸이를 하고 있었다. 러시아 연해주에서도 경교의 십자가가 새겨진 점토판이 발견되었다.

▶ 대진 영광탑靈光塔. 길림성 백산시白山市 장백조선족 자치현.

= 진의 학문과 역사학

진은 유학도 성행했다. 신앙은 불교였지만 정치는 유학사상을 따랐다. 이는 진의 관청명에서도 알 수 있는데 6부의 명칭이 충忠·인仁·의義·지智·예禮·신信이라는 유학 이념이었다. 진은 중앙부서인 주자감冑子監에서 귀족 자제들에게 유학을 가르쳤을 것이다. 문적원文籍院은 경전 등의 도서를 관장하는 기관이었는데, 유학경전들도 관장했을 것이다. 〈정혜공주 묘지명〉과 〈정효공주 묘지명〉에는 《상서尙書》·《춘추春秋》·《시경詩經》·《역경易經》·《예기禮記》·《논어論語》·《맹자孟子》 등의 유학 서적들의 이름이 기록되어 있다. 〈정효공주 묘지명〉에 요堯임금, 문왕文王 등 유학에서 높이는 군주들의 이름이 기록되어 있는 것으로 봐서 지배층들 사이에 유학적 기풍이 널리 퍼져 있었던 것으로 보인다.

또한 진은 《단군봉장기년》과 《단기고사》, 《조대기》 등 자체적으로 역사서를 편찬하여 단군조선의 정통성을 계승했다는 의식을 가지고 있었다.

▲ 진 **이불병좌상**. 길림성 훈춘현 반라성지에서 발굴되었다. 일본 동경국립박물관 소장.

= 진의 예술

진에서는 건축이 크게 발전했는데, 이는 궁전 유적들과 방어성, 건물, 사원 유적 등을 통해서 알 수 있다. 진의 성은 평지에 쌓은 평지성과 산에 쌓은 산성 등으로 나뉜다. 진은 고구려처럼 성을 중심으로 행정구역을 설치했는데 현재까지 조사된 것만 120개가 넘는 성을 쌓았다.

알고 싶어요

경교는 네스토리우스파

428년 콘스탄티노플의 대주교가 된 네스토리우스는 마리아는 예수 그리스도의 어머니지만 신神의 어머니는 아니라는 비성모설非聖母說을 주장했다가 이단으로 단정되었다. 이후 네스토리우스파는 외방 전교에 열심히 나섰는데 635년 당나라 장안長安에 도착해 교회를 세웠다. 경주 불국사에서 발견된 돌 십자가를 근거로 경교가 신라까지 전파되었다고 보는 설도 있다.

또한 상경성 유적에서는 모두 7개의 궁전이 발견되었고, 궁성의 동쪽에는 어화원御花園이라 불리는 왕실 정원도 발견되었다. 이런 궁전들을 축조하기 위해 벽돌을 굽던 요지窯址도 여러 곳에서 발견되었다.

진의 회화는 남아 있는 작품이 많지 않아서 자세하게 알 수 없다. 다만 정효공주 무덤에 그려진 벽화를 통해서 그 회화 수준을 알 수 있다. 무덤의 연도羨道(무덤 입구에서 시신을 안치하는 곳까지 이르는 길)와 현실 3면의 벽에는 무사武士, 악사樂士, 시종 등 모두 12명의 인물이 그려져 있다. 이 인물들은 다양한 색깔의 옷을 입고 있는데 신분에 따라서 검이나 악기 등을 들고 있어서 진 지배층의 생활 모습도 유추할 수 있다. 삼릉둔 2호묘나 돈화 육정산 6호분, 화룡 하남둔 고분 등에서도 벽화가 발견되어 진의 회화세계를 짐작하게 해 준다.

진은 음악이나 무용도 발전했다. 중앙부서인 태상시太常寺에서 국가 제사나 행사 때 음악과 무용을 연주했는데 자세한 내용은 알 수 없다. 다만 정효공주 무덤 서쪽 벽에 3명의 악사樂士가 그려져 있어서 음악도 흥성했음을 유추할 수 있다. 진의 음악에 대

▲ **정효공주묘 박판**拍板 **악사.** 박판은 나무로 만든 악기를 말한다.

더 깊게 생각하고 토론해 봅시다

진의 역사서

북한에서 편찬한 《조선단대사 : 발해사》에는 《단군봉장기년》과 《단기고사》, 《조대기》를 진에서 편찬했다고 말하고 있다. 《단군봉장기년》은 진 왕족 대조영 후예들의 족보인 《협계태씨족보陜磎太氏族譜》를 근거로 삼고 있다. 《단군봉장기년》은 현재 전하지 않는데 《단기고사》에 나오는 47명의 단군조선 임금의 이름이 《단군봉장기년》에서 인용한 것으로 추측하고 있다. 북한의 《조선단대사 : 발해사》는 《단기고사》도 발해 초에 편찬한 역사서라면서 발해를 단군조선의 재현으로 본 역사관 등을 근거로 들었다. 북한 역사학계는 《조대기》도 발해에서 편찬한 역사서라면서 그 단편적인 내용이 16세기 조선의 이맥李陌(1455~1528)이 편찬한 《태백일사》에 전해지고 있다고 설명하고 있다. 《조대기》는 발해국이 계승한 고구려를 단군조선의 연장으로 보고 있다면서도 후대에 여러 번 개작했기 때문에 부정확한 부분도 적지 않다고 비판도 하고 있다. 북한의 《조선단대사 : 발해사》는 발해 때 편찬된 이런 역사서들이 한계도 있지만 "민족사를 서술하려는 애국심과 민족애가 반영되어 있기에 자못 의의가 있다고 본다."고 평가하고 있다.

▲ 정효공주묘 박판 악사

해서는 일본 측의 기록이 남아 있다. 문왕 대흥 3년(740) 일본에 사신으로 갔던 기진몽己珍蒙 일행이 일왕 성무聖武 앞에서 '본국의 음악'을 연주했다는 기록이다. 또한 749년 나라 동대사東大寺에서 개최된 법회에서 대당악大唐樂 등과 함께 발해악渤海樂도 연주되었는데 발해악이란 고구려악을 계승한 음악일 것이다. 《속일본기》에 따르면 일본에서는 유학생 내웅內雄을 진에 보내 음악을 배워오게 할 정도로 음악이 발달했다. 이밖에도 진은 도자기, 기와, 금속 세공품 등의 공예품도 발달하였다.

❻ 진의 쇠퇴와 멸망

🔷 중원 정세의 변화

= 중원의 혼란

진국은 15대 대인선大諲譔(재위 907~926) 때 위기를 맞게 되었다. 대인선이 재위하던 10세기 초엽 동아시아는 격변에 휩싸였다. 당唐은 지방 절도사들이 번진藩鎭세력으로 변해서 각지에서 군사를 일으켰다. 이중 하남河南 지역의 선무절도사宣武節度使 주전충朱全忠(852~912)이 907년 당 애제哀帝를 폐위시키고 후량後梁(907~923)을 세움으로써 당은 289년만에 멸망했다. 그러나 후량도 얼마 가지 못해서 923년 산서山西 지역의 하동河東절도사 이극용李克用(856~908)의 아들 이존욱李存勖에게 멸망당했다. 이존욱은 후량을 멸망시킨 후 위주魏州에서 후당後唐(923~936)을 세

▲ 반원형유리기와. 길림성 화룡현 서고성西古城(중경中京 추정) 출토.

웠다. 이후에도 중원의 혼란은 계속되었는데, 당이 멸망하고 960년 조광윤趙光胤의 송宋(960~1279)이 979년 북한北漢(951~979)을 멸망시키고 중원을 통일할 때까지를 5대10국五代十國시대(907~979)라고 한다.

이 무렵 신라도 중앙 통제력이 약화되면서 각지의 지방 세력이

일어나 각자 고구려와 백제 부흥을 표방하는 후기 세 나라시대
가 전개된다.

◀ 거란의 발흥과 진의 멸망

= 거란의 흥기

진의 국력이 온전했으면 중원의 정세변화는 호기가 될 수 있었
다. 중원의 정치적 혼란을 적극 활용한 세력은 열하熱河(현 하북성
승덕시 부근) 북쪽의 거란이었다. 거란족은 10세기 초 야율아보기耶
律阿保機(872~926)가 흩어진 부족들을 통합해서 916년 거란국을
세우고 가한可汗(황제)의 지위에 올라 연호를 신책神冊이라고 지었
다. 거란국은 947년 대요大遼라고 국호를 바꾸게 된다. 야율아보
기는 921년 남하해 중원의 여러 성을 공략하면서 한족漢族이 세
운 중원 국가들의 허약함을 확인하고 중원으로 진출하려 하였
다. 그는 중원 진출 전 배후의 진(발해) 문제를 매듭짓고 중원으로
내려가는 정책을 펼쳤다. 야율아보기는 925년 12월 '발해는 대대
로 원수지간인데도 아직 설욕을 못했으니 어찌 편안히 있을 수
있겠는가?'라며 태자와 대원수 요골堯骨 등을 거느리고 직접 진
정벌에 나섰다.

= 진 멸망

거란의 발흥에 맞서 대인선은 주변 여러 나라는 물론 개국 이래
관계가 좋지 않았던 신라와도 우호관계를 맺어 위기를 타파하려
하였다. 그러나 신라는 925년 진국과의 관계를 파기하고 거란과
관계를 맺었다. 《요사》에 따르면 신라는 925년 거란에서 진을 공
격하자 군사를 파견해 거란군을 지원했다. 후삼국 중 하나인 궁예
의 태봉泰封(911~918)도 915년과 918년 거란에 사신을 파견했으며,
918년 6월 왕위에 오른 왕건도 이런 외교정책을 지속하였다.

거란의 야율아보기는 925년 윤 12월 진국 공략에 나서 요충지인 부여부夫餘府를 포위한 지 사흘 만에 함락시켰다. 진은 노상老相에게 3만 군사를 주어 막게 했지만 패하고 말았다. 거란이 수도인 상경용천부를 포위하자 국왕 대인선이 저항을 포기하고 항복하면서 진국은 건국 228년 만인 926년 멸망하고 말았다. 대인선은 그해 7월 회군하는 거란군에게 왕후와 함께 끌려가 거대한 고구려 토성이 있는 상경임황부上京臨潢府(현 내몽골 파림좌기) 서쪽에서 살다가 세상을 떠났다.

= 진 부흥운동

▲ **진 상아공**. 상경용천부 출토.

진의 유민들은 부흥운동을 일으켰다. 938년 진 남해부 출신의 열만화列萬華가 안정국安定國을 세웠다. 안정국은 991년에 멸망했지만 그 후에도 부흥운동은 계속되었다. 1029년 태조 대조영의 7세손이자 요遼나라 동경東京장군이었던 대연림大延琳이 요나라의 내분을 이용해 흥료국興遼國을 세웠다. 대연림은 황제로 자칭하고 연호를 천경天慶으로 삼았다. 대연림은 1029년(고려 현종 20) 요나라와 싸우는 한편 고려와 동맹을 맺기 위해 대부승大府丞 고길덕高吉德을 보내 연합을 요청했지만 고려 현종에게 거절당했다. 고립된 흥료국은 이듬해 요나라에 정벌되어 진국 재건의 꿈은 좌절되었다. 진국 왕손 대연림이 세운 나라 이름이 요나라를 부흥하자는 뜻의 흥료국이었던 것은 진과 요의 통합을 꿈꿨던 것으로 여겨진다.

진국은 비록 역사속으로 사라졌지만 단군조선과 부여 및 고구려의 후신이라는 정체성을 바탕으로 단군조선과 고구려의 옛 강역을 상당 부분 회복하고 독자적인 연호를 사용하면서 천자의 제국으로 군림했다. 5천 리 광대한 영토를 기반으로 중원제국과 맞서 대륙 민족사의 정통성을 지켜냈다.

요나라 왕실은 고구려의 후예인가?

1986년 내몽골 통료시通遼市 내만기奈曼旗 청룡산에서 요나라 진국공주陳國 公主(1000~1018) 야율씨의 부부 합장묘와 묘지墓誌가 발견되었다. 공주는 요 나라 왕성王姓 야율耶律씨로 요 경종景宗의 손녀였고 부친은 경종과 황후 소 작蕭綽의 둘째 아들이자 성종聖宗의 동생인 진진국왕秦晉國王 야율융경耶律 隆慶(973~1016)이었다. 진국공주는 황제의 조카로서 부마도위 소소구蕭紹矩 에게 시집갔으나 열여덟 살에 세상을 떠났다. 〈요 진국공주 묘지명〉에 "본래 그 성씨의 시작은 일찍이 고씨高氏의 후예로서 6대 후손이다."라고 말하고 있 다. 요나라를 세운 야율씨가 원래 고씨라는 것이니 고구려 왕성 고씨의 후예일

▲ 〈요 진국공주 묘지명〉

가능성을 말해주고 있다. 요나라 도읍 상경용천부 자리인 내몽골 파림좌기巴林左旗에는 지금도 거대한 고구 려 토성土城이 존재하고 있다. 《요사》는 요나라 상경용천부 자리가 옛날 한나라 요동군 서안평이라고 말하고 있는데, 서안평은 고구려 태조왕을 비롯해서 여러 임금이 공격했던 옛 고조선 땅이었다. 어린 나이에 세상을 떠난 공주의 묘지는 요와 우리 민족사의 상관성에 대한 많은 숙제를 던져주고 있다.

진은 독자적 문자를 갖고 있었는가?

진이 독자적 문자를 갖고 있었다는 견해는 중국학자들 사이 에서 일찍이 제기되었다. 명나라 때 설화집인 《고금기관古今 奇觀》과 《왕진총담王塵叢談》에는 이런 이야기가 실려 있다. "당나라 천보天寶(742~756) 연간에 발해(진) 국서가 당나라에 왔는데, 당나라 조정에서는 그 문자를 해득할 사람이 없었다. 당 현종이 크게 염려하고 있는데 비서감秘書監 하지장賀知章 이 이태백李太白을 천거했다. 이태백은 금만전金鑾殿에 들어 와서 발해의 국서를 풀어 읽고 그 답서의 초안을 잡는데, 환관 고력사高力士가 신발을 벗기고, 양귀비楊貴妃가 먹을 갈았다" 진에서 보내온 국서를 당에서 해득하지 못했다는 것은 진국 의 독자적 문자로 썼기 때문인데, 시인 이태백이 이를 해득하 고 답서까지 썼다는 것이다.

▲ 이백이 취해서 진에 보내는 국서를 쓰는 그림. 고력 사가 신발을 벗기고 양귀비가 먹을 갈아 대령하는 이 내용은 취사번표醉寫番表라는 제목의 경극京劇으로 도 있다.

북한의 《조선단대사 : 발해사》는 발해의 유물들 가운데 문자 가 새겨진 기와가 많은데 50~60% 정도는 한자가 아닌 독특한 문자라면서 한자를 빌려 우리말을 적는 이두 식 표기일 가능성이 있다고 말하고 있다. 또한 대야발이 썼다는 《단기고사》에 단군조선 때 38자의 가림토문자 가 있었다는 기록 등을 근거로 발해의 고유문자가 있었다고 보고 있다. 대일항전기 때 국어학자 김윤경, 권덕규 등도 고조선 때부터 우리 고유문자가 있었다고 보았다. 일본 중세의 역 사서 《일본기략日本紀略》에도 발해인들이 자신들의 문자를 갖고 있었다고 쓰고 있다. 그러나 현재 이런 연구 는 맥이 끊어진 상태이다.

2 남조 대신라

❶ 대신라 출범과 그 강역

◀ 후기 신라 출범하다

= 진골왕권의 출현

《삼국사기》〈신라본기 경순왕〉 조는 신라 사람들이 신라사를 셋으로 나누어 시기구분을 했다고 말하고 있다. 시조부터 28대 진덕(여)왕까지를 상대上代, 29대 태종 무열왕부터 36대 혜공왕까지를 중대中代, 37대 선덕왕부터 56대 경순왕까지를 하대下代라고 했다는 것이다.

▲ **태종 무열왕.** 이종상, 1976, 전쟁기념관 소장.

태종 무열왕 이전까지 신라는 성골聖骨만 왕위에 오를 수 있었다. 선덕이 여성으로 왕위에 오를 수 있었던 이유에 대해서 《삼국유사》는 "성골 남성이 다했기 때문"이라고 말하고 있다. 태종무열왕 김춘추가 진골眞骨로서는 최초로 왕위에 올랐는데, 아들 30대 문무왕文武王(재위 661~681)이 삼국통일의 위업을 달성한데다 신당대전까지 승리로 이끌었기 때문에 성골 출신 임금들보다 왕권은 더 강해졌다.

= 강력한 왕권의 등장

태종 무열왕의 후손을 뜻하는 무열왕계는 강력한 왕권을 구가했다. 귀족 세력을 약화시킨 반면 국왕의 명령을 직접 받는 관료들의 권한은 강화시켜 백성들에 대한 법의 지배를 강화하려 했다. 문무왕 때 행정관료의 수가 크게 증가한 것은 통일전쟁으로 지배강역이 늘어난 이유도 있지만 관료들을 통하여 백성들을 직접 통치로 바꾸려는 뜻이었다. 문무왕은 세상을 떠나면서 내린 조서에서 "**율령격식**律令格式•에 불편한 것이 있으면 곧 다시 고치도록 하라."고 명했는데, 이 역시 백성들을 귀족들의 자의적 지배에서 법에 의한 지배로 바꾸라는 뜻이었다. 문무왕은 이 조서에서 "주군州郡의 병기를 거두어 농사기구로 만들라."고 명령했다. 삼국통일과 신당대전을 마친 상황에서 전시체제를 백성들의 생활을 안정시키는 체제로 바꾸라는 뜻이었다.

문무왕의 뒤를 이은 신문왕神文王(재위 681~692)은 즉위 원년 (681) 큰 시련을 겪었다. 자신의 장인이자 고구려 원정에 참여했던 소판 김흠돌金欽突과 파진찬 흥원, 대아찬 진공 등이 반란을 일으켰기 때문이다. 이 반란에는 진골귀족 상당수가 가담한 것으로 여겨지는데 왕권강화에 대한 반발일 것이다.

김흠돌의 난을 진압한 신문왕은 재위 7년(687) 관료전官僚田 제도를 실시했다. 그 전에는 문무 관료들에게 해당 지역의 토지와

● **율령격식**
율은 형법이고, 영은 행정법령을 뜻한다. 격은 임금의 명령을 뜻하는데 율과 영을 보충하거나 보완하는 것이고, 식은 법률 등을 시행하는 시행세칙을 뜻한다.

백성들까지 지배하는 식읍食邑을 주었는데, 이제는 해당 지역의 조세권만 갖는 관료전을 지급한 것이었다. 그만큼 문무 관료에 대한 국왕의 지배력이 커진 것이었다.

◀ 대신라의 강역

= 대신라의 북방 강역은 어디까지인가?

후기 신라, 곧 대신라의 북방강역을 지금의 북한 평양平壤까지로 보는 경우가 많다. 이는 진흥왕이 568년 함경도 지역까지 진출해 황초령비와 마운령비를 세운 것보다도 축소된 것이다. 삼국통일과 신당전쟁의 결과로 신라강역이 오히려 축소되었다면 문무왕 대의 왕권강화는 커녕 전쟁을 주도한 왕실에 대한 비판이 일어났을 것이다. 대신라의 북방강역은 신라의 태종 무열왕과 당 태종이 두 나라를 무너뜨릴 경우 "평양 이남과 백제 땅은 신라가 차지한다."고 영토분할 협정을 맺은 데서 비롯되었다.

이 평양은 지금의 평양이 아니었다. 《신당서》〈고구려열전〉은 "그 임금은 평양성에 거주하며 또한 장안성長安城이라고도 이르는

▲ 대진-대신라의 강역 추정도

데 곧 한漢 낙랑군이다."라고 말한다. 한 낙랑군이 있던 지역이 고구려 평양성이라는 뜻이다. 송宋의 나필羅泌 (1131~1189)이 쓴 《로사路史》는 "기자箕子는 후에 요遼의 낙랑에 봉해졌는데, 지금의 평주平州 노룡盧龍에 조선성이 있다."라고 말하고 있다. 한 낙랑이 있던 곳이 지금의 하북성 노룡현이라는 뜻이다. 그런데 《요사》〈지리지 동경도〉 조에는 이러한 기록이 있다.

"동경요양부는 본래 (고)조선 땅이다. 주 무왕이 기자를 석방시키자 조선으로 가서 그 땅에 봉했다…북위 태무제太武帝(재위 424~452)가 사신을 고구려왕이 거주하는 평양성에 보냈는데 요나라 동경東京이 본래 이곳이다. 당나라 고종이 고구려를 평정한 후 이곳에 안동도호부를 설치했는데 후에 발해 대조영의 소유가 되었다."

《요사》는 요나라 동경요양부 땅이 고구려 평양성이라고 말하고 있다. 현재 중국학계는 요나라 동경요양부를 지금의 요녕성 요양遼陽이라고 보고 있다. 대신라의 북방강역은 최소한 지금의 요녕성 요양까지였던 것이다. 《요사》는 동경요양부를 기자가 봉함을 받은 지역이라고도 말하고 있는데, 이는 지금의 하북성 노룡현 지역이다. 이 기사는 고구려 평양성이 ① 현재의 요녕성 요양시, ② 현재의 하북성 노룡현 이 두가지 가능성을 모두 말해주고 있다. 신라의 최치원이 작성해 당나라에 보낸 진성왕의 〈양위표讓位表〉(왕위를 물려남을 알리는 글)에는 "본국은…백이·숙제의 고죽孤竹 강역과 연달아 있다."고 말하고 있다. 대신라의 강역이 고죽국이 있던 하북성 노룡까지라는 것이다.

▲ 요양성 동쪽 동경성 옛 모습

= 지금의 평양이 고구려 한성

하북성 노룡현을 고구려 멸망 당시의 평양성으로 보면 수隋·당唐과 격전을 치른 고구려 성들을 비정하기가 힘들어진다. 수·당군이 하북성 노룡현까지도 오지 못했다는 뜻이기 때문이다. 또한 당은 668년 고구려 평양성에 안동도호부를 설치했다가 714년에 평주平州로 이전했는데, 평주가 곧 하북성 노룡현이다. 《수서隋書》〈고구려열전〉은 "(평양성 외에) 또 국내성國內城과 한성漢城이 있는데 모두 도읍으로서 고구려에서는 세 수도[삼경三京]라고 부른다."라고 말하고 있다. 이 한성을 지금의 황해도 재령으로 보지만 평양에서 출토된 **각자성석**刻字城石●은 지금의 평양이 고구려 한성이라고 말하고 있다.

진성왕의 〈양위표〉는 대신라의 서북방 강역을 하북성 노룡현까지라고 말하고 있다. 한때 신라가 이 지역까지 차지했으나 진(발해)이 흥기하면서 동남쪽으로 밀려났던 것으로 보인다. 어느 경우를 따라도 신라 강역이 된 평양이 지금의 평양이 아닌 것은 분명하다.

행정체제를 재정비하다

= 9주 5소경 체제

신라는 통일 이후 확장된 영토의 중심으로 수도를 옮겨야 했지만 그렇게 하지 않았다. 대신 확장된 영토에 맞춰 지방행정 체제를 재정비했다. 삼국통일 이전에는 전국을 5주로 나누어 관할했으나 통일 후인 신문왕 때 9주로 확장했다. 또한 각지에 작은 수도인 소경小京을 설치해 각지의 중심지로 삼았다. 신라는 통일 이전 국력이 한창 신장하던 지증왕 15년(514)에 아시소경阿尸小京을 설치했고, 진흥왕 18년(557)에 국원소경國原小京을, 선덕왕 8년(639)에 북소경北小京을 설치해 3소경을 두었다.

● **평양의 각자성석**

각자성석은 성의 축성과 관련해 축성책임자, 공사일자, 책임구역 등의 내용을 돌에 새긴 것이다. 평양시 경제리 소네 내성 동벽에서 발견된 〈평양성 석각 제4석〉은 평원왕 8년(566) 만든 것으로 추정하는데 다음과 같은 내용이다. "병술년 12월 중 한성 하후부의 소형小兄 문달文達이 맡아 여기부터 서북쪽 방향으로 나아갔다.[丙戌二月中 漢城下後 卩 小兄文達節 自此西北行涉之]" 이 석각은 고구려 사람들이 지금의 평양을 한성이라고 여겼음을 말해준다. 지금의 평양이 장수왕이 천도한 평양성이 아님을 고구려인들이 남긴 자료로 말해주고 있다.

삼국을 통일한 문무왕은 재위 18년(678)에 북원소경北原小京을 설치하고, 20년(680)에 금관소경金官小京을 설치했다. 신문왕은 재위 5년(685) 서원소경西原小京과 남원소경南原小京을 설치하고 기존의 국원소경을 중원소경中原小京으로 개칭해 5소경을 정비했다. 통일된 강역을 크게 다섯으로 나누어 다섯 소경을 두어 다스리게 한 것이었다. 즉 북원소경·금관소경·서원소경·남원소경·중원소경의 5소경 체제를 갖춘 것이다.

= 북원소경은 어디인가?

5소경중 북원소경은 고구려 옛 강역에 설치한 것인데 지금의 강원도 원주로 비정하는 경우가 많다. 문무왕은 신당대전까지 치러가면서 676년 당나라를 만주 밖으로 쫓아냈는데 만주 강역을 관할하는 소경을 설치하지 않고 과연 지금의 원주에 소경을 설치했을까? 《삼국사기》 〈지리지〉는 북원소경에 대해서 본래 고구려의 평원군平原郡이라면서 지금의 원주原州라고 말하고 있다. 일본

▲ 문무대왕 수중릉. 대왕암이라도도 한다. 경주시 문무대왕면 봉길리 앞 바다.

인 식민사학자들은 대신라의 강역을 한반도 중북부 아래로 축소해 북원소경을 지금의 원주로 비정하고 나머지 소경들도 모두 그 아래에 두었다. 대신라뿐만 아니라 이후 들어설 고려 강역 축소까지 계산한 것이다. 《삼국사기》〈지리지〉는 이때의 북원경을 원주라고 했지만 《삼국유사》〈문무왕 법민〉 조는 북원경을 지금의 충주라고 달리 말하고 있다. 원주, 충주 등에 대한 인식들이 뒤섞여 있는 것이다. 문무왕이 당과 7년 전쟁을 끝내고 지금의 원주에 북원소경을 설치할 것 같으면 신당대전 자체를 하지 않았을 것이다. 고구려 평양성이 지금의 북한 평양이 아니라 만주인 것처럼 문무왕이 신당대전 승전 2년 후에 설치한 북원소경도 만주에 있었을 개연성이 높다.

② 후기 신라의 경제와 문화

■ 귀족 관료들의 경제생활

= 귀족들의 사유지

왕조시대에는 모든 토지가 왕의 것이라는 왕토王土사상이 있었다. 그러나 왕토사상은 관념적인 개념이고 각 토지에는 소유자가 따로 있었다. 왕실은 왕실 소유의 토지가 있었고 귀족들도 귀족들 소유의 땅이 있었고, 백성들도 자신들 소유의 땅이 있었다. 《신당서》〈신라열전〉에는 이런 구절이 있다.

> "재상宰相의 집에는 녹祿(봉급)이 끊어지지 않는데 노비가 3천 명이고, 갑병甲兵(군사)과 소·말·돼지도 이에 맞먹는다. 가축은 바다 가운데 산에서 기르다가 필요하면 활로 쏘아서 잡는다. 곡식을 남에게 빌려 주어서 늘리는데 기간 안에 다 갚지 못하면 노비로 삼아 일을 시킨다."

귀족들이 가진 막대한 농토는 대부분 노비들이 경작
했다. 국왕은 나라에 공을 세운 인물들에게 토지나 가
옥, 노비 등을 하사했다. 문무왕은 재위 2년(661) 김유신
과 왕의 동생 김인문에게 본피궁本彼宮의 재화와 전장田
莊(밭과 가옥), 노복奴僕(종)을 절반씩 나누어 하사했다. 두
장수가 쌀 4천 석과 조 2만 2천여 석의 군량을 수레 2
천여 대에 실어 평양성의 당군에게 전달한 공을 칭찬한
것이다. 이듬해에도 김유신에게 밭 500결을 내려주었
다. 이것이 식읍(녹읍)인데 그 지역의 조세뿐만 아니라 요역(노동력)
도 징발할 수 있기 때문에 귀족들이 경제적 기반을 확장하는데
중요한 역할을 하였다.

▲ **감은사 동탑 사리함.** 문무왕의 아들 신문왕이 부왕을 위해 쌓은 감은사터에서 발견되었다.

= 녹읍에서 관료전으로

문무왕의 아들 신문왕은 재위 7년(687) 문무 관료에게 차등을
두어 녹읍 대신 관료전을 하사했다. 그 전에는 관료들에게 그 지
역의 조세뿐만 아니라 요역까지 징발할 수 있는 식읍이나 녹읍을
주었는데 관료전은 조세를 거두는 수취권收取權만 주는 것이었
다. 신문왕은 재위 9년(698) 중앙과 지방 관리들의 녹읍을 혁파하
고 대신 벼슬 등급에 따라 조租를 차등 있게 내려주었다. 이로써
백성들은 귀족들의 사적 지배에서 국가의 공적 지배로 한 걸음
더 나아갔다. 귀족들은 신문왕의 왕권 강화 정책에 큰 불만을 갖
고 있었으나 왕권이 크게 신장된 삼국통일 직후이기 때문에 대놓
고 반발하기는 어려웠다.

그러나 경덕왕 16년(757) 중앙과 지방의 관료들에게 주던 월봉月
俸을 폐지하고 녹읍을 부활시켰는데 귀족들의 반발에 굴복한 것
이었다. 이는 신라 사회의 부익부, 빈익빈 현상을 심화시켜서 큰
위기를 불러왔다.

농민들의 경제생활

= 〈신라장적〉이 말해주는 신라의 농민생활

1933년 고대 일본의 수도 나라奈良의 사찰 정창원正倉院에서 불경을 쌌던 배접지에 글씨가 쓰여 있는 것을 발견했다. 신라 서원경西原京 4개 촌락의 조세관계를 기록한 문서였다. 이것이 〈신라장적新羅帳籍〉 또는 〈신라촌락문서新羅村落文書〉인데 8세기 중반에서 9세기 초반에 작성한 것으로 추정된다. 이 문서는 가호家戶 단위가 아니라 촌락村落 단위로 작성되었다. 대체로 7가지 순서로 작성되었는데 ①촌의 이름, ②촌의 면적, ③가호의 숫자, ④인구의 숫자, ⑤소와 말의 숫자, ⑥토지, ⑦ 수목의 종류와 숫자가 그것이다. 신분을 자유민인 양인과 노비로 구분했고 남자와 여자로 나뉘어 기재되었다. 4개 촌의 전체인구는 462명인데 노비는 25명이었다. 남성은 204명, 여성이 258명으로 남성보다 많았다. 남녀 모두 나이를 기준으로 노동력을 제공할 수 있는지 없는지를 구분해서 기록했는데, 노동력을 제공하는 정남丁男이 99명, 정녀丁女가 143명으로 여자가 많았다. 남자들은 병역에 징발되었거나 여자들보다 일찍 사망했기 때문일 것이다. 남성 노인들은 제공除公·노공老公, 여성 노인들은 제모除母·노모老母 등으로 기록하고 있는데 노동력 징발에서 면제된 남성 노인들은 불과 다섯 명이고,

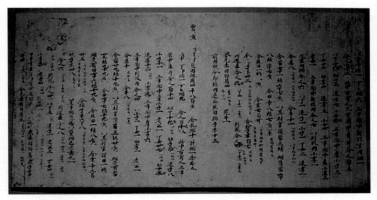

▲ 〈신라촌락문서〉

여성들은 일곱 명이다. 노인들의 숫자가 적은 것은 60세 전에 대부분 사망했다는 뜻이다.

= 농민이 국가에게 받은 연수유전답

토지 중에 가장 많은 것이 연수유답烟受有畓과 연수유전烟受有田으로서 국가로부터 받은 밭과 논을 뜻한다. 연수유전답을 두고 북위北魏와 수·당에서 실시했던 **균전제**均田制●를 신라도 실시했다고 보기도 한다. 신라에서 백성들에게 농지를 나누어주었는지는 확실하지 않지만 연수유전답은 농민소유의 농토였다. 이 토지들은 그 비옥도에 따라서 9등급으로 구분되어 차등 있게 세금이 부과되었다.

소는 농사를 짓기 위한 것이었고, 말은 전쟁에 대비한 것이었다. 또한 뽕나무·잣나무·호도나무 등도 그 숫자가 자세하게 기재되어 있는데 수확물 중 일부를 세금으로 납부했던 것으로 여겨진다. 〈신라장적〉에 나타난 신라 농민들은 자신의 전답을 가지고 국가에 일정한 수확물과 노동력을 납부하던 존재들이었다.

= 일찍 사망하는 노비들

4개 촌 462인 중에 노비는 25명으로서 전체의 5.4%의 비율이다. 이 촌락들은 도시에서 멀리 떨어진 시골이었으므로 수도와 도시에는 보다 많은 숫자의 노비들이 있었을 것으로 유추할 수 있다. 노비 중에서는 남녀를 불문하고 생존 노인이 없다. 노비는 국가가 소유한 공노비公奴婢와 개인이 소유한 사노비私奴婢로 나누는데 〈신라장적〉에 기록된 노비들은 대부분 사노비였다. 사노비들은 신분제 사회의 가장 하층에 속하는 존재들로서 대부분 법적 보호를 받지 못한 채 노동력을 징발 당하고 음식이나 주거 환경도 좋지 않았을 것이므로 일찍 사망했을 것이다.

● **균전제**
동이족 국가였던 선비족이 세운 북위北魏와 북제北齊, 수·당 등에서 시행했던 토지제도. 국가에서 농민들에게 일정한 규모의 토지를 나누어주고 그 대가로 병역의무 등을 수행하게 한 제도였다. 조선 후기 경세치용학파의 유형원이 주장했던 토지제도이기도 하다.

❸ 대신라의 문화

🔹 불교의 발달

= 원효의 정토종

신라·고구려·백제는 모두 불교국가였다. 신라 왕실은 불심이 깊었지만 기존 전통종교를 믿는 귀족들의 반대로 불교를 공인할 수 없었다. 그래서 법흥왕은 재위 15년(528)에 이차돈의 순교를 계기로 불교를 공인했다. 이후 진흥·법흥왕 등의 시호는 모두 불교식 왕명이었다. 진평왕의 이름 백정白淨은 석가의 부친 백정반왕白淨飯王에서, 그 부인 마야부인摩耶夫人 역시 석가의 어머니 이름에서 따왔을 정도로 불교를 숭상했다.

통일 후에는 불교가 더욱 성행해서 5교敎 종파가 성립되었다. 원효는 종파간의 대립이나 형식을 배격하고 일심一心과 **진여**眞如를 중시하면서 통일과 화합을 중시하는 화정사상和靜思想을 강조했다.

원효는 또 불교의 형식화·귀족화를 거부하고 정토신앙을 주창했다. 정토신앙은 불경의 깊은 교리를 터득하지 않아도 **나무아미타불**南無阿彌陀佛만 반복해서 외우면 서방의 극락세계에 갈 수 있다는 교리이므로 일반 백성들도 쉽게 다가갈 수 있었다. 경전을 중시하는 5교는 귀족들의 종파이기도 했다. 정토신앙이 일반 백성들의 환영을 받은 것은 불교 내세관의 표현이기도 했지만 점차 심화되는 대신라의 사회모순에 대한 도피책이기도 했다.

● **진여**
산스크리트어를 번역한 것으로서 '진리'에 해당하는 말이다. 우주의 평등하고 차별이 없는 있는 그대로의 모습, 진실한 존재방식을 의미하는 불교 용어다.

● **나무아미타불**
아미타불에 귀의한다는 의미이다. 아미타불은 무량수불無量壽佛로서 서방정토西方淨土에 살며 인간의 구제에 진력하는 부처를 뜻한다.

◀ 불국사 다보탑

= 선종 9산의 형성

귀족들과 연결된 **교종**敎宗의 5교는 불경과 계율을 중시했다. 8세기 이후에는 지방 호족들과 연결된 **선종**禪宗이 대두해서 9산九山 종파가 형성되었다.

선종은 불경의 교리보다 스스로 사색하여 진리를 깨닫는 견성오도見性悟道를 추구했는데 진골들에 의해 신분 상승의 기회가 제한된 6두품 출신들이 받아들여 지방 호족들의 종파로 발전하였고, 중앙의 진골 귀족들에게 맞서는 지방 호족세력의 사상적 기반이 되었다. 특히 해주海州 수미산파의 개창자 이엄利嚴이 송악의 호족 왕건王建의 스승이 된 것은 고려가 선종을 사상적 기반으로 새 왕조를 개창하는 중요한 계기가 되었다.

신라 승려들은 당나라 장안과 현재의 산서성山西省 오대산에서 다수 유학했는데 그중 혜초惠超(704~787)는 인도까지 갔다 와서 《왕오천축국전往五天竺國傳》을 저술했다.

● **교종과 선종**
교종은 석가의 가르침인 경전을 근본으로 삼아 경전을 이해하고 실천을 통해 깨달음을 얻는 것을 중시한 종파였다. 선종은 참선을 수행해서 깨달음을 얻는 것을 중시한 종파이다. 선종은 인도의 달마대사가 남조 양梁의 고조高祖 대통大通 원년(527) 중국에 전했고 이후 신라에 들어왔다.

알고 싶어요

돈황 막고굴

실크로드의 요충지인 돈황의 막고굴 제17굴은 고문서가 많이 있다고 있다고 해서 장경동藏經洞이라고 불렀다. 1908년 프랑스인 펠리오는 제17굴에서 《왕오천축국전》을 비롯해 수많은 고문헌을 발견했다. 펠리오는 현지 관리인 왕원록王圓籙에게 《왕오천축국전》을 비롯한 6천여 점의 고문서를 헐값에 사서 프랑스로 보냈다. 1915년 일본인 학자 다카구스 준지로高楠順次郎가 장장 4년에 걸친 2만km 인도 여행기의 저자가 신라 승려 혜초라는 사실을 밝혀 냈다. 《왕오천축국전》은 7세기 현장의 《대당서역기》, 13세기 마르크 폴로의 《동방견문록》, 14세기 이븐 바투다의 《여행기》와 함께 세계 4대 여행기로 꼽힌다.

▲ 돈황 막고굴 전경

유학의 발달

= 유학의 장려

신라는 불교를 신앙했지만 유학은 치국의 도로 받아들였다. 신라 지배층은 불교 신앙과 유학 소양을 함께 갖추려 노력했다. 통일 직후인 신문왕 2년(682) 유학 경전을 가르치는 국학을 설치했다. 국학은 15세부터 30세까지 수학할 수 있는데 9년이 학습 기한이었다. 원성왕 4년(788)에는 국학 내에 독서삼품과讀書三品科를 두어 유학 경전에 밝은 인재를 발탁했다.

신라는 당의 장안에 많은 유학생들을 파견해서 공부시켰다. 《삼국사기》〈신라본기 경순왕〉 조에서 신라는 "자제들을 당의 국학에 입학해서 수학하게 함으로써 예의의 나라가 되었다."라고 말하고 있다. 당의 태학太學에 입학해서 공부하는 신라 유학생은 100명이 넘기도 했다. 유학생은 신라와 당이 각각 그 비용을 대는 관비유학생들이 대부분이므로 당에서는 그 숫자를 제한했다. 유학기한은 10년이 기한이었는데 문성왕 2년(840) 당 문종文宗이 외국 사신을 접대하는 홍려시鴻臚寺에 명을 내려 신라 유학생 중 연한이 찬 학생 105명을 돌려보내게 한 일도 있었다.

▲ 장안성. 청나라 후기 때 모습.

신라가 유학을 장려하고 당에 유학을 보낸 것은 당과의 관계증진에는 도움이 되었지만 사대주의 경향이 짙어지는 문제가 발생했다. 당 현종은 성덕왕 30년(731)에 조서를 보내 신라를 어질고 의로운 인의지향仁義之鄕이라면서 "문장文章과 예악禮樂에서 군자의 기풍을 보여주었고, 정성을 다해 임금에게 충성을 다하는 절개를 보여주었다."라고 높였다. 이는 당 중심의 동아시아 국제질서 속에서 신라를 당의 제후국으로 여기면서 보낸 국사였다. 이는 의례적 표현이지만 유학이 성행할수록 민족의 자주성과 주체성을 잃어버리고 사대주의가 득세하는 단초가 되기도 했다.

● 이두와 향가, 한문학의 발달

= 향가와 한문

신라는 한자도 사용했지만 한자의 형태를 빌려 신라말을 표기하는 차자借字도 사용했고, 한문에 토를 달아 읽는 구결口訣도 있었던 것으로 추정된다. 그중 가장 발달한 것이 이두吏讀로서 향찰鄕札이라고도 하는데 이두로 적은 신라 고유 노래가 향가鄕歌이다. 현재 전해지는 향가는 25수로서 《삼국유사》에 14수, 《균여전均如傳》에 11수가 각각 실려있다. 진성왕 2년(888)에 왕명에 의해 대구大矩와 위홍魏弘이 향가집 《삼대목三代目》을 편찬했다는 기록은 향가가 국가에서 장려하는 문학 양식이었음을 말해준다. 그러나 현재 《삼대목》은 전하지 않는다. 향가는 균여대사가 지은 작품들을 비롯해서 월명사月明師가 지은 〈제망매가祭亡妹歌〉나 충담사忠談師가 지은 〈찬기파랑가讚耆婆郞歌〉처

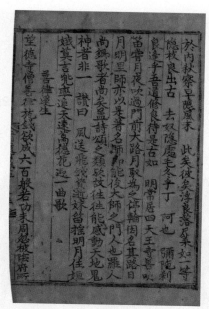

▲ 《삼국유사》 〈월명사 도솔가〉

럼 승려가 지은 것이 가장 많다. 그 외에 〈우적가遇賊假〉처럼 화

랑 영재永才가 지은 것도 있고, 〈원왕생가願往生歌〉처럼 여성이 지은 것도 있고, 〈풍요風謠〉처럼 민중이 공동으로 지은 작품도 있다. 향가는 신라인들이 가장 많이 지었는데 백제인들도 향가를 지었다. 이는 백제 30대 무왕이 선화공주를 취하기 위해 지은 〈서동요〉에서 알 수 있다. 월명사가 달밤에 피리를 불면서 문 앞 큰 길 앞을 지날 때 달이 멈추어 비췄으므로 그 길을 월명리月明里라고 했다는 《삼국유사》〈월명사 도솔가兜率歌〉에는 신라인들이 향가를 초자연적 현상을 만들어낼 수도 있는 문학과 음악으로 여겼음을 말해준다. 또한 "신라 사람들이 향가를 숭상한 지는 오래되었는데, 대개 시詩를 읊는 것과 같은 종류이다. 그래서 종종 천지와 귀신을 감동시킨 적이 한 두 번이 아니다."라고도 말할 정도로 신라인의 혼이 담긴 '국민문학'이었다.

혜초의 《왕오천축국전》은 신라 지식인들이 한문으로 기행문을 적을 정도로 한문을 일상적으로 사용했음을 알 수 있게 한다. 수많은 도당 유학생이나 도당 승려는 그만큼 한문학이 발달했음을 말해주는 것이기도 하다.

◖ 예술의 발달

= 건축과 공예

대신라의 건축은 궁궐과 사원건축이 중심이었다. 궁궐 건축은 문무왕 때 궁궐을 중수하면서 안압지雁鴨池를 파고 인공의 산을 만들어 화초를 기르고 진기한 짐승을 길렀다는 내용에서 그 수준을 알 수 있다.

대신라의 사찰축조 기술은 선덕왕 때 조성한 황룡사 9층 목탑에서 세계 최고의 경지에 이르렀음을

◀ **금동 삼종불상**. 안압지 출토. 문화재청.

알 수 있다. 삼국통일 후 경덕왕 때 축조한 토함산 석굴암과 불국사, 불국사 내의 석가탑과 다보탑 등은 불교신앙이 장인의 건축술과 만나 지상에 만든 극락세계들이다.

사원건축과 함께 공예도 발달했는데, 혜공왕 때 만든 성덕대왕 신종은 아름다운 형태는 물론 그 은은하게 널리 퍼지는 소리는 중국과 일본을 통틀어 당대 최고라고 해도 과언이 아니다.

▲ 감은사 동탑 사리구

문무왕 때 조성한 감은사는 동해의 대왕릉을 바라보는 자리에 지었다. 감은사 동서 삼층석탑을 해체 후 수리하는 과정에서 사리구舍利具가 발견되었는데, 신라의 불교신앙과 수준 높은 금속공예 기법을 보여주고 있다.

= 회화

대신라의 회화는 작품이 많이 남아 있지 않아서 자세히 말하기 힘들다.《삼국사기》〈솔거열전〉에 한미한 가문 출신의 솔거가 황룡사 벽에 늙은 소나무를 그렸는데 여러 새들이 날아와 앉으려고 하다가 떨어졌다는 기록에서 뛰어난 예술가들이 있었음을 알 수 있다.

남아 있는 작품으로는 천마총에서 출토된〈천마도天馬圖〉가 있는데 이는 말 탄 사람의 발에 진흙이 튀는 것을 막는 장니障泥에 그려진 그림이다.

불교신앙이 깊었던 만큼 불교회화가 발달했는데, 일부가 남아 있는〈대방광불 화엄경 변상도大方廣佛 華嚴經 變相圖〉에서 그 수준을 유추할 수 있다. 이는 경전을 베껴서 사경寫經하면서 그 표지를 꾸미기 위해 그린 것이다. 많이 손상되어 본래 형태를 다 알 수 없지만 화려한 불교 회화의 한 면을

▲ 천마도. 천마총 출토. 문화재청.

▲ 보은 삼년산성 안쪽 석벽에 새겨진 글씨. 김생의 글씨로 전해진다.

알 수 있다. 글씨로는 김생이 명필로 유명해서 〈창림사비昌林寺碑〉 등을 썼는데 이는 현재 전해지지 않지만 원元의 명필 조맹부趙孟頫가 "당인唐人의 명각明刻(뛰어난 조각)도 이를 능가하지 못한다."고 말했다.

= 풍부한 음악세계

신라의 음악과 무용에 대해서 《삼국사기》 〈악지樂誌〉는 "신라악新羅樂은 3죽三竹·3현三絃·박판拍板·대고大鼓와 가무歌舞가 있다."라고 설명하고 있다. 3죽三竹은 피리 형태의 관악기를 뜻하는데 대금大笒, 중금中笒, 소금小笒을 말한다. 삼죽은 신라 고유의 향삼죽鄕三竹에 당나라의 당적唐笛을 참고해서 개량했을 것으로 보인다. 대금은 324곡, 중금은 245곡, 소금은 298곡으로 모두 867곡이나 되는 곡이 있었다고 전해지고 있다. 유명한 피리곡은 만파식적萬波息笛으로서 《삼국유사》에 그 내용이 전해지고 있다. 신문왕이 부왕 문무왕을 위해 세운 감은사 바닷가 곁에 거북의 머리 같은 산이 있고 그 위에 대나무가 있는데 낮에는 둘이 되었다가 밤에는 하나가 되었다. 갈라졌다가 합하는 대나무가 바로 문무왕과 김유신이라는 것으로서 이 대나무로 만든 피리를 불면 적병이 물러가고, 가뭄에는 비가 오고, 장마는 개고, 바람이 잦아들고 물결이 평온해진다는 내용이다.

3현三絃은 거문고玄琴, 가야금加耶琴, 비파琵琶를 뜻하는데, 이중 거문고는 고구려에서 유래한 것이다. 고구려의 재상 왕산악王

더 깊게 생각하고 토론해 봅시다

솔거가 단군을 그렸을까?

근대 서예가이자 3·1혁명 때 민족대표 33인의 한 명이었던 오세창吳世昌(1864~1953)은 문헌과 고서화를 평론한 《근역서화징槿域書畫徵》을 저술했다. 이 책에서 오세창은 조선 시대의 《동사유고東史類攷》를 인용해서 솔거가 신의 가르침을 받기 위해 밤낮으로 빈 끝에 신의 붓을 받았는데 단군의 어진을 거의 천 본이나 그렸다고 말하고 있다. 이는 신라인들도 단군을 민족의 시조로 숭앙했음을 말해준다.

山岳이 1백여 곡을 지어 연주하자 검은학[현학玄鶴]이 와서 춤을 추었으므로 현학금玄鶴琴이라고 부르다가 나중에는 현금弦琴, 곧 거문고라고 했다. 그 후 여러 신라인들이 평조平調와 우조羽調의 두 음조로 연주했는데 모두 187곡이 있었다고 한다. 가야금은 가야국 가실왕嘉實王이 당의 악기를 보고 개량한 것인데 성열현省熱縣 출신의 악사 우륵于勒에게 12곡을 만들게 했다고 한다. 가야금의 첫 곡조는 하림조河臨調이고 두 번째 곡조는 눈죽조嫩竹調인데 모두 185곡이 있었다. 비파는 궁조宮調, 칠현조七賢調, 봉황조鳳皇調의 세 곡조가 있는데 모두 212곡이 있다고 했다.

일본에서는 일본의 아악雅樂(가가쿠)이 있었고 당에서 전해진 당악唐樂(도가쿠)과 가야와 신라·고구려·백제의 삼국에서 전해진 음악을 고려악高麗樂(고마가쿠)이라고 불렀다. 가야와 삼국의 음악이 일본으로 전해져 계승되고 있었던 것이다.

= 가무

신라는 가무도 발전했다. 《삼국사기》〈악지〉는 《고기古記》를 인용해 신문왕 9년(689)에 신촌에 거둥해서 잔치를 베풀 때 가무笳舞·하신열무下辛熱舞·사내무思內舞·한기무韓岐舞·상신열무上辛熱舞·소경무小京舞·미가무美知舞 같은 무용이 공연되었다고 말하고 있다. 또한 제40대 애장왕 8년(807) 사내금무思內琴舞·대금무碓琴舞가 공연되었다고 말하고 있다.

신라에는 음악을 관장하는 음성서音聲署가 있어서 그 소속 무용수를 무척舞尺이라고 불렀다. 무척은 푸른 청의靑衣나 붉은 적의赤衣를 입고 춤을 추었는데 노래를 부르는 가척歌尺과 반주를 맡은 금척琴尺이 있어서 무척과 셋이 어우러져 공연했다. 신라의 노래와 춤은 국초부터 만들어졌는데 음성서에서 수집해 국가 행사 때 공연했다. 신라는 노래와 연주와 가무가 함께 어우러진 예술세계를 갖고 있는 나라였음을 알 수 있다.

3 후기 세 나라 시기

① 서라벌의 번영과 지방의 위기

◀ 폐쇄적 진골 체제의 위기

= 폐쇄적 진골체제를 고수하다

통일을 달성한 대신라는 늘어난 백성과 영토에 맞게 새로운 사회에 대한 지향점을 제시하고 그를 달성하기 위한 개혁을 추진해야 했다. 진골로 대표되는 폐쇄적 골품제도를 개편해서 신분보다는 능력이 우대받는 사회를 지향하고, 백제·고구려 유민들을 대

▲ **경주 동궁과 월지.** 문화재청.

신라 체제 내로 포용하기 위해 노력해야 했다. 그러나 대신라 지배층은 늘어난 백성과 확장된 영토에서 나오는 국부만 즐겼을 뿐 뼈를 깎는 체제개혁을 등한시했다. 이것이 대신라 사회에 근본적 위기를 불러왔다.

서라벌이 크게 발전하다

100만 인구의 수도 서라벌

표면상으로 인구와 영토가 늘어난 대신라는 크게 번영한 것처럼 보인다. 늘어난 세금이 수도 서라벌에 집중되자 대신라의 귀족들은 큰 번영을 구가했다. 《삼국유사》〈진한〉 조에 "신라 전성시대에 서울 안의 호수戶數(가구수)는 17만 8,936호이다."라고 말하고 있다. 한 호수당 6명씩 따지면 인구 1백만이 넘는 도시로 당시 세계적 규모의 도시였다. 《삼국유사》〈염불사念佛師〉 조에 염불사에서 아미타불 외는 소리가 "성城(서라벌) 안까지 들려서 360방坊 17만 호에서 그 소리를 듣지 않은 사람이 없었다."라고 서라벌이 17만 호수라고 쓰고 있다. 대신라의

▲ 신라 금관. 경주시 노서동 서봉총 출토.

발전을 낮춰보는 쪽에서 이를 호戶가 아닌 구口, 즉 17만이라고 축소하고 있지만 만주까지 강역이 확장된 대신라의 수도 인구가 1백 만에 달하는 것은 어찌 보면 당연한 일이다.

귀족들의 호화로운 생활

대신라의 수도 서라벌은 크게 발전했다. 《삼국유사》〈처용랑과 망해사〉 조에는 "제49대 헌강대왕憲康大王(재위 875~886) 때에는 경사京師(서울)부터 바다에 이르기까지 집과 담이 연하고 초가는 없었다."라고 말하고 있다. 수도 서라벌에서 동해 바닷가까지 기와로 덮은 인가가 늘어섰다는 것이다. 서라벌은 또한 비단길(실크

로드)의 종착점 중 하나로 국제무역의 흥성도 누렸다. 《삼국유사》 〈사절유택四節遊宅〉은 서라벌 귀족들의 향락생활에 대해서 이렇게 말하고 있다.

> "(신라 귀족들은) 봄에는 동야택東野宅, 여름에는 곡량택谷良宅, 가을에는 구지택仇知宅, 겨울에는 가이택加伊宅에서 놀았다. 제49대 헌강대왕 때에는 성 안에 초가집은 하나도 없고, 집의 처마와 담이 이웃집과 서로 연해 있었다. 또 노랫소리와 피리 소리가 길거리에 가득 차서 밤낮으로 끊이지 않았다."

늘어난 인구와 확장된 영토에서 나오는 세금과 국제무역의 흥성으로 서라벌은 사상 최고의 전성기를 구가했다. 문제는 이런

알고 싶어요

비단길의 동쪽 끝 경주

비단길(실크로드)은 중국의 비단이 유럽까지 전해지는 육로와 해양길을 말한다. 육상 비단길은 낙양이나 장안을 종착점으로 알았지만 최근에는 경주까지 이어졌다는 사실이 확인되고 있다. 해상 실크로드는 경주를 거쳐 일본 나라까지 이어졌다. 경주 천마총에서 출토된 보물 620호 유리잔[유리배琉璃杯]과 북분北墳에서 출토된 보물 624호 유리제대부배琉璃製臺附杯 같은 로마의 유리제품인 로만글라스가 출토되는 것이 이를 입증해준다. 아랍 상인들은 '향약香藥의 길'로 불렸던 남해항로南海航路를 따라 중국 남부의 광주廣州, 양주楊洲까지 왔다가 다시 신라까지 왕래했다. 신라 상인들도 중국과 아랍까지 왕래했는데, 당의 해안 지역인 등주登州·양주楊州·초주楚州 등지에 신라인의 집단거류지인 신라방新羅坊, 행정관청인 신라소新羅所, 숙소인 신라관新羅館 등이 있었던 것에서 알 수 있다. 신라방은 9세기 중엽 장보고張保皐가 해상무역을 장악하면서 더욱 번창하였다. 9세기 후반 헌강왕 때 서라벌 사람들이 사치로운 향락생활을 누릴 수 있었던 데는 국제무역에서 나오는 재화도 큰 역할을 했다.

▲ 낙타로 비단길을 오가는 상인들

번영이 대신라 강역 전체가 아니라 수도 서라벌과 그 주변에만 국한된 것이라는 점이다.

❷ 후기 신라의 위기

◀ 왕위계승 전쟁이 발생하다

= 내물왕계 선덕왕의 즉위

신라인들은 시조부터 28대 진덕왕까지를 상대上代, 태종 무열왕부터 36대 혜공왕까지를 중대中代, 37대 선덕왕부터 56대 경순왕까지를 하대下代라고 했는데, 중대의 마지막을 혜공왕으로 설정한 것은 그가 태종 무열왕계의 마지막 임금이기 때문이다. 혜공왕은 경덕왕의 맏아들로서 여덟 살 어린 나이에 즉위해 태후의 섭정을 받았다. 《삼국사기》는 혜공왕이 장성해서는 음악과 여색에 빠졌고, 돌아다니는데 법도가 없어 기강이 문란해졌으며 천재지변이 자주 일어나 인심이 돌아서서 사직의 뿌리가 위태로웠다고 말하고 있다. 혜공왕 재위 16년(780) 이찬 김지정金志貞이 반란을 일으켜 그의 군사들이 궁궐을 포위했는데, 같은해 4월에 상대등 김양상金良相, 이찬 김경신金敬信 등이 군사를 이끌고 반격에 나서 김지정을 죽였으나 혜공왕과 왕비는 정변으로 살해당하고 말았다.

그 뒤를 이은 선덕왕宣德王(재위 780~785)이 김지정을 죽인 상대등 김양상인데, 그는 내물왕의 10대 후손이다. 진골로 즉위해 강력한 왕권을 구가하던 태종 무열왕계의 왕위 계승권이 내물왕계로 넘어간 것이었다.

= 태종 무열왕계의 반발

이후 신라는 왕위 계승 분쟁 시기로 들어간다. 선덕왕이 후사가 없이 죽자 중신들이 태종 무열왕의 6세손인 김주원金周元을 추대하려 했는데 그날 마침 비가 와서 알천閼川의 물이 넘쳐 건너지 못하는 바람에 선덕왕의 동생인 원성왕元聖王(재위 785~798)이 즉위했다. 왕위 계승 원칙이 무너지고 그때 그때 상황이나 무력에 따라 왕위가 이어졌다. 김주원은 명주溟州로 물러나 명주군왕溟州郡王이 되었다. 헌덕왕憲德王 14년(822)에 김주원의 아들 웅천주熊川州 도독 김헌창金憲昌은 아버지가 왕이 되지 못한 것에 불만을 품고 새로운 나라를 세워서 국호를 장안長安, 연호를 경운慶雲이라고 했다. 김헌창이 국호와 연호까지 새로 제정한 것은 신라를 부정한 것이었음에도 무진주, 완산주, 청주, 사벌주와 국원소경, 서원소경, 금관소경이 호응했다. 9주 5소경 중에 4주 3소경이 여기 동조했다는 것은 신라 지배층이 크게 분열되었음을 말해준다. 김헌창의 난은 그의 종족과 당여黨與(관련자) 239명이 죽임을 당하는 것으로 끝났지만 《삼국사기》는 "(관련된) 백성들은 풀어주었다."고 전하고 있다. 일반 백성들까지 왕위 계승전에 뛰어들었던 것이다. 이 봉기에 무진주, 완산주 등 옛 백제 지역들이 대거 가담한 것은 후백제가 일어날 조짐이었다. 3년 후인 헌덕왕 17년(825)에 김주원의 아들 김범문金梵文이 북한산주北漢山州를 공격하다가 사형 당한 것처럼 왕위 계승권을 빼앗긴 태종 무열왕계의 반발은 계속되었다. 왕위 계승 전쟁에 진골 귀족들은 물론 백성들까지 뛰어드는 것은 대신라의 근본적 위기였다.

골품제 사회의 한계

= 후기 신라의 모순

대신라의 확장된 영토와 늘어난 백성은 더 이상 골품제라는 낡은 유제로 끌어갈 수 없는 사회임을 의미한다. 신라 귀족들만의 폐쇄적인 골품제로는 백제·고구려 유민들을 통합할 수 없었다. 골

◀ 경주 원성왕릉의 서역인 무인상. 문화재청.

품이라는 신분보다 능력을 중시하는 사회로 가야 했지만 신라 지배층은 이런 사회개혁을 외면했다. 당나라에 사대했지만 정작 당은 수 양제 대업大業 원년(605)부터 시작된 과거제를 계승해 능력 위주로 관리를 뽑은지 오래라는 사실을 외면했다. 골품이 모든 것을 결정하는 사회에서는 원성왕 4년(788) 실시한 과거제도 독서삼품과가 큰 기능을 할 수 없었다. 당은 신분에 제한을 두지 않는 과거제로 인재를 모은 반면, 신라는 당의 과거에 급제한 인재들까지도 골품으로 차별했다.

= 6두품 최치원의 좌절

6두품 최치원崔致遠은 18세 때 당에서 외국인에게 실시하는 과거인 빈공과賓貢科에 급제했다. 그후 그는 고변高騈의 종사관으로 〈토황소격문討黃巢檄文〉을 써서 문명을 날렸고, 882년에는 당나라 희종僖宗으로부터 자금어대紫金魚袋를 하사 받은 국제적 지식인이었다. 최치원은 헌강왕 11년(885년)에 17년간의 당나라 생활을 청산하고 귀국했는데, 《삼국사기》〈최치원열전〉은 "중국 유학에서 배운 것이 많다고 생각해서 본국에 돌아와 자신의 뜻을 실현하려고 했으나 말세에 그를 의심하고 꺼리는 자가 많아서 그의 뜻이 허용되지 못했다."라고 기록하고 있다. 진골들이 주인인 골품체제에서 6두품 출신 최치원이 능력을 발휘할 공간은 없었다. 최치원같은 국제적 지식인이 소외되는 마당에 국내 인사들은 말할 것도 없었다. 6두품을 비롯한 비非진골 세력들은 반신라 성향을 띠어갔다. 이런 와중에 왕위 계승 전쟁이 빈번하게 일어나면서 진골들의 사회 장악력이 약화되었고, 이는 지방 호족의 대두와 농민봉기로 이어졌다. 대신라가 해체기로 접어든 것이었다.

▲ **최치원 초상**. 국립중앙박물관.

서라벌의 번영과 농민들의 붕괴

= 숯으로 밥을 짓는 귀족들과 굶주리는 백성들

대신라 사회는 내부에서 곪아가고 있었지만 국왕을 비롯한 지배층은 그런 조짐을 인지하지 못했다. 헌강왕은 재위 6년(880) 월상루에 올라서 서라벌의 민가들이 서로 맞닿아 있고 노래와 음악이 그치지 않는 것을 보고 시중 민공敏恭에게 "민간에서 지붕을 기와로 덮고 밥을 숯으로 짓는다는데 과연 그러한가?"라고 물었다. 민공은 헌강왕이 즉위한 이래 매년 풍년이 들고 변방은 잠잠하며 민간이 기쁘고 즐거워 한다면서 "이는 성덕聖德의 소치"라고 답했다.

역사상 드문 태평성대로 묘사된 이때는 진성여왕 3년(889) 대규모 농민봉기로 신라사회 자체가 해체기로 들어가기 불과 9년 전이었다. 《신당서》〈신라열전〉은 귀족들에게 곡식을 빌린 평민들이 제때 갚지 못하면 노비로 전락한다고 말하고 있는 것처럼 귀족들과 백성들의 생활은 전혀 달랐다. 지방에서는 기근이 일상이었다. 헌덕왕 7년(815)에는 서쪽 변방의 주군에 흉년이 들자 도둑이 벌떼처럼 일어나 군사를 내어서 토벌해야 했다. 헌덕왕 13년(821)에는 굶주림을 이기지 못한 백성들이 자손들을 팔아서 생활해야 했다. 흥덕왕 8년(833)과 문성왕 2년(840)에도 큰 기근이 들었다. 헌안왕 3년(859)에는 곡식이 귀해져서 백성들이 굶주리자 왕이 사신을 보내서 진휼해야 했다. 경문왕 7년(867)에도 큰물이 나고 곡식이 부실해서 왕이 사람을 각 도에 보내 위로해야 했다. 《삼국사기》의 이런 기록들은 서라벌이 구가하는 태평성대가 사상누각임을 말해준다.

◀ **로만그라스.** 신라지역뿐만 아니라 가야지역에서도 발견된다.

원성왕계 내부의 왕위계승 전쟁

= 장보고가 청해진을 설치하다

대신라 후기의 왕위 계승 전쟁에는 진골뿐만 아니라 해상세력인 장보고張保皐까지 끼어들었다. 당나라 무령군소장武寧軍小將을 지낸 장보고는 제42대 흥덕왕興德王(재위 826~836) 3년(829) 귀국해 흥덕왕을 만났다. 그는 도적들이 신라 사람들을 노비로 팔지 못하게 하겠다는 명분으로 군사를 가질 수 있게 되었다. 군사 1만 명으로 완도莞島에 청해진淸海鎭을 건설하고 청해대사淸海大使가 되어 해상권을 장악했다. 흥덕왕이 재위 10년 만에 사망하자 왕위 계승 전쟁이 벌어졌는데 왕의 동생 김제륭金悌隆을 지지하는 김명金明과 조카 김균정金均貞을 지지하는 김양金陽 등으로 나뉘어 진골 전체가 다투었다. 결국 김제륭이 권좌에 올라 43대 희강왕僖康王(재위 836~838)이 되었는데 김균정은 이 와중에 피살되었

▲ 완도 청해진 유적. 문화재청.

고 그의 아들 김우징金祐徵과 김양 등은 청해진으로 도망가 장보고의 보호를 받으며 복수를 계획했다.

= 장보고가 좌우하는 왕위계승

▲ **장보고 영정**. 산동성 영성시榮城市 적산赤山 장보고 전기관.

희강왕은 이미 장보고를 제어할 군사력을 갖고 있지 못한 상황에서 838년에 상대등 김명이 정변을 일으켜 희강왕을 죽이고 자신이 직접 왕위에 올랐다. 그가 제44대 민애왕閔哀王(재위 838~839)이다. 심지어 김우징이 장보고에게 민애왕 토벌을 요청하자 장보고는 청해진의 5천 군사로 민애왕을 죽였다. 장보고가 김우징을 왕위에 세웠으니 그가 45대 신무왕神武王이다. 신무왕은 장보고를 감의군사感義軍使로 삼아 2,000호戶의 실봉實封을 내려 왕으로 만들어 준 데 보답했다. 그러나 신무왕은 불과 반년도 채 못 되어 병으로 죽고 태자 경응慶膺이 즉위했으니 그가 바로 46대 문성왕文聖王(재위 839~857)이다. 이 왕위쟁탈전은 신라 왕실이 무열왕계와 원성왕계로 대립된 데 이어 원성왕계 내부도 분열한 것을 뜻했다. 골품제가 살아있었으나 진골이 아닌 장보고가 왕위계승을 좌우하면서 왕실과 진골 귀족들의 권위는 결정적 타격을 입었다.

= 봉기의 시대가 도래하다

왕위 계승 전쟁은 신적인 권위를 부여받았던 신라 국왕의 권위를 크게 추락시켰다. 지방 해상 세력인 장보고가 민애왕을 죽이고도 처벌받기는커녕 더 큰 세력을 누리자 진골 귀족들의 전횡에 신음하던 백성들이 신라의 지배체제를 부정하기 시작했다.

드디어 진성(여)왕 재위 3년(889) 상주 지방에서 원종元宗과 애노哀奴가 봉기하면서 신라 사회는 급격한 쇠락의 길로 접어들었다. 진성여왕이 진압하라고 보낸 내마奈麻 영기令奇가 성을 장악한 반군이 두려워 가까이 가지 못할 정도였다. 이 봉기는 '여러 주군에서 납세를 하지 않아 국가 재정이 결핍되어 국왕이 사신을 파견해 납세를 독촉한 것' 때문에 일어났다. 세금 납부를 독촉하자 봉기가 일어났다는 것은 정상적 사회체제가 붕괴되었음을 말해준다. 그간 대신라 사회의 붕괴 원인을 진성여왕의 황음에서 찾았지만 이는 유학자인 역사가들이 '여인'을 나라 멸망의 희생양으로 삼은 것에 불과하다. 대신라 사회의 붕괴 원인은 '여왕'이 아니라 개혁을 거부한 골품제에 있었다.

진성여왕의 뒤를 이은 효공왕孝恭王(재위 897~911)이 당에 보낸 국서에서, "지금 군읍郡邑은 모두 도적의 소굴이 되었고, 산천은 모두 전장戰場이 되었으니 하늘의 재앙이 어찌 우리 해동에만 흘러드는 것입니까!"라고 한탄했다. 일체의 개혁을 거부한 신라 지배층에게 백성들이 전면적 봉기로 대응한 것이었다. 여기에 대신라의 착취대상이었던 고구려와 백제 유민들이 고구려와 백제 재건을 선포하고 나선 것이 더욱 결정적 타격을 입혔다.

더 깊게 생각하고 토론해 봅시다

진성여왕의 황음과 삼서제

《삼국사기》〈신라본기 진성왕〉 조에는 진성여왕이 평소 1관등 각간角干 위홍魏弘과 간통하더니 늘 대궐 안으로 들여 일을 처리하게 했다고 비판하고 있다. 위홍은 경문왕의 아우로 여왕에게는 숙부이다. 《화랑세기》는 신라 왕실의 삼서제三壻制에 대해서 설명하고 있다. 진평왕이 진지왕의 아들인 용춘을 사신私臣으로 삼아 선덕을 모시게 했는데 자식이 없자 다시 용춘의 형인 용수에게 모시게 했다는 것이다. 그러나 용수에게서도 자식을 얻지 못했다. 그래서 신하들이 의논해 여왕이 세 명의 남편을 두는 삼서제를 실시했다는 것이다. 남편 외에 두 명의 부남편을 두어서 여왕을 모시게 한 삼서제에 따르면 첫 남편은 용춘이고 흠반과 을제는 부남편이다. 따라서 진성여왕이 위홍과 관계한 것은 신라 왕실의 제도에 따른 것임을 유추할 수 있다.

4

후기 세 나라 시기가
전개되다

❶ 전국적인 농민봉기와 후기 세 나라 시기

◀ 각지의 농민봉기

진성왕 재위 3년(889) 사벌주의 원종과 애노의 봉기는 시작에 불과했다. 이에 자극 받은 각지의 지방 세력들과 농민들이 연이어 봉기해 대신라 타도의 길로 나아갔다. 진성왕 5년(891) 북원北原의 양길梁吉이 부하 궁예弓裔를 보내 기병 1백여 명을 거느리고 북원 동쪽 부락과 관내의 주천酒泉 등 10여 군현을 습격했다. 후고구려를 세우는 궁예는 북원에서 봉기한 양길의 수하로 그 모습을 드러냈다. 《삼국사기》〈견훤열전〉은 진성왕 6년(892) "기근으로 백성들이 떠돌아다니고 떼도둑들이 벌떼처럼 일어났다."고 말하고 있다. 평양에서는 성주장군城主將軍이라고 불렸던 검용黔用이 세력을 떨쳤고 증성甑城에서는 붉은 옷이나 누런 옷을 입은 농민군을 이끈 명귀明貴가 세력을 떨쳤다. 진성왕 10년(896)에는 대신라 서남쪽에서 붉은 색 바지를 입은 적고적赤袴賊(붉은바지 도적)이 일어났다. 농민들이 주축인 봉기세력들은 주·현을 공격하고 심지어 서라벌 서부 모량리牟梁里까지 진격했다. 영월寧越 흥녕사興寧寺의 《징효대사보인탑비澄曉大師寶印塔碑》에는 "전국 각처에서 초적이 일어나지 않은 곳이 없었다."고 말하고 있다.

사방에서 농민들이 봉기하자 지배체제는 급속도로 붕괴되었다. 통일 이후 새로운 지향점을 제시

◀ 〈징효대사보인탑비〉. 문화재청.

하지 못하고 폐쇄적인 신분제의 틀에 안주하던 신라사회는 농민들의 봉기로 무너져내렸다. 농민 봉기군들이 백제와 고구려의 부흥을 내건 것은 대신라 지배층들이 백제, 고구려 유민들을 화합·통합하지 못했기 때문이었다. 삼국을 통일한지 250여 년이 지났지만 다시 후기 세 나라 시기가 도래한 것이다.

후백제가 등장하다

《삼국사기》〈신라본기 진성왕 6년(892)〉은 "완산의 도적 견훤甄萱이 완산주完山州(전주)를 근거로 스스로 후백제라고 자칭했는데, 무주武州(광주) 동남쪽 군현들이 투항해 복속했다."고 말하고 있다. 663년의 백강 전투로 백제가 멸망한 지 229년 후에 백제 계승을 표방하는 후백제가 나타난 것이다.

후백제의 건국자 견훤은 상주 가은현 출신으로 본래 이李씨였

▲ 1875년 이후의 완산부지도. 국립전주박물관.

으나 후에 견甄으로 씨를 삼았다. 아버지 아자개는 농사를 짓다가 가문을 일으켜 장군이 된 입지전적인 인물이었다. 견훤은 신라군에 들어가 공을 세워 비장裨將이 되었다. 그러나 진성왕 6년(890) 기근으로 백성들이 떠돌아다니고 떼도둑들이 벌떼처럼 일어나는 것을 보고 왕위를 넘보게 되었다. 견훤이 무리를 모아 왕경의 서남쪽 주·현州縣을 공격했는데 이르는 곳마다 군중들이 메아리처럼 호응해 무리가 5천 명에 달하자 여세를 몰아 무진주(광주)를 습격했다.

서쪽 완산주에 이르자 백성들이 크게 환영했는데 견훤은 신당연합군이 백제를 멸망시킨 것을 비판하면서 "지금 내가 감히 완산에 도읍해서 의자왕의 오래된 울분을 씻지 않겠는가?"라고 말했다. 자신이 백제를 계승했다는 뜻으로서 실제로 후백제를 건국했다. 후백제를 건국한 견훤은 중국 남방에 전류錢鏐가 세운 오월吳越에 사신을 보낼 정도로 급성장했다. 오월도 답례 사신을 보냈다. 이때 대신라는 이미 망한 국가로 취급했다.

◉ 후고구려가 등장하다

= 신라 왕족이라는 궁예

북방에서는 궁예가 떨쳐 일어났다. 《삼국사기》〈궁예열전〉은 궁예가 신라 47대 헌안왕憲安王(재위 861~875)의 후궁이 낳은 아들이라고 말하고 있다. 그가 태어났을 때 천문을 담당하는 일관日官이 국가에 이롭지 못하니 기르지 말라고 하자 헌안왕이 내시를 보내 다락 아래로 던졌는데 유모가 받다가 손으로 눈을 찔러 한 눈이 멀게 되었다는 것이다. 어느 정도 성장하자 세달사世達寺로 출가해 선종善宗이란 법호를 가졌다. 하루는 재齋에 참석하러 가는데 까마귀가 바리때 안에 물건을 떨어뜨렸다. 상아로 만든 점대에 '왕王' 자가 쓰여 있었다.

궁예는 처음에는 죽주竹州에서 일어난 기훤箕萱에게 의탁했다. 그러나 기훤이 대접하지 않자 892년에 북원에서 일어난 양길梁吉에게 의탁했다. 2년 후 명주에 들어갔는데 무리가 3,500명이 되었다. 사졸들과 고락을 같이하자 사졸들이 추대해 장군으로 삼았다. 궁예는 금성禁城·철원성鐵圓城 등을 격파했는데 군세가 왕성하자 패강 서쪽 패서浿西에서 봉기한 인물들이 다수 와서 항복했다. 그의 군세가 커지자 왕건王建이 송악군에서 와서 귀부했는데 철원군의 태수로 삼았다.

= 후고구려를 재건하다

궁예가 세력을 떨치자 북원의 양길이 습격해왔지만 격퇴했다. 궁예는 이후 각지로 영역을 넓히다가 "옛날 신라가 당의 군사를 끌어들여 고구려를 깨뜨렸다. 그래서 평양의 옛 도읍이 수풀만 무성하게 되었으니 내가 반드시 그 원수를 갚겠다."면서 901년 고구려 재건을 선포했다. 궁예는 904년 국호를 불교식 용어인 마진摩震으로 바꾸고 연호를 무태武泰로 삼았다. 또한 광평성廣評省 등을 비롯해서 각종 관서와 관직을 설치해 국가체제를 갖추고, 같은 해 7월 철원성鐵圓城을 수도로 삼았다. 궁예는 905년 새 서울[신경新京]에 들어가서 대궐과 누대를 화려하게 수리하고 연호를 성책聖冊 원년으로 바꿨다. 이 신경新京이 어디인지는 자세히

더 깊게 생각하고 토론해 봅시다

수덕만세

오행五行에 따라서 금덕金德인 신라를 수덕水德인 태봉이 대체하겠다는 의미의 연호이다. 오행은 수水→목木→화火→토土→금金이 순환한다. 신라는 황제黃帝의 맏아들 소호금천씨少昊金天氏의 후예를 자처했는데 황제는 토덕土德이고, 금천씨를 계승한 신라는 금덕金德이다. 금덕 다음이 수덕이므로 궁예는 신라를 대체하기 위해서 연호를 수덕만세라고 정한 것이다.

▶ **소호금천씨**. 황제黃帝의 맏아들로 동이족이고, 김씨의 시조다.

알 수 없지만 만주 일대에서 일어났기에 고구려 재건을 선포했을 것이다. 같은 해 만주에 있던 평양성주 검용이 항복한 것도 이를 말해준다.

궁예는 신라 왕실 출신이라면서 신라를 극도로 저주했다. 신라를 멸도滅都라고 부르면서 신라에서 오는 자는 다 죽였다는 것이다. 궁예는 911년 국호를 태봉泰封으로 바꾸고 연호를 수덕만세水德萬歲로 바꾸었다. 궁예는 **사바세계**●에 나타나 중생을 구제한다는 미륵불을 자처했다. 《삼국사기》는 미륵불을 자처한 궁예가 자신을 비판하는 승려 석총, 부인 강씨康氏와 두 아들, 무고한 사람들을 많이 죽였다고 서술하고 있다. 이런 행보는 미륵불을 자처한 군주의 행보와는 거리가 멀다. 《삼국사기》의 기록이 사실일 가능성도 있겠지만 궁예가 반신라 정책을 썼고, 또한 그 수하였던 왕건이 궁예를 내쫓고 고려를 건국했으므로 그를 부정적으로 서술했을 가능성도 크다.

❷ 왕건이 궁예를 내쫓고 즉위하다

◀ 궁예 부하들이 왕건을 추대하다

이 무렵 대신라는 이미 독자적으로 존립할 수 있는 상태가 아니었고, 견훤이나 궁예가 병합하게 되어 있었다. 그러나 대신라에는 천년왕국의 정통성이 있었다. 신라인의 마음을 누가 얻느냐가 승패의 중요한 요소가 될 수 있었다. 견훤과 궁예는 둘 다 이를

알고 싶어요

미륵불

미륵불은 석가모니 열반 후 세상에 나타나 중생을 구제한다는 미래불로 불교 메시아 신앙의 핵심이다. 석가 열반 후 56억 7천 만년 후에 사바세계에 출현한다는 미래불인데, 이 연도는 상징적인 것이다. 고통받는 세상에 나타나 중생을 구제한다는 미륵신앙은 곧 혁명적인 불교 사상이기도 하다.

무시하고 무력으로 흡수하려 했다. 910년 견훤이 직접 나주성을 포위하고 공격하다가 궁예가 수군으로 습격하자 견훤이 물러나는 등 둘은 일진일퇴를 거듭했다.

이런 와중에 궁예는 부하들의 신임을 잃어갔다. 918년 여름 6월 궁예 휘하의 홍유洪儒, 배현경裵玄慶, 신숭겸申崇謙, 복지겸卜智謙 네 장군이 왕건에게 궁예를 내쫓고 즉위할 것을 제안했다. 왕건은 거부했으나 네 장군이 다시 권유했고 왕건의 부인 유씨柳氏는 손수 갑옷을 왕건에게 건넸다. 드디어 여러 장수들이 왕건을 추대해서 "왕공이 의로운 깃발을 들었다!"고 외치자 수많은 사람들이 호응했다. 궁성 문에서 북을 치며 함성을 지르면서 기다리는 자가 또한 만 명이었다고 한다. 궁예는 미복차림으로 달아났다가 부양斧壤에서 백성들에게 살해당했다. 왕건은 포정전布政殿에서 즉위해서 국호를 고려라고 하고, 연호를 천수天授라고 했

▲ 신숭겸 장군 영정

다. 천수는 하늘이 주었다는 뜻이니 천명을 받았다는 의미이다. 이로써 왕건의 고려와 견훤의 후백제가 승패를 다투게 되었다.

견훤이 서라벌을 불태우다

920년 후백제 견훤이 보병과 기병 1만 명으로 대야성을 함락시키고 진례進禮로 진군하자 신라 54대 경명왕景明王(재위 917~924)이 왕건에게 구원을 청했다. 왕건이 군사를 내어 구원하자 견훤은 물러갔다. 신라의 민심이 왕건으로 옮겨가는 와중에 견훤은 결정적인 실책을 저질렀다. 927년 9월 견훤이 고울부高鬱府를 습격하자 신라의 55대 경애왕景哀王(재위 924~927)이 왕건에게 구원을 요청했다. 왕건의 고려군이 당도하기 전인 11월 견훤은 서라벌을 습격했다. 이때 경애왕은 비빈, 종친들과 포석정鮑石亭에서 잔치를

하고 있었는데 후백제군이 들이닥치자 사방으로 도망갔다. 견훤은 경애왕을 자살하게 하고 왕비를 취했으며 부하들이 신라왕의 비빈들을 능욕하는 것을 방관했다. 그리고 경애왕의 동생을 왕으로 세우니 그가 신라의 마지막 56대 경순왕敬順王(재위 927~935)이다.

▲ 논산 개태사지. 고려 왕건이 후백제를 물리친 후인 940년에 지은 사찰이다. 과거에는 왕건의 초상화가 있었다. 문화재청.

신라, 왕건에게 항복하다

왕건은 이 소식을 듣고 신라의 민심을 얻을 호기로 여겼다. 왕건은 사신을 파견해 경애왕의 죽음을 조문하고 직접 정예 기병 5천 명을 거느리고 대구 팔공산으로 여겨지는 공산公山의 동수桐藪에서 견훤의 군사와 크게 맞붙었다. 이 전투에서 왕건의 장수였던 신숭겸과 김락金樂이 전사하고 왕건의 안위마저 위태로웠다. 왕건은 겨우 빠져나와 목숨을 건졌다. 이 전투는 왕건에게 큰 타격이었지만 대신 신라인들의 마음을 얻었다. 이후에도 전세는 견훤의 우세로 전개되었지만 왕건은 930년 고창군의 병산甁山(안동) 아래에서 드디어 견훤을 크게 꺾었다. 이 소식을 듣고 영안永安·하곡河曲 등 30여 군현이 항복했다. 이 소식을 들은 경순왕이 만나기를 청하자 왕건은 931년 궁으로 찾아가 만났다. 《삼국사기》 〈신라본기 경순왕〉 조에 왕건이 극진한 예로 경순왕을 대하자 신라 사람들이 "견훤이 왔을 때는 승냥이와 호랑이를 만난 것 같았는데, 지금은 부모를 뵌 듯하다."라고 기뻐했다고 한다.

935년 경순왕은 신하들과 국토를 들어 항복할 것을 의논했다. 찬반이 양립하는 가운데 태자가 "어찌 천년 사직을 하루아침에 남에게 주겠습니까?"라고 반대했다. 경순왕은 시랑 김봉휴金封

休에게 항복을 청하는 문서를 가지고 왕건에게 가게 했고, 태자는 울면서 하직한 후 개골산皆骨山(금강산)에 들어가 바위를 집으로 삼고 삼베옷에 풀을 먹으며 일생을 마쳤다. 그해 11월 경순왕은 서라벌에서 나와 왕건에게 항복했는데, 화려한 수레와 말이 30여 리에 이어졌다. 왕건은 교외까지 나가서 맞이하고 자신의 맏딸 낙랑공주樂浪公主를 경순왕에게 시집보냈다. 천년왕국 신라는 스스로 나라를 왕건의 고려에 갖다 바쳤다.

▲ 왕건상. 1992년 개성시 개풍군의 왕건릉 확장공사 중 발견되었다.

❸ 삼한을 통합하다

◖ 견훤이 유폐되다

934년 후백제 견훤은 혼주渾州에서 고려 왕건에게 대패해 3천여 군사를 잃었다. 이 소식에 웅진熊津 이북의 30개 성이 고려에 항복했다. 이런 와중에 견훤의 진중이 분열했다. 견훤은 여러 아내에게서 10여 명의 아들을 두었는데, 넷째 금강金剛을 총애해 그에게 왕위를 전하려 하였다. 금강의 형들인 신검神劍·양검良劍·용검龍劍 등이 반발하는 가운데 이찬 능환能奐이 왕자들에게 사람을 보내 정변을 권유했다. 드디어 935년 3월 파진찬 신덕新德·영순英順 등이 신검에게 권하자 신검은 견훤을 금산사에 유폐시키고 금강을 살해했다. 부왕을 유폐시킨 신검이 후백제의 국왕으로 즉위했지만 견훤은 3개월 후 금산사를 탈출해 왕건에게 귀부했다. 왕건은 견훤이 10년 연장자라면서 상보尙父라고 부르며 우대하고 백관의 위에 두었다.

견훤이 신검을 치자고 요청하자 왕건은 이를 허락했고 태자 무武(혜종)와 박술희에게 보병과 기병 1만여 명을 주었다. 936년 9월 일리천一利川에서 양군이 마주쳤는데, 고려 군사는 보병과 기병 모두 9만 8천여 명이나 되었고, 견훤도 고려 측에서 직접 참전했

다. 견훤까지 가담한 고려군에 후백제군은 크게 패했고 신검 등은 항복했다.

태조 왕건은 견훤을 내쫓자는 정변을 권유한 능환만 죽이고 나머지는 모두 받아들였다. 자신의 손으로 세운 후백제를 자신의 손으로 끝장 낸 견훤은 같은 달 황산黃山의 사찰에서

▲ 견훤릉으로 전해지는 무덤. 충남 논산시 연무읍 금곡리에 있다. 문화재청.

등창으로 세상을 떠나 파란만장한 일생을 마쳤다. 후기 세 나라 시대는 궁예의 부하였던 태조 왕건의 승리로 결말이 났다.

🔵 새 시대, 새 나라로 나아가다

대신라는 스스로 무너져 내린 것이었다. 늘어난 백성과 영토에 걸맞는 새로운 지향점을 제시하지 못하고, 골품제라는 폐쇄적인 체제에 안주했기에 수도 서라벌은 번성했지만 지방은 그렇지 못했다. 특히 백제, 고구려 유민들을 화합·통합하지 못하자 그들은 스스로 백제와 고구려의 후예로 여겼다. 위기가 발밑까지 닥쳤음에도 진골 귀족들은 왕위 계승 전쟁에 전력을 기울였다.

사방에서 농민들이 붕괴하면서 대신라는 무너져 내렸다. 견훤과 궁예는 각각 후백제와 후고구려를 세워 새로운 삼국통일 전쟁에 나섰다. 이 전쟁은 무력만이 아니라 신라인의 마음을 얻고 전국으로 갈린 지방 세력들과 백성들을 통합할 수 있는 이념을 제시하는 자가 승리할 수 있는 전쟁이었다. 진성왕 재위 3년(889)의 농민봉기에서 시작해 신검이 이끄는 후백제군을 무너뜨린 936년까지 47년간의 후기 세 나라 시기 통일 전쟁에서 승리한 인물은 고려의 왕건이었다.

궁예의 부하였던 왕건은 궁예의 부하였던 장군들의 추대로 왕위에 올랐다. 그는 자신을 낮추고 남을 높이는 방법으로 신라인의 민심을 얻고 나아가 각지에 할거하는 지방 세력들과 백성들의 민심도 얻었다. 그렇게 왕건이 세운 고려는 후기 세 나라 시기의 혼란을 수습하고 새로운

▲ 1757년 표암 강세황이 그린 〈송도전도松都全圖〉

사회를 열었다. 그러나 고려 앞에 놓인 과제 또한 산적해 있었다. 가장 큰 과제는 47년간의 전쟁 동안 갈가리 찢기고 분열된 사회의 통합이었다. 또한 각지에 할거 하고 있는 지방세력들을 고려의 지배체제 속에 편입시키는 것도 큰 과제였다. 무엇보다 폐쇄적이었던 신분제 사회를 능력이 우대받는 개방된 사회로 이끄는 것 또한 큰 과제였다. 이런 과제를 안고 고려가 출범했다.

점검

- 진이 고구려의 후예국가라는 사실을 살펴보자.
- 진과 대신라 강역 변천에 대해서 살펴보자.
- 진을 대진이라 부르고 통일 신라를 대신라로 부를 수 있는지 살펴보자.
- 대신라가 쇠퇴한 이유를 살펴보자.
- 궁예와 견훤이 패배한 반면 왕건이 승리한 이유를 설명할 수 있다.

VII

고려시대

개요

고려는 신라 사회의 혼란을 극복하고 후삼국 통일을 주도하면서 건국되었다. 또한 진의 유민을 포용하여 실질적인 민족 재통일을 달성하였다. 고려 강역은 만주까지 이르렀으나 고구려의 서쪽 강역에는 미치지 못했으므로 태조 왕건은 고구려 강역 회복을 국시로 내걸었다. 고려는 지방 호족들의 연합으로 건국했으므로 폐쇄적 골품제의 신라보다는 개방적인 사회였다. 농업 생산력이 크게 증대되면서 상공업도 발전했고 벽란도를 중심으로 국제 무역도 활발히 전개되었다. 사상 면에서도 불교가 위주였지만 유교, 도교, 풍수도참설, 민간신앙이 공존하였다. 특히 고려는 농민들에게 농토를 나누어주고 그 대가로 병역의무를 수행하는 부병제府兵制를 실시해 농민생활의 안정과 국방력 강화라는 두 요소를 모두 달성했다. 고려가 숱한 외침을 극복할 수 있었던 저력은 병농일치에 바탕을 둔 군사제도에 있었다.

그러나 문신들이 귀족집단화하면서 무武를 천시했고 이에 대한 반발로 무신봉기가 일어났다. 무신정권 때 몽골의 침략을 받았다. 몽골의 침략을 받으면서 개국이래 처음으로 압록강~두만강 이북의 일부 영토를 원에 빼앗겼지만 공민왕의 강토수복전쟁으로 되찾았다. 원 간섭기에 권문세가들과 부원배附元輩들에 의한 토지겸병이 자행되면서 농민들의 생활이 몰락했고, 이것이 고려 사회를 근본적인 위기로 몰고 갔다. 고려는 충선왕부터 이런 사회모순 해결에 나섰으나 결국 자체적으로 해결하지 못하고 혁명적 토지개혁을 내세운 신진사대부와 결탁한 이성계에 의해 조선으로 대체되었다.

▲ **요녕성 심양 남쪽에 중국이 세워놓은 〈봉집보유지奉集堡遺址〉 비석.** 여기까지가 고려와 조선의 국경이었다는 뜻이다.

학습 목표

1 고려 전기의 정치

1 고려시대의 대외관계

요의 중원 북방장악

태조 왕건이 고려를 건국하기 2년 전인 916년 야율아보기耶律阿保機가 거란족을 통일하고 거란국契丹國(916~1125)을 세웠다. 거란족은 동호東胡의 후예로서 선비鮮卑족의 한 분파이다. 태조 야율아보기는 918년 지금의 내몽골 파림좌기巴林左旗인 임황부臨潢府를 수도로 삼았는데, 이곳에는 거대한 고구려 토성이 남아 있어 한때 고구려의 강역이었음을 말해준다. 거란 태조는 전후로 발해, 실위室韋, 해奚 등을 멸망시키고 926년 세상을 떠났고 태종

▲ 거란인들 출렵도. 중화민국 국립고궁박물원.

야율덕광耶律德光이 뒤를 이었다. 요 태종은 947년 국호를 대요大遼라고 바꾸었는데, 요遼에는 '철鐵'이라는 의미와 '요수遼水'라는 의미가 있다. 이때의 요수는 하북성 난하灤河로 추정된다.

요가 북방을 장악했을 때 중원은 혼란기였다. 국제제국 당唐은 907년 후량後梁의 주전충朱全忠에게 멸망했으나 후량도 다른 군벌에게 멸망하면서 중원은 각지의 군웅들이 할거하는 5대10국시대(907~979)로 접어들었다. 다섯 국가가 주로 화북지역에서 흥망을 거듭했던 5대 후량後梁, 후당後唐, 후진後晉, 후한後漢, 후주後周의 왕조가 이어지고 그 외 지역에서 10국 오吳, 남당南唐, 오월吳越, 민閩, 형남荊南, 초楚, 남한南漢, 전촉前蜀, 후촉後蜀, 북한北漢이 서로 다투던 10국의 시기였다. 이후 후주의 절도사였던 조광윤趙光胤이 960년 송宋(960~1279)을 건국하고 북한을 멸망시키면서 송 시대가 전개되었다.

🔹 송 건국과 쇠퇴

조광윤은 문치를 강조했는데 그 역효과로 군사력이 약화되었다. 북방에서는 말갈족의 후예인 여진족女眞族 아골타阿骨打가 1115년 대금국大金國을 건국했다. 금의 선조 김함보는 신라에서 왔으므로 금은 당초 고려를 부모의 나라로 섬겼다. 그러나 고려의 사대주의 유학자들이 송에는 사대하면서 같은 동이인 여진족을 오랑캐로 경원시하면서 사이가 나빠졌다. 송·요·금이 정립한 상황에서 송은 금에게 요를 협공하자고 제안했고 금은 1120년 송宋과 '해상지맹海上之盟'을 맺었다. 금

▲ 송 태조 조광윤

은 요의 중경대정부中京大定府를 차지하고 송은 요의 남경석진부南京析津府를 차지하려는 군사동맹이었다. 1125년 금은 요를 패퇴시켰지만 송은 요에게 계속 패했다. 이를 통해 송의 허약함을 본 금은 군사를 남으로 돌려서 1127년 송을 공격하자 송은 양자강 이남으로 쫓겨갔다. 전자를 북송北宋(960~1127), 후자를 남송南宋 (1127~1279)이라고 한다. 화북 지역을 차지한 금이 고려에 사대를 요구했는데 고려의 척신 이자겸이 사대를 결정하자 인종과 서경西京 세력인 왕사 묘청이 크게 반발했다. 묘청은 1135년 만주에 있던 서경을 수도로 삼아 군사를 일으켜 국호를 대위大爲, 연호를 천개天開라고 했으나 김부식 등 개경 세력에게 진압 당했다.

묘청의 봉기가 실패하면서 고려는 제후국의 자리로 떨어졌다. 사대주의 유학자들은 금을 오랑캐의 나라로 낮추어보았지만 대한민국 임시정부 제2대 대통령 박은식 선생은 여진족의 금을 북국, 고려를 남국이라고 보는 큰 시각의 동이족 역사관을 제창한 것처럼 요·금은 모두 동이족 국가들이었다.

원의 등장과 고려의 시련

▲ 징기스칸

1206년 테무진은 흩어진 몽골족을 통합해 '대몽고국大蒙古國'을 세웠다. 대몽고국은 1234년 금을 멸망시키고, 1279년 남송을 멸망시켰다. 테무진의 손자 세조(쿠빌라이)는 1271년 국호를 대원大元으로 개칭했다. 원 제국은 아시아에서 유럽에 걸친 역사상 유례없는 영토를 차지했다. 고려는 40년 이상 끈질기게 저항하다가 고종高宗(재위 1213~1259) 때인 1259년 원元에 사대하되 국체는 보존하는 선에서 몽골과 수교했다. 이 시기에 북방과 중원을 차지한 요, 금, 원은 모두 고려와 같은 동이족 국가들이었다.

▲ 〈몽고습래회사蒙古襲來繪詞〉. 여원연합군과 싸우는 일본.

일본에서는 1185년 경 가마쿠라 막부鎌倉幕府(겸창막부)가 성립되었다. 원은 고려에게 군선을 만들게 해서 1274년 10월 원·고려 연합군 3만 3천여 명이 900척의 군선을 타고 일본을 공격했다. 일본군은 철포의 공격에 속수무책이었으나 때마침 불어온 태풍으로 원·고려 연합군은 군선 대부분이 파괴되고 1만 3천여 명이 익사하면서 일본 정벌에 실패했다. 원·고려 연합군의 두 번째 공격도 태풍으로 실패했다. 14세기 들어 가마쿠라 막부가 약화되면서 두 일왕이 남조와 북조로 나뉘어 다투던 남북조 시대 (1336~1392)가 약 60여 년 동안 계속되었다.

명의 등장과 조선 건국

원이 약해지면서 중원 각지에서 홍건군紅巾軍 같은 농민봉기군이 잇따랐는데 홍건군 출신 주원장朱元璋이 세운 명明(1368~1644)이 원을 북방으로 밀어내고 중원을 차지했다. 명이 고려의 서북방 강역이었던 북계에 철령위를 설치하려고 하자 우왕과 최영은 크게 반발해 이성계·조민수에게 요동정벌군을 주어 보냈다. 이성계는 친명 사대주의자들인 신진 사대부들과 손잡고 위화도 회군을 단행해 정권을 장악했고, 토지개혁을 빌미로 새 왕조를 개창했다.

② 고려 건국과 체제 정비

◀ 고려 건국과 민족 재통일

= 고려 건국과 민족의 재통합

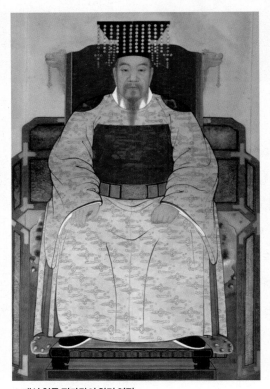

▲ 개성 현릉 정자각의 왕건 영정

918년 태조 왕건은 홍유, 배현경, 신숭겸, 복지겸 등 신하들의 추대로 왕위에 올라 국호를 '고려', 연호를 '천수天授'라고 선포했다. 연호를 제정한 것은 황제국을 지향한다는 뜻이었다. 아직 후삼국의 향배가 완전히 정해지지 않았지만 태조는 안으로 지방 세력을 흡수, 통합하고, 밖으로 중원 5대의 나라들과 외교 관계를 맺어 대외 관계의 안정을 꾀했다. 신라에 적대적이었던 궁예, 견훤과 달리 왕건은 신라에 우호정책을 편 결과 935년 신라 경순왕의 항복을 받아 전쟁 없이 신라를 통합했다. 936년 왕건은 후백제의 내분으로 귀순한 견훤과 함께 후백제를 정벌하여 후삼국을 통일하였다.

천수 9년(926) 거란이 진(발해)을 멸망시키자 진의 유민들이 대거 망명해왔는데 태조는 이들도 모두 포용해 후삼국뿐만 아니라, 진의 유민까지 융합하는 민족의 재통합을 이룩하였다.

알고 싶어요

고려의 진(발해) 유민 포용

고려로 망명한 진(발해) 유민 중에는 관리, 장군, 학자, 승려 등이 상당수 있었는데, 태조는 이들을 적재적소에 임명하여 후삼국 통일에 활용하였다. 천수 17년(934) 7월 발해 세자 대광현大光顯이 수만 명의 백성을 거느리고 귀순했다. 태조는 그에게 '왕계王繼'라는 이름을 하사해 종적(왕실 족보)에 올리고 '원보元甫'라는 관품을 주어서, 백주白州를 지키며 조상의 제사를 받들게 해서 동족의식을 분명히 하였다.

▪ 태조의 민족통합 정책과 서북진정책

태조는 호족과 관료들이 지나치게 세금을 거두는 것을 비판하고 10분의 1 세율로 낮추어 농민 생활의 안정을 꾀했다. 태조는 정치제도도 정비했다. 《고려사》〈백관지〉서문은 "(태조는) 신라와 태봉의 제도를 참작하여 관청을 세우고 관직을 나누어서 모든 업무를 조화시켜 나갔다."고 말하고 있다. 태조는 후고구려의 후신인 태봉의 관제인 광평성廣評省을 정점으로 하는 정치기구를 마련해 고구려를 계승했음을 천명했다. 태조는 또한 태봉이 제도를 자주 바꾸어 백성들이 잘 알지 못했다는 이유로 신라의 오랜 제도를 채용했는데, 이 또한 신라의 정통성도 계승했음을 천명하기 위한 것이었다.

태조는 개국공신을 중용해서 건국의 정체성을 명확히 하면서도 지방 호족들도 등용해 지방의 안정과 통합을 꾀했다. 또한 지방의 유력한 호족과는 사돈관계를 맺는 혼인 정책을 실시해 왕실의 외연을 넓혔다. 지방 호족들을 출신 지역의 **사심관**事審官[●]으로 삼아 그 지배권을 인정하면서 그 자제들을 서울로 불러 시위시키는 **기인제도**其人制度[●]로 충성을 유도하고 반란을 억제하였다.

태조는 신라 붕괴의 중요한 원인이었던 골품제를 폐지하고 6두

● **사심관**
지방의 부호장 이하를 사심관으로 삼아서 그 지역을 자치적으로 운영하게 한 제도이다. 경순왕을 경주의 사심관으로 삼은 것이 시초다.

● **기인제도**
지방 호족의 자제가 서울에 머물며 국왕을 시위하게 한 제도로서 지방 호족의 충성을 꾀하고 지방과 중앙을 연결하는 역할도 하였다.

알고 싶어요

고려의 이상과 현실

천자의 제국 고구려를 재건하려던 왕건의 이상은 그가 처한 현실과 충돌할 수밖에 없었다. 태조는 건국과 동시에 천수라는 연호를 사용했지만 후량, 후당, 후진 등 중원 국가들의 연호도 사용해서 외교의 안정을 꾀했다. 각지의 호족들에게 후한 선물을 주고 자신을 낮추는 '중폐비사重幣卑辭'와 각지 호족들의 딸과 혼인하는 혼인 정책으로 후삼국을 통일하고 정국을 안정시켰지만 전국 각지 20여 장인들이 외손자를 즉위시키기 위해 왕위 쟁탈전에 나서자 혼란이 발생했다. 왕건은 신라왕실의 족내혼族內婚 전통을 계승해서 자녀들 사이의 근친혼으로 왕실의 배타적 신성성을 유지하면서 권력다툼을 방지하고자 하였다. 동부이복同父異腹 남매까지 혼인시켰으니 왕건의 자녀들은 아들이자 사위이며, 딸이자 며느리였다. 족내혼은 왕실 내부의 결속 수단이 될 수 있었지만 왕위계승 전쟁의 단초가 되면서 북진 정책 같은 태조 유훈 실천보다 정권 쟁취에 몰두하는 부작용도 낳았다.

● 정계와 계백료서
태조가 임금에 대한 신하들의 도
리를 강조하기 위하여 지은 책으
로, 현재 전하지 않는다.

품 지식인들을 대거 등용해 새로운 사회 건설에 나섰다. 또한 《**정계**政誡》•와 《**계백료서**誡百僚書》•를 지어 관리가 지켜야 할 규범을 제시하였고, 후대 왕들이 지켜야 할 정책 방향을 제시한 〈훈요십조訓要十條〉를 남기기도 하였다.

한편, 태조는 고구려의 옛 땅을 되찾기 위한 강력한 서북진정책을 추진했다. 개주開州를 동경으로 삼고, 만주의 평양을 서경으로 삼는 양경제兩京制를 실시해 고구려의 옛 강역을 회복하는 서북진정책의 전진기지로 삼았다.

= 광종의 개혁 정치

● 노비안검법
광종 7년(956)에 실시한 제도로
후삼국 시대의 혼란기에 불법으
로 노비가 된 자를 조사하여 양인
으로 환원시켜주었던 법이다. 이
법으로 황제권은 강화되고 국가
의 세금은 늘어난 반면 공신이나
호족들의 경제적, 군사적 기반은
약화되었다.

태조의 뒤를 이은 혜종과 정종 때 수많은 왕자들과 외척들 사이에 왕위 계승 다툼이 일어났다. 4대 광종光宗(재위 949~975)은 후주後周 출신 쌍기雙冀가 제시한 개혁안을 적극 수용하여 전제 군주제 강화에 나섰다. 재위 7년(955) **노비안검법**•을 실시하여 원래 노비가 아니었으나 노비로 전락한 백성들을 양인으로 환원시켰다. 국가에 세금을 내는 양인층을 확대하고 공신과 호족들의 물적 기반을 약화시키기 위한 것이었다. 재위 9년(957)에는 신분보다 능력을 중시하는 과거제도를 시행해 국왕의 직접 지시를 받는 관료층을 양성했다. 신라 때부터 있었던 관료선발제도인 독서삼품과를 보다 체계화한 것이다. 군신과 벼슬아치 사이의 구별을 명확히 하기 위해 백관의 공복도 제정하였다.

이런 일련의 개혁을 통하여 자신감을 가지게 된 광종은 나라를

고려의 양경제

중국의 《자치통감資治通鑑》 〈용덕龍德 2년(922)〉 조에 태조 왕건이 "개주開州를 동경東京으로 삼고 평양平壤을 서경西京으로 삼았다."고 말하고 있다. 두 개의 수도를 두는 양경제兩京制를 실시했다는 것이다. 그런데 개경이 지금의 개성이면 현재의 북한 평양은 북경北京이지 서경이 될 수는 없다. '서西' 자는 방위상으로 중원을 뜻하는 용어였다. 서경은 만주에 있었는데 현재 요녕성 요양이라는 견해가 설득력을 얻고 있다.

명실상부한 황제국가 체제로 정비했다. 황제를 자칭하고 개경을 '황제의 수도'라는 뜻의 황도皇都로 고치고 만주의 서경을 '서도西都'로 고쳐 고구려 옛 강역 수복을 꾀했다. 또한 광덕光德, 준풍峻豐 등의 연호를 사용했다. 5대 경종景宗(재위 955~981)은 즉위 직후 광종의 개혁정책으로 피해를 입은 벼슬아치들의 요구로 광종의 여러 개혁정치를 뒤집었으나 과거제도는 계속 실시하였다.

◀ 토지제도를 정비하다

= 농민들에게 토지를 지급하다

고려는 20세부터 60세까지 농민들에게 토지를 지급하고 그 대가로 병역의무를 수행하게 하는 균전제均田制를 실시했다. 《고려사》〈식화지食貨志〉는 "고려의 토지제도는 대략 당나라 제도를 본떴다. 개간한 토지의 면적 수를 조사해서 그 비옥함과 척박함을 나누어 문무백관부터 부병府兵과 한인閑人에 이르기까지 과科를 받지 않음이 없었다."라고 말하고 있다. 균전제는 백성들에게 토지를 나누어준 당의 토지제도를 말한다.

1차 사료로 그 시대 보기

〈훈요십조〉

- 국가의 대업이 불교의 호위와 지덕地德에 힘입었으니 불교를 숭상하라.
- 절을 두고 다투는 것과 마구 절을 짓는 것을 금하라.
- 왕위 계승은 적자적손을 원칙으로 하되 장자가 어질지 못할 때에는 인망 있는 자가 대통을 이으라.
- 거란과 같은 야만국의 풍속을 배격하라.
- 서경西京을 중시하라.
- 연등회·팔관회 같은 불교 행사를 소홀히 다루지 말라.
- 왕이 된 자는 공평하게 일을 처리하여 민심을 얻으라.
- 차현車峴 이남 공주강 바깥 지방의 사람을 등용하지 말라.
- 백관의 기록을 공평히 정해줄 것이다.
- 널리 경서經書(유학경전)와 역사서를 보아 지금을 경계하라.

11대 문종文宗 재위 13년(1059) 3월에는 서북면병마사가 "(백성들에게) 민전을 혜량해서 지급한 지가 오래되어서 그 비옥하고 척박함이 같지 않으니 사신을 파견해서 고르게 정하게 하소서."라고 아뢰었다. 이 또한 고려가 백성들에게 토지를 고르게 나누어 주었는데 세월이 오래 흘러 비옥도가 차이가 나니 다시 조정해서 나누어 주어야 한다는 뜻이다. 토지를 받은 농민이 60세가 넘으면 자손이나 친척에게 넘기고 병역의무를 수행하게 했다. 60세 이후 자식이 없으면 실제 근무는 하지 않는 감문위監門衛에 소속시켜서 생계를 유지하게 했으며 70세가 되면 구분전口分田을 지급하고 나머지 토지는 회수했다. 전사한 자의 아내에게도 구분전을 지급해서 생계에 지장이 없게 했다. 고려가 숱한 외침에서 이길 수 있었던 힘은 농토와 군역이 일체가 된 부병제府兵制에 있었다.

= 전시과 제도를 실시하다

고려는 벼슬아치들에게도 토지를 지급했다. 후삼국 통일 4년 뒤인 태조 23년(940) 후삼국 통일과정에서 공을 세운 공신들에게 역분전役分田을 지급한 것이 시초다. 경종은 재위 1년(976) **전시과**• 제도를 실시했는데 처음 전시과를 정했다고 해서 시정전시과始定田柴科라고 한다. 시정전시과는 실제 벼슬을 하는 실직實職뿐만 아

● **전시과**
전田은 농토, 시柴는 섶(땔감)을 뜻한다. 전시과 제도는 벼슬아치들에게 조租를 거두는 전지田地와 땔감을 채취하는 시지柴地를 지급했다. 토지의 소유권이 아니라 토지의 소유자인 경작자들로부터 국가에 납부해야 할 토지세인 조세를 받는 수조권收租權을 벼슬아치들에게 준 것이다. 받은 조세 중 일부를 국가에 전세田稅로 납부해야 했다.

알고 싶어요

균전제

동이족 선비족이 세운 북위北魏에서 처음 실시한 균전제는 농민들에게 100무畝의 땅을 고르게 지급하고 그 반대급부로 토지세인 조租, 노동력을 제공하는 용庸, 지역 특산물을 납부하는 조調를 국가에 납부하게 한 제도였다. 균전제는 같은 선비족들이 건국한 수隋·당唐에 그대로 계승되었다.

▲ 균전제를 실시한 북위 효문제

▲ 고려 희종 원년(1205) 진사시에 급제한 장양수張良守에게 내린 교지.

나라 실제 맡은 직무가 없는 산직散職이나 전직 벼슬아치들에게도
지급했고, 벼슬의 높고 낮음 외에 인품人品도 지급 기준으로 삼았
다. 인품의 주요 기준은 왕실에 대한 충성도였을 것이다.

7대 목종穆宗 재위 1년(998)에는 경종 때의 시정전시과를 개정
한 개정改定전시과를 실시했다. 개정전시과는 벼슬의 높고 낮음
에 따라 18과로 구분해 토지를 지급했고, 실직을 우선 지급하고
산직은 실직보다 적은 토지를 지급했다.

문종 30년(1076)에는 경정更定전시과를 실시했는데 이때는 맡은
직무가 없는 산직을 지급대상에서 제외했다. 이전에는 무관들이
문관들보다 토지를 적게 지급받았으나 경정전시과에서는 차별이
없어졌다. 또한 지방호족 출신들을 뜻하는 향직鄕職들에게도 정
식으로 토지가 지급되었다.

전시과 제도에 의해서 지급 받은 토지는 세습토지가 아니었기
때문에 토지를 받은 자가 죽거나 벼슬에서 물러나면 국가에 반
납해야 했다. 그러나 5품 이상의 고위관료에게는 세습이 가능한
공음전功蔭田을 지급했다. 또한 5품 이상의 자제는 과거에 급제하
지 못해도 벼슬에 진출할 수 있는 음서제蔭敍制를 실시했다. 음서
제는 자식이나 손자 중에서 한 명만 해당하는 것이 원칙이었으나

실제로는 2명 이상이 그 혜택을 누리는 경우도 적지 않았다. 공음전과 음서제는 벼슬아치들이 대를 이어 관직과 농토를 세습하면서 문벌귀족으로 성장하는 부작용을 낳았다.

유교정치 제도가 등장하다

유교정치 세력의 대두

경종에 이어 만 21세에 즉위한 6대 성종成宗(재위 981~997)은 유학자 최승로崔承老의 건의를 받아들여 고려의 전통적인 정치체제를 중국식 사대주의 유교 정치체제로 바꾸려고 시도했다. 태조가 〈훈요십조〉에서 유훈으로 남겼던 팔관회 등의 전통행사도 잡기라며 폐지했다. 성종은 재위 원년(982) 당나라의 3성6부제를 응용한 2성6부제를 실시했고, 이듬해 지방에 12목을 설치해 지방관을 파견했다. 또한 역대 왕들의 신주를 모시는 중국식 태묘太廟, 토지신과 곡식신에게 제사를 지내는 사직社稷, 공자를 제사하는 문묘文廟 등을 설치해 중국식 유교 정치체제를 따랐다.

최승로의 〈시무 28조〉

조정에 진출한 유학자들은 불교 대신 유교를 나라의 지배이념으로 만들려고 시도했다. 특히 6두품 가문 출신의 유학자 최승로는 성종에게 유교 진흥을 강하게 주창했다. 6두품 출신 유학자들은 자신들의 벼슬 진출을 제한하던 신라의 골품제는 비판하면서도 자신들이 특권을 누리는 신분제는 강화해야 한다는 모순된 주장을 펼쳤다. 최승로는 성종 원년 상소를 올려 "태조가 포로들을 해방시켜 양인으로 삼으려고 하다가 공신

▲ 서울의 성균관 명륜당. 고려 때는 개경에 있었다.

들의 뜻을 동요시킬까 우려해서" 노비제도를 그대로 두었다면서 양인과 노비 신분의 구별을 주장했다. 그가 성종에게 올린 〈시무 28조〉의 요체는 중국식 유학정치 체제를 구축해야 한다는 것이었다. 그는 역대 군주가 모두 불교신자인 것을 감안해 불교 자체보다는 그 폐단을 비판했지만 그 방향은 명확하게 유교정치체제로 가야 한다는 것이었다. 그는 〈시무 28조〉에서 불교와 유교에 대해 이렇게 말했다.

▲ 고려 수월관음보살도. 리움미술관 소장.

> "석가의 가르침을 행하는 것은 수신修身의 근본이고, 유교를 행하는 것은 나라를 다스리는 근원입니다. 수신은 실로 내세를 위한 바탕이며, 나라를 다스리는 일은 오늘의 일입니다. 오늘은 지극히 가깝고 내세는 지극히 먼데, 가까운 것을 버리고 먼 것을 구하는 일은 또한 잘못이 아니겠습니까?"

성종은 국자감을 정비하고, 지방에도 경학박사와 의학박사도 파견하는 등 유학 교육의 진흥에 힘썼다. 또한 과거제도를 정비하고 과거 출신들을 우대하여 유학에 조예가 깊은 인재들을 조정에 진출시켰다.

더 깊게 생각하고 토론해 봅시다

최승로의 〈시무 28조〉

《고려사》〈최승로열전〉에 22조가 전해진다. 국경을 결정할 것, 임금이 공덕재功德齋 같은 불교행사를 하지 말 것, 시위군의 숫자를 줄일 것, 사신을 보내는 원칙을 정할 것, 사찰에서 백성들에게 이자 받는 것을 금지시킬 것, 지방관을 설치할 것, 벼슬아치들과 백성들의 옷을 구별할 것, 승려들이 관館, 역驛에 묵는 것을 금지시킬 것, 중국의 제도를 모범으로 삼되 고려 제도도 일부 존속시킬 것, 섬 사람들의 공역貢役도 공평하게 할 것, 연등회와 팔관회를 축소할 것, 신하를 예의로 대할 것, 궁궐 안의 노비와 말의 숫자를 제한할 것, 사찰 축조에 백성 부역을 금지시킬 것, 신분에 따라서 가옥의 크기를 제한할 것, 불경을 호화롭게 꾸미지 못하게 할 것, 개국공신의 후손을 등용할 것, 유교는 나라를 다스리는 근원이니 불교행사를 줄일 것, 노비들이 주인을 업신여기지 못하게 할 것 등이다.

성종이 최승로의 건의로 채택한 유학정치 체제는 후고구려 때
부터 이어오던 전통적 정치체제를 약화시켰다. 최승로는 고려는
물론 조선의 사대주의 유학자들에게 높은 평가를 받았다. 그러
나 최승로같은 유학자들의 득세는 고려에 중화 사대주의 사상이
성행하는 부정적 결과도 낳았고, 황제국을 지향하던 고려를 스
스로 제후국으로 떨어뜨리는 문제점도 나타났다.

❸ 통치 체제를 정비하다

◀ 중앙정치 조직을 정비하다

성종은 당의 3성6부제를 참고하면서 중서문하성과 상서성만을
둔 2성6부제를 실시했다. 중서문하성이 최고의 관서로서 장관인
문하시중이 국정을 총괄하였다. 중서문하성은 2품 이상의 재신宰
臣과 정3품 이하의 낭사郎舍로 구성되었다. 상서성은 집행부서인
이부·호부·예부·병부·형부·공부를 관장했다.

중추원은 군사 기밀과 왕명 출납을 담당했는데 중서문하성의
재신과 함께 국정을 총괄하는 추밀樞密과 왕명의 출납을 담당하
는 승선承宣으로 구성되었다.

또한 도병마사와 식목도감이 있었는데 도병마사는 국방과 안보
문제를 관장했고, 식목도감은 각종 법률 제정에 관여했다. 도병마

알고 싶어요

대간의 권한

고려는 국왕이나 벼슬아치들의 전횡을 막기 위해 대간들에게 여러 법적 권한을 부여했다. 간쟁은 국왕이나 고
위 벼슬아치들의 과오나 비행을 비판하는 권한이다. 서경署經은 1품부터 9품까지 벼슬아치를 임명할 때 대간
의 동의를 받는 제도였다. 대간은 서경을 통해 부적절한 인물이 등용되거나 승진하는 것을 막을 수 있었다. 또
한 법률의 개정이나 폐정에도 대간의 서경을 거쳐야 했다. 봉박封駁은 국왕의 명령이 합당하지 않으면 이를 봉
해서 되돌려주는 제도였다. 이런 제도를 통해 고려는 국왕이나 고위 벼슬아치들의 불법과 전횡을 방지했다.

사와 식목도감에서는 재신과 추밀이 함께 모여 국가의 중요한 사안에 대해 의견을 수렴하고 결정했다. 재신과 추밀이 6부를 비롯한 주요 관부의 최고직을 겸하는 핵심적인 벼슬이었다.

어사대는 정치의 잘잘못을 논하고 관리의 비리를 감찰하는 임무를 맡았다. 어사대의 관원은 중서문하성의 낭사와 함께 대간臺諫으로 불렸다. 대간은 비록 직위는 높지 않았지만 간쟁諫爭이나 서경署經, 봉박封駁 등을 통해 왕이나 고위 벼슬아치의 잘못이나 전횡을 비판했다. 대간은 국왕이나 고위 벼슬아치들의 전횡을 막고 상하간에 견제와 균형을 이루는 역할을 했다.

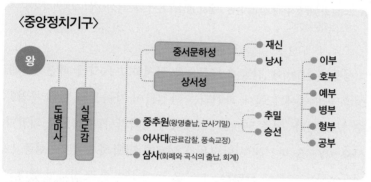
▲ 고려의 중앙정치기구

5도 양계를 설치하다

고려는 태조 23년(940) 여러 주州·부府·군郡·현縣의 이름을 고쳐 지방행정 조직을 정비했다. 성종 때 전국을 10도道로 나누었는데 그 안의 중요한 12주州에는 절도사節度使를 두었다. 10도는 관내도關內道·중원도中原道·하남도河南道·강남도江南道·영남도嶺南道·영동도嶺東道·산남도山南道·해양도海陽道·삭방도朔方道·패서도浿西道였고, 관할하는 주군州郡은 모두 580여 개였다. 이중 패서도는 지금의 압록강 북쪽을 관할했는데 나중에 북계가 되고, 삭방도는 지금의 두만강 북쪽을 관할했는데 나중에 동계가 되었다.

▲ **고려말 화령부호적**和寧府戶籍 **관련 고문서.** 공양왕 2년(1390)년에 이성계의 고향인 화령에서 작성한 호적문서이다.

● **상평창**
상평은 상시평준常時平準을 줄인 말로서 풍년이 들어 곡물가격이 떨어지면 국가가 사들여 가격을 안정시키고 흉년이 들어서 가격이 오르면 상평창의 곡물을 풀어서 가격을 안정시키는 기능을 하는 관청이었다.

● **향리**
향리는 원래 신라 말, 고려 초기의 중소 호족 출신이었는데, 중앙집권적 지배 체제의 정비과정에서 주민을 직접 통제하는 행정 실무자가 된 것으로 보여진다.

성종 2년(983)에 전국에 12목牧을 설치하고 목사를 파견했는데, 성종 4년(985)에 12목에 파견되는 관원들이 가족들과 함께 부임할 수 있게 했다. 성종 5년(986)에 12목에 경학박사經學博士와 의학박사醫學博士를 파견해 지방교육과 의료를 담당하게 했다. 성종 12년(993)에는 12목에 **상평창**常平倉●을 두어 물가를 조절하게 했다.

현종 때 12목은 8목으로 줄어들었다. 이후 고려의 지방행정구역은 5도五道·양계兩界로 개편되었다. 5도는 양광楊廣·경상慶尙·전라全羅·교주交州·서해도西海道이고, 양계는 동계東界와 북계北界였다.

고려의 지방행정조직은 5도·양계의 큰 틀 속에 개경開京, 서경西京, 동경東京, 남경南京의 4경과 8목牧, 15부府, 129개 군郡, 335개 현縣, 29개 진鎭을 두었다. 중앙에서 지방관이 직접 파견되는 것은 군·현·진까지였다. 지방관이 파견되는 주·현보다 파견되지 않는 속현이 더 많았다. 속현과 향·부곡·소 등 특수 행정구역은 주·현을 통하여 다스렸다. 조세와 공물의 징수, 노역 징발 등 실제적인 행정업무는 **향리**●가 담당하였다.

북방에 북계와 동계를 설치하다

북계는 압록강 북쪽

고려는 개국 초 서북방 강역에 패서도를 설치했다가 북계로 명칭을 바꾸었고, 동북방 강역에 삭방도를 설치했다가 동계로 명칭을 바꾸었다. 북계는 서북계, 서북면이라고도 불렀고 동계는 동북계, 동북면이라고도 불렀다.

고려의 북방 경계에 대해서 《고려사》 〈지리지〉 서문은 "서북은 당唐 이래로 압록鴨綠을 한계로 삼았고, 동북은 선춘령先春嶺을 경계로 삼았다. 무릇 서북은 고구려에 미치지 못했으나, 동북은 그것을 넘어섰다."라고 말하고 있다. 고려 서북강역은 고구려보다 작았지만 동북은 고구려를 넘어섰다는 것인데, 이 기사의 압록은 지금의 압록강이 아니라 만주에 있는 강이었다.

패서도의 위치를 찾으려면 철령鐵嶺이 중요하다.

▲ 서북피아양계만리일람지도西北彼我兩界萬里一覽之圖의 압록강 부근. 조선 후기 영조 때 그린 지도인데도 압록강 북쪽에 국경이 표시되어 있다.

더 깊게 생각하고 토론해 봅시다

압록은 어느 강인가?

"고구려 때의 도읍 안시성安市城은 일명 안정홀安丁忽로서 요수遼水 북쪽에 위치해 있었다. 요수는 일명 압록鴨淥으로 지금은 안민강安民江이라고 한다." 《삼국유사》 〈흥법興法 순도조려順道肇麗〉 조

⋯ 요령성을 흐르는 요수가 압록이라는 내용으로 후대에 압록이란 명칭이 지금의 압록강으로 이동했음을 짐작할 수 있다.

우리 역사에서 철령은 두 곳이 있는데 한 곳은 함경남도 안변의 철령이고, 또 한 곳은 현재 요녕성遼寧省 심양瀋陽 남쪽의 철령으로 고려 후기 명明에서 고려와 국경으로 삼았던 곳이다. 심양 남쪽의 철령이 곧 고려의 패서도 소속 철령이다. 《명사明史》〈지리지 요동도지휘사사遼東都指揮使司〉 조에는 철령에 대해 "철령은 서쪽으로 요하가 흐른다…동남쪽에 봉집현이 있는데 이곳이 곧 옛 철령성이고, 고려와 경계를 접하고 있다."라고 말하고 있다. 심양 남쪽에 있던 옛 철령성까지 고려 강역이라는 설명이다. 이 요동 철령을 일본인 식민사학자 이케우치 히로시池內宏 등이 함경남도 안변의 철령이라고 왜곡한 것을 지금껏 따르고 있는 것이 현실이다.

인종 1년(1123) 고려에 사신으로 온 송나라 서긍徐兢은 《고려도경高麗圖經》〈성읍〉 조에서 "고려는 남쪽으로는 요해遼海로 막히고, 서쪽으로는 요수遼水와 맞닿았으며, 북쪽으로는 옛 거란 지역과 접경하였고, 동쪽으로는 금[대금大金]과 맞닿아있다."고 말했다. 고려 남쪽이 요해, 곧 발해라는 것이고 서쪽 경계가 요수까지라는 것이니 고려의 서쪽 강역은 만주의 요수였다.

= 동계는 두만강 북쪽

삭방도는 후에 동계가 된다. 예종 2년(1107) 윤관이 두만강 북쪽의 여진족을 북방으로 내몰고 공험진公嶮鎭 선춘령先春嶺에 고려강역이라는 비석을 세웠다. 《세종실록》〈지리지〉에 의하면 공험진은 두만강 북쪽 688리 지점이다. 그래서 성호 이익을 비롯한 조선 시대 학자들이 공험진을 두만강 북쪽 700리로 지칭했다. 현재 공험진을 함경남도 안변 등지로 보는 것은 일본인 식민사학자 이케우치 히로시 등의 왜곡된 주장을 따르는 것이다.

국초부터 압록강과 두만강 북쪽이었던 고려 국경은 고려 후기인 고종 35년(1258) 반역자 조휘趙暉와 탁청卓靑이 병마사 신집평

▲ 서북피아양계만리일람지도西北彼我兩界萬里一覽之圖 **두만강 북쪽 선춘령에 윤관이 세운 비석**(오른쪽 상단)을 그려놓았다. 조선 영조 때 그린 것으로 추정한다. 국립중앙도서관 소장.

愼執平을 죽이고 요동의 화주和州 이북 땅을 들어 몽고에 바치면서 원나라 강역으로 편입되었다. 원은 화주에 쌍성총관부雙城惣管府를 설치하고 조휘와 탁청에게 다스리게 했다. 또한 원종 11년(1270) 반역자 최탄崔坦이 몽골군을 서경西京에 끌어들이자 원은 이 지역에 동녕부東寧府를 설치했다. 공민왕이 재위 5년(1356) 인당印璫과 유인우柳仁雨에게 강역수복 전쟁을 전개하게 해서 다시 고려 강역으로 되찾았다. 조선도 압록강 북쪽의 심양 남쪽부터 두만강 북쪽의 공험진까지를 국경으로 삼았다.

지방 행정 조직

5도	일반 행정 구역, 안찰사 파견 → 도 아래 주·부·군·현 설치
양계	군사 행정 구역, 병마사 파견
향·부곡·소	특수 행정 구역

군역 제도와 군사 조직

중앙군과 지방군

▲ 정지鄭地장군 갑옷. 고려 말 왜구 격퇴에 큰 공을 세운 정지 장군이 착용했던 갑옷으로 하동 정씨에서 보관하던 것이다. 광주역사민속박물관 소장.

고려의 군사제도는 중앙군과 지방군으로 나눌 수 있다. 중앙군은 국왕의 친위부대인 2군과 수도 경비와 국경 방어를 담당하는 6위로 구성되었다. 중앙군은 직업 군인들로서 군적에 올라 군인전을 지급 받고 그 역은 자손에게 세습되었다. 지방군은 국경 지방인 양계에 주둔하는 주진군과 5도의 일반 군현에 주둔하는 주현군으로 이루어졌다. 지방군도 농토를 지급받고 그 댓가로 군역에 종사하는 부병제였다.

중앙군	2군 6위	직업군인과 평민으로 편성	2군: 국왕 친위부대 6위: 수도 경비와 국경 방어
지방군	주진군, 주현군	농민 중 16세~59세까지의 장정들로 구성	주진군 : 양계, 주현군: 5도의 군현

관리 등용 제도

▲ 최광지崔匡之 홍패紅牌. 창왕 1년(1389) 최광지가 문과에 급제해서 받은 문서이다. 홍패는 왕명으로 발급된 과거합격증이다.

고려는 과거와 음서를 통하여 관리를 등용했다. 과거는 제술과製述科, 명경과明經科, 잡과雜科로 나뉘었다. 제술과는 문학적 재능과 정책 등을 시험하고, 명경과는 유교 경전을 시험쳐서 문신을 뽑았다. 잡과는 법률, 회계, 지리 등을 시험하여 기술관을 뽑았다. 법제적으로는 자유민인 양인 이상이면 누구나 과거에 응시할 수 있었지만 제술과나 명경과는 주로 귀족과 향리의 자제가 응시하였다. 농민들은 주로 잡과에 응시했을 것으로 추측된다.

불교국가였던 고려는 승려를 뽑는 승과僧科도 있었는

데 선종의 승려를 뽑는 선종선禪宗選과 교종의 승려를 뽑는 교종
선教宗選이 있었다.

공신과 종실의 자손, 5품 이상 고위 관료의 자손 등은 과거를
거치지 않고도 관료가 될 수 있는 음서제蔭敍制의 특혜가 있어서
신분을 세습할 수 있었다.

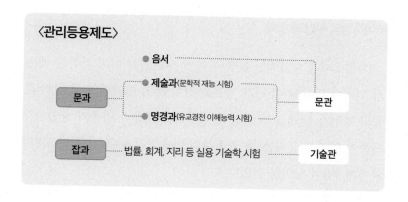

④ 문벌 귀족사회의 성립과 서경 천도 운동

문벌 귀족사회의 성립

= 문벌 귀족사회의 성립

5품 이상의 관료들에게 관직을 세습할 수 있는 음서제를 실시
하고, 토지를 세습할 수 있는 공음전을 지급한 것은 문벌 귀족가
문을 형성하는 토대가 되었다. 이들은 중서문하성의 재신과 중추
원의 추밀이 되어 정국을 주도해 나가면서 국가로부터 지급받은
전시과 외에 권력을 이용하여 농민들의 토지를 겸병하면서 정치
권력과 경제권력을 독점하기 시작했다.

또 이들은 비슷한 가문끼리 혼인을 통해 세력을 확장하거나 왕
실과도 혼인 관계를 맺어 외척의 지위를 맺었다. 문벌 귀족들에
게 농토를 빼앗기는 농민들이 늘어나면서 백성들의 삶은 피폐해

지고 사회는 혼란스러워 갔다. 문벌 귀족들은 고구려 옛 강토 회복이라는 태조의 유훈보다는 집안의 번영을 최우선의 과업으로 삼았다. 그들은 중원 왕조에 대한 사대를 통해 내부 권력 유지를 꾀했다. 이에 대해 인종과 서경 세력 묘청 등이 크게 반발하면서 이자겸의 난과 묘청의 봉기가 발생했다.

= 이자겸의 부상과 몰락

11세기 이래 대표적인 문벌 귀족인 경원(인주) 이씨 가문은 왕실의 외척이 되어 80여 년간 정권을 장악했다. 이자연의 세 딸이 문종의 왕비가 되었고 그 손자인 이자겸도 예종과 인종의 장인이자 인종의 외조부가 되는 등 문종부터 인종까지 80여 년 동안 5명의 왕에게 9명의 왕비를 들였다.

고려 14대 헌종(재위 1094~1095)이 병약한 것을 틈 타 이자겸의 손자 이자의가 누이 소생의 왕윤을 즉위시키려고 하다가 헌종의 숙부 계림공 왕희王熙에게 진압당했다. 헌종은 왕희에게 왕위를 물려주었는데 그가 15대 숙종(재위 1054~1105)이다. 숙종은 경원 이씨의 행태에 문제를 느끼고 외척으로 들이지 않았다. 그러나 예종이 재위 3년(1108) 이자겸의 딸과 다시 혼인하면서 다시 외척으로 들어왔다.

예종은 인주 이씨 가문을 외척으로 삼기도 했지만 문벌 가문

경원은 인천의 옛 지명으로 경원 이씨는 지금의 인천 이씨

가야국 시조 김수로왕과 허왕후의 후손들 중 장남 거등왕의 후예들은 김해 김씨가 되었고, 둘째, 셋째 아들들은 김해 허씨가 되었다. 가문의 족보에 따르면 신라 경덕왕 때 허기許奇가 사신으로 당나라에 갔을 때 안록산의 난이 일어났다. 허기는 당 현종을 호종한 공으로 당의 왕성인 이씨 성을 하사 받았다. 그는 두 성씨를 합쳐 '이허李許'라는 성을 사용하다가 10세손 이허겸李許謙부터 인천 이씨가 되었다고 한다. 이와 달리 고려 왕실로부터 이씨 성을 하사받았다는 기록도 있다.

들을 약화시키고 왕권을 강화하기 위해서 여러 노력을 기울였다. 윤관에게 군사를 주어 여진족을 정벌하고 9성을 축조했으며, 문벌귀족들이 장악한 사학私學을 약화시키기 위해 관학官學을 육성하고 국학에 전문강좌인 7재齋를 설치하고 양현고養賢庫를 세워 가난한 학생들도 공부할 수 있도록 배려했다. 예종이 세상을 떠났을 때 태자가 14세로 어리자 예종의 동생들이 왕위를 노렸는데 이자겸이 태자를 도와 즉위시켰는데 그가 17대 인종(재위 1122~1146)이다.

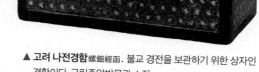

▲ 고려 나전경함螺鈿經函. 불교 경전을 보관하기 위한 상자인 경함이다. 국립중앙박물관 소장.

이자겸은 이후 **한안인**韓安仁● 등 왕의 측근세력들을 제거하고 권력을 독점했다. 이자겸이 스스로 지군국사知軍國事라고 칭하는 등 왕실의 위에 서려고 하자 인종 4년(1126) 내시 안보린安甫鱗이 인종의 묵인 하에 이자겸을 제거하기 위해서 장군들과 군사를 일으켰으나 무신 척준경拓俊京(?~1144)과 결탁한 이자겸에게 패배했다. 그러나 곧 이자겸과 척준경 사이에 균열이 생겨 이자겸이 척준경에게 제거되고 척준경도 탄핵을 받고 축출됨으로써 이자겸 세력은 몰락하였다.

● **한안인**(?~1122)
과거에 급제해 태자로 있던 예종에게 학문을 가르쳤고 예종 즉위 후 형부상서, 지추밀원사 등의 요직을 역임했다. 인종 즉위 후 중서시랑평장사로 승진했지만 인종의 외조부인 이자겸에 의해 인종의 숙부인 대방공 왕보, 문공인文公仁 등과 함께 역모를 꾀했다는 누명을 쓰고 감물도甘勿島로 유배되었다가 살해당했다.

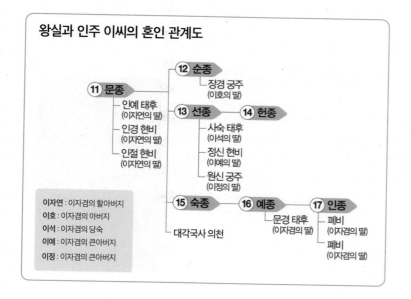

왕실과 인주 이씨의 혼인 관계도

⑪ 문종
├─ 인예 태후 (이자연의 딸)
├─ 인경 현비 (이자연의 딸)
└─ 인절 현비 (이자연의 딸)

⑫ 순종
└─ 장경 궁주 (이호의 딸)

⑬ 선종 ─ ⑭ 헌종
├─ 사숙 태후 (이석의 딸)
├─ 정신 현비 (이예의 딸)
└─ 원신 궁주 (이정의 딸)

⑮ 숙종 ─ ⑯ 예종 ─ ⑰ 인종
├─ 대각국사 의천
└ 문경 태후 (이자겸의 딸)
  ├─ 폐비 (이자겸의 딸)
  └─ 폐비 (이자겸의 딸)

이자연 : 이자겸의 할아버지
이호 : 이자겸의 아버지
이석 : 이자겸의 당숙
이예 : 이자겸의 큰아버지
이정 : 이자겸의 큰아버지

황제국을 지향한 서경 천도 운동

▪ 서경천도론의 등장

이자겸 일가의 부상과 몰락은 왕권을 크게 실추시켰다. 인종은 실추된 왕권을 회복하기 위한 특단의 조치가 필요하다고 생각했다. 지배층 사이에서도 대대적 정국개편이 필요하다고 여기는 세력이 형성되었는데 김부식을 중심으로 현상 유지에 주안점을 둔 개경파 관료들과 묘청, 정지상을 중심으로 체제개혁에 주안점을 둔 서경파 관료들이 대립했다.

인종 4년(1126) 조정은 정응문鄭應文 등을 금에 보내 고려를 금의 신하로 낮추는 '칭신상표稱臣上表'의 국서를 전했다. 이런 사대 외교행태에 조야가 들끓었다. 이 보다 앞선 예종 12년(1117) 금 태조 아골타阿骨打가 "형인 대여진 금국 황제가 아우인 고려국왕에게 글월을 보낸다."라는 서한을 보내자 사신을 죽여야 한다고 격분했던 고려였다. 고려를 부모의 나라로 섬겼던 금에 신하를 자처한 개경 중심의 문신 귀족들에게 조야가 분개했다.

묘청·백수한·정지상 등은 개경의 지덕이 다한 결과라면서 서경 천도를 주장했다. 이들은 인종 6년(1128) 8월 서경에 왕기王氣가 서려 있다는 '서경왕기설西京王氣說'을 주창해 서경 천도의 운을 띄웠다.

알고 싶어요

금나라 시조는 고려 사람

《금사金史》〈시조〉 조에서 "금의 시조 이름은 함보函普인데 처음에 고려에서 왔다."라고 말하고 있다. 금은 1136년 함보를 경원황제景元皇帝로 추존했다. 남송南宋에서 편찬한 《신록기神麓記》에는 그 이름을 '긍포掯浦'라면서 신라에서 여진족 완안부完顔部로 왔다고 전하고 있으니 금은 고려 출신이 세운 왕조였다.

▶《금사》 열전

묘청 등은 인종에게 '길지 중의 길지인 서경의 임원역林原驛에 궁궐을 지어서 거처하면 천하를 병합할 수 있고 금나라가 스스로 항복할 것이고 서른여섯 나라가 모두 신하가 될 것'이라고 주청했고, 인종은 서경에 행차하는 것으로 호응했다. 인종이 서경의 새 궁궐에 들어가자 서경의 부로父老 이제정李濟挺 등 50인이 표를 올려 황제라는 존호를 올리면서 연호도 새로 정하기를 청했다. 인종은 재위 10년(1132) 서경에 대화궐大華闕을 지으라고 지시해서 서경 천도의 뜻을 굳혔다.

● 서경의 위치
《원사元史》〈홍복원洪福源열전〉에는 '1233년 겨울 고려가 서경을 공격하자 홍복원洪福源이 무리를 거느리고 (원나라에 귀부해서) 요양遼陽과 심양瀋陽 사이에 거주했다.'고 기록하고 있다. 같은 《원사》〈지리지 심양로瀋陽路〉조에도 고려의 홍복원이 서경 등의 성을 들어 원나라에 항복하자 심양로를 세웠다고 말하고 있으니 서경은 지금의 평양이 아니라 지금의 요녕성에 있었다.

= 서경세력의 봉기와 좌절

인종은 서경천도론에는 긍정적 입장이었지만 '칭제건원론'과 '금국정벌론'에는 유보적인 태도를 취했다. 이를 인종이 개경세력들에게 포섭되었기 때문이라고 판단한 묘청 등은 인종 13년(1135) 1월 서경을 거점으로 군사를 일으켰다. 국호를 '크게 이룬다'는 뜻의 대위大爲, 연호를 '하늘을 연다'는 뜻의 천개天開라고 짓고 자신들의 군대를 하늘이 보낸 '천견충의군天遣忠義軍'으로 불렀다. 그러나 새 황제는 옹립하지 않아서 인종을 황제로 추대하려는 뜻을 나타냈다. 서경 천도와 칭제건원을 통해 고려를 황제국으로 혁신하려는 뜻이었지만 충분한 준비 없이 봉기했기 때문에 김부식이 이끈 관군의 공격으로 1년 만에 진압되고 말았다.

알고 싶어요

신채호의 서경 천도 운동에 대한 인식

신채호는 묘청 등의 서경 천도 운동을 〈조선 역사상 일천년래 제일 대사건〉으로 지칭하면서 이렇게 말했다. "묘청의 천도 운동에 대하여 역사가들은 단지 왕의 군대가 반란을 일으킨 적을 친 것으로 알았을 뿐인데, 이는 근시안적인 관찰이다. 그 실상은 낭가郞家와 불교 양가兩家 대 유교의 싸움이며, 국풍파國風派 대 한학파漢學派의 싸움이며, 독립당 대 사대당의 싸움이며, 진취 사상 대 보수 사상의 싸움이니, 묘청은 전자의 대표요 김부식은 후자의 대표였다. 묘청의 천도 운동에서 묘청 등이 패하고 김부식이 이겼으므로 조선사가 사대적, 보수적, 속박적 사상인 유교 사상에 정복되고 말았다. 만약 김부식이 패하고 묘청이 이겼더라면, 조선사가 독립적, 진취적으로 진전하였을 것이니 이것이 어찌 일천년래 제일대사건이라 하지 아니하랴."

▲ **윤언이 묘지명.** 윤언이는 여진을 정벌했던 윤관의 아들인데 그의 묘지명에는 고려왕을 높이기 위해 칭제건원을 해야한다고 주장하였다.

이후에도 윤언이尹彦頤가 칭제건원이 불가하다는 김부식에 맞서 '태조와 광종도 황제를 칭하고 연호를 제정했으며, 신라·발해도 연호를 세웠는데 칭제건원이 왜 불가하냐'고 반박하는 등 여진은 계속되었다.

묘청의 서경 천도 운동은 개경에 안주하면서 권력유지를 위해 금나라에 사대하는 사대주의 세력에 맞서 고려를 황제국으로 혁신하려던 전통적 자주세력이 봉기한 것이었다. 그러나 수구적 개경파의 승리로 끝나면서 자주세력의 혁신운동은 좌절되고 말았다.

⑤ 고려 전기의 대외전쟁

◀ 거란의 침략과 격퇴

= 거란과 송의 접전

거란契丹은 고려와 비슷한 시기인 서기 916년 8부 대인大人중 한명인 태조 야율아보기가 건국했는데 건국한 지 10년만에 926년 동쪽의 진(발해)을 멸망시켰다. 거란은 중원의 5대10국의 혼란기를 이용해 국력을 키웠고, 936년 후진後晉의 건국자 석경당石敬

塘(재위 936~942)을 도와 후당後唐을 멸망시킨 대가로 지금의 북경
北京과 하북성 대동大同 지역의 탁주涿州, 계주薊州, 단주檀州, 운
주雲州 등의 연운燕雲 16주를 획득하면서 급성장했다. 연운 16주
는 대부분 화북華北평원에 걸쳐 있었으므로 송宋은 큰 위기의식
을 느끼지 않을 수 없었다. 거란의 2대 태종 야율덕광耶律德光은
후진後晉의 출제出帝가 신하가 되기를 거부하자 947년 후진을 멸
하고 국호를 대요大遼로 개칭했다.

송에게 요가 차지한 연운 16주는 사활이 걸린 문제였다. 982년
요 경종이 세상을 떠나고 12세의 요 성종聖宗 즉위하면서 태후
소작蕭綽이 섭정하자 송나라는 때가 되었다고 판단했다. 송宋 태
종太宗은 한국화韓國華를 고려에 파견해서 요에 대한 협공을 제의
했는데 고려는 송을 지지했지만 군대까지 파견할 생각은 없었다.
송은 986년 요를 공격했는데 초기에는 우세했지만 곧 패배하고
소득 없이 퇴각해야 했다.

= 서희와 요의 담판

요 성종聖宗은 고려와 송의 연합을 방지하기 위해서 993년 고
려를 공격했다. 고려는 시중 박양유朴良柔를 상군사上軍使, 내
사시랑內史侍郎 서희徐熙를 중군사中軍使, 문하시랑門下侍郎 최
량崔亮을 하군사下軍使로 삼아 방어했다. 박양유 등은 군사를
압록강 서북쪽의 북계에 주둔시켜 이에 대비했다. 고려 성종成
宗은 안북부安北府까지 직접 행차해 독려했다. 요의 동경유수
東京留守 소손녕蕭遜寧은 봉산군蓬山郡을 격파하고 고려에 "대
조大朝(요)가 고구려 땅을 이미 다 차지했는데, 이제 너의 나라
가 국경을 침탈했으므로 이에 토벌하는 것이다."라고 말했다.
소손녕은 요의 80만 대군이 이르렀으니 빨리 항복하라는 서
한을 거듭 보냈다.

고려 조정에서 땅을 떼어주고 강화하자는 할지론割地論이 횡행

▲ 송 태종 초상. 고려에 요를 협공
하자고 제의했다.

▲ **서희 영정.** 권오창, 2015, 이천시 서희박물관 소장

하자 서희가 반발했다. 서희는 "거란의 동경부터 우리 안북부까지 수백 리 땅은 생여진生女眞이 살던 곳인데, 광종이 이 땅을 빼앗아 가주嘉州·송성松城 등의 성을 쌓았으므로 거란은 이 두 성을 차지하려는 것에 불과하다."면서 "지금 그들의 군세만 보고 급히 서경 이북 땅을 떼어주는 것은 계책이 아니다."라고 반대했고, 이지백李知白도 이에 찬동했다. 서희가 가서 소손녕과 담판했는데 소손녕이 "너희 나라는 신라 땅에서 일어났고 고구려 땅도 우리 소유인데 너희가 우리 땅을 침식하고 우리와 영토가 붙어 있으면서도 바다 건너 송을 사대하니 이 일이 발생한 것"이라면서 땅을 바치고 요를 섬기라고 촉구했다. 서희는 "우리나라가 바로 옛 고구려이기 때문에 국호를 고려라고 하고 평양에 도읍한 것이다. 땅의 경계로 논하자면 요의 동경도 모두 우리 경계 안에 있는데 어찌 우리가 침범했다고 말하느냐?"면서, 요로 가는 길을 여진이 막고 있으니 여진을 내쫓고 우리의 옛 땅을 돌려준다면 어찌 외교를 닦지 않겠느냐고 반박했다. 서희의 말을 들은 요의 성종도 이에 동의했다.

그래서 서희는 고려 성종 13년(994) 군사를 거느리고 여진을 축출하고 장흥진長興鎭·귀화진歸化鎭과 곽주郭州·귀주龜州에 성을 쌓았다. 이듬해 다시 군사를 거느리고 안의진安義鎭·흥화진興化鎭에 성을 쌓았고, 또 그 이듬해 선주宣州·맹주孟州에 성을 쌓았다. 이중 흥화興化·통주通州·용주龍州·철주鐵州·곽주郭州·귀주龜州의 6성을 통칭 강동江東 6주라고 부른다. 통설에서는 강동의 강을 현재의 압록강이라고 주장하면서 이때 고려가 압록강까지 진출했다고 설명해왔다. 그러나 이 강이 지금의 압록강이면 이 강을 기준으로 강남이지 강동이 될 수 없다. 또한 요가 차지하려던 땅은 지금의 요양 지역인 서경 북쪽이므로 강동 6주는 모두 만주의 고려 강역에 쌓은 성들이었다.

◀ 요의 2·3차 침입

송과 요의 충돌은 계속되었다. 1004년 요의 대군이 대대적으로 남하해서 송과 국경지대인 전연澶淵(하북성 복양현 서남)까지 이르렀다. 송에서는 천도론이 제기되는 가운데 재상 구준寇準이 송 진종眞宗의 친정을 건의했다. 진종은 단주까지 북상했으나 정작 싸울 의사는 없었다. 때마침 요의 장수 소달람蘇撻覽도 전사하여 요의 군사들도 사기가 떨어졌다. 이때 송의 항복한 장수 왕계충王繼忠이 강화를 권고하자 송은 조이용曹利用을 보내 '전연澶淵의 맹盟'을 체결했다. 송이 매년 비단 20만 필과 은 10만 냥을 보내고, 요의 성종은 송의 진종을 형이라고 부른다는 형제 관계였다. 그 반대급부로 송 진종은 요의 소 태후를 숙모라고 불러야 했으므로 사실상 요의 완승이었다.

요는 고려와 송의 우호관계를 끊지 않으면 전면적으로 남하하기 어렵다고 판단했다. 그래서 요는 목종 12년(1009)에 **강조康兆의 정변**˚을 구실로 고려를 침략했다. 현종 1년(1010) 요는 40만 대군으로 공격했지만 양규楊規와 하공진河拱辰이 막아냈고, 요는 고려 왕의 친조를 조건으로 물러갔는데 이것이 제2차 침입이다.

요는 고려 현종이 병을 핑계로 입조하지 않는다면서 현종 3년(1012) 흥화興化·통주通州·용주龍州·철주鐵州·곽주郭州·귀주龜州의 6성을 취하겠다고 협박했다. 현종 5년(1014) 요의 소적열蘇敵烈 등이 군사를 이끌고 통주와 흥화진 등지를 공격했으나 고려의 장수 정신鄭信 등이 격퇴했다. 현종 6년(1015)에도 요는 다시 통주와 흥화진 등을 공격했으나 고려의 대장군 고적여高積餘, 조익趙弋 등

● 강조의 정변
천추태후와 김치양이 그들 사이에 낳은 아들을 목종의 후계자로 삼자 강조가 1009년에 정변을 일으켜 천추태후와 김치양 일파를 제거하고 목종을 폐위시켜 현종을 즉위시킨 사건이다. 이를 명분으로 제2차 요의 침입이 시작되었다.

▲ **귀주대첩**. 이용환, 1975, 전쟁기념관 소장.

이 격퇴하였다. 그러나 고려의 대장군 고적여와 장군 소충현蘇忠玄 등이 적의 군사를 추격하다가 전사하는 등 고려의 피해도 컸다. 현종 8년(1017)에도 요의 소합탁蘇合卓이 군사를 이끌고 홍화진을 9일 동안 포위했지만 고려의 견일堅一·홍광洪光·고의高義 등이 격파했다.

현종 9년(1018) 요는 소배압에게 10만 대군을 주어 다시 공격하게 했는데 고려는 강감찬을 상원수, 강민첨을 부원수로 삼아 20만 군사로 맞서게 했다. 강감찬은 영주寧州를 거쳐 홍화진에서 요를 크게 패퇴시켰다. 이듬해인 현종 10년(1019) 강감찬은 귀주龜州에서 요군을 크게 꺾었는데 시체가 들판을 덮고 사로잡은 포로와 노획한 말과 낙타, 병장기들이 수를 셀 수 없을 정도였다. 살아서 돌아간 요군의 숫자는 수천 명에 불과했는데 이것이 귀주대첩이다. 이 귀주도 물론 압록강 북쪽의 성이었다. 귀주대첩 이후 요는 더 이상 고려를 침략할 수 없었고, 송을 침략할 수도 없었다. 이로써 고려와

▲ **강민첨 초상**. 진주 강씨 백각공파 종친회 소장.

송, 거란 사이에 세력 균형이 유지되었다. 전쟁이 끝난 후 고려는 개경에 나성을 쌓아 도성 수비를 강화하였고 북쪽 국경 일대 쌓은 성을 유기적으로 연결시켜 튼튼하게 지켰다.

거란의 3차례 침입 정리

1차 침입(993)	서희가 외교 담판으로 강동 6주 확보
2차 침입(1010)	강조가 1009년 목종을 쫓아내고 현종을 즉위시킨 사건을 구실로 침입, 양규와 하공진 등 활약
3차 침입(1018)	강감찬이 귀주에서 거란군을 크게 격퇴(1019, 귀주대첩)
결과 및 영향	고려-송-거란 3국의 세력 균형, 개경에 나성을 쌓고 국경 각성을 유기적으로 연결

더 깊게 생각하고 토론해 봅시다

강동 6주

고려 북방 강역은 일본인 식민사학자들이 크게 왜곡시켰던 부분인데 아직도 모두 극복하지 못하고 있다. 현재 남한 역사학계는 고려의 건국 초 북방경계를 청천강과 그 지류인 박천강까지라고 설명하고 있다. 그후 성종 12년(993) 서희가 거란의 소손녕과 담판으로 압록강 동쪽의 강동 6주를 차지하면서 서쪽은 압록강까지 확대되었다는 것이다. 동쪽 함경도는 여전히 여진의 강역이라는 것이다. 강동 6주의 위치에 대해 흥화진은 의주, 용주는 용천, 통주는 선천, 철주는 철산, 귀주는 구성, 곽주는 곽산이라고 설명한다.

그러나 고려 국경이 지금의 청천강과 박천강이라면 요(거란)와 갈등을 빚을 이유가 없다. 지금 내몽골 파림좌기가 수도 상경임황부였던 요가 청천강 남쪽의 고려와 싸울 이유가 없었다. 요가 침입하자 고려는 압록강 북쪽의 북계에 진을 치고 방어하러 나갔다. 근래에 강동 6주를 지금의 요동반도나 그보다 더 서북쪽에 있던 것으로 보는 견해들이 나오고 있다. 서희는 요와 갈등을 빚은 것이 광종이 쌓은 가주·송성 등의 성 때문이라고 말했는데 가주·송성 등은 모두 지금의 압록강 서북쪽의 성이다. 《고려사》〈최승로열전〉은 최승로가 〈시무 28조〉에서 "무릇 마헐탄馬歇灘을 경계로 삼자는 것이 태조의 뜻이고, 압강鴨江(압록강) 가의 석성石城을 경계로 삼자는 것이 대조大朝(중국)가 정한 것"이라면서 성종에게 이 두 곳 중에서 요충지를 가려서 강역으로 삼으라고 주청했다. 태조가 국경으로 설정한 마헐탄이 어디인지는 분명하지 않지만 중국에서 국경으로 설정한 압강은 지금의 요녕성 요하일 것이다.

◀ 여진 정벌과 동북 9성 개척

= 두만강 북쪽 700리까지 영토확장

▲ **북관유적도첩 척경입도비.** 윤관 장군이 두만강 북쪽 700리 공험진 선춘령에 고려지경 비석을 세우는 장면.

● **별무반**

고려 숙종 때 여진과의 전투에서 패배하자 새롭게 조직한 특수군이다. 기병 위주의 여진군과 맞서기 위해서 기병인 신기군을 중심으로 보병인 신보군, 승병인 항마군降魔軍으로 구성했다. 별무반은 여진정벌과 9성 축조에 큰 공을 세웠는데, 여진과 강화가 성립되자 해체되고 말았다.

고려의 동북방에는 여진족이 부족 단위로 흩어져 살고 있었다. 고구려가 여진족의 전신 말갈을 제후국으로 거느린 것처럼 고려도 이들을 회유하면서 내부 세력으로 삼아 다스렸다. 여진족의 핵심은 완안부完顔部였는데 부족장 영가盈歌가 점차 통합해 나갔고 고려 숙종 8년(1103) 우야소烏雅束가 뒤를 이어 부족을 통합하면서 고려와 긴장이 높아갔다.

숙종은 재위 9년(1104) 윤관을 보내 정벌하게 했으나 기병 위주의 여진족 군사에게 패배했다. 그후 숙종은 윤관의 건의를 받아들여 특수부대 **별무반**을 편성해 군사력을 증강했다. 숙종의 뒤를 이은 예종은 고려 강역 수호에 대한 의지가 강했다. 예종은 재위 2년(1107)부터 적극 정책을 펼쳐 윤관과 오연총에게 17만 대군을 주어 북상시켰다. 윤관은 여진족을 북쪽으로 몰아내고 9성을 축조했으며 두만강 북쪽 700리 공험진公險鎭 선춘령先春嶺까지 올라가 고려 강역이라는 뜻의 '고려

지경高麗之境'이라는 비석을 세웠다.

여진족은 서쪽으로 요와 접경을 이루고 있는 상황에서 고려와 충돌하는 것은 이롭지 못하다는 생각에서 상국 고려에 9성을 돌려달라고 호소했다. 고려는 9성이 고려 강역이라는 것을 전제로 철수하기 시작했다. 이런 상황에서 예종 8년(1113) 우야소의 뒤를 이은 아골타阿骨打(1068~1123)가 부족통합에 나서면서 동아시아 정세가 크게 요동쳤다.

더 깊게 생각하고 토론해 봅시다

동북 9성의 위치

윤관이 쌓은 동북 9성의 위치를 조선의 사대주의 유학자들과 일본인 식민사학자들이 반도 내로 왜곡시켰다. 조선의 한백겸이 《동국지리지》에서 진흥왕의 마운령 순수비를 윤관의 정계비로 잘못 보고 9성을 길주라고 보는 '길주이남설'을 주장했다. 이어 유형원의 《동국여지지》·신경준의 《강계고》·안정복의 《동사강목》·정약용의 《아방강역고》·김정호의 《대동지지》 등도 모두 한백겸의 견해를 따라 동북 9성을 함경북도 길주 일대라고 서술했다. 식민사학자들은 함흥일대설을 주장했다. 1913년 쓰다 소키치, 1921년 이케우치 히로시, 1931년 이나바 이와키치의 등의 주장이다. 1937년 조선총독부 조선사편수회가 편찬한 《조선사》는 물론 함경도 남부에 있었다고 조작에 가담했다.

《고려사》·《고려사절요》는 물론 《조선왕조실록》·《용비어천가》·《신증동국여지승람》 등은 모두 윤관의 9성이 두만강 북쪽에 있었다는 '두만강이북설'을 서술하고 있

▲ 《고려사》. 이 책의 〈지리지〉에서 고려의 국경이 두만강 북쪽의 공험진까지라고 쓰고 있다.

다. 18세기 이익, 이종휘 등 실학자들을 필두로 광복 이후 민족사학자들도 두만강이북설을 주장했다. 《고려사》 〈지리지〉는 공험진이 고려 동계의 북쪽이라고 썼고, 《세종실록지리지》는 윤관이 '고려지경'이란 비석을 세운 공험진 선춘령을 두만강 북쪽 688리라고 썼다. 이후 조선 학자들은 통상 두만강 북쪽 700리라고 말했다. 조선과 명의 국경도 공험진이다. 조선 태종과 명明의 성조成祖 사이에 맺은 국경조항도 심양 남쪽 철령부터 두만강 북쪽의 공험진까지였다. 조선 후기 여러 지도에도 공험진 선춘령을 두만강 북쪽 700리라고 명기하고 있지만 아직도 일본인 식민사학자들이 조작한 함흥일대설을 지지하는 학자들도 적지 않다.

= 여진족의 대금이 송을 유린하다

▲ 아골타 화상

아골타는 1114년 서쪽의 요를 공격해서 영강주寧江州를 함락시키고 이듬해 정월 '대금大金'을 세우고 수국收國을 연호로 선포했다. 1120년(고려 예종 15) 송 휘종은 금에 사신을 보내 요에 대한 협공을 제의했다. 종래 요에 보내던 세폐를 대신 금에 보내고, 금이 만리장성 이북의 땅을 차지하고, 송이 장성 이남의 땅을 차지하자는 것이었다. 금이 이에 동의해 송·금 연합군이 각각 요를 공격했는데 금은 승전을 거듭한 반면 송은 패전을 거듭했다. 송은 금에 매년 은 20만 냥과 비단 30만 필 외에 은전 100만 냥과 군량미 20만 석을 주기로 약속했는데 송 휘종은 약속을 지키는 대신 금의 내분을 조장했다. 분개한 금 태종은 1126년(고려 인종 4) 군사를 일으켜 송의 수도 개봉開封을 위협했다. 송 휘종은 왕위를 태자에게 양위하고 금 5백만 냥, 은 5천만 냥, 우마 1만 필 등과 화북의 중산中山·하간河間·태원太原 등의 요지를 금에 바치고, 금의 임금과 송의 임금은 '숙질관계'로 한다는 강화조건을 제시했다. 이를 받아들인 금은 연경燕京(북경)으로 철군했지만 송이 다시 약속을 어기자 금 태종은 1126년 다시 남하해 송의 수도 개봉을 함락시켰다. 금은 휘종과 흠종을 비롯한 3,000여 명의 왕족을 인질로 삼아 돌아왔는데, 이것이 '정강의 변'이다. 휘종의 아들 강왕康王이 1127년 남경으로 도주해 즉위했는데 그가 송 고종高宗이다. 금군이 추격하자 송은 1129년 양자강 남쪽 항주杭州로 쫓겨가 수도로 삼았으니 이것이 남송南宋(1127~1279)의 시작이었다.

= 이자겸, 금에 군신의 예를 취하다

예종 12년(1117) 금 태조 아골타는 고려에 사신을 보내 "형인 대
여진 금국 황제가 아우인 고려 국왕에게 글월을 보낸다."라는 서
한을 보여 주었지만 고려는 이를 묵살했다. 고려는 인종 3년(1125)
에 금이 요를 압도하자 사신을 보냈지만 금은 고려가 신하로 자처
하는 '칭신稱臣'을 하지 않았다는 명분으로 사신을 거부했다. 인
종 4년(1126) 이자겸·척준경이 주도하는 백관회의에서 금을 임금의
나라로 섬기기로 결정하고 '칭신상표稱臣上表'의 국서를 전했다.
고려는 자신을 부모의 나라로 섬기던 여진족을 임금의 나라로 섬
기는 신세로 전락했다. 이에 반발하는 묘청 등의 서경세력들이
인종 13년(1135) 봉기했지만 개경세력 김부식 등에 의해 진압되었
다. 고구려의 옛 땅 회복을 내건 태조의 유훈을 망각한 결과는 과
거의 제후국을 황제국으로 섬기는 나라로 전락한 것이었다. 무신
들은 금에 사대하는 문신 귀족들의 호위무사로 전락했고, 이에
대한 반발로 무신정권이 들어서게 되었다.

1차 사료로 그 시대 보기

인종 11년(1123) 고려에 온 송 사신이 말하는 고려의 서쪽 국경

"고려는 남쪽으로는 요해遼海로 막히고, 서쪽으로는 요수遼水와 맞닿았으며, 북쪽으로는 옛 거란 지역과 접경
하였고, 동쪽으로는 금金과 맞닿아있다." 서긍徐兢,《고려도경高麗圖經》〈봉경封境〉

⋯ 고려의 서쪽 강역이 요하까지이고, 북쪽 강역이 만주의 금까지라고 말하고 있다.

고려가 만주를 차지하고 있었다는《고려사》와《고려사절요》기록

"거란이 어원판관御院判官 야율골타耶律骨打를 보내 동북여진으로 가는 길을 빌려달라고 요청했으나 허락하
지 않았다."《고려사》·《고려사절요》현종 17년(1026) 윤5월

⋯ 고려가 만주를 장악하고 있었기에 거란에서 동북여진을 치러갈 때 길을 빌려달라고 요청한 것이다.

2 고려 후기의 정치

❶ 무신정권의 성립

🔸 무신들의 봉기

● **오병수박희**
주로 손을 써서 다섯 사람이 한꺼번에 하는 겨루기를 말한다. 수박은 상대를 공격하는 전통 무예로 무술훈련의 기본이었다.

묘청의 서경 천도 운동 실패는 개경 중심 문벌 귀족 지배 체제의 모순을 더욱 심화시켰다. 무신들은 문신 귀족들의 호위무사로 전락했다. 무신들의 불만이 팽배한 가운데 인종의 뒤를 이어 18대 의종毅宗(재위 1146~1170)이 즉위했다. 서경세력을 몰락시킨 문신들은 무신들을 천시했다. 문신들은 정치권력은 물론 대토지를 겸병해서 경제권력도 독점했다. 문무차별에 대한 무신들의 불만이 커져가는 가운데 군인전도 제대로 지급 받지 못하는 하급군인들의 불만은 날로 증폭되었다.

의종은 재위 24년(1170) 8월 보현원普賢院에 행차하는 도중 무신들에게 **오병수박희**五兵手搏戲●를 시켰다. 대장군 이소응李紹膺이 젊은 부하에게 이기지 못하고 도주하자 하급 문신 한뢰韓賴가 이소응의 뺨을 때렸다. 어가가 보현원에 도착하자 정중부鄭仲夫·이의방李義方·이고李高 등의 무신들이 순검군을 모아 문관과 환관들을 죽이라고 지시하면서 무신정변이 시작되었다. 보현원에서 문신들을 대거 죽이고 개경으로 돌아온 무신들은 "무릇 문관文冠을 쓴 자는 비록

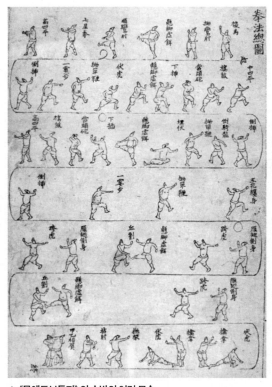

▲ 《무예도보통지》의 수박의 여러 모습

서리라도 죽어서 씨를 남기지 말라."면서 대거 살육을 자행했다. 무신정변으로 고려의 문벌 귀족 정치는 하루 아침에 끝장나고 말았다.

정중부 등은 의종을 폐해 거제도로 유배 보내고 태자도 진도珍島로 유배 보낸 후 왕의 아우 익양공翼陽公 왕호王晧를 국왕으로 추대했는데 그가 19대 명종明宗(재위 1170~1197)이다. 이로써 수립된 무신정권은 고종高宗(재위 1213~1259)이 원을 끌어들여 무너뜨릴 때까지 1세기 동안 유지되었다. 무신정권의 수립은 단순히 고려 문벌 귀족 사회를 무너뜨린 것이 아니라 고려사회의 여러 면에 걸쳐 큰 변화를 가져왔다.

⬛ 무신정권에 대한 반발

무신들은 정권을 장악했지만 고려 사회가 지향해야 할 새로운 지배이념이나 개혁적인 정책을 제시한 것은 아니었다. 중방重房을 중심으로 권력을 장악한 무신들은 오로지 자신들의 토지와 노비를 늘리고 각자 사병을 길러 권력 쟁탈전을 벌였을 뿐 새로운 사회에 대한 지향점은 없었다.

초기의 무신정권은 온건파 정중부와 강경파 이의방·이고의 연합정권이었다. 초기 실권은 이의방과 이고가 장악했는데 둘 사이에 갈등이 생겼다. 명종 원년(1171) 여정궁麗正宮에서 태자를 위한 잔치가 벌어질 때 이고가 난을 일으키려 한다는 정보를 들은 이의방이 이고를 제거했다. 이후 정권은 이의방과 정중부가 주도했다.

무신들이 권력을 다투자 문신들은 반격을 시도했다. 명종 3년(1173) 8월 문신들은 동북면병마사 김보당, 동북면지병마사 한언국 등과 손잡고 의종의 복위와 이의방·정중부 제거를 내걸고 군사를 일으켰다. 김보당은 부하를 보내 제주도에 유배되어 있던

▲ **파주 용미리 마애이불입상** 磨崖二佛立像. 고려 선종의 왕비 원신궁주元信宮主의 꿈에 도승이 나타나 이 불상을 새겼더니 왕자 한산후漢山候를 낳았다는 탄생설화가 전해진다.

의종을 경주까지 모셔왔으나 천민 출신 장군 이의민李義旼에게 패했다. 이의민은 나아가 의종까지 살해했다. 체포된 김보당이 '문신 중에 누가 이 모의에 가담하지 않았겠는가?'라고 자백하자 수많은 문신들이 죽임을 당했다. 이때가 계사년(1173)인데 경인년(1170)에 일어난 무신의 난과 합쳐서 '경계의 난'이라 부른다.

명종 4년(1174) 서경유수였던 조위총이 봉기했다. 그는 북계와 동계의 여러 성에 격문을 보내 개경의 중방이 북계의 여러 성을 토벌하겠다고 군사를 내었으니 가만히 앉아서 죽을 수 없다면서 궐기를 호소했다. 또한 정중부·이의방 등이 의종을 장사 지내지 않은 것을 성토하자 절령岊嶺 이북의 40여 성이 삽시간에 호응하였다. 무신정권은 윤인첨을 원수로 삼아 토벌에 나섰으나 절령역에서 대패하고 도리어 개경까지 위협 받았다. 무신정권에서 다시 진압군을 보내서 서경을 공격하자 조위총은 서언徐彦을 금나라로 보내 절령 이북의 40여 성을 들어서 금나라에 항복하겠다고 요청했다. 그러나 금은 거꾸로 서언을 잡아 고려에 보냈다. 명종 6년(1176) 관군의 공격으로 서경이 함락되고 조위총도 체포되어 사형당했다. 조위총의 봉기에는 무신들뿐만 아니라 서북면의 민중들도 대거 가담했다. 세상이 뒤집힌 것을 목도한 민중들이 스스로 역사의 주인이 되기 위해 봉기에 가담한 것이다.

무신정권의 변화

= 정중부의 제거와 경대승의 집권

조위총의 봉기 와중에도 무신정권 내부의 권력다툼은 계속되었다. 명종 4년(1174) 12월 정중부의 아들 정균이 이의방을 살해하자 정중부가 정권을 독차지했다. 온건파 정중부의 단독집권에 하급 무신들과 일반 군사들은 크게 반발했다. 명종 9년(1179) 26세의 청년 장군 경대승이 견룡군의 장교와 사병들, 그리고 30여 명의 사사死士(결사대)를 데리고 정중부를 습격하여 제거하였다.

▲ 경선사景禪寺 명銘 청동북.
국립중앙박물관 소장.

경대승은 부친 덕분에 음서로 벼슬길에 나왔는데 중서시랑평장사中書侍郎平章事를 역임한 부친 경진慶珍이 죽자 남긴 재산은 남의 전지를 빼앗은 것이라면서 전지 문서를 선군도감選軍都監에 헌납할 정도로 의협심이 강했다. 그는 무신들의 불법적인 행동에 분개했으므로 집권 후 중방을 무력화시키고 문관과 무관을 고루 등용해 무신정변 이전의 상태를 회복하려 했다. 이는 다른 무신들의 생각과 다른 것이었으므로 경대승은 늘 신변의 위협을 느꼈고 신변보호를 위해 도방都房을 설치했지만 명종 13년(1183) 30세의 젊은 나이에 병사했다.

= 천민출신 이의민의 집권과 몰락

경대승의 뒤를 이은 인물은 의종을 살해한 천민 출신 장군 이의민이었다. 이의민이 천민들을 위한 정치를 펴지는 않았지만 천민출신의 그가 최고지위에 오른 자체가 농민·천민들을 각성시켰다. 명종 14년(1184)부터 26년(1196)까지 계속되었던 이의민 정권은 최충헌에 의하여 무너졌다. 이의민의 아들 이지영이 최충헌의 동생 최충수의 집비둘기를 빼앗은 사소한 사건이 계기였다. 명종 26년(1196) 4월 최충헌이 최충수 및 외조카 박진재 등과 이의민·이

지영 부자를 기습하여 제거했다. 최충헌이 이의민의 목을 베어 저자에 효수하면서 60년간 계속되는 최씨 무신정권이 탄생했다.

최씨 무신정권 성립과 그 반발

= 최씨 무신정권의 전횡

최충헌은 명종에게 이의민이 경주에서 의종을 죽인 시역弒逆의 죄를 범했으며 백성들을 포학하게 침탈하며 왕의 지위를 엿보았기 때문에 제거했다고 알렸다. 최충헌은 아우 충수와 함께 폐정弊政 개혁을 요구하는 〈봉사십조封事十條〉를 올렸다. 〈봉사십조〉에는 권세가가 남의 토지를 빼앗은 토지를 환원하고, 세금을 공정하게 부과하고, 승려의 왕궁출입과 왕실의 민간에 대한 고리대업을 금하고, 조신朝臣들의 사치생활을 금하고 청렴한 관리들을 채용할 것을 요구했다. 〈봉사십조〉는 당시 사회가 처한 문제점을 해결하기 위한 방안을 담고 있었으나 정작 권력을 장악한 최충헌·최충수 형제는 이를 실천할 생각이 없었다.

최충헌은 명종 27년(1197) 왕이 〈봉사십조〉를 이행하지 않는다는 명분으로 창락궁昌樂宮에 유폐한 뒤 왕의 아우 평량공平凉公 왕민王旼을 즉위시켰으니 그가 신종神宗(재위 1197~1204)이다.

= 최충헌 일가의 전횡

그러나 곧 최충헌 일가 내부에서 권력다툼이 발생했다. 동생 최충수가 딸을 태자비로 삼으려하자 충헌이 만류했는데 이에 불만을 품은 충수가 형을 제거하려 했다. 최충헌은 박진재 등과 1천여 명의 사병을 이끌고 흥국사興國寺 남쪽에서 충수의 사병을 격파했고, 충수는 파평의 금강사金剛寺에서 피살당했다. 단독으로 권력을 잡은 최충헌은 〈봉사십조〉 실천보다는 토지와 노비를 늘리고 사병을 양성하여 권력을 강화하는데 치중하였다.

신종 1년(1198)에는 노비 만적萬積의 난을 평정하고 황주목사黃州牧使 김준거 등의 봉기 기도도 진압했다. 최충헌은 교정도감을 설치하여 자기 집에서 문무관의 인사권을 행사했는데 신종은 최충헌이 하는 말에 머리만 끄덕일 뿐이었다.

1204년에는 등창이 발생한 신종을 폐하고 태자를 새 임금으로 즉위시켰으니 그가 희종熙宗(재위 1204~1211)이다. 최충헌은 사병들로 도방都房을 설치하여 신변을 경호했는데 도방은 삼별초와 함께 최씨 정권을 유지하는 군사적 기반이 되었다.

최충헌의 뒤를 이은 최우는 자기 집에 정방을 설치하여 문무백관에 대한 인사를 처리했다. 정국이 안정되면서 최우는 문학적인 소양과 행정 실무 능력을 함께 갖춘 문신들을 등용했다. 비로소 문신들도 다소 무신정권에 참여하게 되었다.

최씨 무신정권은 안정되었지만 국가 통치체제는 오히려 악화되었다. 최씨 무신정권이 새로운 시대에 대한 지향점을 제시하는 대신 권력 유지에 몰두했기 때문이다.

= 불교계의 봉기

▲ 개경 영통사

▲ 고려오백나한도. 국립중앙박물관.

무신정권에 대한 반발은 문신들만이 아니었다. 왕실 및 문신들과 가까웠던 사원寺院세력이 무신정권에 조직적으로 반발했다. 고려 왕실은 불교계와 가까웠는데 문종의 왕자 의천義天(1055~1101)이 출가해서 송나라에 유학을 갈정도로 불심이 깊었다.

명종 4년(1174) 정월 귀법사歸法寺의 승려 100여 명이 무신정권에 반발해 봉기했는데, 이의방이 군대를 동원해 승려 수십 명을 살해했다. 그러나 중광사重光寺·홍호사弘護寺 등의 승려 2천여 명이 다시 성문 앞에 집결해 이의방 형제 제거를 시도했는데 쌍방 간에 수많은 희생을 낳았고, 여러 사찰이 파괴되었다.

불교계는 최충헌 정권에도 계속 반발하였다. 최충헌은 고종 4년(1217) 거란군사를 막기 위해 홍왕사興王寺·홍원사弘圓寺·경복사景福寺·왕륜사王輪寺 등의 승려들을 승군으로 징발했는데, 이들이 오히려 성안으로 들이닥쳐 최충헌의 가병家兵과 싸우다가 승군 300명이 희생되었다. 최충헌은 성문을 닫고 도주한 승군을 찾아 죽여서 피가 냇물을 이룰 정도였다.

불교계의 반발에 고심하던 최충헌은 불교계 회유에 나섰다. 아들을 승려로 만들고 승려 직염을 국사로 추천하고 승려들에게 승계僧階를 후하게 내렸다. 또한 교종이 무신정권에 주로 반발한 것에 착안해 선종을 의도적으로 육성해 교종을 대체하려 했다. 최충헌의 아들 최이崔怡도 두 아들 최만종崔萬宗과 최만전崔萬全(뒷날의 최항)을 송광사松廣寺에 출가시켜 승려로 만들었다. 최씨 무신정권이 거란 침략과 몽골 침략 때 불탄 대장경을 다시 제조하게 한 것도 불교계를 회유하고자 하는 정치적 의도가 있었다.

= 각 지방민의 봉기

무신정권이 수립되자 전국 각지에서 봉기가 잇따랐다. 무신정권이 농민·천민들의 처지를 개선시키지는 않았지만 천민 출신 이의민이 최고지위에 오른 것이 이들을 각성시켰다. 만적萬積이 "왕후장상에 씨가 따로 있느냐?"라고 말한 것이 농민·천민들이 각성한 현실을 잘 말해준다.

명종 6년(1176) 공주 명학소에서 망이·망소이 형제가 신분상승을 요구하는 봉기를 일으켰는데 봉기는 실패했지만 무신정권은 명학소를 충순현忠順縣으로 격상시켜 달래야 했다. 명종 12년(1182)에는 전주의 관노들이 봉기했고, 명종 23년(1193)에는 경상도 운문(청도)과 초전(울산)에서 김사미와 효심이 신라 부흥을 기치로 봉기를 일으켰다. 고종 4년(1217)에는 서경에서 최광수가 고구려의 부흥을 기치로 봉기했고, 고종 24년(1237)에는 전라도 담양에서 이연년 형제가 백제 부흥을 기치로 봉기를 일으켰다. 다시 후삼국 부흥을 내거는 세력이 나타난 것은 무신정권이 백성들의 마음을 잡는데 실패한 현상을 잘 말해준다.

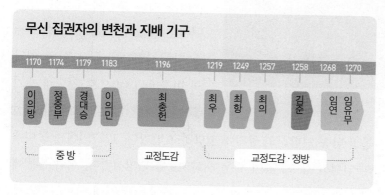

무신 집권자의 변천과 지배 기구

1170	1174	1179	1183	1196	1219	1249	1257	1258	1268	1270
이의방	정중부	경대승	이의민	최충헌	최우	최항	최의	김준	임연	임유무

중방   교정도감   교정도감·정방

최씨 무신정권의 지배기구

중방은 최고위 무신들로 구성된 회의 기구로 기존의 조정회의를 대체했다. 최충헌은 집권 후 반 최씨정권 세력을 제거하기 위해 교정도감을 설치했는데 이 기구는 무신정권이 끝날 때까지 존속되었다. 최우는 자신의 집에 치안 유지를 위해 야별초夜別抄를 설치했다가 이를 좌별초, 우별초로 확대·개편했다. 몽골에 포로로 잡혔다가 탈출한 병사들로 신의군神義軍을 조직해서, 좌·우별초와 함께 삼별초가 되었다. 고려정부가 몽골과 강화하고 개경으로 환도하자 이를 거부하고 끝까지 개경정부 및 몽골과 항쟁했다.

❷ 원의 침략과 항전

◀ 몽골족의 원과 전쟁하다

= 몽골족이 일어나다

▲ 몽골군 공성도攻城圖. 14세기의 원 역사서 《집사集史》에 실린 그림.

금이 중원을 차지한 뒤 얼마 되지 않아서 선비족의 후예인 몽골족이 흥기했다. 몽골족의 여러 왕과 신하들은 1206년(고려 희종 6) 오논강鄂嫩河(악눈하)에서 부족 연합 대회인 쿠릴타이를 열어 대몽고국大蒙古國을 개창하고 테무진鐵木眞(철목진)을 대몽고국大蒙古國 황제로 추대했다. 그가 징기스칸成吉思汗(성길사한)이다. 징기스칸은 즉위하자마자 제국 확장에 나섰다. 1214년에는 금金의 수도 중도中都(북경)을 함락시켰는데 금은 황하 이남의 변경汴京(개봉)으로 천도해 재기를 꾀했지만 1234년(고려 인종 12)

몽골·남송 연합군의 공격에 멸망하고 말았다. 1227년에는 동이족의 일원인 강족羌族이 세운 서하西夏를 멸망시켰다. 서쪽 정벌에도 나서 중앙아시아 호라즘Khorezm제국을 공격해 사마르칸트를 함락시켰다. 징기스칸은 1227년(고려 고종 14) 사망했지만 그 뒤를

알고 싶어요

몽골과 고려는 한 집안

《고려사》〈고종 18년(1231) 12월〉 조에 몽골 사신이 고종에게 보낸 투항 권유 서한에는 "호랑이 해(虎兒年:호아년:1218)에 항복했으니 우리는 한 집안 아닌가? 그때 보낸 사신이 아토阿土이다."라는 내용이 있다. 두 나라가 한 집안이라는 인식은 두 나라가 원래 한 민족이라는 인식의 표출이었다.

태종太宗 오고데이(재위 1229~1241), 정종定宗 구육(재위 1246~1248), 헌종憲宗 몽케(재위 1251~1258), 세조世祖 쿠빌라이(재위 1260~1294) 등이 이으면서 아시아는 물론 러시아와 유럽까지 모두 지배권에 넣게 되었다.

= 고려와 충돌하다

고종 5년(1218) 금을 정벌하러 가던 몽골군과 고려군이 최초로 충돌했다. 이후 소강상태에 있던 두 나라는 고종 12년(1225) 고려에 온 몽골 사신 저고여著古與가 피살되면서 긴장관계로 접어들었다. 고종 18년(1231) 8월 몽골의 살리타撒禮塔가 대군을 이끌고 고려의 서북면 철주鐵州를 도륙했는데, 철주는 만주에 있는 강동 6주 중 한 성이었다. 몽골군은 고려에 항복을 권유하는 한편 공격을 계속하다가 고려의 화친제의를 받고 귀국했다. 이것이 몽골의 제1차 침입인데 이때부터 고려는 무려 40년 동안(1231~1270) 몽고제국과 장기전을 치렀다.

= 최씨 무신정권의 강화도 천도와 강화

최씨 무신정권의 집권자 최우는 몽골과 항전하기 위해 고종 19년(1232) 7월 수도를 강화도로 옮겼다. 최씨 무신정권은 백성들을

▲ **강화 외성**. 몽골의 침입을 막기 위해 고종 때 쌓은 성이다.

산성으로 들어가게 하는 '산성입보山城入保'와 섬으로 들어가게 하는 '해도입보海島入保'를 명령하고 몽골에 저항하였다. 적군에게 일체의 물자를 남겨두지 않는 고구려 전통의 청야전술淸野戰術을 사용한 것이다. 최씨 무신정권이 강화도에 천도한 동안 김윤후가 이끈 민병과 승군이 처인성에서 몽골 장수 살리타의 군대를 물리치는 등 일반 민중들이 거세게 항쟁했다. 특히 사회적으로 천대받던 노비와 부곡 지역의 주민까지도 몽골에 대항하여 싸웠다.

= 고려 왕실과 몽골의 접근

몽골은 다시 개경으로 천도하는 출륙환도出陸還都와 고종의 입조를 요구하는 '국왕 친조親朝'를 강화조건으로 내걸었다. 두 조건은 사실상 최씨 무신정권의 종말을 뜻하므로 최우는 거부했다. 몽골은 고려 왕실을 직접 대화 상대로 삼아 무신정권 무력화에 나섰다. 고종 36년(1249) 최우가 사망하고 승려로 출가해 있던 최항崔沆이 뒤를 이었다. 최항은 백성들에게 가렴주구를 일삼던 교정도감을 개혁하는 등 민심 수습에 나서면서 계속 몽골과 강경정책을 유지했다. 고종 44년(1257) 최항이 사망하고 최씨 무신정권의 마지막 집권자인 최의崔竩가 정권을 이어받았다. 그러나 이미

▲ **삼별초의 대몽항전.** 김서봉, 1975, 독립기념관 소장.

몽골의 거대한 힘이 밀려드는 상황이어서 무신정권 내부가 분열되었다. 고종 45년(1258) 3월 최충헌의 가노였던 김윤성의 아들 김준金俊이 유경·박송비 등과 모의해 무오정변을 일으켜 최의를 제거했다.

고종은 같은 해 12월 사신을 파견해서 출륙환도를 수락하고 자신의 입조 대신 태자의 입조를 제안하고 이듬해 태자 왕전王倎(원종)을 몽골에 보냈다. 이후 몽골의 군사침략은 잦아들었다.

고종은 재위 46년(1259) 6월 사망했는데 몽골의 헌종도 다음 달 남송 정벌전쟁 중에 사천성四川省 합주성合州城에서 사망했다. 헌종을 만나러 사천성으로 가던 태자(원종)는 개봉 근처에서 세조 쿠빌라이忽必烈(홀필열)를 만나 특별한 관계를 맺었다. 고종의 뒤를 이은 원종은 재위 원년(1260) 몽골국의 연호 중통中統을 사용했고, 재위 5년(1264)에는 직접 입조했다. 원종은 몽골의 힘을 빌려 무신정권을 무너뜨리고 원의 보호 아래에서 친정을 단행하려고 시도했다.

= 출륙환도와 삼별초의 항전

왕실이 몽골과 손잡은 상황에서 무신정권은 크게 약화되었다. 세조 쿠빌라이가 김준 부자를 몽골로 부르자 김준은 거부했다. 이런 와중인 원종 9년(1268) 김준은 휘하의 임연林衍에게 살해당했다. 임연은 원종 재위 10년(1269) 재추 고관들을 움직여 원종을 폐위시키고 동생 안경공 왕창을 신왕으로 옹립했으나 몽골의 거

알고 싶어요

대몽항전 때 활약한 백성

"처음 충주 부사 우종주가 판관 유홍익과 틈이 있었는데, 몽골병이 쳐들어온다는 말을 듣고 성 지킬 일을 의논하였다. 우종주는 양반 별초를 거느리고, 유홍익은 노군奴軍과 잡류별초雜類別抄를 거느리고 서로 다투었다. 몽골병이 오자, 우종주와 유홍익은 양반 등과 함께 다 성을 버리고 도주했는데 오직 노군과 잡류만이 힘을 합하여 쳐서 이를 무찔렀다." 《고려사》 〈이자성열전〉

부로 무산되고 원종이 다시 복위했다. 더 이상 무신정권이 고려의 왕위를 좌지우지할 수 없는 현실을 말해주는 것이었다.

원종은 재위 11년(1270) 세자와 몽골왕실의 혼인을 청하는 한편 몽골에 임연을 제거하고 개경으로 환도하기 위한 군사를 요청했다. 같은 해 임연은 사망하고 아들 임유무林惟茂가 계승했다. 원종이 출륙환도를 단행하고 장군 김지저를 보내 무신정권의 세력 기반이던 삼별초를 혁파하자 삼별초는 장군 배중손, 야별초지유 노영희 등의 지휘로 저항했다.

대몽골국의 세조는 1271년 대원大元으로 국호를 개칭하고 수도를 대도大都(북경)으로 천도했다. 삼별초는 진도로 거점을 옮기는 한편 원종 12년(1271) 일본에도 사신을 보내 연합을 제의했다. 진도가 함락되자 제주도로 거점을 옮겨 저항했으나 원종 14년(1273) 고려의 김방경과 몽골 원수 흔도가 이끄는 고려·원 연합군에게 진압당하면서 장장 40여년에 걸친 대몽항전은 끝을 맺었다. 삼별초가 장기간 항쟁할 수 있었던 것은 무신들의 의지뿐만 아니라 몽골에 굴복하는 것에 반발하는 민중의 지지가 있었기에 가능하였다. 제주도가 함락되자 삼별초는 오키나와琉球(유구)까지 가서 항전을 계속한 것으로 추정된다.

더 깊게 생각하고 토론해 봅시다

일본까지 건너가 대원항전한 삼별초

제주도에서 700~800km 정도 떨어진 오키나와에는 1429년부터 1879년 메이지유신 이후 일본이 점령하기까지 약 450여년 간 존속한 유구왕국이 있었다. 유구국의 수도는 수리성首里城이다. 그런데 오키나와에서 나온 암키와 중에 '계유년에 고려의 기와 장인이 제조했다.'는 뜻의 '계유년고려와장조癸酉年高麗瓦匠造'라는 명문기와가 있는데 계유년은 1273년을 가리킨다. 이는 제주도가 함락된 후 삼별초가 오키나와까지 가서 항전을 계속했다고 해석할 수 있다. 또 유구국을 삼별초가 세웠다는 주장도 있다.

▲ 오키나와에서 발견된 고려와장조 명문 기와

❸ 고려 후기의 정치변화

◀ 원의 내정간섭

= 영토축소

고려는 원의 세계질서 내에 편입되었지만 국가 자체가 없어진 다른 나라들과 달리 국체는 그대로 보존할 수 있었다. 원종의 태자 충렬왕은 이미 왕비가 있었음에도 세조 쿠빌라이가 자신의 딸인 제국대장공주와 다시 혼인시켰다. 충렬왕은 황제의 부마가 되었으므로 몽골제국 내에서 위상이 크게 높아졌다.

원과 강화하면서 잃은 것도 많았다. 먼저 영토 일부가 축소되었다. 몽골과 항전하던 고종 45년(1258) 12월 용진현龍津縣의 조휘趙暉와 정주定州 출신 탁청卓靑이 요동에 있던 화주和州 이북을 몽골에 바쳤다. 몽골은 요동의 화주에 쌍성총관부를 설치하고 조휘를 총관, 탁청은 천호로 삼았다. 이로써 고려는 개국 이래 강역이었던 두만강 이북의 영토를 일시 빼

▲ 몽골 중장기병

앗겼다. 원종 10년(1269) 고려 서북로西北路의 하급 관리였던 최탄崔坦이 서경유수와 용주龍州·영주靈州·철주鐵州·선주宣州·자주慈州의 다섯 개 주의 수령을 죽이고 몽골에 투항했다. 원종이 원 도당에 글을 보내 최탄을 정벌하겠다고 요청했으나 원은 거부하고 3천여 군사를 서경으로 들여보내고, 이 지역에 동녕부東寧府를 설치했다. 고려는 개국 이래 영토로 차지했던 압록강 이북 지역도 일시 빼앗겼다. 충렬왕은 재위 4년(1278) "동녕부는 원래 우리나라 조상 대대로 도읍"이라면서 서경 출신도 아닌 최탄이 차지하고 제사마저 폐지했다고 비판하면서 고려로 돌려달라고 요청했으

나 원은 거부했다. 원은 또 1300년에 제주도에 탐라총관부를 두어 다스렸다. 압록강~두만강 이북의 옛 고려 영토들은 공민왕이 재위 5년(1356) 옛 강토회복전쟁 때 98년 만에 되찾을 때까지 일시 원의 강역이 되었다.

= 정동행성과 부원배의 형성

원은 일본원정을 위해서 고려에 군사기구 정동행성征東行省을 설치해서 고려군과 연합군을 편성해 일본정벌에 나섰다. 충렬왕 즉위년(1274)과 충렬왕 7년(1281) 두 차례 일본원정군을 보냈으나 모두 태풍 때문에 실패했다. 원은 충렬왕 12년(1286) 정동행성을 폐지했다가 이듬해 행정기구로 성격을 개편해 다시 설치하고 산하에 법률을 담당하는 이문소理問所를 두어 고려의 내정을 간섭했다.

고려 국왕은 원의 공주와 결혼하여 원 황제의 부마가 되면서 왕실의 호칭과 격도 부마국에 걸맞게 낮추었다. 아울러 관제도 개편되고 낮은 격으로 되었다. 또 군사적으로 중요한 지역에는 만호부를 설치하고, 다루가치라는 감찰관을 파견하여 내정을 간섭하였다.

이뿐만 아니라 원은 고려의 처녀들을 공녀貢女로 데려갔으며, 금, 은, 베를 비롯하여 인삼, 약재 등 특산물을 징발하여 농민의 고통을 가중시켰다. 매를 징발하기 위하여 응방鷹坊이라는 특수기관을 설치하기도 하였다.

원의 내정간섭이 심해지자 고려를 배신하고 원에 붙은 부원배附元輩들이 나타나 국정을 농단했다. 두만강 북방 강역을 원에 바친 조휘·탁청, 압록강 북방 강역을 원에 바친 최탄 등이 대표적인 민족반역자들이었다. 충숙왕 10년(1323) 문관출신 오잠吳潛과 역관출신 유청신柳淸臣은 고려를 원의 지방행정 구역인 성省으로 편입시켜 달라고 원에 주청했는데 이것이 '고려를 원의 일개 성으

▲ 몽골군에 맞서 싸우는 일본군을 그린 〈몽고습래회사〉

로 만들려고 한다.'는 뜻의 입성책동立省策動이라고 한다. 고려 왕실을 폐지하고 원의 지방행정 기구로 편입시키라는 이 요구는 원의 거부로 무산되었다.

원의 지방행정 기구로 편입되는 것은 막았으나 원의 내정 간섭으로 고려는 자주성에 심각한 손상을 입었고, 부원배들의 반역 매국 활동 때문에 고려 왕실은 정상적인 정국운영이 힘들었다.

♦ 원 간섭기의 관제 변화
중서문하성과 상서성을 합쳐 첨의부로 하고, 6부는 4사로 통폐합되었으며, 중추원은 밀직사로 격하되었다. 2성 6부체제에서 1부 4사체제로 개편되었다.

원의 간섭

고려의 위상 약화	관제와 왕실 호칭 격하, 고려 왕들은 원의 공주와 결혼
원의 영토 침탈	화주에 쌍성총관부, 자비령 이북에 동녕부, 제주도에 탐라총관부

더 깊게 생각하고 토론해 봅시다

잠청배潛淸輩란 누구인가?

《환단고기》에 실린 《단군세기檀君世紀》는 고려 공민왕 때 수문하시중을 역임한 행촌杏村 이암이 썼다고 전해진다. 그 서문에서 이암은 "아아! 슬프도다. 얼마 전에 잠청배의 사악한 의논이 밤중에 몰래 돌아다니는 남생男生과 발기發岐의 역심과 서로 만나 합쳤었다."고 말했다. 그런데 일부 학자들이 '잠청배'를 '청나라와 내통한 무리들'이라고 해석하고 이를 근거로 《환단고기》가 후대에 조작되었다고 주장했다. 잠청배란 오잠과 유청신을 뜻하는 용어인데, 이를 모르고 '청나라'라고 오독한 것이니 《고려사》에 대한 기본이 부족한 것이다. 남생은 당에 붙어 고구려를 판 연개소문의 아들이고, 신대왕의 아들 발기는 공손씨를 끌어들여 고구려를 공격했다가 패하여 자살한 인물이다.

원의 내정 간섭	일본 정벌 위해 정동행성 설치 → 원정 실패 후 내정 간섭 지속, 다루가치 파견
원의 수탈	공녀와 환관 요구, 금, 은, 종이, 인삼, 매, 말 등 징발
영향	몽골풍 유행, 부원세력 성장, 자주성 손상

왕실 호칭 격하

구분	변경 전(황제의 칭호)	변경 후(제후의 칭호)
왕의 시호(죽은 뒤 부르는 호칭)	조祖, 종宗	충( )왕
왕이 스스로를 부를 때	짐朕	고孤
신하가 왕을 부를 때	폐하陛下	전하殿下
왕위 계승자	태자太子	세자世子

공민왕의 개혁정치와 신진 사대부의 성장

= 권문세가와 신진 사대부의 형성

《고려사》는 고려의 유력가문을 **권문**權門●, 또는 **세가**勢家●라고 표현하는데 원 간섭기에는 원나라에 붙은 부원배들이 권문세가의 중심으로 부상했다. 이들은 농민들의 농토를 빼앗아 자신들의 농장에 편입시키고 양민을 노비로 전락시켜 자신들의 농장에서 강제로 일을 시켜서 사회 모순을 격화시켰다. 이 문제를 해결하지 못하면 나라가 망할 것이라는 위기의식이 팽배했다.

제국대장공주의 아들이자 원 세조의 외손이었던 제26대 충선왕(재위 1308~1313)은 개혁의지가 강했다. 충선왕은 세자 시절부터 강력한 개혁의지를 드러냈고 즉위 후 개혁에 나섰지만 원의 지배체제 내에서 근본적 개혁은 불가능했다. 충선왕은 부원배들의 책동으로 7개월 만에 왕위에서 쫓겨났다. 그를 대신해 복위한 충렬왕이 죽고 충선왕이 1308년 다시 복위했으나 이미 개혁의지를 상실한 후였다. 충선왕은 대도大都에 머물면서 전지傳旨로 국정을 지시했다. 충선왕이 대도에 지은 만권당은 이제현 등의 고려 지식인들과 염복閻復, 요수姚燧, 조맹부趙孟頫 등의 원나라 지식인들이 교류하는 장소가 되었다. 이 과정에서 성리학이 고려의 유학자들에게 전파되기 시작했다.

공민왕의 반원 자주정책

충선왕의 개혁이 좌절된 후 나타난 강력한 개혁군주가 31대 공민왕(재위 1351~1374)이다. 충선왕의 손자이자 충숙왕의 아들인 공민왕은 대대적인 개혁을 자신의 사명으로 삼았다. 그가 즉위했을 무렵 중원에서는 원이 쇠퇴하고 농민봉기군이 각지에서 일어난 원·명 교체기로서 고려에 대한 원의 지배력이 약화된 때였다. 공민왕의 개혁은 대외

▲ 공민왕과 노국대장공주

적으로는 고려의 자주성을 회복하는 반원정책이자 대내적으로는 부원배들의 세력을 약화시키는 왕권강화 정책이자 백성생활 안정 정책이었다.

공민왕은 재위 5년(1356) 5월 왕실보다 위에 있는 것처럼 행동하던 기황후의 오빠 기철奇轍과 권겸權謙, 노책盧頙 등 부원배들을 전격적으로 제거했다. 동시에 부원배들의 소굴로서 고려 내정을 간섭하던 정동행성 이문소도 혁파했다. 나아가 원의 간섭으로 바뀌었던 고려 관제들을 복구하고 몽골 풍속도 금지시켰다.

알고 싶어요

기철 일가

공녀貢女로 원에 갔던 기철의 누이동생은 순제順帝의 태자 애유식리달렵愛猷識里達獵을 낳고 황후가 되었다. 기황후 가문은 고려 왕실을 능가할 정도의 권세를 갖고 있었으나 공민왕에게 제거되었다. 원이 대도를 포기하고 초원으로 쫓겨가 북원北元으로 전락한 이후 태자가 즉위해 소종昭宗이 되었으나 이미 국력은 회복 불가능했고 기황후의 행적도 더 이상 전해지지 않는다.

= 옛 강토수복 전쟁

▲ 고려의 북방 강역

　공민왕은 개경에서 부원세력들을 척결하던 재위 5년(1356) 5월 인당印瓏을 서북면병마사로 삼아 최탄이 원에 바친 압록강 이북 땅 수복에 나서게 했다. 또한 유인우柳仁雨를 동북면병마사로 삼아 조휘·탁청이 원에 바친 두만강 이북 땅 수복에 나서게 했다. 두 장수는 원에서 동녕부와 쌍성총관부를 설치했던 이 지역을 만 98년만에 되찾았다. 고려말 강역이 다시 지금의 압록강 북쪽 600~700여 리의 현 심양 남쪽과 두만강 북쪽 700리 지점의 공험진 선춘령까지로 확대되었다.

= 신돈의 개혁정책

　공민왕은 원과 부원배들의 강력한 반발을 무릅 쓰고 반원 자주

1차 사료로 그 시대 보기

고려의 북방 강역 회복

"평리評理 인당을 서북면병마사로 삼아서 압강鴨江 서쪽의 8참站을 공격하게 하고, 밀직부사 유인우를 동북면병마사로 삼아서 쌍성雙城 등지를 수복하게 하였다." 《고려사》〈공민왕 5월〉 조

⋯→ 인당이 수복한 압강 서쪽의 8참과 유인우가 수복한 쌍성 등지는 모두 지금의 압록강~두만강 북쪽에 있던 옛 고려 강역이었다.

정책을 계속해 나갔다. 그는 전민변정도감田民辨整都監을 설치하고 개혁 승려 신돈을 등용하여 권문세가들이 부당하게 빼앗은 토지를 본래의 소유주에게 돌려주고 노비로 전락한 백성들을 양민으로 되돌렸다. 이로써 권문세가의 경제 기반을 약화시키고 국가 재정 수입 기반을 확대하였다. 그러나 권문세가의 강력한 반발로 신돈이 제거되고, 공민왕까지 시해되면서 개혁은 중단되고 말았다.

= 신진 사대부의 성장

공민왕이 개혁을 추진하는 과정에서 신진 사대부의 정계 진출이 확대되었다. 이들은 대부분 지방의 향리 자제들로, 무신 집권기 이래 과거를 통하여 중앙 관리로 진출하였다. 이들은 성리학을 철학적 기반으로 삼고 불교를 억압하려고 하였다.

신진 사대부는 권문세가들의 농장 확대 과정에서 자신들의 농토까지 침탈당하자 크게 반발했다. 그러나 아직 권문세가와 맞서 싸우기에는 능력이 부족했다. 권문세가가 인사권을 쥐고 있었으므로 관직 진출이 제한되었고, 권문세가가 거대한 토지를 겸병하면서 과전이 부족해 녹봉도 제대로 받기 힘들었다. 그래서 신진 사대부 일부 세력은 새로운 왕조 개창을 모색하게 되었다.

알고 싶어요

전민변정도감

고려 후기 권문세가들이 농민들의 토지를 빼앗고 양민을 자기 집의 노비로 예속시키는 경우가 많았다. 그래서 토지를 원주인에게 돌려주고 노비를 다시 양민으로 환원하기 위한 전민변정도감을 설치했다. 원종 10년(1269) 최초로 설치했고 충렬왕도 설치했지만 큰 성과를 거두지 못했다. 공민왕 때 왕사 신돈을 등용해 설치한 전민변정도감은 큰 성과를 거두었으나 결국 권문세가들에게 밀려 실패하고 신돈도 사형당하고 말았다. 이후 우왕 때도 설치했으나 큰 성과를 거두지 못함으로써 고려는 멸망의 길로 접어들게 되었다.

④ 자주 노선의 등장과 갈등

◎ 철령위를 둘러싼 고려와 명의 분쟁

= 공민왕의 사망과 우왕의 즉위

● 북원

기황후의 남편 순제는 1368년 명군明軍이 공격하자 대도大都(북경)를 포기하고 상도上都(현 내몽골 석림곽륵맹錫林郭勒盟)로 천도했다. 그 뒤를 이은 기황후의 아들 소종昭宗은 연호 선광宣光을 선포하고 원의 부흥을 위해 노력했지만 이미 대세는 기운 뒤였다. 소종이 사망하고 아우 토구스티무르가 즉위했으나 1387년 북원 왼쪽을 지탱하던 여진족 나하추納哈出가 명에 항복하면서 큰 타격을 입었다. 토구스티무르는 북원의 본거지인 오르콘강 상류의 가라코람으로 돌아가다가 살해되고 북원은 이후 20년 동안 6명의 군주가 살해되는 혼란을 겪었다. 결국 원은 타타르韃靼로 불리면서 역사 속으로 소멸해갔다.

공민왕이 재위 23년(1374) 9월 45세의 나이로 세상을 떠났다. 공민왕의 아들 왕우王禑가 왕위에 올랐는데 사후에 시호를 받지 못했으므로 이름을 따서 우왕禑王(재위 1374~1388)이라고 부른다.

원은 북방으로 쫓겨 가 상도上都에 도읍했는데 고려에서는 이를 **북원**北元으로 불렀다. 각지에서 한족漢族 농민봉기군이 크게 일어났는데 그 중에 빈농 출신 주원장朱元璋이 1368년 세운 명明이 크게 부상했다.

북원은 이미 대세가 기울었음에도 고려를 포기하지 않았다. 우왕 대신 심양왕 왕호의 손자 톡토부카를 왕으로 세우려 해서 우왕이 각 도의 군사를 징발하여 대비했다. 또한 우왕 때는 왜구가 크게 창궐하여 278회나 침략했고, 강화도와 개경까지 위협했다. 우왕은 정몽주를 일본에 사신으로 보내 해적 단속을 요청하는

▼ 북원 상도 유적. 내몽골 석림륵맹錫林勒盟 정람기正藍旗 상도진上都鎭

한편 판사 최무선의 건의로 화통도감을 설치해 무기를 개량했다. 우왕 6년(1380) 나세·심덕부·최무선 등이 화포를 이용해 진포에서 왜선을 크게 격파하고 이성계가 황산에서 왜구를 격퇴하자 왜가 잠시 주춤해졌다. 왜구가 고려 내륙까지 도륙할 정도로 원 간섭기를 거치면서 고려의 군사력이 크게 약화되었다.

= 명의 무리한 요구

명을 세운 주원장은 수많은 농민봉기군 중의 한 세력에 불과했다. 그는 곽자흥郭子興의 부하 홍건군紅巾軍으로 출발했으나 점차 세력을 길러 진우량陳友諒, 장사성張士誠 등 유력한 농민봉기군들을 꺾고 1368년 남경南京에서 제위에 올라 국호를 대명大明, 연호를 홍무洪武로 선포했다.

주원장은 같은 해 대도大都를 점령하고 원은 초원으로 쫓겨 갔다. 우왕 3년(1377) 초원으로 쫓겨 간 북원은 고려에게 명의 정료

알고 싶어요

홍건군과 싸운 최영

원 말기에 백련교도가 중심이 되어 봉기한 한족漢族 농민 봉기군들은 머리에 붉은 수건을 둘러서 홍건군, 또는 홍건적紅巾賊이라 불렸다. 주원장도 홍건군 출신이다. 최영은 공민왕 4년(1355) 원의 요청으로 2천여 명의 고려군을 이끌고 강소성江蘇省 양주揚州까지 가서 장사성의 홍건군과 싸웠다. 홍건군 토벌 경험이 있는 최영에게 주원장은 크게 성공한 홍건적에 불과했기에 명의 부당한 요구에 자주노선을 견지했다.

▲ **원 말 농민기의.** 안휘성 영주潁州에서 기의하는 상상도이다.

고려에 온 농민봉기군의 황제들 후손

명 태조 주원장은 공민왕 21년(1372) 자신과 경쟁하던 대한大漢 황제 진우량과 대하大夏 황제 명옥진明玉珍의 후예들을 고려에서 받아달라고 요청했다. 공민왕이 수락하자 진우량과 명옥진의 후예 27명이 고려로 왔는데, 공민왕은 이 망명객들을 후하게 대우했고, 조선도 마찬가지였다. 이들은 중원으로 돌아가지 않고 조선인과 혼인해 조선인과 융합되었다.

▲ 명 태조 주원장

위정위遼衛를 협공하자고 제의했다. 그간 원의 간섭에 시달렸던 우왕은 북원의 제안을 거부했다. 그러나 명이 요동 진출을 도모하면서 고려와 충돌했다.

또한 명의 사신들이 고려의 상국처럼 행동하면서 고려의 자존심을 건드렸다. 공민왕 말년 사신으로 온 채빈蔡斌은 포악한 행동으로 물의를 빚다가 지금의 압록강 북쪽의 개주참開州站에서 고려의 호송관 김의金義에게 살해당했다. 명 사신 임밀林密은 공민왕 23년 (1374) 고려에 와서 제주말 2천 필을 요구했다. 제주말은 그때까지도 원에서 관할했으므로 임밀은 200필의 말만 갖고 돌아가야 했다.

이에 불만을 품은 주원장은 우왕이 재위 1년(1375) 최원崔源 등을 사신으로 보내 공민왕의 죽음과 자신의 즉위를 알리자 감옥에 가두었다. 우왕이 손천용孫天用 등을 다시 보냈는데 또 억류했다. 이들은 우왕 4년(1378)에야 겨우 귀국할 수 있었다. 명나라는 해마다 금 100근, 은 1만 냥, 양마良馬 100필, 세포細布 1만 필 등을 요구했다. 고려는 명의 요구에 대해 일부는 수용하고 일부는 거부하면서 대처해나갔다. 그러던 우왕 14년(1388) 명은 고려 북계 강역인 지금의 심양 남쪽 봉집현奉集縣에 철령위鐵嶺衛 설치를 통보하면서 충돌이 불가피해졌다.

= 철령의 소속을 둘러싼 분쟁

우왕 14년(1388) 2월 명에 갔던 설장수偰長壽가 주원장의 발언을 전했는데 그 중에 "철령 이북의 땅은 본래 원조元朝에 속했던 땅이므로 명나라 요동에 귀속시키겠다."는 내용이 있었다. 주원장은 실제로 다음 달 요동백호遼東百戶 왕득명王得明을 보내 공민왕이 되찾은 압록강 이북 땅에 철령위 설치를 통보했다. 그간 식민사학자 이케우치 히로시池內宏 등이 반도사관에 따라 이 철령을 함경남도 안변으로 조작한 것이 통용되어 왔다. 그러나 이 철령의 위치에 대해 명나라의 정사인《명사》〈지리지 요동도지휘사사〉조는 이렇게 말하고 있다.

"철령위: 홍무 21년(1388, 우왕 14년)에 철령성을 설치했다가 26년(1393) 옛 은주銀州(현 요녕성 철령시)로 옮겼다. 철령은 ⋯⋯ 서쪽에 요하가 있고, 남쪽에 범하가 있는데 모두 요하로 들어간다. ⋯ 동남쪽에 봉집현奉集縣(현 심양시 남쪽 진상둔진 봉집보)이 있는데, 옛 철령성 자리이고 고려와 경계를 접하고 있다."

명이 설치한 철령위 서쪽에 요하가 있다고 했으니 함경남도 안변일 수는 없다. 안변 서쪽에는 강 자체가 없다. 명에서 철령위를 설치한 원의 동녕부나 쌍성총관부는 모두 압록강~두만강 북쪽에 있었다.

▲ 중국에서 심양 남쪽에 세워놓은 〈봉집보유지〉 비석. 여기까지 고려·조선의 강역이었다는 뜻이다.

알고 싶어요

쌍성총관부의 위치

일본인 식민사학자들은 쌍성과 화주를 모두 함경남도라고 왜곡했다. 그러나 원나라 정사《원사元史》〈식화지食貨志〉는 "요동의 쌍성 및 화주 등에서 금을 캤다."는 기록이 있다. 쌍성과 화주는 모두 요동에 있었다는 기록이다.

◀ 요동정벌론과 그 반발

= 요동정벌론의 등장

우왕과 최영은 강온 양면작전으로 명에 맞섰다. 요동정벌군을
조직하는 한편 밀직제학 박의중을 명에 사신으로 보내 항의했다.
우왕은 박의중을 통해 명 태조 주원장에게 국서를 전달했다.

> "조종祖宗으로부터 전해져서 강역으로 정한 구역이 있어서
> 철령에 잇닿는 북쪽 땅을 살펴보면 문주文州·고주高州·화주和
> 州·정주定州·함주咸州 등 여러 주를 거쳐 공험진까지는 원래부
> 터 본국 땅이었소." 《고려사》 〈신우禑王열전 14년(1388) 2월〉

고려 서북쪽 강역은 지금의 압록강 북쪽 600~700여 리의 철령
까지, 동북쪽 강역은 두만강 북쪽 700리의 공험진까지라는 국서
였다. 이 국서에서 우왕은 예종 2년(1107) 윤관이 함주에서 공험진
까지 성을 쌓았고, 조휘 같은 반란자들이 일시 원나라에 바쳤지만
공민왕 때 원에서 다시 고려 강역으로 환속시켰다고 말했다.

> "지정至正 16년(1356, 공민왕 5년)에 이르러 원 조정에 거듭 전
> 달해서 총관과 천호 등의 직을 혁파하고, 화주 이북을 다시
> 본국에 속하게 하고, 지금까지 주현의 관원을 제수하여 인민
> 을 관할하게 하였소." 《고려사》 〈신우열전 14년 2월〉

명이 원을 계승했다는 주원장에 대해 공민왕 때 이미 원으로부
터 고려 강역으로 환원 받았다고 반박한 것이다. 우왕은 주원장
이 보낸 명나라 요동백호 왕득명의 면담을 거부했고, 삼판사사 이
색이 대신 만나 철령위 설치의 부당성을 역설했다. 철령이 고려 강
역이란 사실이 명백해지자 왕득명은 "천자의 처분에 달려 있는 것

이지 내가 마음대로 처리할 수 있는 일이 아니오."라
고 변명했다.

명 태조 주원장은 왕득명이 개경에 도착하기도
전에 요동도사에게 철령위가 명나라 땅이라는 방문
榜文(벽에 붙이는 글)을 붙이라고 명령했고, 요동도사
는 승차 이사경李思敬 등을 보내 압록강에 "철령의
이북·이동·이서는 본래 원나라 개원로에 속한 땅"이
라는 방을 붙였다. 명은 압록강 북쪽의 고려 북계와
두만강 북쪽의 동계 여러 곳에도 같은 방을 붙였다.
최영은 우왕에게, "철령위가 명나라 땅이라는 방문
을 가지고 양계兩界(북계 및 동계)에 들어온 명나라 요
동 군사들을 모두 죽여야 합니다."라고 주청했고 우
왕은 즉시 허락했다. 고려군은 명나라의 요동기군
遼東旗軍 21명의 목을 베었고 이사경 등 5명을 옥에
가두었다.

▲ **최영 장군 초상**. 인왕산 국사당.

= 친명 사대주의자들의 반대

우왕과 최영의 자주노
선에 조정 내 친명 사대주
의자들이 크게 반발했다.
이들은 요동정벌론에 대
해 고려는 제후의 나라이
고 명은 황제의 나라이므
로 군사를 일으켜서는 안
된다고 주장했다.

친명 사대주의자들의
반대보다 더 큰 문제는 무
신정권과 원 간섭기를 거

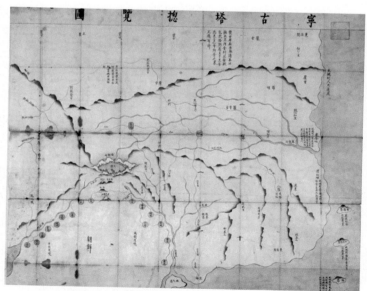

▲ **조선 후기에 작성한 〈영고탑총람도**寧古塔總覽圖**〉** 영고탑은 지금의 흑룡강성 목단강시 부근
을 뜻하는데, 조선 후기까지 이 지역이 조선강역으로 여겼음을 시사한다.

치는 동안 병농일치의 부병제가 무너졌다는 점이었다. 권문세가들이 농민들의 토지를 빼앗아 대농장을 만들고, 양민들을 노비로 전락시키면서 농민들이 몰락했다. 우왕은 이 문제를 해결하기 위하여 재위 14년(1388) 1월 전민변정도감을 다시 설치했다. 우왕이 최영과 이성계에게 명하여 백성들의 땅을 빼앗고 양민들을 노비로 전락시킨 영삼사사 임견미, 찬성사 도길부 등을 제거하자 백성들이 크게 기뻐했다.

우왕은 요동정벌의 적임자로 공민왕 수복 전까지 원 강역이었던 쌍성 지역에서 나고 자란 이성계를 꼽았다. 우왕은 4월 1일 봉주에 머물면서 최영과 이성계를 불러, "요양遼陽을 치려고 하니 경 등은 힘을 다하여야 한다."라고 말했다. 이성계는 네 가지 이유를 들어 요동정벌을 반대했다. 이른바 '4불가론'이었다.

> "첫째, 작은 나라로서 큰 나라를 치는 것은 안 됩니다. 둘째, 농번기에 군사를 동원해서는 안 됩니다. 셋째, 온 나라 군사를 모아 북벌에 나서면 남쪽에 왜구가 준동할 것이니 안 됩니다. 넷째, 곧 여름철이 닥치면 아교가 녹아 활이 눅고 비가 자주 내려 병사들이 질병을 앓을 것이니 안 됩니다." 《고려사》
> 〈신우禑王열전 14년 4월〉

작은 나라가 큰 나라를 쳐서는 안 된다는 사대주의 논리였다. 농번기에 군사를 동원해서는 안 된다는 논리 등은 일견 타당해 보이지만 요동정벌은 거대한 농토를 확보할 수 있다는 점에서 오히려 백성들의 생활 향상에 보탬이 될 것이었다. 이성계의 반대에 우왕이 흔들리자 최영은 한밤중에 우왕을 찾아 "요동정벌을 반대하는 다른 말들은 듣지 마십시오."라고 설득했다. 우왕은 이성계에게 "이미 군사를 일으켰으니 중지할 수 없다."라고 통보했다.

5 위화도 회군과 고려의 멸망

요동정벌군 북상하다

▲ **요녕성 철령고성**鐵嶺古城. 1904년 촬영.

우왕 14년(1388) 4월 18일, 요동정벌군이 북상했다. 문하시중 최영이 팔도도통사로서 총괄하고, 이성계가 우군도통사, 조민수가 좌군도통사로서 좌우군을 지휘하는 체제였다 10만 대군이라고 했지만 실제는 좌우군 3만 8,000명에 보급병 1만 1,000여 명을 더해 모두 5만 명 정도였다. 그러나 말이 2만 2,000여 필로서 절반 이상이 기병이었으니 벌판에서 효과적인 기병 중심으로 요동정벌군을 꾸린 것이었다.

출정 전에 우왕과 최영은 명의 흔적 지우기에 나섰다. 고려에서 시행하고 있던 명의 제도들을 철폐했다. 우왕 13년(1387) 6월 명의 관복을 입게 했는데, 이를 벗고 호복胡服을 입었다.

또한 호악胡樂과 호적胡笛을 연주했다. 이때의 호복·호악·호적을 몽골의 것으로 해석하기도 하지만 고려 전통의 복장·음악·악기일 가능성이 크다. 우왕은 또한 명 태조 주원장의 연호 홍무洪武를 정지시켰다. 독자적인 연호를 제정했겠지만 《고려사》는 기록하지 않고 있다.

요동정벌군이 북상했으나 이성계는 물론 조민수도 적극적이지 않으니 진군이 빠르지 못했다. 4월 18일 평양을 출발한 요동정벌군은 5월 7일 위화도에 도착해 더 이상 진군하지 않았다. 5월 13일 이성계와 조민수는 상언을 올려 "작은 나라로서 큰 나라를 섬기는 것이 나라를 보존하는 길"이라는 사대주의 논리로 회군령을 요청했다. 우왕은 환관 김완을 다시 보내서 진격을 독촉했다.

우왕은 북원에 사신을 보내 협공을 제안했다. 원의 기병이 가세하면 명군을 꺾는 것은 어렵지 않으리라는 전략이었다. 명군의 사기는 높지 못했다. 북진에 더딘 이성계·조민수의 지휘에 불만을 가진 무장들도 적지 않았다. 고려군이 위화도에 머물던 5월 11일 이성원수泥城元帥 홍인계洪仁桂와 강계원수江界元帥 이의李薿가 먼저 요동으로 들어갔다 두 원수가 이끄는 고려군은 요동의 명나라 군사들을 격퇴하고 무사히 귀환했다. 명나라 군사들의 사기가 높지 않다는 사실이 다시 확인되자 기뻐한 우왕은 두 원수에게 금정아金頂兒(갓 꼭대기에 다는 금장식)와 무늬 비단을 내려 주었다.

◀ 위화도 회군

= 위화도에서 군사를 돌리다

이성계와 조민수는 명군과 싸울 생각이 없었다. 두 장수는 우왕 14년 5월 22일 왕명도 없이 군사를 남쪽으로 돌리는 위화도 회군을 단행했다. 조전사漕轉使 최유경崔有慶의 급보로 회군 사실을 안 우왕이 밤중에 자주慈州·이성泥城까지 말을 달려 군사를 독려했다.

> "정벌에 나섰던 여러 장수들이 멋대로 군사를 돌렸다. 너희 크고 작은 군사와 백성들이 마음을 다해 막는다면 반드시 큰 상을 줄 것이다."《고려사절요》〈우왕 14년 5월〉

그러나 고려 군사 대부분이 이성계·조민수 휘하에 있었다. 이성계는 개경 인근에서 환관 김환을 우왕에게 보내 '공민왕이 지성으로 상국上國(명나라)을 섬겼는데, 최영이 범하려 했다.'면서 최영 제거를 요청했다. 우왕은 진평중陳平仲을 보내 "강토疆土는 조종에게 받은 것인데 어찌 쉽게 남에게 줄 수 있는가"라고 반박했다. 자주주의자 우왕·최영과 사대주의자 이성계·조민수의 노선충돌이었다. 고려 왕실의 자리에서는 이성계·조민수가 역적이었지만 현실적인 힘은 그들이 갖고 있었고, 명이 상국이라는 사대주의 논리로 자신들의 반역을 정당화했다.

▲ 이색 초상. 국립중앙박물관.

= 최영의 패전

최영은 남은 군사를 모두 이끌고 도성 문 밖에 진을 쳤고, 이성계는 숭인문 밖 산대암에 진을 쳤다. 초기 전투는 최영이 승리했지만 이성계의 군사가 남산을 점령하자 사기가 현저하게 떨어졌다. 최영은 우왕과 영비寧妃를 모시고 궐내의 팔각전으로 퇴각했다가 포위당하자 우왕에게 마지막 신례臣禮를 마친 후 투항했다. 최영이 체포되고 우왕이 쫓겨났다. 이성계와 조민수는 회군을 논의할 때 우왕의 아들은 세우지 않겠다고 합의했지만 이색이 조민수를 설득시켜 우왕의 아들인 여덟 살 창왕을 세웠다.

그러나 위화도 회군으로 압록강~두만강 북쪽의 고려 강역이 명나라에 넘어간 것은 아니었다. 명은 고려군의 북상에 놀라서 현 심양 남쪽에 설치했던 철령위를 1393년에 북쪽의 철령시 은주구로 옮겼다. 우왕과 최영의 자주노선의 산물로 이 지역은 여전히 고려·조선의 강역으로 남았다. 그러나 상국을 범해서는 안 된다는 사대주의 노선의 승리는 우리 역사에 긴 암운을 드리웠다.

◀️ 고려 멸망하다

▪ 조준의 토지개혁 상소

이색·정몽주로 대표되는 온건개혁파는 우왕의 아들 창왕을 추대해 고려 왕실 존속을 꾀했다. 정도전·조준 등으로 대표되는 역성혁명파는 이성계를 임금으로 추대해 새 왕조를 개창하려 했다. 역성혁명파는 새 왕조 개창의 명분을 토지개혁에서 찾았다. 회군 두 달 뒤인 창왕 즉위년(1388) 7월 역성혁명파 조준이 토지개혁 상소문을 올려 위화도 회군 정국을 토지개혁 정국으로 전환시켰다. 《고려사》〈식화지〉는 고려 말의 토지 상황에 대해서 이렇게 설명하고 있다.

> "고려 말기에는 덕을 잃고 토지와 호구를 기록한 문서가 불분명해져서 양민은 모두 힘센 집안으로 들어가고 전시과는 폐해져서 사전私田이 되었다. 권력이 있는 자는 밭두둑이 이어져 산과 강으로 (자신의 땅을) 표시했으며 한 해에 조세를 두세 번 거두었다. 조종祖宗의 법이 모두 무너졌으니 이 때문에 국가도 드디어 망하게 되었다." 《고려사》〈식화지〉

소수 권문세가들이 백성들의 토지를 빼앗은 것이 나라를 멸망

조준의 토지개혁 상소문

"무릇 어진 정사는 경계經界에서 비롯되는 것입니다. 전제田制(토지제도)가 바로잡혀야 나라의 물자가 족해지고 민생이 후해지는 것이니 이것이 지금 가장 급하게 처리해야 할 일입니다… 위로는 시중侍中(최고관직)으로부터 아래로는 서인에 이르기까지 관에 있는 자는 물론, 군역에 종사하는 모든 자와 백성 및 공사公私 천인으로 적에 올라 국역을 맡고 있는 모든 자들에게 토지를 나누어주어야 합니다." 《고려사》〈조준 열전〉

⋯ 위로는 모든 시중부터 공사 천인까지 모든 백성들에게 농지를 나누어주어야 한다는 이 상소로 위화도 회군 정국은 토지개혁 정국으로 전환되었다.

▲ 고려 궁궐이었던 개경 만월사터

으로 몰고 갔다는 분석이었다.

= 토지문서 소각과 과전법 공포

　역성혁명파는 최영을 충주로 귀양 보냈다가 죽이고, 우왕은 여
주로 귀양 보냈다. 창왕 원년(1389) 11월 전 대호군 김저金佇와 전
부령 정득후鄭得厚가 여주로 귀양 간 우왕을 몰래 찾아갔다. 우
왕이 전 예의판서 곽충보郭忠輔에게 이성계 암살을 부탁하라고
호소했다는 사실이 드러났다. 이성계와 역성혁명파는 이를 빌미
로 우왕과 창왕은 공민왕의 후손이 아니라 신돈의 후손이라는
'우창비왕설禑昌非王說'을 제기했다. 창왕까지 내쫓고 그해 12월
우왕과 창왕을 모두 죽였다. 그리고 신종의 7대손인 왕요王瑤를
즉위시켰는데 그가 마지막 공양왕恭讓王(재위 1389~1392)이다.

　역성혁명파는 토지를 조사하는 양전量田사업을 벌여 경기를 비
롯한 6개 도에서 실전實田 62만 3천여 결結, 황원전荒遠田 17만 5

▲ 정몽주 영정. 국립중앙박물관 소장.

천여 결의 수조지를 확보했다. 공양왕 2년(1390) 9월 기존의 모든 토지문서를 서울(개경) 한복판에 쌓아 불을 질렀다. 그 불이 여러 날 동안 탔다고 《고려사》〈식화지〉는 전해주고 있다. 기존의 토지문서를 모두 불사른 토대 위에서 이들은 공양왕 3년(1391) 새로운 토지제도인 과전법科田法을 공포했다.

과전법은 전국의 토지를 국가에서 세금을 걷는 수조지로 파악하고 국가기관과 나라의 일을 하는 사람들에게 조세를 거둘 권리인 수조권을 나누어 준 것이다. 농토의 소유권은 경작권을 가진 농민들에게 있었다. 수조권이란 1결 당 수확량의 1/10인 30두斗를 전조田租로 거두는 권리인데 이중 2두는 국가에 전세田稅로 납부해야 했다.

농민들은 농토의 소유권을 인정받는 대신 국가에 조세와 군역을 비롯한 각종 노동력을 제공했다. 당초 정도전과 조준이 구상했던 토지개혁은 모든 토지를 몰수해서 백성들의 숫자를 헤아려 토지를 나누어주는 '계민수전計民授田'의 혁명적 토지개혁이었다. 그러나 권문세가들의 반발이 극심해서 모든 백성들에게 토지를 나누어주지는 못했다. 그러나 정도전이 "고려 때의 문란했던 전제田制에 비하면 어찌 몇 만 배나 낫지 않겠는가."라고 자평한 대로 고려 말기의 문란했던 토지제도에 비하면 크게 향상된 제도였다. 과전법 실시로 고려는 수명을 다한 것이었다. 정몽주 등이 고

알고 싶어요

전조田租와 전세田稅

전조는 일종의 농지세로 수확량의 10분의 1을 수조권자에게 납부하는 것이고, 전세는 이렇게 받은 조세 중 일부를 다시 국가에 내는 것이었다. 그러나 조선 성종 때 직전법職田法이 실시된 후에는 전조와 전세의 구분이 거의 없어지면서 두 용어가 뒤섞여 사용되었다.

려를 존속시키기 위해 마지막으로 저항했지만 이미 때는 늦은 뒤였다.

= 고려 멸망하다

공양왕 4년(1392) 7월 이성계는 배극렴裵克廉 등 군신들의 추대를 받는 형식으로 고려의 왕위에 올랐다. 나라 이름은 그대로 고려라고 한다고 했지만 새로운 나라의 개창이었다. 조선은 성리학을 지배이념으로 삼고, 사대부들을 지배계급으로 삼아 개창했으므로 고려와는 이념과 지배계급이 모두 달랐다. 고구려를 계승했던 고려는 자주를 지향했던 나라였지만 조선은 명에 대한 사대를 명분으로 삼은 사대주의 국가였다. 왕위계승권·백관에 대한 인사권·군사권·외교권은 모두 조선 국왕에게 있는 독립국가로서 명분상 사대를 택한 것이었다.

고려는 농민들이 농토를 빼앗기고 노비로 전락한 문제를 해결하지 못해 망하고 말았다. 역성혁명파가 과전법을 단행해서 토지문제를 상당 부분 해결하자 농민들은 새 왕조 개창에 저항하지 않았다. 새 왕조 개창에 반대하는 고려의 충신들은 두문동杜門洞에 들어가서 새 왕조의 벼슬을 받지 않는 소극적 저항으로 고려의 신하임을 기렸을 뿐이다.

두문동과 고려동

'두문杜門'은 '문을 닫고 나가지 않는다'는 뜻인데 경기도 개풍군 광덕산 서쪽 기슭에 있던 옛 지명이다. 조선 건국 후 고려에 충절을 지킨 고려의 유신 72인이 들어가 살았다는 곳이다. 72인 중에 임선미林先味·조의생曹義生·성사제成思齊·박문수朴門壽·민안부閔安富·김충한金沖漢·이의李倚 등의 이름이 전하는데 이들은 마을의 동·서쪽 문에 빗장을 걸고 문 밖으로 나가지 않는 것으로 고려에 대한 충절을 지켰다. 경남 함안에는 고려동高麗洞이 있는데 고려 성균관 진사 이오李午가 이곳에 거주하면서 평생 지조를 지켰고 그 자손들도 대부분 벼슬하지 않고 교육에 전념하면서 선조들의 뜻을 기렸다고 한다.

3

고려의 경제

① 고려의 기본경제구조

◀ 농업 중심의 경제구조

고려는 건국 초부터 농업 중시정책을 실시했다. 농민들에게 농토를 나누어주고 그 대가로 병역의무를 수행하게 하는 균전제를 실시했다. 또한 개간을 장려하기 위해서 개간한 땅에 대해서는 일정 기간 세금을 받지 않았고, 농번기에는 잡역 동원을 금지하여 농사에 지장을 주지 않게 하였다. 재해를 당했을 때에는 세금을 감면해 주고, 고리대의 이자를 제한하였으며, 의창제를 실시해서 농민생활 안정을 정책의 최우선 순위에 두었다.

고려는 개경에 시전을 만들었고, 국영 점포를 열었다. 아울러 화폐처럼 유통되는 곡물이나 삼베를 대신하여 쇠, 구리, 은 등을 금속 화폐로 만들어 유통하는 등 상업 발전에 관심을 기울였다.

1차 사료로 그 시대 보기

태조의 농업 장려 정책

"임금(태조)이 명령하기를 '(몰락한 사람들의) 조세를 면제해 주고 농업을 권장하지 않으면, 어찌 집집마다 넉넉하고 사람마다 풍족하게 될 수 있으랴. 백성에게 3년 동안의 조세와 부역을 면제해 주고, 사방으로 떠돌아다니는 자는 농토로 돌아가게 하고, 곧 대사면을 행하여 함께 휴식하게 하라.'라고 하였다." 《고려사절요》

황무지를 농지로 만든 백성에 대한 보상

"진전陳田(황폐해진 경작지)을 개간하여 경작하는 자는 사전私田(개인 소유지)을 개간했을 경우 첫해에는 수확의 전부를 가지고 2년째부터 경작지의 주인과 수확량을 반씩 나눈다. 공전(국가 소유지)을 개간했을 경우 3년까지 수확의 전부를 가지고 4년째부터 법에 따라 조租를 바친다." 《고려사》

기술자를 관청에 소속시켜 무기, 비단 등 왕실과 국가에서 필요로 하는 물품을 생산하는 수공업도 발달했는데, 민간 기술자나 일반 농민을 동원하여 생산을 보조하게 하였다. 소所에서도 먹, 종이, 금, 은 등 수공업 제품을 생산하여 공물로 바치게 하였다. 그러나 농업 경제를 기본으로 삼았기 때문에 상업과 수공업은 상대적으로 크게 발달하지 못했다.

수취 제도와 재정의 운영

고려는 후삼국 때 문란해진 수취 체제를 정비해서 농민생활의 안정과 국가 재정의 충실을 꾀했다. 전국의 토지를 조사하여 토지 대장인 양안量案을 만들고 인구를 조사해 호구 장부인 호적을 작성했다. 이를 바탕으로 조세, 공물, 부역 등을 부과하였다.

조세는 토지를 논과 밭으로 나누고, 비옥한 정도에 따라 3등급으로 나누어 부과하였다. 거두는 양은 생산량의 1/10분이었다. 거둔 조세는 각 군현의 농민들이 조창漕倉(곡식을 쌓아 두던 국가창고)까지 옮긴 다음 조운漕運(배로 물건을 실어 나르는 것)을 이용하여 개경으로 운반하여 보관하였다.

공물은 각 지역의 특산물을 거두는 제도이다. 중앙관청에서 필요한 공물의 종류와 액수를 주현에 부과하면, 주현은 속현과 향, 부곡, 소에 이를 할당하고, 각 고을에서는 향리들이 집집마다 공물을 거두었다. 공물의 종류로는 매년 내는 상공常貢과 필요에 따라 수시로 거두는 별공別貢이 있었다.

역役은 국가에서 백성의 노동력을 수취하는 제도로 16세에서 60세까지의 남자인 정남丁男에게 부과했다. 역은 병역에 종사하는 군역과 각종 공사에 노동력을 제공하는 요역徭役으로 이루어져 있었다. 인구와 장정의 많고 적음에 따라 9등급으로 나누어 부역시켰다. 이 밖에 어민에게 어염세를 거두거나 상인에게 상

▲ 전라도 신안 섬마을 어부가 발견한 중국 청자화병. 국제무역이 활발했음을 알 수 있다.

● 삼사

고려는 국가 재정기관으로 호부
와 삼사를 두었다. 호부는 호구戶
口와 토지같은 기본적 재정수입
원을 파악해서 관리했고, 삼사는
호부가 파악한 자료를 바탕으로
수취한 전곡錢穀의 출납 회계업
무를 관장하였다. 조선의 삼사는
언론과 탄핵을 담당한 사헌부·사
간원·홍문관을 뜻하는 것으로 그
성격이 다르다.

세를 거두어 재정에 사용하였다.

고려는 재정을 운영하는 관청으로 호부戶部와 **삼사**三司●를 두었
다. 재정은 관리의 녹봉, 일반 비용, 국방비, 왕실 경비 등에 지출
하였다. 각 관청은 관청 운영 경비로 사용할 수 있도록 토지를 지
급 받았으나, 경비가 부족한 경우에는 그 비용을 각 관청에서 스
스로 마련하기도 하였다.

균전제와 전시과 제도

고려는 20~60세까지 농민들에게 토지를 주고 그 대가로 병역
의무를 지게 하는 균전제를 실시했다. 병역의무가 끝난 후에는
그 토지를 병역의무를 수행하는 아들에게 주었다. 남편을 잃은
부인은 남편의 토지를 계승 받을 수 있었고, 재가하면 그 중 반을
국가에 반납했다. 고려가 숱한 외침에서 이길 수 있었던 이유가
토지와 군역이 일체화된 토지제도에 있었다. 국가의 직책을 맡고
있는 관료들과 직역자들에게 토지를 나누어 주는 전시과 제도를

읽기 자료

고려의 수취제도

"대사헌 조준 등이 상소하여 말하기를 …… '(고려) 태조가 즉위한 지 34일 만에 여러 신하를 맞이하면서 「최근
백성에 대한 수탈이 가혹해지면서 1결의 조세가 6석에 이르러 백성의 삶이 너무 어려우니, 나는 이를 매우 가
련하게 여긴다. 지금부터 마땅히 10분의 1세로 하여 밭 1부의 조를 3되로 하여라.」라고 한탄하여 말하였는데
……' 라고 하였다." 《고려사》

고려의 토지제도

"고려의 토지제도는 대체로 당의 제도를 모방하였다. 경작하는 토지의 면적 수를 헤아리고 그 비옥함과 척박
함을 나누어 문무백관부터 부병府兵과 한인閑人에 이르기까지 과科에 따라 받지 않은 자가 없었다. 또한 과에
따라 땔감채취지도 지급하였으니 이를 일컬어 전시과田柴科라고 하였다." 《고려사》〈식화지〉

⋯➤ 당의 제도가 백성들에게 땅을 나누어준 균전제이고, 부병은 곧 국가로부터 토지를 지급받고 병역을 수행하
는 농민들을 뜻한다.

▲ **경남 사천의 각산봉수대.** 고려시대 봉수이다.

실시하였다. 국가는 문무 관리로부터 군인, 한인에 이르기까지 18등급으로 나누어 곡물을 수취할 수 있는 전지田地와 땔감을 얻을 수 있는 시지柴地를 주었다.

이때 지급된 토지는 소유권이 아니라 그 토지에 대한 농지세를 거두는 수조권을 준 것이다. 관직 복무와 직역에 대한 대가로 지급되었으므로 토지를 받은 자가 죽거나 관직에서 물러날 때에는 토지를 국가에 반납하도록 하였다. 그러나 세습하는 토지도 있었는데 5품 이상의 관료에게 주던 공음전功蔭田이었다. 공음전은 5품 이상의 자손들이 과거 없이 벼슬에 나가게 한 음서제蔭敍制와 함께 고려를 문벌 귀족 사회로 나가게 하는 역할을 했다.

군인전은 부병들에게 군역의 대가로 주는 토지인데 기병인 마군馬軍이 17과科로서 23결結, 보병인 보군步軍이 18과로서 20결의 토지를 지급받았다. 군인전은 군역이 세습됨에 따라 자손에게 세습되었다. 하급 관료와 군인의 유가족에게는 구분전口分田을 지급하여 생활 대책을 마련해 주었다. 한편, 왕실의 경비를 충당하기 위하여 내장전을 두었다. 중앙과 지방의 각 관청에는 공해전을 지급하여 경비를 충당하게 하였고, 사원에는 사원전을 지급하였다.

민전民田은 사유지로서 소유권이 보장되어 있었고, 공전公田은 왕실이나 관청의 소유지였다.

점차 벼슬아치들이 토지를 겸병하여 세습하는 경향이 커지면서 전시과 제도가 무너져갔다. 조세를 거둘 수 있는 토지가 점차 줄어들면서 국가도 가난해지고 농민생활도 붕괴되어 갔다. 이런 폐단은 무신정변과 원 간섭기를 거치면서 극도로 악화되었고 결국 고려 말에는 국가재정과 농민생활이 파탄 지경에 이르러 고려 국왕들이 개혁에 나서게 했다.

② 신분별 경제활동

귀족들의 경제생활

귀족들의 경제 기반은 대대로 상속받은 토지와 노비, 관료가 되어 받는 과전과 **녹봉°** 등이 있었다. 관리가 된 귀족은 전시과 제도에서 지급 받은 과전에서 생산량의 10분의 1을 거두었으며, 녹봉으로 1년에 두 번씩 곡식이나 비단을 받았다.

귀족은 자신의 소유지를 같이 사는 **솔거노비**率居奴婢°에게 경작시키거나 소작을 시켜 생산량의 반을 거두었다. 또 같이 살지 않는 **외거노비**外居奴婢°에게는 신공身貢으로 매년 베나 곡식을 받았다. 귀족은 권력이나 고리대를 이용하여 농민의 토지를 빼앗기도 하고 흉년이 들었을 때 헐값에 사들이거나 개간을 하여 토지를 늘렸다. 이렇게 귀족들의 거대한 농지를 농장農莊이라 했는데 대리인을 보내 소작인을 관리하고 소작료를 거두어 갔다.

이러한 수입을 기반으로 귀족은 화려한 생활을 할 수 있었다. 문벌 귀족이나 권문세가는 큰 누각을 짓고 사치스러운 생활을 하였을 뿐만 아니라, 지방에 별장도 가지고 있었다. 이들이 외출할 때는 남녀

◀ 청자 **투각연당초문**透刻蓮唐草文 **붓꽂이.** 귀족들의 화려한 생활모습을 보여준다.

● 녹봉
관료를 47등급으로 나누어 1등급은 400석을 받고, 최하 47등급은 10석을 받았다.

● 솔거노비
주인집의 호적에 부속된 노비이다. 집안에서 부리는 노비와 주인집 부근에 살면서 집 주변의 토지 경작에 종사하는 노비가 있었다. 이들은 주인집에서 기식하거나 경제적 의존도가 높은 노비들로 주인에 대한 예속도가 상대적으로 강했다.

● 외거노비
자신의 호적을 가지고 주인의 거주지와 떨어진 곳에 사는 노비이다. 이들은 국가에 대한 병역·조세 의무가 면제되는 대신 주인에게 일정한 신공身貢(신역 대신 바치는 공물)을 납부하고, 때때로 사역에 동원되기도 하였다.

모두가 시종을 거느리고 말을 타고 다녔으며, 중국에서 수입한
차茶를 다점茶店에서 즐기기도 하였다

농민의 경제생활

농민은 부병府兵이 되면 국가로부터 토지를 지급받고 병역의무를 수행했다. 또한 조상이 물려준 토지인 민전을 경작하거나 국·공유지나 다른 사람의 소유지를 소작하기도 하였다. 고려 초기에는 자영농이 농민들의 주축이었으므로 경제생활이 풍족했다.

농민들은 소득을 늘리려고 황무지를 개간하거나 새로운 농업 기술을 익혔다. 농민들이 진전陳田이나 황무지를 개간하면 국가는 일정 기간 조세나 소작료를 감면해 주었다. 경작하던 주인이 방치해서 황폐해진 토지인 진전을 개간할 때 주인이 있으면 소작료를 감면해 주고, 주인이 없으면 개간한 사람의 토지로 인정해 주었다.

▲ 거창 둔마리 벽화고분

12세기 이후에는 연해안의 저습지와 간척지도 개간되어 경작지가 확대되어 갔다. 특히 강화도 피난 시기 이후에는 강화도 지방을 중심으로 한 간척 사업이 추진되었다.

1차 사료로 그 시대 보기

귀족의 생활

"김돈중 등이 절의 북쪽 산은 민둥산이라 초목이 없으므로 그 인근의 백성을 모아 소나무, 잣나무, 삼나무, 전나무와 기이한 꽃과 이채로운 풀 등을 심고 단을 쌓아 임금의 방을 꾸몄는데, 아름다운 색채로 단장하고 대의 섬돌은 괴석怪石을 사용하였다. 하루는 왕(의종)이 이곳에 행차하니, 김돈중 등이 절의 서쪽 대에서 잔치를 베풀었다. 위장, 장막과 그릇 등이 몹시 사치스럽고 음식이 진기하여 왕이 재상 근신들과 더불어 매우 흡족하게 즐겼다."
《고려사》〈김돈중열전〉

● 시비법
토양이나 작물에 비료성분을 공
급해서 생육을 촉진시키는 농작
법이다. 밭에 갈대를 베어 와서 태
우거나 사람이나 동물의 배설물
과 풀 등을 섞어서 만든 두엄 등을
사용해 토지의 생산력을 높였다.

수리 시설도 정비했다. 김제의 벽골제와 밀양의 수산제가 개축
되었으며, 소규모의 저수지도 확충되었다.

호미와 보습 등 농기구와 종자도 개량되었다. 소를 이용한 깊이
갈이가 일반화되고 **시비법**施肥法®이 발달하면서 휴경지가 점차
줄어 계속해서 경작할 수 있는 토지가 늘어났다.

밭농사는 2년 3작의 윤작법이 점차 보급되었고, 고려 말에는
논농사도 직파법 대신에 이앙법(모내기)이 남부 지방부터 보급되기
시작하였다. 고려 후기에는 이암李嵒이 원나라의 농서인《농상집
요農桑輯要》를 소개하였고, 문익점은 중국 남부에서 목화씨를 가
져와 장인 정천익鄭天益과 함께 재배해 보급시켰다.

◀ 수공업자의 활동

농업이 발달하면서 수공업과 상업도 발달했다. 고려 전기에는
관청 수공업과 소所 출신의 수공업이 중심이었으나, 후기에는 민
간 수공업과 사원 수공업이 발달하였다.

중앙과 지방의 관청에서는 각종 수공업품을 생산할 기술자를
공장안工匠案®에 등재해 여러 물품을 생산하게 하였으며, 농민을
부역으로 동원해 보조하게 하였다.

1차 사료로 그 시대 보기

고려의 경제 상황

"(고려 초기에는) 대창太倉(큰 국가창고)의 곡식이 벌겋게 썩는 것이 계속될 정도였고, 집마다 넉넉하고 사람마다 풍
족하여 부유하고 백성들이 부유한 정치[부서지치富庶之治]가 이처럼 융성했다. (그러나) 의종과 명종 이후에 권력을
잡은 간사한 무리들이 나라를 마음대로 하여 나라의 근본을 해치니 지출은 넘쳐나 재정은 말라버렸다."《고려
사》〈식화지〉

국가의 개간 장려

"때에 맞추어 농사를 권장하고 힘써 제언堤堰을 수축하여 저수貯水하고 물을 대게 하여, 황모지荒耗地가 없도
록 하여 백성들의 먹거리를 풍족하게 하라."《고려사》〈명종 18년(1182) 3월〉

장인들은 국가에서 필요로 하는 무기류, 가구류, 금은 세공품, 견직물, 마구류 등을 제조하였다. 소所에서는 금, 은, 철, 구리, 실, 각종 옷감, 종이, 먹, 차, 생강 등을 생산하여 공물로 납부하였다.

민간 수공업은 농촌의 가내 수공업이 중심이었다. 국가는 삼베를 짜게 하거나 뽕나무를 심어 비단을 생산하도록 장려하였다. 농민들은 삼베, 모시, 명주 등을 생산해 직접 사용하거나 공물로 바쳤다.

🔵 상업활동과 화폐주조

농업생산력이 늘어나면서 잉여생산물을 유통시키기 위한 상업이 발달하였다. 상업은 도시를 중심으로 발달하였다. 태조는 재위 2년(919) 개경에 궁궐을 지을 때 시장인 시전市廛도 함께 세워서 상업을 중시했다. 광종은 재위 19년(968) 도살을 금해서 왕의 반찬으로 쓸

▲ 삼한통보(왼쪽)와 해동통보. 국립민속박물관.

고기도 시전에서 사다 올렸을 정도로 상업이 활발했다. 국가에서는 경시서京市署를 두어 상행위를 감독하였다. 개경, 서경(옛 평양), 동경(경주) 등 대도시에는 관청의 수공업장에서 생산한 물품을 판매하는 서적점, 약점과 술, 차 등을 파는 주점, 다점 등 관영 상점을 두기도 하였다. 이 밖에도 비정기적인 시장이 있어 도시 거주

1차 사료로 그 시대 보기

고려의 상업통제

"서울(개성)의 물가가 뛰어올랐는데, 장사하는 자들이 조그마한 이익을 가지고 서로 다투었다. 최영이 이를 미워하여 무릇 시장에 나오는 물건은 모두 경시서로 하여금 물가를 정하게 하고 세인稅印(세금을 바쳤다는 도장)을 찍고 난 뒤에 매매하게 하였고, 도장을 찍지 않은 물건을 매매하는 자는…… 죽이겠다고 하였다. 이에 경시서에 큰 갈고리를 걸어 두고 사람들에게 보였더니 장사하는 자들이 벌벌 떨었다. 그러나 이 일은 마침내 시행되지 못하였다."

《고려사》〈신우(우왕) 7년(1381)〉

● **활구**
우리나라의 지형을 본떠서 은 1
근으로 만든 고가의 화폐로, 은병
하나의 값은 포 100여 필이나 되
었다.

민이 일용품을 매매할 수 있었다.

지방에서는 농민, 수공업자, 관리 등이 관아 근처에 모여들어 쌀, 베 등 일용품을 서로 바꿀 수 있는 시장을 열었다. 행상들은 이런 지방 시장에서 물품을 팔거나 마을을 돌아다니며 베나 곡식을 받고 소금, 일용품 등을 판매하였다. 또 사원도 소유 토지에서 생산한 곡물과 승려나 사원 노비가 만든 수공업품을 민간에 팔았다.

고려 후기가 되면 도시와 지방의 상업 활동이 전기보다 활발해져 시전 규모도 확대되고 업종별 전문화가 나타났다. 개경의 상업 활동은 점차 도성 밖으로 확대되었으며, 예성강 하구의 벽란도를 비롯한 항구들이 국제무역을 주도했고 이에 따라 교통로와 산업의 중심지로 발달하였다.

지방 상업에서는 행상의 활동이 두드러졌다. 조운로를 따라 미곡, 생선, 소금, 도자기 등이 교역되었으며, 새로운 육상로가 개척되면서 여관인 원이 발달해서 상업 활동의 또 다른 중심지가 되었다. 상업활동이 활발해지면서 부를 축적하여 관리가 되는 상인이나 수공업자도 생겨났다.

고려 후기에는 국가가 재정 수입을 늘리기 위하여 소금의 전매제를 시행하였다. 또한 화폐도 발행했는데 성종 때에는 철전인 건원중보를 만들었으며, 숙종 때에는 삼한통보, 해동통보, 해동중보 등의 동전을 만들었다. 또 **활구**(은병)라는 은전을 만들었으나

▲ 고려의 은병

1차 사료로 그 시대 보기

고려의 화폐 정책

"나(목종)의 선대 조정에서는 이전의 법도와 양식을 따라 조서를 반포하고 화폐를 주조하니 수년 만에 돈꿰미가 창고에 가득 차서 사방에서 화폐를 사용할 수 있었다…(그런데 화폐만 사용하게 하고 베 사용을 금지시키는 것은 나라의 이익이 되지 못하고 백성들의 원망만 늘어난다는 상소가 있었다)…차와 술과 음식 등을 파는 점포들에서는 교역에 전과 같이 화폐를 사용하도록 하고, 그 밖에 백성이 사사로이 서로 교역하는 데에는 임의로 토산물(베 등)을 쓰도록 하라."
《고려사》〈목종 5년(1002)〉

널리 유통되지는 못하였다. 통상 거래는 여전히 곡식이나 삼베를 사용하였다.

🌑 무역 활동

국내 상업이 발전하면서 송, 요 등 외국과 무역도 활발해졌다. 예성강 어귀의 벽란도는 국제 무역항으로 번성하였다. 고려의 대외 무역에서 가장 큰 비중을 차지한 나라는 송나라였다. 고려는 서해안의 해로를 통하여 송에서 왕실과 귀족의 수요품을 수입하는 대신에 종이, 인삼 등 수공업품과 토산물을 수출하였다.

거란과 여진은 은을 가지고 와서 농기구, 식량 등과 바꾸어 갔다. 일본은 수은, 황 등을 가지고 와서 식량, 인삼, 서적 등과 바꾸어 갔다,

한편, 서역과의 교류도 활발하여 대식국인이라 불리던 아라비아 상인들도 고려에 들어와서 수은, 향료, 산호 등을 팔았다. 이들을 통하여 고려의 이름이 서방 세계에 널리 알려지게 되었다.

▲ 신안 앞바다에서 좌초된 무역선의 교역품들

4 고려의 사회

① 고려의 사회구조

기본사회구조

고려는 골품제가 주도했던 신라 사회보다 계층 이동이 활발했다. 고려의 신분구성은 크게 자유민인 양인과 노비로 나뉘어져 있었다. 이중 양인은 최상위 신분층인 귀족과 상위 양민, 일반 양민으로 나눌 수 있고, 노비로 구성된 천인이 있었다. 신분은 세습이 원칙이었는데 각 신분에는 그에 따른 역이 부과되었다. 지방의 향리가 과거를 통해서 중앙의 관리로 임명되거나 이의민처럼 천민 출신이 장군이 되는 경우도 있었다.

백성의 대부분을 이루는 양민은 군현에 거주하는 농민으로, 조세, 공납, 역을 부담하였다.

향, 소, 부곡 같은 특수 행정구역의 백성들은 군현의 백성들보다 지위가 낮았다. 흉년이나 재해 등으로 어려움을 겪는 백성의 생활을 안정시키기 위하여 국가는 의창과 상평창을 설치하고, 여러 가지 복지 시책을 실시하였다. 한편, 부곡이나 소가 고려 후기 하층민의 봉기와 대몽 항전에 힘입어 일반 군현으로 승격된 사례도 있었다.

귀족

사회 지배층의 핵심은 귀족이었다. 귀족은 왕족을 비롯하여 5품 이상의 고위 관료들로 구성되었는데 음서나 공음전

▲ 청자 구룡형 龜龍形 주전자

의 혜택으로 신분과 경제력을 세습할 수 있는 특권층이었다.

귀족들은 점차 농민들의 토지를 겸병해서 농장을 확대하고 유력한 가문과 중첩된 혼인 관계를 맺어 문벌門閥을 이루었다. 왕실은 가문의 신성성과 배타성을 유지하기 위해서 신라 왕실과 같은 족내혼을 주로 실시했으나 다른 성씨와 혼인하는 경우도 있었다. 귀족들이 사돈 맺기를 가장 원하는 집안은 왕실이었다. 왕실의 외척이 되는 것은 왕가의 일원이 되는 길이기도 했으므로 여러 딸을 왕비로 들이는 경우도 있었다.

지방 향리의 자제들도 과거를 통하여 벼슬에 나아갔다가 승진을 통해 귀족의 대열에 들어갈 수 있었다. 반대로 중앙 귀족에서 낙향하여 향리로 전락하는 경우도 있었다.

귀족층은 무신정변을 계기로 큰 변화가 일어났다. 무신정권 때는 종래의 문벌 귀족이 약화되면서 무신들의 권력이 강화되었다. 무신 정권 때 성장한 가문들과 원 간섭기에 성장한 가문들이 권문세가를 구성했다. 이들은 주요 관직은 물론 강과 하천을 경계로 삼는 대농장을 소유했지만 국가에 세금은 내지 않았다. 또한 농토를 빼앗긴 농민들을 농장에 예속시켜 노비처럼 부렸다. 고려는 권문세가들을 해체시키는 사회개혁에 실패하면서 멸망의 길로 접어들게 되었다.

원 세조가 충선왕 즉위교서에서 말한 동성혼 금지와 왕실과 혼인이 가능한 가문목록

"이제부터 만약 종친이 같은 성씨와 혼인하면 황제의 명령을 위배한 자로서 죄를 논할 것이니 마땅히 대대로 재상을 지낸 집안의 딸을 취하여 부인을 삼을 것이며, 재상의 아들은 왕실의 딸과 혼인하라. 만약 집안의 세력이 약하면 반드시 그렇게 할 필요는 없다. …… 철원 최씨, 해주 최씨, 공암 허씨, 평강 채씨, 청주 이씨, 당성 홍씨, 황려 민씨, 횡천 조씨, 파평 윤씨, 평양 조씨는 다 여러 대의 공신 재상의 종족이니, 대대로 혼인할 수 있다. 남자는 종친의 딸에게 장가가고 딸은 종비宗妃가 됨 직하다."《고려사》〈충선왕 즉위년(1298)〉

⋯› 충선왕 때까지도 고려는 왕실끼리 혼인하는 족내혼이 성행했기 때문에 원 세조가 이를 금지하는 조서를 내렸음을 알 수 있다. 왕실과 혼인할 수 있는 이 집안들이 권문세가의 한축을 이루게 된다.

양민

= 상위 양민층

● 호장
향리직의 우두머리로 부호장과 함께 해당 고을의 여러 향리가 수행하던 말단 실무 행정을 총괄하였다.

양민들은 자유민 신분을 의미하는데 크게 둘로 나눌 수 있다. 하나는 낮은 벼슬을 하는 양민들이고, 다른 하나는 농민을 주축으로 하는 군현민들이다. 말단 아전의 무리인 잡류雜類, 궁중 실무 관리인 남반, 지방 행정 실무자인 향리, 하급 장교인 군반, 지방의 역驛을 관리하는 역리 등의 하위 벼슬아치들로서 상위 양민층으로 볼 수 있다. 이들은 고려 지배체제가 정비되는 과정에서 통치제제의 중간 역할을 담당하는 집단으로 자리 잡아 갔다. 이들은 직역을 세습했고 그에 상응하는 토지를 국가에서 받았다.

각 지방의 호족 출신은 향리로 편제되어 갔다. 호족 출신들은 **호장**戶長과 부호장을 역임했던 지방의 실질적 지배층으로 통혼 관계나 과거 응시 자격에 있어서도 하위의 향리와는 구별되었다.

= 일반 양민층과 부곡민들

일반 양민은 주·부·군·현에 거주하면서 농업과 상공업에 종사하는 백성들을 말하는데, 농사에 종사하는 농민층이 주류를 이루었다. 양민의 대다수인 농민을 백정白丁이라고도 했다. 이들은 국가로부터 토지를 받고 군인이 되었으며 조세와 공납도 부과되었다.

군현민과 구별되는 특수 행정구역인 향, 부곡, 소에 거주한 주민들은 일반 양민들보다 더 하위의 신분이었다. 이들은 국가에서 필요로 하는 여러 공납을 부담했고, 거주지도 소속집단 내로 제한되어 다른 지역의 이주가 원칙적으로 금지되었다. 군현민이 반란을 일으키면 군현이 부곡 등으로 강등되기도 했는데 때로는 이들의 불만을 달래기 위해 군현으로 승격시켜 주기도 했다.

향이나 부곡에 거주하는 사람은 농업을, 소에 거주하는 사람

은 수공업이나 광업품을 주로 생산하면서 생계를 유지
해나갔다. 이 밖에 역驛과 진津의 주민은 각각 육로 교통
과 수로 교통에 종사하였다.

▲ 안동 하회탈의 여성

◀ 천민

천민의 대다수는 노비였다. 노비는 공공 기관에 소속
된 공노비와 개인이나 사원에 예속된 사노비가 있었다. 공노비에
는 궁중과 중앙관청이나 지방 관아에서 잡역에 종사하면서 급료
를 받고 생활하는 입역立役노비와 지방에 거주하면서 농업에 종
사하는 외거外居노비가 있었다. 외거노비는 농사나 수공업을 하
고 일정량의 신공身貢을 관청에 납부하였다.

사노비는 솔거노비와 외거노비로 구분되었다. 솔거노비는 가족
이나 사원에서 직접 부리는 노비로서 주인의 집에 살면서 일을
했으며, 외거노비는 주인과 따로 살면서 농업, 수공업 등의 일에
종사하면서 일정량의 신공을 바쳤다. 특히 외거노비는 주인의 토
지뿐만 아니라 다른 사람의 토지도 소작할 수 있어서 일부는 재
산을 축적하거나 자신의 토지를 소유하기도 했다. 외거노비는 신
분적으로는 주인에게 예속되어 있었으나, 경제적으로는 양인 백
정과 비슷한 독립된 생활을 영위할 수 있었다. 그래서 외거노비
중에는 신분을 상승시킨 사람이나 농업, 수공업 등으로 재산을
늘린 사람도 있었다. 그러나 이는 특수한 경우이고 대다수는 재

알고 싶어요

종모법

부모의 신분이 다른 경우 그 소생들은 어머니의 신분을 따르게 하는 법이다. 일부다처제 사회에서 부모의 신분
이 다를 경우 대부분 부친이 양인이고 모친이 노비였으므로 종모법에 따르면 그 자식들은 모두 노비가 되는 것
이었다. 이는 국가에 세금을 납부하는 양인층이 줄어드는 반면 개인에게 소속된 노비 신분을 늘리는 것이어서
큰 사회문제가 되었다.

산으로 간주되어 엄격한 통제를 받았고 매매, 증여, 상속 등을 통해서 매매되었다. 귀족은 재산인 노비를 늘리기 위하여 부모 중에서 어느 한쪽이 노비이면 그 자식도 노비가 되게 하는 종모법 從母法을 실시했다.

고려 신분구조의 양인과 천인

양인	양반	문무관료 : 과전과 녹봉 받음, 일부는 여러 대에 걸쳐 고위관리를 배출해 문벌을 형성. 문반은 주요 문신직 담당, 무반은 2군 6위의 장군직 복무
	상위 양민	남반(궁궐의 실무 담당), 서리(중앙관청의 행정실무 담당), 향리(호장, 부호장-지방행정의 실무 담당), 하급 장교
	일반 양민	농민, 상인, 수공업자, 향·부곡·소(일반 군현민에 비해 많은 세금 부담, 다른 지역으로 거주 이전이 제한됨)
천인	천민	공노비, 사노비 : 재산으로 간주되어 매매, 상속, 증여 가능

공노비와 사노비의 구분

공노비	• 궁궐이나 관청에 속한 노비 • 입역노비 : 궁궐이나 관청의 잡역에 종사하여 급료를 받음 • 외거노비 : 토지를 경작하여 얻은 수입 중 일부를 신공으로 바침
사노비	• 개인이나 사원이 소유한 노비 • 솔거노비 : 주인 집에 살며 잡일 담당 • 외거노비 : 주인과 따로 살며 신공을 바침

1차 사료로 그 시대 보기

노비의 신분 상승

"평량을 먼 섬에 유배 보냈다. 평량은 평장사 김영관의 집안 노비로, 경기도 견주 見州(양주)에 살면서 농사에 힘써 부유하게 되었다. 그는 권세가에게 뇌물을 바쳐 천인에서 벗어나 산원동정의 벼슬을 얻었다. 그의 처는 소감 왕원지의 집안 노비인데 왕원지는 집안이 가난하여 가족을 데리고 여종에게 의탁하고 있었다. 평량이 후하게 위로하여 서울로 돌아가기를 권하고는 길에서 몰래 처남과 함께 원지 부처와 아들을 죽였다. 그 주인이 없어졌음을 다행으로 여기고 영원히 양민이 될 것으로 여겼다." 《고려사》〈명종 18년(1188)〉

② 백성들의 생활모습

농민들의 공동생활

농민들은 마을 공동의 행사나 공동 노동 등을 통하여 공동체 의식을 다졌다. 공동체 조직의 대표적인 것이 불교의 신앙 조직이었던 향도香徒였다. 향도는 매향埋香 활동을 하면서 불상, 석탑을 만들거나 절을 지을 때 주도적인 역할을 하였다. 후기에 이르러 점차 신앙적인 향도에서 자신들의 이익을 위하여 조직되는 향도로 변모되어 마을 노역, 혼례와 상장례, 민속 신앙과 관련된 마을 제사 등 공동체 생활을 주도하는 농민 조직으로 발전해 갔다.

사회 시책과 제도

고려시대 농민은 군역과 조세, 잡역 등과 같은 여러 가지 부담을 졌다. 농민 생활 안정은 국가 안정의 기초였으므로 국가에서는 여러 사회 시책을 펼쳤다.

우선 농번기에 잡역을 면제하여 농업에 전념할 수 있도록 배려하였다. 자연재해를 입은 농민은 그 피해 정도에 따라 조세와 부역을 감면해 주었다. 또 고리대 때문에 농민이 노비로 전락하는 것을 막기 위해 이자가 원금과 같은 액수가 되면 그 이상의 이자를 받지 못하도록 하였다.

알고 싶어요

향도

매향 활동을 하는 무리이다. 매향은 〈미륵하생경彌勒下生經〉에 근거한 불교 신앙의 하나로 미륵을 만나 구원받고자 향나무를 바닷물과 시냇물이 만나는 지점에 묻고 그 사실을 돌에 새겨 기념하는 활동이다.

▶ 사천 흥사리 매향비

고려에는 평시에 곡물을 비축하였다가 흉년에 빈민을 구제하는 의창義倉이 있었는데, 이는 고구려의 진대법과 유사한 것이었다. 또 개경과 서경 및 각 12목에 상평창을 두어 곡물가가 싸면 사들이고 비싸면 내다 팔아서 백성들이 안정적으로 생업에 종사할 수 있도록 하였다.

개경에 동·서 대비원을 설치하여 환자를 진료하거나 빈민 구휼을 담당하게 하였으며, 혜민국을 두어 의약을 전담하게 하였다. 각종 재해가 발생하면 임시로 구제도감이나 구급도감을 설치하여 백성의 구제에 힘썼다. 기금을 마련한 뒤 이자로 빈민을 구제하는 제위보도 설치하였다.

법률과 풍속

● **고려 형벌의 종류**
- **태** : 볼기를 치는 매질
- **장** : 곤장형
- **도** : 징역형
- **유** : 멀리 유배 보내는 형
- **사** : 사형으로, 교수형과 참수형
  의 두 가지가 있다

고려는 중국의 당률唐律을 고려 실정에 맞게 변용한 법률을 시행하였는데 대부분은 관습법을 따랐다. 지방관은 중요 사건 이외에는 사법권을 가지고 있었다. 반역죄, 불효죄 등은 중죄로 다스렸다. 귀양형을 받은 사람이 부모상을 당하였을 때에는 유형지에 도착하기 전에 7일간 휴가를 주어 부모상을 치를 수 있도록 하였다. 또 70세 이상의 부모가 있는데 따로 봉양할 가족이 없으면 형벌의 집행을 보류하기도 하였다.

형벌로는 태笞·장杖·도徒·유流·사死 **다섯 종류**가 있었는데 태와 장은 매를 치는 신체형이고, 도와 유는 거주를 제한하는 자유형이고, 사는 생명형이다.

장례와 제사에 관한 의례에서 정부는 유교적 절차를 장려했지만 민간에서는 불교나 토착 신앙과 융합된 도교의 풍속을 따랐다. 명절로는 정월 초하루, 삼월삼짇날, 오월 단오, 유두, 추석 등이 있었으며, 단오 때에는 격구와 그네뛰기 및 씨름을 즐겼다.

혼인과 여성의 지위

고려시대 여자는 18세 전후, 남자는 20세 전후에 혼인을 하였다. 왕실에서는 신라 왕실의 유풍이 남아서 같은 성씨끼리 혼인이 성행하였다. 남녀의 차이가 거의 없어서 아들이 없을 때에는 양자를 들이지 않고 딸이 제사를 지냈으며, 상복 제도에서도 친가와 외가의 차이가 크지 않았다. 사위가 처가의 호적에 입적하여 처가에서 생활하는 경우도 적지 않았고 사위와 외손자도 음서의 혜택이 있었다. 공을 세우면 공을 세운 사람의 부모는 물론, 장인과 장모도 함께 상을 받았다. 여성의 재가는 비교적 자유롭게 이루어졌고, 그 소생 자식의 사회적 진출에도 차별을 두지 않았다.

❸ 고려 후기의 사회 변화

무신집권기 하층민의 봉기

무신정변 이후 신분 제도가 크게 흔들렸다. 신분제 자체가 폐지되지는 않았지만 하층민에서 최고권력자가 된 경우도 있었다. 무신들 간의 대립으로 전통적 지배체제가 붕괴해 백성에 대한 통제력이 약화되었다. 무신들이 농민들의 농토를 겸병해서 자신들의 농장을 확대하는 경우도 많았다.

가혹한 수탈을 견디지 못한 백성들은 종래의 소극적 저항에서 벗어나 대규모 봉기를 일으키기 시작하였다. 나라의 북부 서경 유수 조위총이 무신 정권에 반발하여 서경에서 군사를 일으켰을 때 많은 농민이 가세했고 난이 진압된 뒤에도 여러 해 동안 농민 항쟁이 계속되었다. 남부 여러 지방에서도 농민 항쟁이 발생하였다. 명종 때 공주 명학소에서는 망이·망소이가 봉기하였고 운문, 초전에서는 김사미, 효심이 봉기하였다.

봉기를 일으킨 농민들은 지방관의 탐학을 국가에 호소하고 이의 시정을 요구하였다. 특히 신라·고구려·백제 부흥을 표방하면서 고려 왕조의 통치질서를 부정하기도 하였다.

최충헌이 정권을 장악한 뒤에는 회유와 탄압으로 약간 수그러들었지만 만적의 봉기에서 알 수 있는 것처럼 천민들도 신분 해방 운동에 나섰다.

◀ 몽골의 침략과 백성들의 생활

몽골의 침략에 대항해서 최씨 무신정권은 수도를 개경에서 강도(강화도)로 옮기고 장기 항전을 꾀하였다. 백성들에게는 산으로 들어가게 하는 '산성입보山城入保'와 섬으로 들어가게 하는 '해도입보海島入保'를 명령했다. 생활 대책이 마련되지 않은 산과 섬으로 들어간 백성들은 막대한 희생을 당하였고 식량을 제대로 구하지 못하여 굶어 죽는 일이 많았다.

▲ 강화 고려궁지

일반 백성들은 전쟁이 끝난 뒤에도 원의 간섭과 원에 붙은 부원배들에 의해 착취당했다. 특히 전쟁의 피해가 복구되지 않은 상태에서 두 차례의 일본 원정에 동원됨으로써 막대한 희생을 강요당하였다.

원 간섭기의 사회변화

무신정변 이후 전통적 신분질서가 무너졌고, 특히 원 간섭기 이후에는 원과 친분관계나 몽골어에 능숙하여 출세하는 사람들이 많았다. 이들 중 일부 부원배들은 권문세가로 성장했다.

원과 강화를 맺은 이후 두 나라 사이에는 사람과 물자의 왕래가 많아졌고, 문물 교류가 활발해졌다. 이에 따라 고려 사회에는 몽골풍이 유행하여 변발, 몽골식 복장, 몽골어가 궁중과 지배층을 중심으로 널리 퍼졌다.

고려 사람들은 여러 이유로 원으로 갔다. 대부분은 전란 때의 포로 또는 유이민이었지만 강화 이후에도 원의 요구로 끌려간 사람들도 적지 않았다. 이들에 의하여 원에도 고려의 의복, 그릇, 음식 등의 풍습이 전해졌는데, 이를 고려양高麗樣이라 한다.

원의 공녀貢女 요구는 고려에 심각한 사회 문제를 가져왔다. 결혼도감을 통하여 원으로 끌려간 여인 중에는 기황후처럼 황후가

1차 사료로 그 시대 보기

몽골 침입 때 백성들의 생활

"고종 42년(1255) 3월, 여러 도의 고을이 난리를 겪어 황폐해지고 지쳐 조세, 공부, 요역 이외의 잡세를 면제하고, 산성과 섬에 들어갔던 자를 모두 나오게 하였다. 그 때 산성에 들어갔던 백성은 굶주려 죽은 자가 매우 많았고, 늙은이와 어린이가 길가에서 죽었다. 심지어 아이를 나무에 잡아매어 놓고 가는 자가 있었다.
4월, 도로가 비로소 통하였다. 병란과 흉년이 든 이래로 해골이 들을 덮었고 포로가 되었다가 도망하여 서울로 들어오는 백성이 줄을 이었다. 도병마사가 날마다 쌀 한 되씩을 주어 구제하였으나 죽는 자를 헤아릴 수가 없었다."《고려사절요》〈고종 42년〉

되거나 후궁이 되는 등 높은 지위에 오른 사람도 있었지만 대부분은 고통스럽게 살았다. 공녀의 공출은 고려와 원 사이에 풀어야 할 가장 시급한 문제로 대두되었고, 고려에서는 끊임없이 이 문제 해결을 위하여 노력하였다.

고려 후기에는 왜적倭賊이 창궐해 백성들에게 많은 고통을 주었다. 왜구倭寇라고도 불린 왜적은 쓰시마 섬 및 큐슈 서북부 지역에 근거를 두었는데 13세기부터 고려의 연안을 노략질하다가 14세기 중반부터는 연안을 거쳐 내륙까지 침략했고, 식량뿐만 아니라 때로는 사람까지 약탈했다. 원의 간섭하에서 고려는 국방력이 크게 약해졌기 때문에 왜구를 효과적으로 격퇴하지 못하였다. 경상도 해안에 출몰하기 시작한 왜구는 점차 전라도 지역으로 활동 범위를 넓혔고, 심지어 강화도나 개경 부근에도 나타났다. 많을 때에는 한 해에 수십 번 침략해 왔기 때문에 해안에서 가까운 수십 리 땅에는 사람이 살 수 없을 정도였다. 잦은 왜구의 침입에 따른 사회의 불안정은 시급히 해결해야 할 국가적 과제였다. 왜구를 격퇴하고 이 문제를 해결하는 과정에서 이성계 같은 신흥 무장 세력이 성장하였다.

5 고려의 문화

❶ 고려문화의 기본 성격

고려문화는 고대 문화의 기반 위에서 새로운 풍토가 조성되었
다. 유교가 국가통치의 이념으로 등장했는데 고려 후기에는 원나
라를 통해 성리학이 들어왔다. 유교가 통치이론이라면 불교는 여
전히 국교의 지위를 누렸으며 그 가운데 불교 사상이 심화되고,
교종과 선종의 통합 운동이 추진되었다. 고려의 예술은 귀족 중
심의 우아하고 세련된 특징을 드러내고 있다. 건축과 조각에서도
고대와 다른 새로운 기법을 창출하였으며, 특히 독자적인 상감
청자와 인쇄술은 세계 최고의 수준을 자랑하고 있다. 그림과 문
학에서도 격조 높은 멋을 찾아볼 수 있다.

◀ 유학의 발달과 역사서의 편찬

= 유학의 발달

고려시대에는 유교와 불교가 함께 발전하였다. 유학자들이 불교
를 적대시했지만 불교도들은 유학을 적대시하지 않고 치국의 도
로서 인정했기에 불교 문화와 유교 문화가 함께 발전할 수 있었다.

태조 때 최언위, 최응, 최지몽 등 유학자들은 유교를 이념으로
국가를 경영할 것을 건의하였다. 광종 때에는 과거제도를 실시하
여 유교적 소양을 갖춘 사람을 관료로 등용하였다. 성종 때 최승
로는 〈시무 28조〉를 올려 불교의 폐단을 비판하면서 유교를 치국
의 도라고 주장했다.

◀ **최충 초상**. 홍천 노동서원.

고려 중기 문벌 귀족 사회가 발달하면서 유교 사상은 점차 현실 안정의 추구와 사대주의 경향이 강해졌다. 이 시기의 대표적 유학자가 최충과 김부식이었다. 문종 때 활약한 최충은 해동공자라는 칭송을 들으면서 고려의 유학을 심화시켰다. 그는 관직에서 물러난 후에 9재 학당을 세워 유학 교육에 힘썼고, 고려의 **훈고학***적 유학에 철학적 경향을 새로이 불어넣기도 하였다.

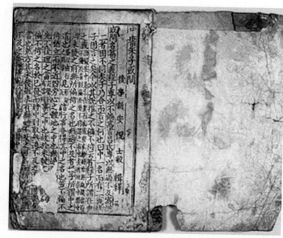
▲ 《**중용주자혹문**中庸朱子或問》. 고려 말에 송 주희가 《중용》에 대해서 묻고 답한 것을 목판으로 찍어낸 것이다.

인종 때 활약한 김부식은 실용적인 유학을 대표했다. 이 시기의 유학은 시문을 중시하는 귀족 취향의 경향이 강하였고, 유교 경전에 대한 전문적 이해가 깊어져 유교 문화는 한층 성숙해졌다. 그러나 무신정변이 일어나 문벌 귀족 세력이 몰락함에 따라 고려의 유학은 한동안 크게 위축되었다.

● **훈고학**
한漢대에서 당唐대까지 성행하였던 유학으로 경전의 자구 해석에 치중하였다.

고려 유학의 흐름

1. 전기   **유교 정치 이념 확립**
- **태조** - 6두품 출신 유학자 등용
- **광종** - 과거제도 실시 → 유학적 소양을 갖춘 관리 등용
- **성종** - 최승로의 〈시무 28조〉 수용 → 유교 정치 이념 확립, 지방에 경학박사 파견, 개경에 국자감(국학) 설립, 효 장려

2. 중기   **유학에 대한 이해 심화 → 예종 때 경연 시행 → 무신정변으로 문벌 가문이 몰락하면서 유학 침체**

3. 후기   **성리학 수용**
- 충렬왕 때 안향이 성리학 소개 → 이제현이 만권당에서 원의 학자와 교류
- 신진 사대부의 성리학 수용 → 성리학을 개혁 사상으로 수용해서 《소학》, 《주자가례》를 보급하여 유교 윤리와 의례를 사회에 보급하려 함 - 성리학이 불교를 대신하여 정치, 사회의 중심이념으로 자리 잡아감. 충선왕이 원의 수도인 대도(북경)에 세운 만권당에서 고려와 원 학자들이 교류하는 과정에서 성리학이 유입되었다.

국공립 및 사립 교육 기관

● **문헌공도**

개경에 있었던 12개 사학을 모두 사학 12도라고 한다. 문종 때 벼슬에서 물러난 최충이 자신의 사랑채에 학교를 열어 후진을 양성했다. 9개 반으로 나누었으므로 9재 학당이라고 하는데 12도 중에서 가장 번성하여 명성이 높았다. 최충이 사망한 후 그의 시호인 문헌을 따 문헌공도文憲公徒라고 하였다.

고려는 서울과 지방에 학교를 세워서 유학을 교육하고 관리를 양성하였다. 서울에는 국립대학으로 국자감國子監(국학)을 설립했는데 이곳에는 국자학國子學, 태학太學, 사문학四門學과 같은 유학부와 율학律學, 서학書學, 산학算學 등의 기술학부가 있었다. 유학부에는 문무관 7품 이상 관리의 자제가 입학하고, 기술학부에는 8품 이하 관리나 서민의 자제가 입학하였다. 지방에는 향교가 설치되어 지방 관리와 서민의 자제 교육을 담당하였다.

고려 중기에는 최충의 **문헌공도**文憲公徒를 비롯한 사학 12도가 융성하였다. 사학에서 교육을 받은 학생이 과거에서 좋은 성적을 거두자 국자감의 관학 교육은 위축되었다. 이에 정부는 관학 진흥을 위한 여러 시책을 추진하였다. 예종 때에는 국자감을 재정비하여 전문강좌를 설치하고, 양현고養賢庫라는 장학재단을 두어 관학의 경제 기반을 강화하였다. 무신 정권기에는 교육 활동이 크게 위축되었으나, 충렬왕 때 국학을 성균관으로 개칭하고, 공자 사당인 문묘를 새로 건립하여 유교 교육의 진흥에 나섰다. 공민왕은 성균관을 순수한 유교 교육기관으로 개편하고 유교 교육을 강화하였다.

고려의 관학과 사학

관학	개경에 국자감, 지방에 향교 설치 및 경학박사 파견
사학	최충의 9재학당 등 사학 12도 융성 → 관학 위축(전문강좌 7재와 양현고 설치)

역사서 편찬

고려는 역사서 편찬을 중시했다. 국가에서는 태조부터 목종에 이르는 7대 왕조실록을 편찬했다. 이 왕조실록은 현종 때 편찬하기 시작해서 덕종 때 완성했으나 거란의 침입 때 불타버려 현재 전하지 않고 있다.

고려시대에는 유학이 발달하면서 유교적인 역사관의 여러 역사서가 편찬되었다. 인종 때에는 김부식 등이 왕명을 받아 《삼국사기》를 편찬하였다. 《삼국사기》는 현존하는 우리나라 최고最古의 역사서로서 고려 초에 편찬한 《구삼국사》를 바탕으로 유교적 합리주의 사관에 기초하여 기전체紀傳體로 서술하였다. 고려는 건국 초에

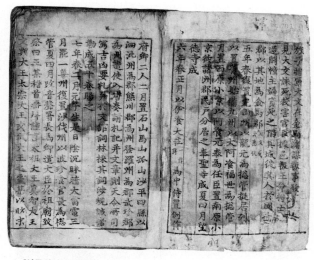

▲《삼국사기》. 국립중앙박물관.

는 고구려 계승 의식이 뚜렷했으나 중기 이후 유학자들이 득세하면서 신라 계승 의식이 강화되었는데 《삼국사기》에는 신라 계승 의식이 더 많이 반영된 것으로 여겨지고 있다. 《삼국사기》는 신라·고구려·백제의 삼국을 중심으로 서술했기 때문에 부여사나 가야사 등에 대한 내용을 체계적으로 서술하지 않았다는 단점이 있다. 그러나 간결하면서도 사실에 입각한 정확한 서술은 유교적 실용주의의 역사서술을 잘 말해주고 있다.

고려 후기에는 민족적 자주 의식을 바탕으로 전통문화를 올바르게 이해하려는 경향이 대두하였다. 이는 무신정변 이후의 사회적 혼란과 몽골 침략의 위기를 겪은 후에 나타난 변화였다. 이러한 경향을 반영한 역사서로는 《해동고승전》, 《동명왕편》, 《삼국유사》, 《제왕운기》 등을 꼽을 수 있다. 각훈이 쓴 《해동고승전》은 삼국 시대의 승려 30여 명의 전기가

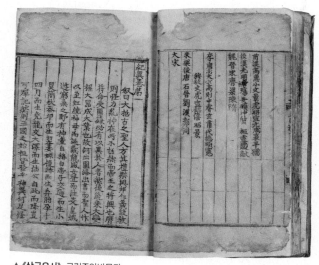

▲《삼국유사》. 국립중앙박물관.

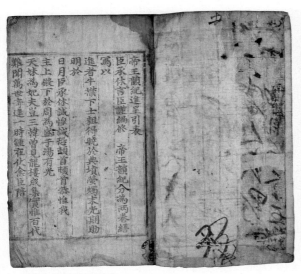
▲《제왕운기》. 국립중앙박물관.

수록되어 있는데, 현재 일부만 전해지고 있다. 이규보의《동명왕편》은《구삼국사》의 고구려 건국 시조 동명왕에 대한 내용을 바탕으로 동명왕에 대해서 서술한 일종의 영웅 서사시로서 고구려 계승 의식을 반영하고 있다. 충렬왕 때 일연 선사가 쓴《삼국유사》는 불교사를 중심으로 고대의 민간 설화나 전래 기록을 수록함으로써 우리의 고유문화와 전통을 중시하였으며, 단군을 우리 민족의 시조로 여기는 단군 건국사화를 수록하였다. 같은 시기에 이승휴가 쓴《제왕운기》도 우리나라의 역사를 단군에서부터 서술하면서 우리 역사를 중국사와 대등하게 파악하는 자주성을 나타내었다.

고려 후기에는 신진 사대부의 성장 및 성리학의 수용과 더불어 정통 의식과 대의명분을 강조하는 성리학적 유교 사관이 대두하였다. 이를 대표하는 이제현은《사략》을 비롯한 여러 권의 사서를 저술하였는데, 지금은《사략》에 실렸던〈사론〉만 전한다.

고려의 역사서들

전기	7대 실록(현재 전하지 않음),《삼국사기》(김부식 등 편찬, 유교적 합리주의 사관 반영)
후기	《동명왕편》(이규보): 고구려 계승의식,《사략》(이제현) : 성리학적 유교사관,《삼국유사》(일연),《제왕운기》(이승휴) : 단군을 민족의 시조로 기술, 민족적 자주의식

알고 싶어요

기전체 紀傳體

사마천의《사기史記》에서 비롯된 역사서술 체제이다. 황제의 사적을 서술한〈본기本紀〉를 중심으로 제후의 사적인〈세가世家〉, 신하들의 사적인〈열전烈傳〉과 각종 전문분야에 대해 서술한〈지〉,〈표〉등이 유기적으로 연결되어 서술하는 방식이다.

성리학의 전래

고려 후기에는 성리학이 전래되어 사상계뿐만 아니라 정치, 경제, 사회, 문화 각 부분에 걸쳐 큰 영향을 주었다. 북송의 정이程頤·정호程顥 형제와 남송의 주희朱熹가 집대성한 중세유학이 성리학이었다. 고대 유학이라고 불리는 한漢·당唐 유학이 주로 유학적 세계관의 실천에 중심을 두었다면 성리학은 인간의 심성과 우주의 원리 문제를 철학적으로 탐구했다는 특징이 있다. 성리학은 민족적 견지에서 중원을 여진족의 금나라에 빼앗기고 양자강 이남으로 쫓겨 내려온 남송의 한족漢族 지배 이념을 담고 있다. 또한 남송 사회 내부적으로는 사대부가 농민들을 지배해야 한다는 지배 이념을 담고 있다.

고려에 성리학을 처음 소개한 사람은 충렬왕 때 안향安珦(1243~1306)이었다. 이제현은 충선왕이 원의 대도大都(연경)에 세운 만권당에서 원의 조맹부趙孟頫같은 학자들과 교류하면서 성리학에 대한 이해를 심화시켰다. 그는 귀국한 후에 이색 등에게 성리학을 전수해주었고, 이색은 정몽주, 권근, 정도전 등에게 성리학을 가르쳐 더욱 확산시켰다.

성리학은 대부분 권문세가들에 비판적인 신진 사대부들이 받

▲ **안향 초상**. 경북 영주 소수서원 소장.

1차 사료로 그 시대 보기

성리학의 수용과 발전

● "안향은 학교가 날로 쇠퇴함을 걱정하여 양부兩府(중서문하성과 추밀원)에 의논하기를 '재상의 직무는 인재를 교육하는 것보다 우선하는 것이 없습니다.……' 하고. …… 만년에는 항상 회암 선생(주자)의 초상화를 걸어 놓고 경모하였으므로 드디어 호를 회헌이라 하였다.《고려사》

● "성균관을 다시 짓고 이색을 판개성부사 겸 성균관 대사성으로 삼았다. …… 이색이 다시 학칙을 정하고 매일 명륜당에 앉아 경經을 나누어 수업하고, 강의를 마치면 서로 더불어 토론하여 권태를 잊게 하였다. 이에 학자들이 많이 모여 함께 눈으로 보고 마음으로 느끼는 가운데 정주程朱 성리학이 비로소 흥기하게 되었다."《고려사》

아들였다. 이들은 현실 사회의 모순을 시정하기 위한 개혁 사상으로 성리학을 받아들였으며, 성리학의 형이상학적 측면보다 일상생활과 관계되는 실천적 기능을 강조하였다. 이들은 유교적인 생활 관습을 시행하고자 《소학》과 《주자가례》를 중시하고, 권문세가와 불교의 폐단을 비판하였다. 성리학은 불교를 극복해야 할 대상으로 보아 비판하면서 성리학을 불교를 대체하는 새로운 지배 이념으로 승격시키려 노력했다.

❷ 불교의 발전과 개혁운동

◀ 불교의 발전

불교는 고려 왕실의 종교이자 모든 계층이 믿는 국가 종교였으므로 초기부터 국가의 지원을 받으며 발전하였다. 독실한 불교신자였던 태조는 불교진흥을 적극 지원하는 한편 유교도 통치이념의 일부로 받아들이고 전통문화도 존중하는 융합적 정치를 실천했다. 태조는 개경에 여러 사원을 세웠으며 〈훈요십조〉에서도 불교를 숭상하고 연등회와 팔관회 등 불교 행사를 성대하게 개최할 것을 당부하여 불교에 대한 국가의 지침을 제시하였다.

귀족들도 대부분 불교신자였는데 이들은 신앙인 불교와 정치 이념인 유교를 대립적으로 생각하지 않았다. 일반 백성들도 불교를 널리 신봉하였다. 신앙 공동체였던 향도는 불교를 중심으로 토속 신앙과 풍수지리설도 융합했다.

광종 때부터 승과僧科 제도를 실시하여 합격한 자에게는 승계僧階를 주고 국가에서 승려의 지위를 보장하였다, 또 국사國師와 왕사王師 제도를 두어 불교가 왕실 위에 존재하는 국교의 형태가 되었다. 그래서 사원에는 토지를 지급하고 승려들에게 면역의 혜택을 주었다.

불교통합 운동과 천태종

고려 초기의 승려 중에서는 균여均如(923~973)가 주목된다. 그의 사상은 성상융회性相融會로 대변되는데, '공空'을 뜻하는 '성性'과 '색色'을 뜻하는 '상相'을 융합하는 사상이다. 당시 양립하던 화엄종 사상 속에 법상종 사상을 융합하여 교파간의 대립을 해소하기 위한 통합사상이었다. 그는 〈보현십원가普賢十願歌〉라는 11수의 향가를 지어 어려운 불교 교리를 대중들이 쉽게 부를 수 있게 하였다.

개경에는 흥왕사興王寺나 현화사 같은 왕실과 귀족의 지원을 받는 큰 사원이 세워져 불교가 번창하였다.

▲ 대국국사 의천 초상. 전남 순천 선암사 소장.

문종의 왕자로서 승려가 된 대각국사 의천義天이 불교 교단 통합 운동을 펼쳤다. 그는 흥왕사에 주석하면서 교장도감教藏都監을 두고 《속장경續藏經》을 간행했다. 그는 화엄종을 중심으로 교종을 통합하려 하였으며, 교종과 선종을 융합시킨 천태종天台宗을 개창했다. 이를 뒷받침할 사상적 바탕으로 의천은 이론의 연마와 실천을 아울러 강조하는 **교관겸수**教觀兼修 를 강조했다.

이러한 교단 통합 운동은 천태종에 많은 승려가 모이는 등 새로운 교단 분위기를 형성하는 일정한 성과를 거두었다. 그러나 사회·경제적으로 문제가 되고 있던 불교의 폐단을 적극적으로 시정하는 대책이 뒤따르지 않아, 의천이 죽은 후에 교단은 다시 분열되고 귀족 중심의 불교가 지속되었다.

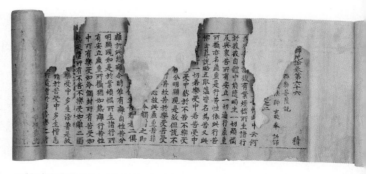

▲《유가사지론瑜伽師地論》권66. 당 현장玄奘이 한역漢譯한 것으로 대승 불교의 핵심교리다. 우리말로 읽을 수 있도록 토를 달아 국어사 연구에도 귀중한 자료이다. 국립한글박물관 소장.

결사운동과 조계종

무신 집권 이후의 사회 변동기를 거치면서 불교계에서도 본연의 자세 확립을 주창하는 새로운 종교 운동인 결사 운동이 일어났다. 보조국사 지눌은 명리에 집착하는 당시 불교계의 타락상을 비판하였다. 그는 승려 본연의 자세로 돌아가 독경과 선 수행, 노동에 고루 힘쓰자는 개혁 운동인 수선사 결사를 제창하였다. 지눌은 순천의 송광산 길상사吉祥寺 터에 새로 조계산 수선사修禪社를 개설해 선풍禪風을 주창했다. 수선사 결사 운동은 개혁적인 승려들과 지방민의 적극적인 호응을 얻었다.

지눌은 선과 교학의 근본이 둘이 아니라는 사상 체계인 정혜쌍수定慧雙修를 바탕으로 철저한 수행을 선도하였다. 지눌은 내가 곧 부처라는 깨달음을 위한 노력과 함께 꾸준한 수행으로 깨달음에 도달하는 돈오점수頓悟漸修를 주장하였다. 선종을 중심으로 교종을 포용하여 교와 선의 대립을 극복하고자 한 지눌의 논리는 고려 불교가 지향하던 선교 일치 사상을 심화시킨 것이었다. 지눌이 선종 9산을 통합해 조계종이 성립되었다고 보고 있으나 정확하지는 않다.

지눌의 결사 운동은 지눌 이후에도 지속적으로 발전하였다. 지눌 사후 그의 제자인 진각국사 혜심이 수선사를 이끌어갔는데 유학을 공부했던 혜심은 '유·불이 하나'라고 주장하며 심성의 도야를 강조하여 장차 성리학을 수용할 수 있는 사상적 토대를 마련하기도 하였다.

비슷한 시기에 요세는 백성의 신앙적 요구를 고려하여 강진 만덕사(백련사)에서 백련 결사를 제창하였다. 자신의 잘못된 행동을 진정으로 참회하는 법화 신앙에 중점을 둔 백련 결사 역시 지방민의 적극적인 호응을 얻었고, 수선사와 양립하며 고려 후기 불교계를 이끌었다.

그러나 원 간섭기에 이르러 개혁 운동이 퇴색하고 귀족 세력과 연결되면서 불교계는 다시 문제점을 드러내었다. 사원은 막대한 토지를 소유하고 상업에도 관여하여 부패가 심하였다. 이에 **보우**普愚 등이 교단을 정비하려고 노력했으나 큰 성과를 거두지 못하였다. 성리학을 사상적 배경으로 대두한 신진 사대부는 이와 같은 불교계의 사회·경제적인 폐단을 크게 비판하면서 세력을 확장시켰다.

● 보우
보우는 교단을 통합·정리하는 것이 불교계의 폐단을 바로 잡는 우선 과제라고 생각하였지만 교단과 정치적 상황이 얽혀 이런 개혁을 지속적으로 추진하지는 못했다.

불교 개혁운동과 불교 예술

대각국사 의천	천태종 창시(교종 중심 선종 통합 시도), 교관겸수(이론의 연마와 실천 모두 중시) 제창
보조국사 지눌	수선사 결사, 선종의 입장에서 교종과의 조화 추구, 정혜쌍수와 돈오점수 강조
혜심	유·불 일치설 주장(심성의 도야 강조) → 성리학 수용의 토대 마련
불교 예술	불화와 불상, 사원 건축, 석탑 등 발전(안동 봉정사 극락전, 영주 부석사 무량수전 등)

대장경 간행

불교 사상에 대한 연구가 심화되면서 불교 관련 경전을 모두 모아 간행하는 대장경大藏經 사업이 추진되었다. **경**經·**율**律·**논**論의 삼 장으로 구성된 대장경은 불교 경전을 집대성한 것으로서 교리

● 경·율·논
불교 전적에 대한 총칭으로 3장三藏이라고도 한다. '경'은 석가가 그 제자와 중생들을 교화하기 위해 설법한 교법敎法을 모은 것이고, '율'은 석가의 제자가 지켜야 할 계율을 모은 것이고, '논'은 경과 율을 연구한 논설들이다.

더 깊게 생각하고 토론해 봅시다

태조와 광종의 불교에 대한 인식

❶ "태조의 〈훈요십조〉 제1조: 우리나라의 대업은 반드시 여러 불의 호위하는 힘을 입은 것이다. 그러므로 선종과 교종의 사원을 창건하고 주지를 파견하여 불도를 닦음으로써 각각 자기 직책을 다하도록 하라. 후세에 간신이 정권을 잡아 승려의 청에 따르게 되면 각 종단의 절들이 서로 다투어 바꾸고 빼앗고 할 것이니 반드시 이를 금하라." 《고려사》 〈태조 26년(943)〉

❷ "승 혜거로 국사를 삼고, 탄문으로 왕사를 삼았다. 왕(광종)이 참소를 믿고 사람을 많이 죽였으므로 마음 속에 스스로 의심을 품고 죄악을 소멸하고자 널리 재회를 베푸니, 무뢰배들이 승려라 사칭하여 배부르기를 구하고 구걸하는 자가 모여들었으며, 혹은 떡, 쌀, 연료를 서울과 지방의 도로에서 나누어 주는 것이 이루 다 헤아릴 수 없었다." 《고려사》 〈광종 19년(968)〉

▲ 해인사 대장경 장경각

체계에 대한 정리가 선행되어야만 이루어질 수 있는 문화적 의의가 높은 유산이다.

현종 2년(1011)에 착수해 선종 4년(1087) 완성한 것이《초조대장경初雕大藏經》인데 983년 완성한 북송北宋의《관판대장경官版大藏經》에 이어 세계에서 두 번째로 간행한 것이다. 대구 팔공산 부인

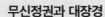
더 깊게 생각하고 토론해 봅시다

무신정권과 대장경

고려가 대장경을 간행한 이유에 대해서 식민사학자 이케우치 히로시池內宏는〈고려의 대장경(1924)〉에서 '몽고의 침입에 허덕이면서 국방 능력이 없던 고려 군신君臣들의 종교상의 미신이 만든 것'이라고 비판했다. 이 논리가 지금껏 통용되고 있다. 민영규閔泳珪 교수는〈고려대장경 신탐新探〉에서 무신정권의 집권자 최이崔怡와

▲ 해인사 대장경 판각

처남 정안鄭晏이 무신정권에 저항하는 불교세력을 회유하기 위해 전개한 국책사업이었다는 새로운 견해를 제시했다. 대구 부인사符仁寺에 봉안한《초조대장경》과《속장경》이 고종 19년(1232) 몽골군에게 불타자 대장경 재조再雕로 불교계 회유에 나섰다는 것이다. 고종 23년(1236)부터 고종 38년(1251)까지 완성된《재조대장경》의 조판을 관장한 인물이 최이의 처남 정안이라는 점에서 훨씬 설득력이 있는 논리이다.

사부인사符仁寺에 보관하다가 고종 19년(1232) 몽고의 침략에 불타고 일부만 남았다.

《초조대장경》이 만들어진 얼마 후 의천은 고려와 송과 요의 대장경에 대한 주석서를 모아 대장경을 간행하기로 했다. 의천은 교장도감을 설치하여 10여 년에 걸쳐 신라인의 저술을 포함한 4,700여 권의 불교 전적을 간행했는데 이것이 《속장경》이다.

몽골 침략으로 소실된 《초조대장경》을 복원하기 위해서 고종 때 대장경을 다시 만들었는데 이를 《재조대장경》이라고 한다. 대장도감을 설치하여 16년 만에 이룩한 《재조대장경》은 현재 합천 해인사에 보존되어 있는데 8만 장이 넘는 목판으로서 흔히 《팔만대장경》이라고 부른다. 《팔만대장경》은 방대한 내용을 담았으면서도 잘못된 글자나 빠진 글자가 거의 없는 정밀성과 글씨의 아름다움 등으로 세계에서 가장 우수한 대장경으로 꼽힌다.

도교와 풍수지리설

고려시대에는 불교, 유교와 함께 도교도 성행하였다. 태조 왕건은 삼한일통三韓一統을 국가적 과제로 삼은 것처럼 사상에서도 불교, 유교, 도교뿐만 아니라 전통 신앙도 중시했다. 태조는 재위 7년(921) 해와 달을 비롯해 9개의 별을 뜻하는 도교의 구요당九曜堂을 세우고 성신星辰들에게 지내는 초제醮祭를 지내서 도교를 받아들였다. 예종 10년(1115)를 전후해 복원궁福源宮을 세웠는데 이것이 고려 도교의 총림격 도관道觀(도교사원)이었다. 또한 신격전神格殿, 소격전昭格殿, 대청관大淸觀 등 여러 도교사원을 건축했다.

고려의 도교에 대해서 중국 도교의 영향을 받아 성장했다고 주로 설명하지만 그보다는 우리 전통 선도仙道, 또는 선교仙敎를 계승했다고 보아야 할 것이다. 단군을 선인仙人으로 인식한 고구려인들의 신앙 전통이 고려로 이어진 것이다. 그래서 고려 도교는 중국 도교와 달리 불교적인 요소와 도참사상을 수용하는 융합적인 모습을 보이고 있는데, 민간은 물론 왕실에서도 신봉했던 것으로 보인다. 국가적으로 이름난 명산대천에 제사 지내는 팔관회는 도교와 민간 신앙 및 불교가 어우러진 행사였다.

풍수지리설은 산수의 형세와 방위 등의 환경적인 요인이 인간의 길흉화복과 관계있다는 사상으로 고려시대에 크게 유행했는데 남북국시대 승려인 도선道詵이 유명하다. 고려 초기에는 개경과 서경이 명당이라는 설이 유포되어 서경 천도와 북진정책 추진의 이론적 근거가 되었다. 한편 이러한 길지설은 개경 세력과 서경 세력의 노선 다툼에 활용되어 묘청의 서경 천도 운동의 이론적 근거가 되기도 하였다. 문종을 전후한 시기에는 북진정책의 퇴조와 함께 새롭게 한양 명당설이 대두되어 한양을 남경으로 승격시키고 궁궐을 지어 왕이 머물기도 하였다.

❸ 과학기술의 발달

◀ 천문학과 의학

고려는 전통적인 과학기술을 계승하고 중국과 이슬람의 과학기술도 수용해 과학을 발전시켰다. 국립대학격인 국자감에서 유학뿐만 아니라 형법을 가르치는 율학律學, 서예를 가르치는 서학

알고 싶어요

도선의 풍수지리 사상

도선은 신라 헌강왕 1년(875) '2년 후 반드시 고귀한 사람이 태어날 것'이라고 예언했는데 2년 후 태조 왕건이 태어났다. 태조는 〈훈요십조〉에서 도선을 중시했고 이후 고려왕들도 그를 존경했다. 선종 계통의 승려였던 도선은 전 국토의 자연 환경을 유기적으로 파악하는 인문지리적 지식에다 경주 중앙 귀족의 부패와 무능, 지방 호족의 대두, 오랜 전란에 지쳐서 통일의 안정된 사회를 염원하는 일반 백성의 인식을 종합하여 체계적인 풍수 도참설을 만들었다. 《도선비기道詵秘記》, 《송악명당기》, 《도선답산가》 등을 지었다고 전해진다.

書學, 수학을 가르치는 산학算學 등의 잡학을 교육하였고, 과거에도 기술관을 등용하기 위한 잡과가 실시되어 과학기술을 발전시켰다.

고려 과학기술을 대표하는 것은 천문학, 의학, 인쇄술, 화약 무기 제조술과 상감象嵌 기술 등이었다.

고려는 천문과 역법을 맡은 사천대司天臺를 설치했다. 사천대는 **천문관측**˙을 중심으로 역법曆法, 측후測候(기상관측), 각루刻漏(물시계) 등에 관한 일을 관장했다. 군주는 하늘의 일을 대신한다는 천인합일天人合一 사상을 가지고 있었으므로 천문관측을 특히 중시했다. 그래서 일식, 혜성, 태양의 흑점 등에 관한 관측 기록이 풍

● **천문관측**
《고려사》〈천문지〉에 실린 일식 기록은 130여 회나 되고, 혜성 관측 기록도 87회에 이른다.

▲ 개경 첨성대

상감

상감이란 금속이나 자기 등에 홈을 파거나 무늬를 새기는 기술을 뜻한다. 대표적인 것이 자기 상감인데 청자나 백자 등을 구워서 반 건조되었을 때 무늬를 조각칼로 새기고 그곳에 붉은 색의 자토赭土나 백토白土로 메운뒤 초벌구이를 거쳐 유약을 발라 다시 구우면 자토는 흑색으로, 백토는 백색으로 나타나는데 고려 상감청자가 대표적이다. 금·은·구리 같은 금속에 새기는 경우도 있는데, 꽃을땜·봉박이라고도 부른다.

부하게 남아 있다. 이러한 기록은 당시 과학기술 분야에서 앞서 있던 이슬람 문명의 기록과 비교할 수 있을 정도로 정교한 것으로 평가되고 있다. 고려는 신라의 경주 첨성대를 계승한 개경 첨성대에서 천문을 관측했다.

역법曆法에서도 많은 발전을 이루었다. 고려 초기에는 신라 때부터 썼던 당의 선명력宣明曆을 사용하다가 충선왕 때부터 원의 수시력授時曆을 채용했는데 그 이론과 계산법을 충분히 이해하고 있었다.

고려는 태의감太醫監을 설치해 의학을 관장했는데, 태의감은 의약과 치료뿐만 아니라 의과대학의 기능까지 갖춰 의료행정도 담당했다. 태의감은 약을 제조하던 상약국尙藥局과 함께 고려 의학을 대표했다. 태의감과 상약국이 주로 왕실을 담당했다면 예종 때 설치한 혜민국惠民局은 서민의 질병치료를 위한 의료기관이었다. 또한 대비원大悲院을 세워 병자를 치료하고 굶주리는 백성들을 구호했다.

고종 때 대장도감大藏都監에서 독자적인 의학서《향약구급방鄕藥救急方》을 발간해 사용했다. 《향약구급방》의 초간본은 전하지

알고 싶어요

선명력과 수시력

선명력은 당唐 헌종憲宗 때인 822년에 서앙徐昻이 만든 태음력太陰曆으로 1년을 365.2446일로 정하고 1개월을 29.53059일로 정했다. 충선왕 때부터 사용한 수시력은 원元 세조(재위 1260~1294) 때 곽수경郭守敬·허형許衡 등이 만든 것인데 달과 태양의 움직임을 모두 고려한 태음태양력太陰太陽曆으로 1태양년太陽年을 365.2425일로 정하고 1삭망월朔望月을 29.530593일로 정했다. 1년을 365.2425일로 정한 것은 현재 사용되는 그레고리력Gregorian calendar과 같은 수치이다. 그레고리력이 1582년에 제정되었으니 수시력이 300년 이상 앞선 것이다. 원나라 때 아랍의 천문학과 수학이 전래되면서 천체 관측과 계산법 등에서 큰 발달을 이루었는데 고려도 이를 수용했다.

▲《수시력의》 명의 송렴宋濂 등이 편찬한 것이다.

않지만 조선 태종 17년(1417) 의흥현義興縣(경북 군위) 현감 최자하崔 自河가 중간한 판본이 일본 궁내청宮內廳 서릉부書陸部에 소장되 어 있어서 그 내용을 알 수 있는데, 각종 질병에 대한 처방과 국 산 약재 180여 종이 소개되어 있다. 이 책은 의학뿐만 아니라 고 려어 및 이두吏讀의 한자 표기법 연구에도 귀중한 자료이다.

💿 인쇄술의 발달

고려는 신라의 목판 인쇄술을 더욱 발전시켰다. 고 려대장경은 고려의 목판 인쇄술이 세계 최고 수준에 이르렀음을 입증해 주고 있다.

목판 인쇄술은 한 권의 책을 다량으로 인쇄하는 데 는 적합하지만 다양한 내용을 소량으로 인쇄하는 데에 는 금속활판 인쇄가 유용하다. 금속활자는 각 활자活 字를 조합해서 활판을 짜는 기술인데, 고려는 일찍부터 활판 인쇄술 개발에 힘을 기울여 세계 최초로 금속활 자 인쇄술을 발명하였다. 이는 목판 인쇄술의 발달에 청동 주조 기술과 인쇄에 적합한 먹과 종이 제조 등의 발달이 어우러진 결과였다.

고려에서 언제 금속활자를 발명해 사용했는지는 분 명하지 않다. 일찍이 11세기나 12세기에 사용했다고

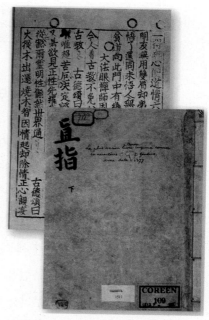

▲ 고려 승려 경한景閑의 《직지심체요절》 하권. 프 랑스 국립도서관 동양문헌실 소장.

더 깊게 생각하고 토론해 봅시다

고려와 서양 인쇄술의 영향

서양의 알파벳은 글자 수가 많지 않아 활자 인쇄술 제작에 용이했다. 반면 한자는 글자 수가 많아서 활자 인쇄 술이 발달하기 힘들었다. 활판인쇄에서 중요한 것은 활판을 확실하게 고정시키는 기술인데 고려의 기술이 서 양보다 앞섰던 것으로 보기도 한다. 구텐베르크 금속활자는 라틴어 외에 당시 지방어라고 불리던 영어, 독일어 등 각국의 언어로 《성서》를 인쇄해 종교혁명과 르네상스를 촉진시켰지만 고려의 금속활자는 그런 사회변동을 가져오지는 못했다는 한계도 있다.

● 《상정고금예문》
12세기 인종 때 최윤의 등의 학자들이 왕명으로 지은 의례서인데, 최충헌이 2부를 작성해서 한 부는 예관에게 주고 한 부는 자신이 소장했다. 강화도로 천도할 때 예관이 가지고 오지 못했는데, 최우가 부친의 소장본을 강화도에서 금속활자로 28부 인쇄하였다.

도 추정한다. 몽골의 침략을 피해 강화도로 천도한 고려 정부는 1234년 금속활자로 《상정고금예문》●을 인쇄했는데 이는 서양의 금속활자 인쇄 시작보다 200여 년이나 앞선 것이다. 그러나 이 책은 오늘날 전해지지 않고 있으며 대신 청주 흥덕사에서 1377년 간행한 《직지심체요절》이 현존하는 세계 최고의 금속 활자본으로 공인받고 있다.

인쇄술의 발달과 함께 제지술도 발달하였다. 고려는 전담 관서를 두어 종이의 재료인 닥나무 재배를 장려해서 글을 쓰거나 인쇄하기에 좋은 우수한 종이를 생산했는데 중국에 수출해 호평을 받기도 했다.

화약무기제조와 조선 기술

과학기술의 발달은 국방력 강화에 기여하였다. 고려 말 최무선은 왜구를 격퇴하는데 화약 무기가 효과적이라고 생각해서 화약 제조 기술의 습득에 힘을 기울였다. 원나라는 화약 제조 기술을 비밀에 붙였는데 최무선은 다양한 방법으로 실험을 거듭해 화약 제조법을 터득하였다. 고려는 화통도감火㷡都監을 설치하고 최무선을 중심으로 화약과 화포를 제작해서 20종에 가까운 화약 무기를 만들었다. 최무선은 이런 화포를 이용하여 진포(금강 하구) 싸움에서 왜구를 크게 무찔렀다.

배를 만드는 조선술도 발달하였다. 송과 해상 무역이 활발함에 따라 길이가 96척이나 되는 대형 범선이 제조되었다. 각 지방에

알고 싶어요

화약 제조법

최무선은 원나라 출신의 염초장焰硝匠 이원李元과 같은 동네에 살았는데 하인 몇 명에게 화약의 중요한 원료인 염초 만드는 기술을 배우게 해서 화약 제조법을 완전히 알아냈다고 한다. 염초는 질산칼륨이다.

▲ **최무선의 화약제조도**. 최대섭, 1979, 한국학중앙연구원 소장.

서 징수한 조세미를 개경으로 운송하는 조운 체계가 확립되면서 1천 석의 곡물을 실을 수 있는 대형 조운선도 등장하였는데, 이는 주로 해안 지방의 조창에 배치되었다. 또한 배에 화포를 설치하기 위해 배의 구조를 화포 사용에 알맞도록 개량했을 것으로 추측한다. 판옥선의 전신인 누전선이 이때 만들어진 것으로 추측된다.

④ 여러 문화의 발달

건축과 조각

고려의 건축은 궁궐과 사원이 중심이었는데, 남아 있는 건축물은 그리 많지 않다. 개성 만월대 터를 보면 당시 궁궐 건축을 짐작할 수 있다. 경사진 면에 축대를 높이 쌓고 건물을 계단식으로 배치하였기 때문에 건물이 층층으로 웅장하게 보인다.

고려 전기에는 주로 주심포 양식이 유행하였는데 13세기 이후에 지은 일부 건물이 지금까지 남아 있다. 안동 봉정사 극락전은 가장 오래된 주심포식 건물로 알려져 있고, 영주 부석사 무량수전과 예산 수덕사 대웅전도 고려 건축의 단아하면서 세련된 특성을 잘 보여주고 있다.

고려 후기에는 다포식 건물이 등장하는데 이는 조선시대 건축에 큰 영향을 끼쳤다. 황해도 사리원의 성불사 응진전은 고려시대 다포식 건물로 유명하다. 충남 아산에는 최영이 살던 집이라는 최영의 손녀사위 맹사성 고택이 고려시대 건축물로 남아 있다.

고려의 석탑은 신라 양식을 일부 계승하면서도 독자적인 조형 감각을 가미하여 다양한 형태로 제작했다. 다각 다층탑이 많았는데 자연미를 중시했다. 또한 석탑의 몸체를 받치는 받침돌이 보편화되었다. 개성 불일사 5층 석탑과 오대산 월정사 팔각 9층 석탑이 유명하다. 고려 후기의 경천사 10층 석탑은 원의 석탑에 영향을 받은 것으로 조선시대로 이어졌다. 한편 지역에 따라서 고대 삼국의 전통을 계승한 석탑이 조성되기도 하였다.

승려의 승탑(부도)은 고려시대 조형 예술의 중요한 부분을 차지

▲ 예산 수덕사 대웅전

하였다. 경기도 여주의 고달사지 승탑처
럼 신라후기 승탑의 전형적인 형태인 팔
각원당형을 계승하는 것이 많고, 특이한
형태를 띠면서 조형미가 뛰어난 원주 법
천사 지광국사 현묘탑 등도 있다.

고려시대의 불상은 시기와 지역에 따라
다양한 모습을 보여주고 있다. 초기에는
경기 하남시 하사창동下司倉洞의 철조 석
가여래 좌상 같은 대형 철불이 많이 조성
되었다. 논산의 관촉사 석조 미륵보살 입
상이나 안동의 이천동 마애여래 입상처럼
사람이 많이 다니는 길목에 조성한 거대
한 불상은 지역 특색을 잘 보여주고 있다.
또 영주 부석사 소조여래좌상 같이 신라
시대 양식을 계승한 걸작도 있다.

▲ 평창 월정사 8각9층석탑

청자와 공예

고려는 각종 공예품이 발달했다. 공예는 귀족들의 생활 도구와
불교 의식에 사용되는 불구佛具 등을 중심으로 발전하였는데 특
히 자기 공예가 뛰어났다.

고려자기는 신라와 발해의 전통 기술을 바탕으로 송의 자기 기
술을 응용해 11세기 경에는 고려만의 독특한 경지에 이르렀다. 비

알고 싶어요

주심포와 다포

주심포식柱心包式은 지붕의 무게를 기둥에 전달하는 공포栱包가 기둥 위에만 있는 건축 양식이고 다포식多包
式은 공포가 기둥 위뿐만 아니라 기둥 사이에도 있는 건물이다. 웅장한 지붕이나 건물을 화려하게 꾸밀 때 쓰
였다.

▲ 고려 청자기와. 전남 강진 출토. 국립중앙박물관.

취색이 나는 청자는 중국인들도 천하의 명품으로 손꼽았다. 청자의 은은한 색과 여러 자연물 및 다양한 생활모습을 담은 자기는 자연과 인간의 조화를 추구한 우리 민족 예술의 최고봉으로 평가받고 있다.

12세기 중엽에는 독창적 기법인 상감법이 개발되어 최고의 경지에 이르렀다. 상감청자는 무늬를 훨씬 다양하고 화려하게 넣어서 청자의 새로운 경지를 열었다. 상감청자는 강화도에 도읍한 13세기 중엽까지 주류를 이루었으나 원 간섭기 이후에는 퇴조해 갔다.

고려의 청자는 자기를 만들 수 있는 흙이 생산되고 연료가 풍부한 지역에서 구워졌는데, 전라도 강진과 부안이 유명하였다. 강진에서는 최고급의 청자를 만들어 중앙에 공급하기도 하였다.

고려의 금속 공예는 불교 도구를 중심으로 크게 발전하였다. 청동기 표면을 파내고 실처럼 만든 은을 채워 넣어 무늬를 장식하는 은입사 기술이 발달하였다. 은입사로 무늬를 새긴 청동 향로와 버드나무와 동물무늬를 새긴 청동 정병이 대표작이다.

한편 옻칠한 바탕에 자개를 붙여 무늬를 표현하는 나전 칠기 공예도 크게 발달하였다. 특히 불경을 넣는 경함, 화장품갑, 문방

송나라 사신 서긍이 말하는 고려청자

"도자기의 빛깔이 푸른 것을 고려 사람들은 비색翡色이라 부른다. 근년에 만드는 솜씨가 교묘하고 빛깔도 더욱 아름다워졌다. 술그릇의 모양은 참외[과瓜] 같은데, 위에 작은 뚜껑이 있어서 연꽃에 엎드린 오리 모양을 하고 있다. 또, 주발, 접시, 술잔, 사발, 꽃병, 옥으로 만든 술잔 등도 만들 수 있지만, 일반적으로 도자기를 만드는 법을 따라 한 것들이므로 생략하고 그리지 않는다. 다만, 술그릇만은 다른 그릇과 다르기 때문에 특히 드러내 소개해 둔다. 사자 모양을 한 도제陶製 향로 역시 비색이다. …… 여러 그릇 중에서 이 물건이 가장 정밀하고 뛰어나다." 서긍, 《고려도경》 〈기명器皿〉

구 등이 남아 있다. 나전 칠기 공예는 조선시대를 거쳐 현재까지 전하고 있다.

글씨, 그림과 음악

고려는 서예, 회화, 음악도 발달했다. 서예는 고려인들은 중원 명필들의 글씨를 연구해서 독자적인 서체를 만들었다. 고려 전기에는 당나라 명필 구양순歐陽詢(557~641)의 서체를 연구하고 동진의 명필 왕희지王羲之(307~365)의 서체도 연구했다. 왕사였던 탄연坦然의 글씨가 특히 뛰어나 탄연체로 불렸다. 이규보는 고려에서 유행하던 초서草書를 보고 "건곤乾坤을 뒤흔들어 조화造化를 구사하니 열 폭 비단에 하얀 연기가 피어난다."고 평했는데 이는 서예를 천지음양의 조화와 같은 기예로 본 것이다. 이규보는 서예를 신품神品·묘품妙品·절품絕品으로 구분하면서 신품을 최고로 쳤는데 김생金生·탄연坦然·최우崔瑀·유신柳伸을 신품사현神品四賢으로 꼽았다.

원나라 조맹부趙孟頫의 서실 이름이 송설재松雪齋여서 그의 서풍을 송설체라고 하면서 연구하였다. **이암**李嵒(1297~1364)이 조맹부와 쌍벽을 이루었다고 전해진다.

▲ **청자 상감모란문 표주박형 주전자.** 국립중앙박물관.

● **이암**

이암은 고려 후기 수문하시중과 도원수를 역임한 고위관료인데, 원나라를 다녀오면서 원나라의 농서인《농상집요農桑輯要》를 가져와 소개하였다. 또한《단군세기檀君世紀》를 지은 것으로 알려져 있다.

알고 싶어요

청자 만드는 과정

청자는 물에는 묽어지고 불에는 굳어지는 자토로 모양을 만들고 무늬를 새긴 후 청색을 내는 유약을 발라 1250~1300도 사이의 온도로 구워서 만든다. 유약은 규석과 산화알루미늄이 주성분으로 이들은 높은 온도에서 녹으면 유리질화되는데 유약에 함유된 철분이 1~3%가 되면 녹청색을 띠어 청자가 된다.

▶ **청자상감 국화문주병.** 메트로폴리탄 박물관.

그림은 도화원에 소속된 전문 화원의 그림과 문인이나 승려의 문인화로 나눌 수 있다. 뛰어난 화가로는 예성강도를 그린 이령과 그의 아들 이광필이 있었으나 그들의 그림은 전하지 않는다. 고려 후기에는 사군자 중심의 문인화가 유행하였으나 역시 전하는 것은 없다. 다만 공민왕이 그렸다는 천산대렵도가 있어 당시의 회화세계를 유추할 수 있다.

고려 후기에는 왕실과 권문세가들의 신앙에 따라서 불화가 많이 그려졌다. 그 내용은 극락왕생을 기원하는 아미타불도와 지장보살도 및 관음보살도가 많았다. 일본에 전해 오고 있는 혜허가 그린 관음보살도가 대표적인 작품이다. 또한 노영의 불화도 유명하다.

불교 경전을 필사하는 사경寫經이 유행했고, 불경 맨 앞장에 그 경전의 내용을 알기 쉽게 그림으로 설명하는 사경화도 유행하였다. 이 밖에 사찰과 고분 벽화가 일부 남아 있는데 영주 부석사 조사당 벽화의 사천왕상과 보살상이 대표적이다.

고려는 대악서大樂署, 관현방管絃房, 교방敎坊을 두어 음악을 관장했다. 고려의 음악은 향악鄕樂·당악唐樂·아악雅樂의 세 갈래로 발전하였다. 향악은 우리나라 고유의 음악을 뜻하고 당악은 중국에서 전래된 음악을 뜻한다. 아악은 궁중의식 때 연주되던 음악이었다. 고려는 송과 교류가 활발해지면서 송의 교방악敎坊樂이 당악唐樂으로 수용되고, 송의 대성아악大晟雅樂이 아악雅樂으로 수용되

▲ **아미타여래 구존도 및 고려 태조 담무갈 보살예배도.** 1307년 노영魯英이 흑칠한 나무바탕 위에 금니로 그린 그림이다. 담무갈은 금강산에 머물면서 설법한다는 보살이다.

어 전통적 향악과 함께 그 내용이 풍부해졌다.

속악俗樂도 향악의 일종인데 우리 고유 음악에 당악을 수용해 창작한 음악으로 주로 **교방**敎坊의 전문 음악가들이 연주했다. 속악은 당시 유행하던 민중의 속요와 어울려 수많은 곡을 낳았다. 동동, 한림별곡, 대동강 등의 곡이 유명하였다. 악기는 전래의 우리 악기에 송의 악기가 수입되어 약 40종이나 되었다고 한다.

● **교방**

이원梨園, 선방仙坊, 법부法部라고도 하는데 궁중기구로 만들어져 속악 공연을 주도해 고려 음악의 형성과 발전에 많은 공헌을 했다.

점검

정치 분야
- 태조 왕건의 민족통합정책의 장점과 단점 대해서 설명해보자.
- 무신정권과 부원배들에 대해서 살펴보자.
- 무신란이 고려 하층민들에게 준 영향에 대해서 설명해보자.
- 몽골의 침략과 항전에 대해서 살펴보자.

경제 분야
- 고려의 토지제도에 대해서 설명해보자.
- 고려의 농업발달과 국제무역에 대해서 살펴보자.
- 백성 생활 안정을 위한 국가의 제도에 대해서 살펴보자.

사회 분야
- 고려 유학의 장단점에 대해서 살펴보자.
- 고려 불교의 통합운동과 대장경에 대해서 살펴보자.
- 고려 청자의 상감기법에 대해서 설명해보자.

대한민국 역사교과서와 기존 검정 한국사교과서 비교

	대한민국 역사교과서	비고	검정 한국사교과서들	비고
서술체계	모두 11개 단원 I. 선사시대 II. 역사시대의 전개와 고조선 III. 여러 나라 시대의 전개 IV. 다섯 나라 시대의 통합과 발전 V. 세 나라 시대와 동아시아 대전 VI. 두 나라 시대와 후기 세 나라 시대 VII. 고려시대 VIII. 조선시대 IX. 국제질서의 변동과 근대국가 수립 　　운동 X. 일제의 한국 점령과 대일승전 XI. 광복과 분단, 통일을 향하여	구석기부터 현대에 이르기까지 민족사의 발전과정을 고르게 서술	모두 6개 단원 I. 우리역사의 형성과 고대국가의 발전 II. 고려귀족사회의 형성과 변천 III. 조선유교 사회의 성립과 변화 IV. 국제질서의 변동과 근대국가 　　수립 운동 V. 일제강점과 민족운동의 전개 VI. 대한민국의 발전과 현대 세계의 　　변화	한국사가 아니라 사실상 고려시대 이후사 서술
서술분량	구석기부터 현대까지 각 단원 고르게 서술		구석기~발해사 사실상 삭제	
서술특징	1단원~5단원까지 구석기~후기 세 나라(후삼국)까지 나누어 서술	각 시기가 모두 우리와 밀접한 관련이 있는 것으로 서술	1단원에 구석기~발해까지 통합 서술 (전체 1/10분량에 100만년 서술, 사실상 고대사 삭제)	고려 이전 100만년사를 10% 미만으로 서술하고 고려 이후 1천년사를 90% 이상 서술
역사관	대내 : 민족 자주사관 대외 : 평화 공존사관	독립운동가들의 역사관 계승	노론사관＋일제 식민사관(반도사관)	《조선총독부 편찬 심상소학 국사(일본사) 보충교재(조선사)》
민족의 뿌리	신석기 동이문화를 직접적 선조로 서술	대륙 동이문화의 계승성	청동기 시대 민족 형성된 것으로 축소	동이문화 미서술
동이 요하 문명	요하 문명과 홍산 문화를 민족사로 서술	홍산 문화와 고조선 연결	서술 없음	
단군조선	단군왕검이 조선을 건국한 것으로 서술	국조문제 명확히 서술	단군왕검이 조선을 건국한 사실을 모호하게 기술	
고조선과 일본열도	고조선 주민들의 일본 열도 진출 서술		서술 없음	

	대한민국 역사교과서	비고	검정 한국사교과서들	비고
고조선과 중원의 경계	고조선과 중원 국가들의 국경선은 고대 요동(현 하북성)		고조선 강역에 대한 서술이 없고 고조선 문화 영역에 대해서만 서술	총독부의 반도사관 추종
낙랑군 위치	현재의 하북성 노룡현	중국 고대 사료의 기술 따름	평양	조선총독부 식민사관 추종
여러나라 시대의 전개	고조선 멸망 이후 여러나라(부여/삼한/신라전기/고구려전기/백제전기/가야/최씨낙랑국/읍루·동옥저·예/왜) 서술	삼한 강역 4천 리는 대륙에 있는 것으로 서술, 왜의 역사도 동이족 역사의 일부로 서술	철기문화를 배경으로 여러 나라(부여·고구려·옥저·동예·삼한) 시대가 형성되었다고 서술, 삼한은 한반도로 축소	조선총독부 식민사관 추종
다섯 나라 시대의 통합과 발전	5세기 말엽 부여·신라·고구려·백제·가야 다섯 나라의 각축과 세 나라로 통합과정 서술	여러 나라→다섯 나라→세 나라로 통합 발전과정 서술	전후 맥락 없이 여러 나라들이 등장했다가 사라짐	
가야와 일본	가야계가 일본열도에 세운 분국이 임나임을 서술	일제 식민사학의 핵심인 '임나=가야설' 비판	가야가 토기제작 기술을 일본에 전해주었다고 서술	면피적인 서술로 식민사학 용인
세 나라 시대와 동아시아 대전	고구려와 수의 고수대전/고구려와 당의 고당대전/고구려·신라·백제·왜·당이 맞붙은 오국대전과 신당전쟁 서술	중원·한반도·일본열도를 한 무대로 보고 서술	신라가 지금의 대동강 남쪽을 차지했다고 서술	조선총독부 반도사관 추종
두 나라(북조와 남조) 시대	과거 통일신라 명칭을 대신라, 발해 명칭을 대부분 대진(진)으로 서술	발해는 당에서 부른 명칭	남북조 구분 없이 통일신라와 발해라고 서술	
대신라 강역	대신라 북방 강역은 지금의 요령성 요양으로, 당의 안동도호부는 현재의 하북성으로 서술	대신라의 강역은 지금의 만주까지	당의 안동도호부는 지금의 평양으로 서술, 나당전쟁 이후 신라가 대동강 이남 차지해 삼국통일 이룩했다고 서술	통일신라 강역을 지금의 대동강 이남으로 축소
대진과 발해	대진국(발해)의 역사 자세하게 서술		발해역사 간략하게 서술	
후기 세 나라 (후삼국) 시기	대신라가 고구려·백제 유민들의 화학적 통합에 실패하면서 후기 세 나라 시기 전개 서술		신라가 혼란에 빠지면서 지방에서 성장한 세력들이 봉기한 것으로 서술	

	대한민국 역사교과서	비고	검정 한국사교과서들	비고
고려 북방 강역	지금의 심양부터 두만강 북쪽 700리 공험진까지로 서술	《고려사》 및 《조선왕조실록》의 기록 반영	지금의 대동강 이남	조선 사대주의 유학자 및 조선총독부 식민사관 추종
고려 경제	농민들에게 토지지급 사실 서술		서술 없음	
공민왕 강역 수복	공민왕이 원에 수복한 지역은 지금의 압록강~두만강 북쪽의 옛 고려 강역	《고려사》 및 《명사》 등에 따라 서술	공민왕이 원에 수복한 지역은 지금의 함경남도	조선총독부 이케우치 히로시 등 식민사학자 추종
철령의 위치	명과 분쟁이 된 철령을 지금의 심양 남쪽으로 서술	《고려사》 및 《명사》 등에 따라 서술	철령을 함경남도 안변으로 서술	조선총독부 식민사관 추종
조선 강역	조선 강역은 심양 남쪽 옛 철령~두만강 북쪽 700리 공험진으로 서술	《태종실록》·《세종실록》에 따라 서술	조선 강역은 압록강~두만강으로 서술	조선총독부 식민사관 추종
조선 신분제	종부법에서 종모법 환원 등 신분제 비판적 서술		신분제 기계적 서술	
광해군 폐위	광해군을 쫓아낸 쿠데타를 계해정변으로 비판적 서술	민족 자주관점의 서술	인조반정으로 긍정적 서술	서인(노론)관점의 서술
세도정치	노론 소수 집안이 왕권 무력화하고 국가권력 독점한 결과로 서술	숭명 사대주의 노론의 전횡으로 서술	정조 때 정치권력이 국왕 주변으로 집중된 결과라고 서술	노론 관점 서술
독도문제	일본의 〈태정관 지령〉(1876)과 전후 샌프란시스코 조약(1951)을 통해 독도가 한국 영토임을 명시	일관된 관점의 서술	독도문제는 비교적 자세히 서술했으나 현재 독도=일본령의 근거로 악용되는 샌프란시스코 조약 서술 없음	
연해주문제	청이 연해주를 러시아에 불법으로 넘겼다고 서술	간도와 연해주를 묶어 인식	연해주문제 서술 없음	
간도문제	고조선부터 고려·조선에 이르기까지 한국사의 영토였는데 일본이 불법적으로 넘겼음을 명시	일관된 대륙사관	간도의 마지막 소유국가를 발해로 서술함으로써 영유권 모호해짐	반도사관

	대한민국 역사교과서	비고	검정 한국사교과서들	비고
독립전쟁	항일 무장투쟁과 의열투쟁 위주 서술	의열투쟁과 삼부 (참의부·정의부·신민부) 및 만주사변 후 한·중연합무장 투쟁 적극 서술	애국계몽운동 위주 서술에 일부 무장 투쟁 서술	
노선별 독립 전쟁	민족주의·사회주의·아나키즘의 노선별 독립전쟁 서술	3대 독립전쟁 노선 서술	노선별 독립전쟁 거의 서술하지 않음	
훈민정음	일제의 훈민정음 체계 왜곡 집중 서술	훈민정음 해례본에 의거한 서술	일제의 훈민정음 체계 왜곡 서술 없음	
대일항전기 역사전쟁	일제 황국사관의 등장과 핵심 논리 비판 (낙랑군=평양설, 가야=임나설 등)	현재 역사학의 문제점 인식	일제 식민사관 형식적 비판, 핵심논리에 대한 비판 누락	현재 역사학에 면죄부
광복 이후	남북 단독정부 수립 과정과 6·25 이후 남북한의 통일방안 서술로 민족화해 강조		남북한의 통일방안 서술 미흡	

계보도는《규원사화[•]》에 따름

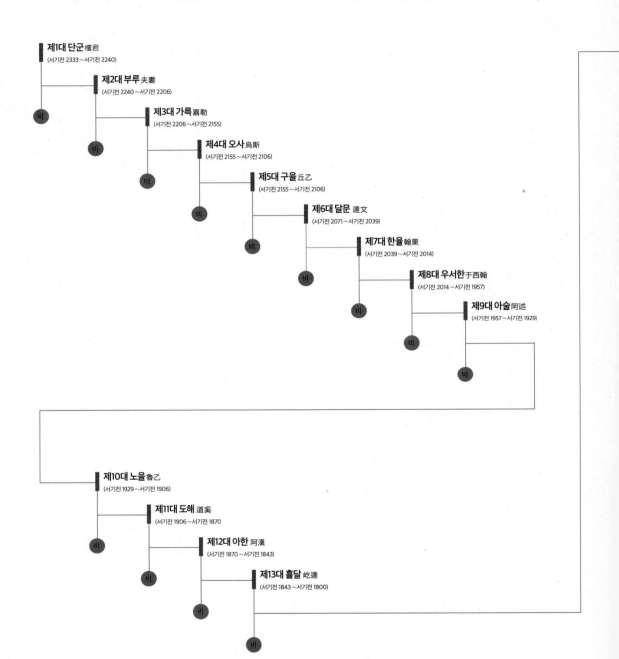

제1대 단군檀君
(서기전 2333 ~ 서기전 2240)

제2대 부루夫婁
(서기전 2240 ~ 서기전 2206)

비

제3대 가륵嘉勒
(서기전 2206 ~ 서기전 2155)

비

제4대 오사烏斯
(서기전 2155 ~ 서기전 2106)

비

제5대 구을丘乙
(서기전 2155 ~ 서기전 2106)

비

제6대 달문達文
(서기전 2071 ~ 서기전 2039)

비

제7대 한율翰栗
(서기전 2039 ~ 서기전 2014)

비

제8대 우서한于西翰
(서기전 2014 ~ 서기전 1957)

비

제9대 아술阿述
(서기전 1957 ~ 서기전 1929)

비

비

제10대 노을魯乙
(서기전 1929 ~ 서기전 1906)

제11대 도해道奚
(서기전 1906 ~ 서기전 1870)

비

제12대 아한阿漢
(서기전 1870 ~ 서기전 1843)

비

제13대 흘달屹達
(서기전 1843 ~ 서기전 1800)

비

비

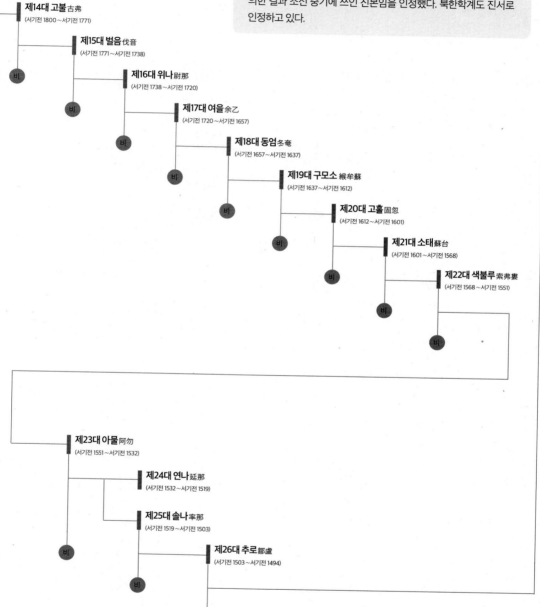

● 규원사화

《규원사화》는 조선 숙종 2년(1675년) 북애자가 편찬한 책인데 단군부
터 고열가까지 47대 단군의 재위기간과 치적 등을 기록한 역사서다.
1972년 국립중앙도서관 고서심의위원이자 당대의 저명학자들이었
던 이가원, 손보기, 임창순 3인이 《규원사화》의 내용과 지질을 분석심
의한 결과 조선 중기에 쓰인 진본임을 인정했다. 북한학계도 진서로
인정하고 있다.

제14대 고불 古弗
(서기전 1800~서기전 1771)

제15대 벌음 伐音
(서기전 1771~서기전 1738)

제16대 위나 尉那
(서기전 1738~서기전 1720)

제17대 여을 余乙
(서기전 1720~서기전 1657)

제18대 동엄 冬奄
(서기전 1657~서기전 1637)

제19대 구모소 緱牟蘇
(서기전 1637~서기전 1612)

제20대 고홀 固忽
(서기전 1612~서기전 1601)

제21대 소태 蘇台
(서기전 1601~서기전 1568)

제22대 색불루 索弗婁
(서기전 1568~서기전 1551)

제23대 아물 阿勿
(서기전 1551~서기전 1532)

제24대 연나 延那
(서기전 1532~서기전 1519)

제25대 솔나 率那
(서기전 1519~서기전 1503)

제26대 추로 鄒盧
(서기전 1503~서기전 1494)

비

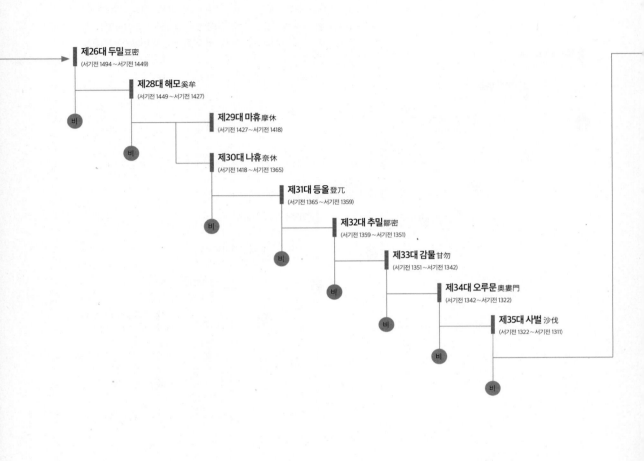

제26대 두밀豆密
(서기전 1494~서기전 1449)

비

제28대 해모奚牟
(서기전 1449~서기전 1427)

비

제29대 마휴摩休
(서기전 1427~서기전 1418)

제30대 나휴奈休
(서기전 1418~서기전 1365)

비

제31대 등올登兀
(서기전 1365~서기전 1359)

비

제32대 추밀鄒密
(서기전 1359~서기전 1351)

비

제33대 감물甘勿
(서기전 1351~서기전 1342)

비

제34대 오루문奧婁門
(서기전 1342~서기전 1322)

비

제35대 사벌沙伐
(서기전 1322~서기전 1311)

비

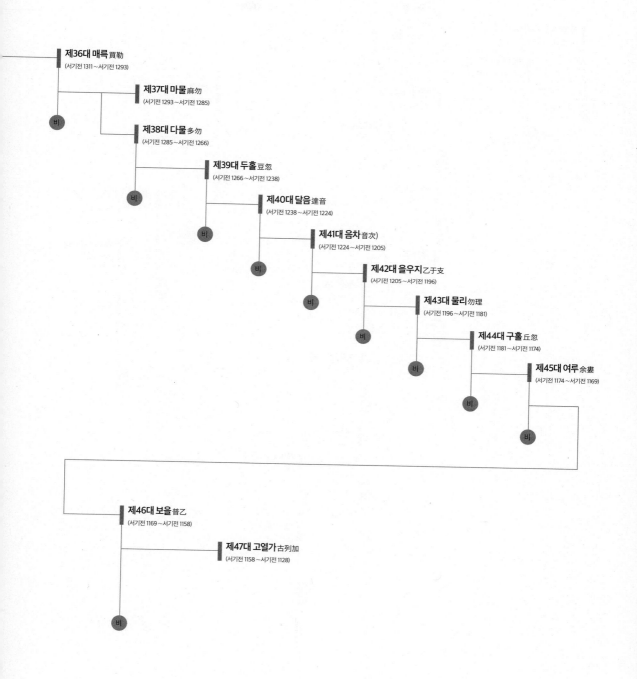

제36대 매륵 買勒
(서기전 1311~서기전 1293)

비

제37대 마물 麻勿
(서기전 1293~서기전 1285)

제38대 다물 多勿
(서기전 1285~서기전 1266)

비

제39대 두홀 豆忽
(서기전 1266~서기전 1238)

비

제40대 달음 達音
(서기전 1238~서기전 1224)

비

제41대 음차 音次)
(서기전 1224~서기전 1205)

비

제42대 을우지 乙于支
(서기전 1205~서기전 1196)

비

제43대 물리 勿理
(서기전 1196~서기전 1181)

비

제44대 구홀 丘忽
(서기전 1181~서기전 1174)

비

제45대 여루 余婁
(서기전 1174~서기전 1169)

비

비

제46대 보을 普乙
(서기전 1169~서기전 1158)

제47대 고열가 古列加
(서기전 1158~서기전 1128)

비

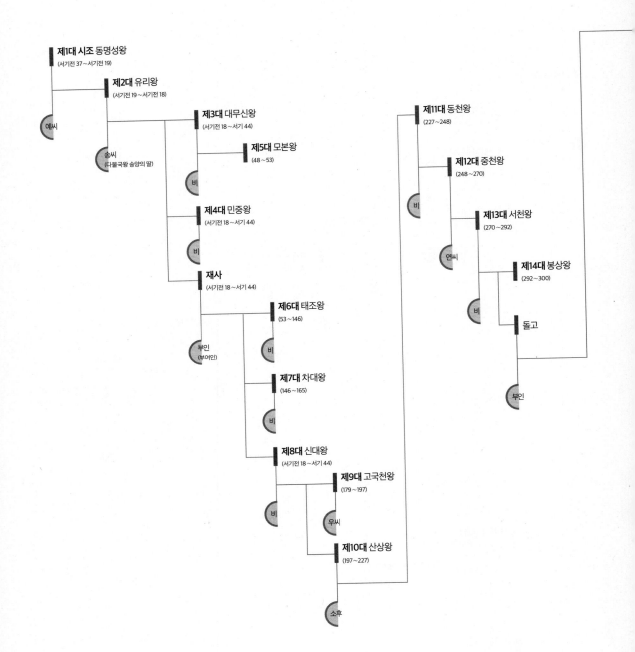

제1대 시조 동명성왕
(서기전 37~서기전 19)

예씨

제2대 유리왕
(서기전 19~서기전 18)

송씨
(다물국왕 송양의 딸)

제3대 대무신왕
(서기전 18~서기 44)

비

제5대 모본왕
(48~53)

제4대 민중왕
(서기전 18~서기 44)

비

재사
(서기전 18~서기 44)

부인
(부여인)

제6대 태조왕
(53~146)

비

제7대 차대왕
(146~165)

비

제8대 신대왕
(서기전 18~서기 44)

비

제9대 고국천왕
(179~197)

우씨

제10대 산상왕
(197~227)

소후

제11대 동천왕
(227~248)

비

제12대 중천왕
(248~270)

연씨

제13대 서천왕
(270~292)

비

제14대 봉상왕
(292~300)

돌고

부인

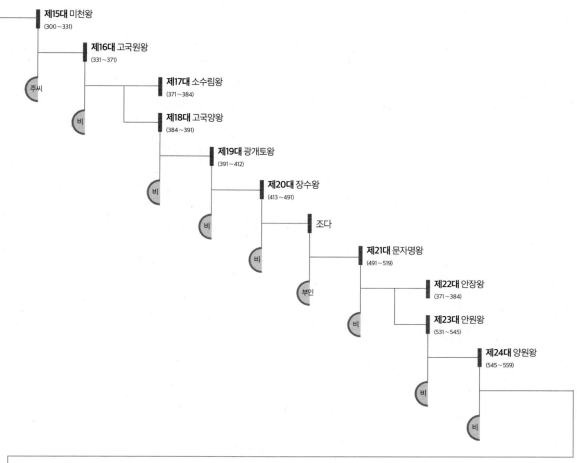

제15대 미천왕
(300~331)

주씨

제16대 고국원왕
(331~371)

비

제17대 소수림왕
(371~384)

제18대 고국양왕
(384~391)

비

제19대 광개토왕
(391~412)

비

제20대 장수왕
(413~491)

비

조다

부인

제21대 문자명왕
(491~519)

비

제22대 안장왕
(371~384)

제23대 안원왕
(531~545)

비

제24대 양원왕
(545~559)

비

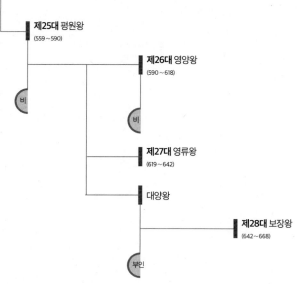

제25대 평원왕
(559~590)

비

제26대 영양왕
(590~618)

비

제27대 영류왕
(619~642)

대양왕

제28대 보장왕
(642~668)

부인

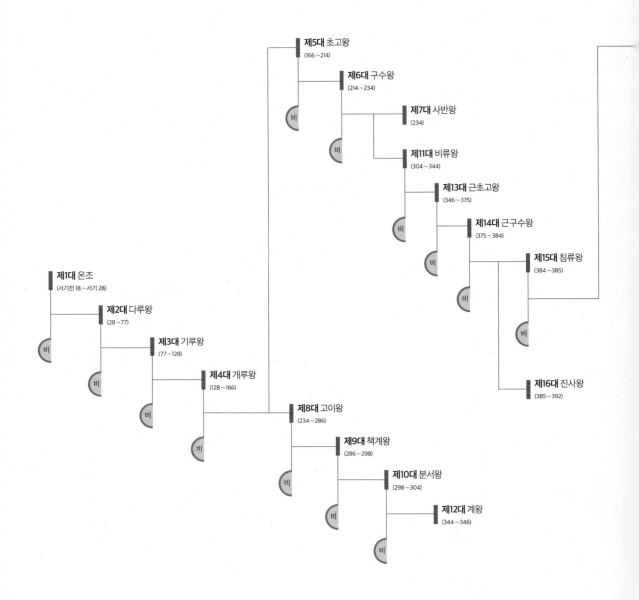

제5대 초고왕
(166~214)

제6대 구수왕
(214~234)

제7대 사반왕
(234)

제11대 비류왕
(304~344)

제13대 근초고왕
(346~375)

제14대 근구수왕
(375~384)

제15대 침류왕
(384~385)

비

비

비

비

비

제1대 온조
(서기전 18~서기 28)

제2대 다루왕
(28~77)

제3대 기루왕
(77~128)

제4대 개루왕
(128~166)

제8대 고이왕
(234~286)

제9대 책계왕
(286~298)

제10대 분서왕
(298~304)

제16대 진사왕
(385~392)

제12대 계왕
(344~346)

비

비

비

비

비

비

비

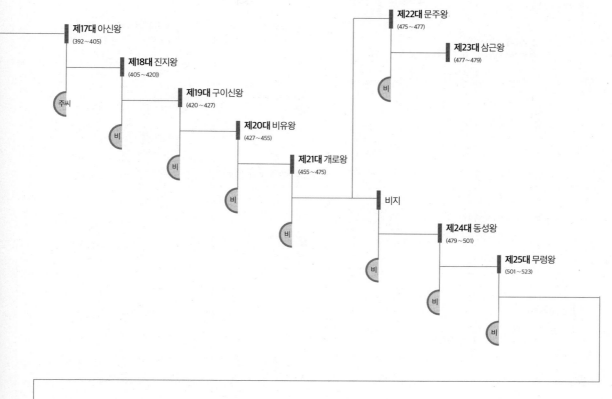

제17대 아신왕
(392~405)

제18대 진지왕
(405~420))

제19대 구이신왕
(420~427)

제20대 비유왕
(427~455)

제21대 개로왕
(455~475)

제22대 문주왕
(475~477)

제23대 삼근왕
(477~479)

비지

제24대 동성왕
(479~501)

제25대 무령왕
(501~523)

주씨

비

비

비

비

비

비

비

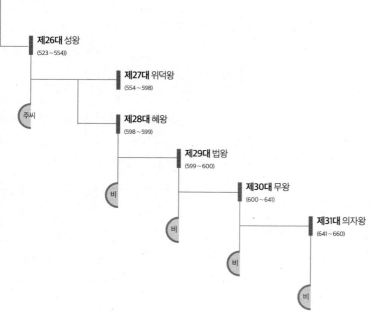

제26대 성왕
(523~554))

제27대 위덕왕
(554~598)

제28대 혜왕
(598~599)

제29대 법왕
(599~600)

제30대 무왕
(600~641)

제31대 의자왕
(641~660)

주씨

비

비

비

비

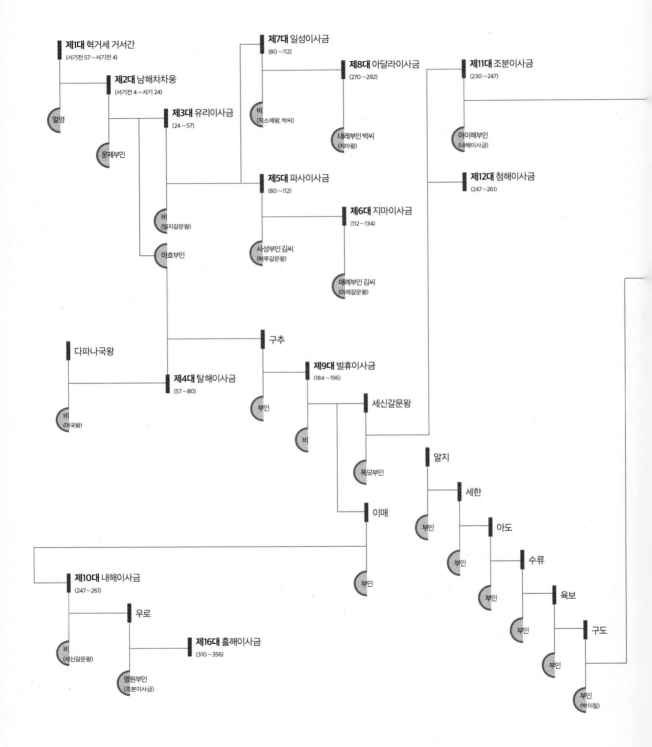

제1대 혁거세 거서간
(서기전 57~서기전 4)

알영

제2대 남해차차웅
(서기전 4~서기 24)

운제부인

제3대 유리이사금
(24~57)

제7대 일성이사금
(80~112)

비
(지소예왕, 박씨)

제8대 아달라이사금
(270~292)

내래부인 박씨
(지마왕)

제11대 조분이사금
(230~247)

아이해부인
(내해이사금)

비
(일지갈문왕)

아효부인

제5대 파사이사금
(80~112)

사성부인 김씨
(허루갈문왕)

제6대 지마이사금
(112~134)

애례부인 김씨
(마제갈문왕)

제12대 첨해이사금
(247~261)

다파나국왕

비
(여국왕)

제4대 탈해이사금
(57~80)

구추

부인

제9대 벌휴이사금
(184~196)

비

옥모부인

세신갈문왕

알지

부인

세한

부인

아도

부인

수류

부인

육보

부인

구도

부인
(박이칠)

이매

부인

제10대 내해이사금
(247~261)

비
(세신갈문왕)

우로

명원부인
(조분이사금)

제16대 흘해이사금
(310~356)

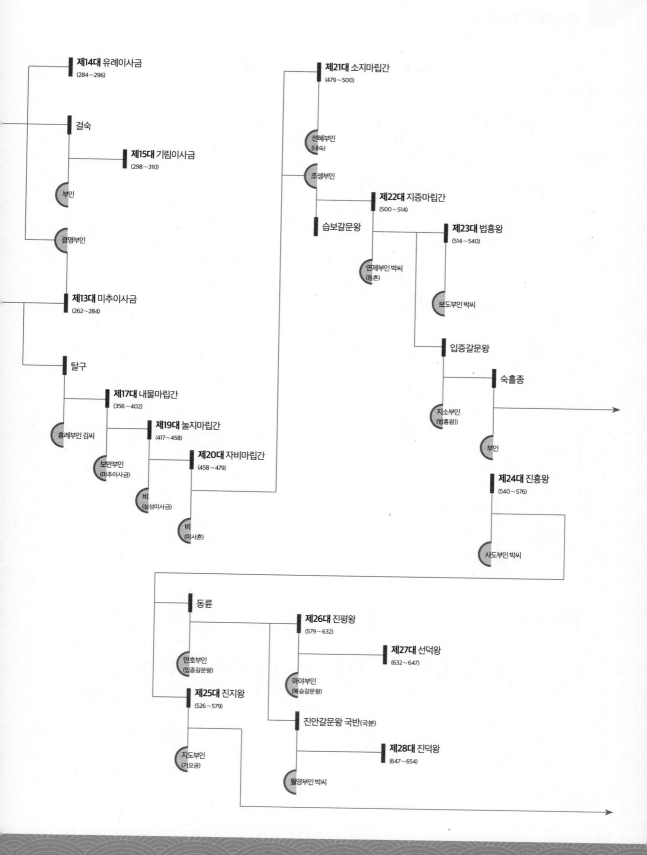

제14대 유례이사금
(284~296)

걸숙

제15대 기림이사금
(298~310)

부인

광명부인

제13대 미추이사금
(262~284)

탈구

제17대 내물마립간
(356~402)

제19대 눌지마립간
(417~458)

휴례부인 김씨

보반부인
(미추이사금)

제20대 자비마립간
(458~479)

비
(실성이사금)

비
(미사흔)

제21대 소지마립간
(479~500)

선혜부인
(내숙)

조생부인

제22대 지증마립간
(500~514)

습보갈문왕

연제부인 박씨
(등흔)

제23대 법흥왕
(514~540)

보도부인 박씨

입종갈문왕

숙흘종

지소부인
(법흥왕)

부인

제24대 진흥왕
(540~576)

사도부인 박씨

동륜

제26대 진평왕
(579~632)

만호부인
(입종갈문왕)

제27대 선덕왕
(632~647)

마야부인
(복승갈문왕)

제25대 진지왕
(526~579)

진안갈문왕 국반(국분)

지도부인
(기오공)

제28대 진덕왕
(647~654)

월영부인 박씨

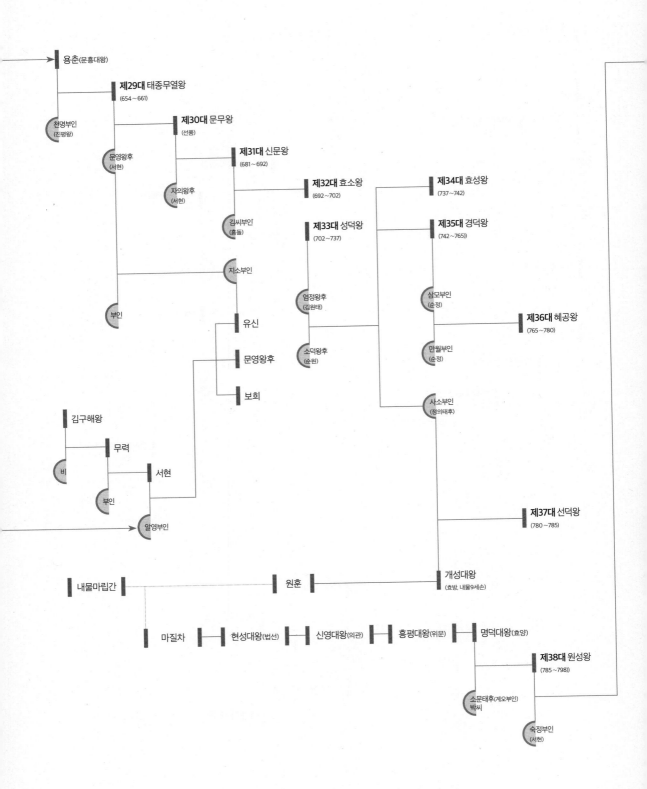

용춘(문흥대왕)

제29대 태종무열왕
(654~661)

천명부인
(진평왕)

제30대 문무왕
(선품)

문영왕후
(서현)

제31대 신문왕
(681~692)

자의왕후
(서현)

제32대 효소왕
(692~702)

제34대 효성왕
(737~742)

김씨부인
(흠돌)

제33대 성덕왕
(702~737)

제35대 경덕왕
(742~765))

지소부인

유신

엄정왕후
(김원태)

삼모부인
(순정)

제36대 혜공왕
(765~780)

부인

문영왕후

소덕왕후
(순원)

만월부인
(순정)

보희

사소부인
(정의태후)

김구해왕

무력

비

서현

제37대 선덕왕
(780~785)

부인

알영부인

개성대왕
(효방, 내물9세손)

내물마립간

원훈

마질차

현성대왕(법선)

신영대왕(의관)

흥평대왕(위문)

명덕대왕(효양)

제38대 원성왕
(785~798))

소문태후(계오부인)
박씨

숙정부인
(서현)

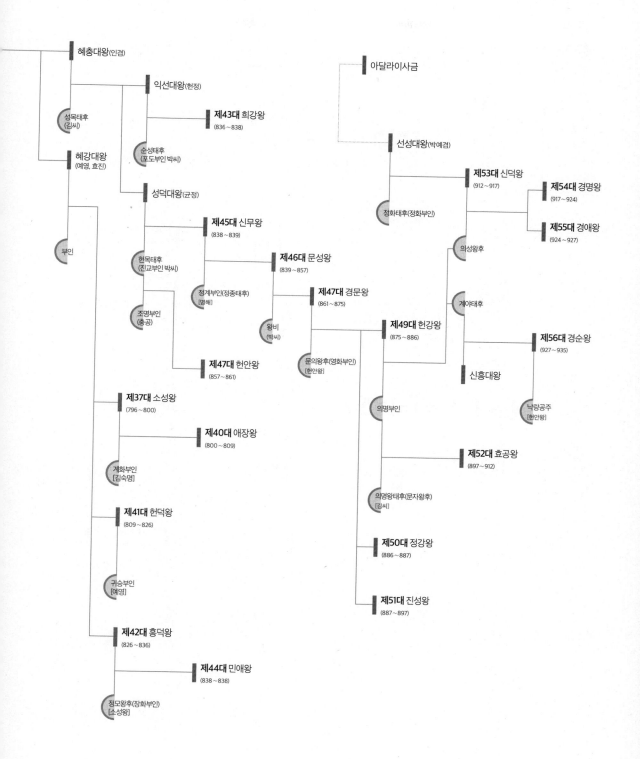

혜충대왕(인겸)

성목태후
(김씨)

익선대왕(헌정)

제43대 희강왕
(836~838)

순성태후
(포도부인 박씨)

혜강대왕
(예영, 효진)

성덕대왕(균정)

제45대 신무왕
(838~839)

제46대 문성왕
(839~857)

제47대 경문왕
(861~875)

제49대 헌강왕
(875~886)

헌목태후
(진교부인 박씨)

정계부인(정종태후)
[명해]

왕비
(박씨)

조명부인
(충공)

제47대 헌안왕
(857~861)

문의왕후(영화부인)
[헌안왕]

부인

제37대 소성왕
(796~800)

제40대 애장왕
(800~809)

계화부인
[김숙명]

제41대 헌덕왕
(809~826)

귀승부인
[예영]

제42대 흥덕왕
(826~836)

제44대 민애왕
(838~838)

정모왕후(장화부인)
[소성왕]

아달라이사금

선성대왕(박예겸)

제53대 신덕왕
(912~917)

제54대 경명왕
(917~924)

제55대 경애왕
(924~927)

정화태후(정화부인)

의성왕후

계야태후

제56대 경순왕
(927~935)

신흥대왕

낙랑공주
[헌안왕]

의명부인

제52대 효공왕
(897~912)

의명왕태후(문자왕후)
[김씨]

제50대 정강왕
(886~887)

제51대 진성왕
(887~897)

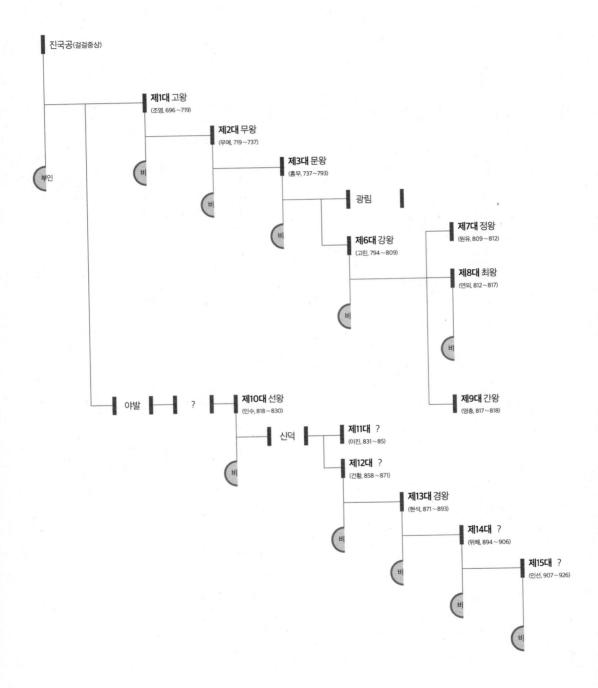

진국공(걸걸중상)

부인

제1대 고왕
(조영, 696~719)

비

야발

?

제10대 선왕
(인수, 818~830)

신덕

비

제2대 무왕
(무예, 719~737)

비

제3대 문왕
(흠무, 737~793)

비

광림

제6대 강왕
(고린, 794~809)

비

제7대 정왕
(원유, 809~812)

제8대 최왕
(언의, 812~817)

비

제9대 간왕
(명충, 817~818)

제11대 ?
(이진, 831~85)

제12대 ?
(건황, 858~871)

비

제13대 경왕
(현석, 871~893)

비

제14대 ?
(위해, 894~906)

비

제15대 ?
(인선, 907~926)

비

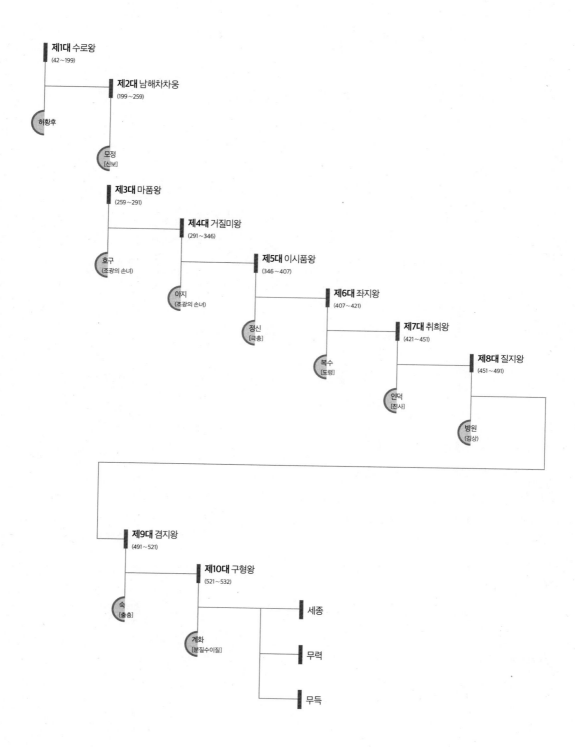

제1대 수로왕
(42~199)

허황후

제2대 남해차차웅
(199~259)

모정
[신보]

제3대 마품왕
(259~291)

호구
(조광의 손녀)

제4대 거질미왕
(291~346)

아지
(조광의 손녀)

제5대 이시품왕
(346~407)

정신
[극충]

제6대 좌지왕
(407~421)

복수
[도령]

제7대 취희왕
(421~451)

인덕
[진사]

제8대 질지왕
(451~491)

방원
(김상)

제9대 겸지왕
(491~521)

숙
[출충]

제10대 구형왕
(521~532)

계화
[분질수이질]

세종

무력

무득

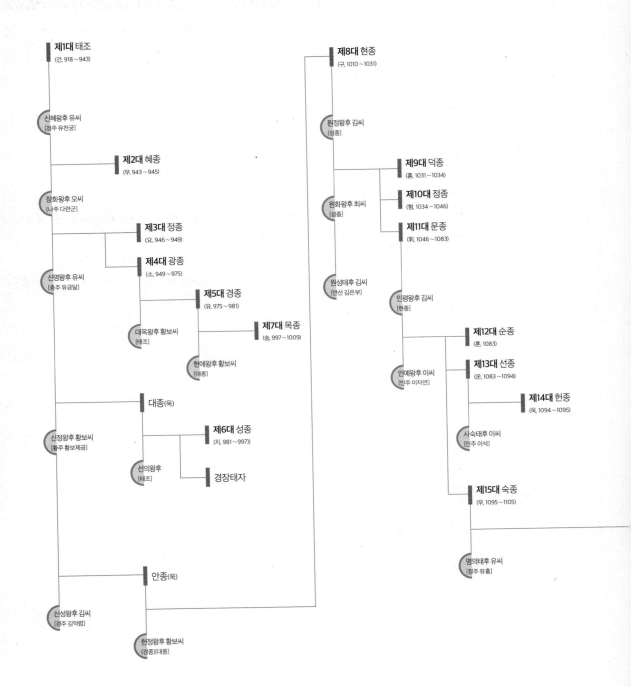

제1대 태조
(건, 918~943)

신혜왕후 유씨
[정주 유천궁]

제2대 혜종
(무, 943~945)

장화왕후 오씨
[나주 다련군]

제3대 정종
(요, 946~949)

제4대 광종
(소, 949~975)

신명왕후 유씨
[충주 유긍달]

대목왕후 황보씨
[태조]

제5대 경종
(유, 975~981)

제7대 목종
(송, 997~1009)

헌애왕후 황보씨
[대종]

대종(욱)

제6대 성종
(치, 981~997))

선의왕후
[태조]

경장태자

신정왕후 황보씨
[황주 황보제공]

안종(욱)

신성왕후 김씨
[경주 김억렴]

헌정왕후 황보씨
(경종)[대종]

제8대 현종
(구, 1010~1031)

원정왕후 김씨
[성종]

제9대 덕종
(흠, 1031~1034)

제10대 정종
(형, 1034~1046)

제11대 문종
(휘, 1046~1083)

원화왕후 최씨
[성종]

원성태후 김씨
[안산 김은부]

인평왕후 김씨
[현종]

제12대 순종
(훈, 1083)

제13대 선종
(운, 1083~1094)

제14대 헌종
(욱, 1094~1095)

인예왕후 이씨
[인주 이자연]

사숙태후 이씨
[인주 이석]

제15대 숙종
(우, 1095~1105)

명의태후 유씨
[정주 유홍]

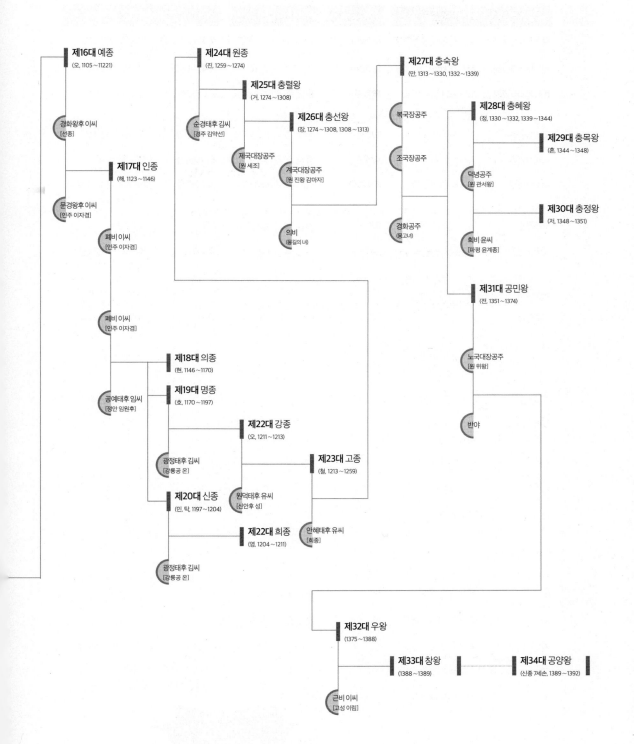

제16대 예종
(오, 1105~11221)

경화왕후 이씨
[선종]

문경왕후 이씨
[인주 이자겸]

제17대 인종
(해, 1123~1146)

폐비 이씨
[인주 이자겸]

폐비 이씨
[인주 이자겸]

공예태후 임씨
[정안 임원후]

제24대 원종
(진, 1259~1274)

제25대 충렬왕
(거, 1274~1308)

순경태후 김씨
[경주 김약선]

제국대장공주
[원 세조]

제26대 충선왕
(장, 1274~1308, 1308~1313)

계국대장공주
[원 진왕 감마자]

의비
(몽길의 녀)

제27대 충숙왕
(만, 1313~1330, 1332~1339)

복국장공주

조국장공주

경화공주
(몽고녀)

제28대 충혜왕
(정, 1330~1332, 1339~1344)

덕녕공주
[원 관서왕]

희비 윤씨
[파평 윤계종]

제29대 충목왕
(흔, 1344~1348)

제30대 충정왕
(저, 1348~1351)

제31대 공민왕
(전, 1351~1374)

노국대장공주
[원 위왕]

반야

제18대 의종
(현, 1146~1170)

제19대 명종
(호, 1170~1197)

광정태후 김씨
[강릉공 온]

제22대 강종
(오, 1211~1213)

원덕태후 유씨
[신안후 성]

제20대 신종
(민, 탁, 1197~1204)

광정태후 김씨
[강릉공 온]

제22대 희종
(영, 1204~1211)

제23대 고종
(철, 1213~1259)

안혜태후 유씨
[희종]

제32대 우왕
(1375~1388)

제33대 창왕
(1388~1389)

근비 이씨
[고성 이림]

제34대 공양왕
(신종 7세손, 1389~1392)

연표

연대		한국사		동아시아사		세계사
서기전	약 100만 년 전	구석기 시대	약 50만 년 전	구석기 시대	약 350만 년 전	최초의 인류 등장
	1만 4800년경	신석기 시대	1600년	중국, 상 왕조 성립	약 4만 년 전	현생 인류 출현
	1만 3000년경	요하동이문명 시작 (소남산문화)	1027년	중국, 주 왕조 건국 (~256)	3500년경	메소포타미아 문명 시작
	6500년경	황하동이문명 시작	770년	중국, 춘추시대 시작	3000년경	이집트 문명 시작
	4500년경	홍산문화 시작	475년	중국, 전국시대(~221)	2500년경	인도 문명 시작
	2500년경	청동기 시대 전개	4세기경	일본, 야요이시대 시작	1800년경	바빌로니아, 함무라비 법전 제정
	2333년	단군 조선 건국	221	진秦, 중국 통일(~206)	753	로마 건국
	10세기경	고조선의 발전	202	한漢, 중국 재통일 (~서기 8)	525	페르시아, 오리엔트 통일
	8세기경	철기 시대 개시	108	한사군 설치	492	페르시아 전쟁(~479)
	2세기경	북부여 건국	97	사마천,《사기》 완성	334	알렉산드로스, 동방 원정
	194	위만, 고조선의 왕이 됨			264	포에니 전쟁(~146)
	109	조·한전쟁 발발			27	로마, 제정 시작
	108	고조선(위만조선) 멸망, 한사군 설치				
	57	신라 건국				
	37	고구려 건국				
	18	백제 건국				
서기	8	백제, 마한 병합	9	왕망, 신新 건국(~23)	4	예수 탄생
	25	고구려, 국내성 천도	25	후한 건국(~220)		
	42	가락국 건국			45	인도, 쿠샨 왕조 성립
	53	고구려, 태조왕 즉위				
	57	신라, 석탈해 즉위				

◀ 농경문청동기

연대	한국사		동아시아사		세계사	
100	121	고구려, 예맥과 함께 현도군 침입	184	황건적의 난 (~192)	150	간다라 미술 융성
200	209	고구려, 환도성 천도	220	위·촉·오 삼국시대 시작	226	사산 왕조 페르시아 성립 (~651)
	244	위나라 관구검 고구려 침입	280	서진西晉, 중국 통일	3000년경	이집트 문명 시작
	260	백제, 율령 반포	3세기경	일본, 고분시대 시작		
	285	선비족 모용외, 부여 침입				
	293	모용씨의 고구려 침입				
300	313	고구려, 낙랑군 소멸 시킴	304	중국, 5호16국 시대 시작 (~439)	313	로마, 밀라노 칙령으로 기독교 공인
	342	전연, 고구려 침입	317	동진東晉 건국(~420)	320	인도, 굽타 왕조 성립
	356	신라, 내물왕 즉위	376	전진, 화북 통일	325	니케아 공의회
	372	고구려, 불교 전래, 태학 설치	383	비수 전투	375	게르만족의 대이동 시작
	375	백제, 《서기》 편찬			395	로마, 동·서로 분열
	381	신라 내물왕, 전진에 사신 파견				
	384	백제, 불교 전래				
400	400	고구려 광개토대왕, 신라에 침입한 왜군 격퇴	420	중국 송宋 건국	476	서로마 제국 멸망
	427	고구려, 평양 천도	439	북위, 화북 통일 남북조 시대 시작(~589)	486	프랑크 왕국 건국
	433	신·백 동맹 성립(~553)	485	북위, 균전제 시행		
	475	백제, 웅진 천도				
	494	부여 멸망				

▶ 고구려 무용총 수렵도

연대	한국사		동아시아사		세계사	
500	502	신라, 우경 실시	532	돌궐 제국 성립	529	유스티니아 누스 법전 편찬 베네딕토, 몬테카시노 수도원 창설
	503	신라, 국호와 왕호를 정함.	534	북위, 서위(~557)와 동 위로 분열	537	콘스탄티노플에 성 소피아 성 당 건립
	512	신라, 우산국(울릉도) 병합	557	북주 건국(~581)		
	520	신라, 율령 반포	568	수, 건국(~618)		
	527	신라, 불교 공인	581	수, 남북조 통일(~618)		
	532	신라, 금관가야 통합	589	중국, 대운하 건설		
	538	백제, 사비 천도				
	545	신라, 《국사》 편찬				
	552	백제, 일본에 불교 전함				
	554	백제 성왕, 관산성 전투에서 전사				
	555	신라 진흥왕, 북한산 순수비 세움.				
	562	신라 진흥왕, 대가야 병합				
	598	고구려, 요서 공격				
600	600	고구려, 《신집》 편찬	618	당 건국(~907)	610	이슬람교 정립
	612	고구려, 살수대첩	622	현장, 인도 여행기 《대당서역기》 씀	622	헤지라(이슬람 기원 원년)
	642	고구려, 연개소문의 정변	645	일본, 대화개신	651	사산 왕조 페르시아, 이슬람에 멸망
	645	고구려, 안시성 싸움 대승			661	우마이야 왕조 성립(~750)
	648	신라·당 동맹 성립				
	660	백제 멸망				
	668	고구려 멸망				
	676	신라, 삼국 통일				
	685	신라, 9주 5소경 설치				
	698	발해 건국				

▲ 《평원사녹도平原射鹿圖》 여진인

연대	한국사	동아시아사	세계사
700	722 신라, 백성에게 정전 지급	710 일본, 나라 시대	750 아바스 왕조 성립(~1258)
	723 혜초, 《왕오천축국전》 저술	712 당 현종 즉위	768 카롤루스 대제, 프랑크 왕국 왕 즉위
	732 발해, 당의 산동성 등주 공격	751 당, 탈라스 전투	771 프랑크 왕국 통일
	735 당, 신라의 대륙평양 이남 영토 공식 승인	755 당, 안사의 난(~763)	794 카롤링거 르네상스 개시
	751 신라, 불국사와 석굴암 건립	763 토번, 장안 함락	
	755 발해, 상경용천부 천도	794 일본, 헤이안 시대	
	768 신라, 대공의 난		
	780 신라 혜공왕 피살, 선덕왕 즉위		
	794 발해, 상경용천부로 천도		
800	822 신라, 김창헌의 난	875 당, 황소의 난(~884)	800 카롤루스 대제, 서로마 제국의 황제 대관
	828 신라 장보고 청해진 설치		829 잉글랜드 왕국 성립
	839 신라 민애왕 피살, 신무왕 즉위		862 노브고로드 루스 건국
900	900 견훤, 후백제 선포	907 당 멸망, 오대십국 시대 시작(~960)	911 노르망디 공국 건국
	901 궁예, 후고구려 건국	916 거란, 거란국 건국(~1125)	962 오토 1세, 신성 로마제국의 황제 대관
	918 왕건, 고려 건국 중폐비사 실시	938 거란국, 국호를 요遼라고 함	987 프랑스, 카페 왕조 성립
	926 발해, 거란에 멸망	960 북송北宋 건국(~1127)	
	935 신라 멸망		
	936 고려, 후삼국 통일		
	945 고려, 왕규의 난		
	956 고려, 노비 안검법 실시		
	958 고려, 과거제 실시		
	976 전시과 실시		

연대	한국사		동아시아사		세계사	
1000	1009	강조의 변	1004	북송과 요, 전연의 맹약 체결	1000	바이킹, 아메리카 발견
	1010	귀주 대첩(요의 3차 침입)	1069	왕안석 신법 실시(~1076)	1037	셀주크 튀르크 건국
	1033	대륙에 천리장성 축조 (~1044)			1054	기독교, 동·서로 분열
	1086	의천,《속장경》 조판			1066	노르망디 공 윌리엄, 잉글랜드 정복
					1077	카노사의 굴욕
					1095	클레르몽 공의회
					1096	십자군 전쟁(~1270)
1100	1107	윤관의 여진 정벌	1115	여진, 금 건국(~1234)	1128	독일 기사단 창설
	1126	이자겸의 난	1125	요 멸망	1163	프랑스, 노트르담 성당 건축
	1135	묘청의 서경 천도 운동	1127	남송 南宋 건국(~1279)	1170	프랑스, 파리 대학 세움
	1145	김부식,《삼국사기》 편찬	1161	금, 변경으로 천도	1187	이집트, 아이유브 왕조의 살라딘이 예루살렘 탈환
	1170	무신정변	1185	일본, 가마쿠라 막부 수립(~1333)	1193	구르 왕조, 델리 정복
	1196	최충헌의 집권	1189	테무친, 몽골의 칸이 됨		
	1198	만적의 봉기				

▶ 대국국사 의천

연대	한국사		동아시아사		세계사	
1200	1231	몽골의 제1차 침입	1206	칭기즈 칸, 몽골 통일	1206	인도, 델리 술탄 왕조 성립
	1232	고려, 강화 천도	1223	몽골졸, 러시아 침공	1215	영국, 대헌장 제정
	1234	금속활자 《상정고금예문》 간행	1234	금 멸망	1241	한자 동맹
	1236	팔만대장경 조판(~1251)	1271	쿠빌라이 칸, 국호를 원이라고 함(~1368)	1250	이집트, 맘루크 왕조 건국 아이유브 왕조 멸망
	1258	최씨정권 붕괴	1279	남송 멸망, 원의 중국 정복	1293	인도네시아, 마자파힛 왕조 성립
	1270	개경 환도, 삼별초의 항쟁			1295	영국, 모범 의회
	1274	고려·원 연합군, 일본 원정 시도(~1294)			1299	마르코 폴로, 《동방견문록》 출판 오스만 제국 건국(~1922)
	1285	일연, 《삼국유사》 편찬				
	1287	이승휴, 《제왕운기》 편찬				
	1290	동녕부 폐지				

▶ 칭기스칸

연대	한국사		동아시아사		세계사	
1300	1314	충선왕, 연경에 만권당 설치	1336	일본, 무로막치 막부 수립(~1573)	1302	프랑스, 삼부회 소집
	1359	홍건적의 침입(~1361)	1351	원, 홍건적의 난 발생	1309	교황, 프랑스 아비뇽에 유폐
	1363	문익점, 원에서 목화씨 가져옴	1368	주원장, 명 건국	1337	영국·프랑스, 백년 전쟁 (~1453)
	1366	신돈, 정치개혁 단행	1399	명, 정난의 변	1356	독일, 황금문서 발표
	1377	최무선의 건의로 화약 제조			1363	베니스 성 티투스, 반란
	1388	명, 만주 대륙에 철령위 설치 통보. 위화도 회군			1369	티무르 왕조 성립
	1391	과전법 제정			1378	교회의 대분열 시작
	1392	고려 멸망, 조선 개창			1381	영국, 와트 타일러의 난
	1394	정도전, 《조선경국전》 편찬				
	1395	조선, 한양으로 천도				
	1396	경복궁 완공				
	1398	제1차 왕자의 난, 정종 즉위				

◀ 명 태조 주원장

연대	한국사		동아시아사		세계사	
1400	1400	제2차 왕자의 난, 태종 즉위	1405	명나라 정화의 남해 원정 (~1433)	1414	공스탄츠 공의회(~1418)
	1418	세종 즉위	1421	명, 북경 천도	1420	이탈리아, 르네상스 개시
	1420	수령고소금지법 제정	1433	명과 일본 정식 외교관계 수립	1429	잔 다르크, 오클레앙 전투 승리
	1423	《고려사》 편찬	1467	일본, 오닌의 난, 전국시대 개막	1443	바르나 전투
	1437	6진 설치			1449	토목 전투
	1441	장영실, 측우기 제작			1429	구텐베르크, 금속 활자 인쇄술 보급
	1446	《훈민정음》 반포			1453	비잔티움 제국 멸망
	1452	《고려사절요》 편찬			1455	영국, 장미 전쟁(~1485)
	1453	계유정변			1478	오스만 제국의 발칸 반도 정복 완료
	1469	성종 즉위, 《경국대전》 완성, 《동국여지승람》 편찬			1488	바르톨로메우 디아스, 희망봉 발견
	1498	무오사화			1492	콜럼버스, 서인도 제도 도착
					1498	바스쿠 다가마, 인도 캘리컷 도착

◀《훈민정음 언해본》

연대	한국사		동아시아사		세계사	
1500	1504	갑자사화	1543	포르투칼인이 일본에 총을 전래함.	1517	루터의 종교 개혁
	1506	중종반정	1571	일본, 나가사키 개항	1519	마젤란 일행, 세계 일주 (~1522)
	1510	삼포왜란	1587	마테오 리치, 중국 남경 도착	1521	에스파냐, 멕시코 정복, 아스테카 제국 멸망
	1519	현량과 실시, 기묘사화	1590	일본, 도요토미 히데요시 전국 통일	1526	인도, 무굴 제국(~1858) 성립
	1530	《신증동국여지승람》 편찬			1533	에스파냐의 피사로, 잉카 제국 정복
	1545	을사사화			1536	칼뱅의 종교 개혁
	1550	백운동서원에 소수서원 사액			1587	영국, 무적함대 격파
	1554	비변사 설치			1598	프랑스, 낭트 칙령 발표
	1575	사림파, 동서분당				
	1589	기축옥사				
	1592	임진왜란(~1598)				

▲ 일본 《조선국신사회권》에 조선통신사

연대	한국사		동아시아사		세계사	
1600	1608	광해군 즉위, 경기도에 대동법 실시	1603	일본, 에도 막부 수립	1600	영국, 동인도 회사 설립
	1609	일본과 기유약조 체결	1616	여진족, 후금 건국	1613	러시아, 로마노프 왕조 성립
	1610	《동의보감》 완성	1636	후금, 청으로 국호 변경	1618	독일, 30년 전쟁(~1648)
	1613	계축옥사	1639	에도 막부, 쇄국령 실시 (~1854)	1628	영국, 권리 청원 제출
	1614	이수광, 《지봉유설》 간행	1644	명 멸망, 청의 중국 정복	1642	영국, 청교도 혁명 (~1649)
	1623	계해정변	1661	청, 강희제 즉위	1648	베스트팔렌 조약 체결
	1624	이괄의 난	1673	청, 삼번의 난	1651	크롬웰, 항해법 발표
	1627	정묘호란	1689	청과 러시아 간의 네르친스크 조약	1687	뉴턴, 만유인력의 법칙 발견
	1636	병자호란			1688	영국, 명예혁명
	1645	소현세자, 귀국 후 사망			1689	영국, 권리 장전 승인
	1659	제1차 예송논쟁				
	1674	제2차 예송논쟁, 남인 정권 장악				
	1678	상평통보 주조				
	1680	경신환국, 서인 정권 장악				
	1683	서인, 노론과 소론으로 분당				
	1689	기사환국, 송시열 사사				
	1694	갑술환국, 노론 정권 장악, 남인 몰락				
	1696	안용복, 일본에게 울릉도와 독도를 조선 영토임을 인정 받음.				

연대	한국사		동아시아사		세계사	
1700	1708	대동법 전국에서 시행	1796	청, 백련교의 난(~1805)	1701	프로이센 왕국 성립
	1712	백두산정계비 건립			1709	영국, 인클로저 운동
	1725	탕평책 실시			1736	영국 산업혁명 시작
	1728	이인좌의 봉기			1740	오스트리아 왕위 계승 전쟁(~1748)
	1750	균역법 실시			1756	프·영, 7년 전쟁(~1763)
	1755	나주벽서 사건			1757	인도, 플라시 전투
	1762	임오화변			1765	와트, 증기 기관 완성
	1776	규장각 설치			1773	보스턴 차 사건
	1786	천주교 금지령 발표			1776	미국, 독립 선언
	1791	신해통공			1779	페르시아, 카자르 왕조가 통일
	1794	수원 화성 축조(~1796)			1789	프랑스 혁명 시작, 인권 선언
	1798	박제가, 《북학의》 저술				

◀ 백두산정계비

연대	한국사		동아시아사		세계사	
1800	1801	신유박해, 황사영 백서 사건	1838	청, 임칙서를 흠차대신으로 광동에 파견	1804	나폴레옹, 황제 즉위
	1811	홍경래의 봉기	1840	청·영국, 아편 전쟁(~1842)	1806	신성 로마 제국 멸망
	1831	천추교, 조선 교구 설정	1842	청, 영국과 남경 조약 맺음	1814	빈 회의(~1815)
	1839	기해박해	1851	청, 태평천국 운동 발발 (~1864)	1823	미국, 먼로주의 선언
	1849	김대건 신부 순교	1853	일본, 페리 제독 내항	1825	영국, 세계 최초로 철도 개통
	1860	최제우, 동학 창시	1854	일본의 개국	1827	알제리, 프랑스가 침략 해 옴
	1863	고종 즉위, 흥선대원군 집권	1856	중국, 애로호 사건	1830	프랑스, 7월 혁명
	1866	병인박해, 병인양요	1858	미일 수호 통상 조약 체결	1832	영국, 제1차 선거법 개정
	1871	신미양요, 서원 철폐	1860	북경 조약 체결	1835	영국, 차티스트 운동 시작
	1875	운양호 사건	1861	청, 양무운동 시작	1839	오스만 제국, 탄지마트 단행
	1876	강화도조약 체결	1868	일본, 메이지 유신	1848	프랑스의 2월 혁명, 마르크스와 엥겔스의 공산 당 선언 발표
	1881	신사유람단 및 영선사 파견, 별기군 창설	1871	청일 수호 조약	1857	인도, 세포이의 항쟁 시작
	1882	임오군란, 미국과 수교	1881	청·러시아, 이리 조약 체결	1858	인도, 무굴 제국 멸망
	1884	갑신정변	1884	청·프랑스 전쟁	1859	다윈, 《종의 기원》 출판
	1885	거문도 점령 사건	1885	청·일, 천진 조약 체결	1861	미국, 남북 전쟁(~1865)
	1899	함경도, 방곡령 실시	1894	청일 전쟁	1863	링컨, 노예 해방 선언
	1889	함경도, 방곡령 실시	1898	청, 변법자강 운동	1869	수에즈 운하 개통
	1894	동학농민혁명, 갑오개혁, 청 일전쟁(~1895)	1899	청, 의화단 운동(~1901)	1871	독일 제국 성립, 프랑스 파 리 코뮌 성립
	1895	을미사변			1878	베를린 회의
	1896	아관파천, 독립협회 설립			1882	3국 동맹 성립
	1899	만민공동회 개최			1885	인도, 인도 국민 회의 결성
	1897	대한제국 선포(~1910)				

◀ 아편전쟁

연대	한국사		동아시아사		세계사	
1900	1905	을사늑약	1902	영일 동맹 체결	1902	러시아, 시베리아 철도 개통
	1906	통감부 설치	1904	러일 전쟁(~1905) 일본·미국, 가쓰라·태프트	1905	러시아, 피의 일요일 사건
	1907	헤이그 특사 파견, 고종 퇴위, 군대 해산	1909	일본, 청과 간도협약 체결	1907	3국 협상 성립
	1909	안중근, 이토 히로부미 사살	1911	중국, 신해혁명	1914	제1차 세계 대전(~1918)
	1910	국권 피탈(~1945) 조선 귀족령 반포 토지조사 사업 시작(~1918)	1912	중국, 중화민국 성립 일본, 다이쇼 데모크라시	1917	러시아 혁명
	1911	신민회사건(105인 사건)	1915	중국, 신문화 운동 시작	1918	윌슨, 14개조 원칙 발표
	1915	박은식, 《한국통사》 간행	1919	5·4 운동	1919	베르사유 조약
	1919	고려공산당 성립	1921	중국 공산당 결성	1920	국제 연맹 성립
	1920	3·1혁명, 대한민국 임시정부 수립	1923	일본, 관동 대지진 발생	1922	소련 성립
	1920	홍범도, 봉오동 승첩, 김좌진, 청산리 승첩	1924	중국, 제1차 국공 합작	1929	대공황 발생
	1925	조선공산당 창립	1926	일본, 쇼와 시대 시작 중국, 국민당정부 북벌 시작	1933	미국, 뉴딜 정책 시행, 히틀러 집권
	1926	6·10 만세운동	1927	중국, 남경에 국민당 정부 수립	1939	제2차 세계 대전(~1945)
	1927	신간회 조직(~1931)	1931	일본, 만주 사변	1941	대서양 헌장 발표
	1929	광주 학생 항일 운동	1934	중국공산당 장정(~1936)	1943	카이로 회담
	1932	이봉창 의거, 윤봉길 의거	1936	중국, 서안 사건	1945	포츠담 선언, 독일과 일본 항복, 국제 연합(UN) 성립
	1940	한국광복군 결성	1937	중일 전쟁 중국, 제2차 국공합작	1947	마셜 계획 발표, 트루먼 독트린 발표, 제1차 아랍·이스라엘 전쟁(~1949), 이스라엘 건국
	1942	조선어 학회 사건	1940	일본군 베트남 진주		
	1943	광복군 미얀마 파견				

연대	한국사		동아시아사		세계사	
1900	1945	8·15 광복	1941	삼국 군사 동맹(독일·이탈리아·일본) 일본의 진주만 공격으로 태평양 전쟁 발발	1948	세계 인권 선언, 소련 베를린 봉쇄 시작
	1946	제1차 미소공동위원회 개최	1942	일본, 미드웨이 해전 참패	1949	북대서양 조약 기구(NATO) 성립
	1947	유엔 한국임시위원단 구성	1945	일본 항복	1956	이집트, 수에즈 운하 국유화
	1948	제주 4·3 사건 5·10 총선거 시행 대한민국 정부 수립 북한, 조선 민주주의 인민 공화국 수립. 여순 10·19 사건	1946	중국, 국공 내전	1962	미국, 쿠바 봉쇄
	1950	6·25 한국 전쟁	1947	대만, 2·28 사건 발생	1964	팔레스타인 해방 기구(PLO) 결성
	1953	휴전 협정 조인	1949	중화 인민 공화국 수립	1967	유럽 공동체(EC) 출범
	1961	4·19혁명 장면 내각 수립 5·16 군사정변	1959	중국·인도 국경 분쟁	1969	아폴로 11호 달 착륙, 미국, 각지에서 베트남 반전 시위
	1962	제1차 경제 개발 5개년 계획	1966	중국, 문화 대혁명 시작	1980	미국, 왕복 우주선 컬럼비아호 발사
	1964	박정희 정부 수립	1969	중·소 분쟁 발발	1985	고르바초프, 개혁·개방 추진
	1970	새마을 운동 시작	1972	일본·중국 수교	1988	팔레스타인, 독립국 선언
	1972	7·4 남북공동성명	1979	미국·중국 국교 정상화	1989	독일, 베를린 장벽 붕괴 미·소, 몰타 정상 회담(냉전 종식 선언)
	1979	10·26사태	1984	영국·중국 홍콩 반환 협정 조입	1990	독일 통일
	1980	5·18 광주 민주화운동	1989	중국, 천안문 사건 발생 일본, 아키히토 천황 즉위	1991	걸프 전쟁, 소련 해체, 독립 국가 연합(CIS) 탄생
	1981	전두환 정부 수립			1993	북미 자유 무역 협정(NAFTA) 체결, 유럽 연합(EU) 출범
	1988	노태우 정부 수립			1994	APEC 정상 회담 개최

연대	한국사		동아시아사		세계사	
1900	1990	소련과 국교 수립			1995	세계 무역 기구(WTO) 출범
	1992	중국과 국교 수립				
	1993	김영삼 정부 수립				
	1998	김대중 정부 수립				
2000	2000	제1차 남북 정상 회담 (6·15 남북 공동 선언)	2000	대만, 민진당 집권	2003	미국·이라크 전쟁
	2003	노무현 정부 수립	2001	일본, 역사 왜곡 교과서 검정 통과	2004	탐사 로봇 스피릿, 화성 착륙
	2007	제2차 남북 정상 회담	2002	중국, 동북공정 시작	2005	교황 요한 바오로 2세 선종
	2008	이명박 정부 수립	2009	일본, 민주당 집권		
	2013	박근혜 정부 수립	2012	일본, 자민당 집권 중국, 시진핑 시대 개막		
	2017	문재인 정부 수립				
	2022	윤석열 정부 수립				

◀ 노무현 대통령과 김정일 국방위원장의 정상회담

참고문헌은 1차 사료적 성격의 도서만 기재함

● **고대편** I-VI 단원

　　국내자료

　　　　《삼국사기》·《삼국유사》·《제왕운기》·《입당구법순례행기》·《제왕운기》·《계원필경집》·《해동고승전》

　　해외자료:중국

　　　　정사류　《사기》·《한서》·《후한서》·《삼국지》·《진서晉書》·《송서》·《남제서》·《양서》·《진서陳書》·《위서》·《북제서》··
　　　　《주서》·《남사》·《북사》·《수사》·《구당서》·《신당서》

　　　　고대문헌　《춘추春秋 및 춘추삼전春秋三傳》·《관자管子》·《전국책戰國策》·《죽서기년竹書紀年》·《여씨춘추呂氏春
　　　　秋》·《회남자淮南子》·《산해경山海經》·《논형論衡》·《설문해자說文解字》·《염철론鹽鐵論》·《일주서逸周書》

　　해외자료:일본

　　　　《일본서기》·《고사기》

● **고려시대** VII 단원

　　국내자료

　　　　정사류　《고려사》·《고려사절요》

　　　　문헌　《동국이상국집》·《동문선》·《동인지문사륙》·《동인지문오칠》·《익재집》·《해동고승전》

　　해외자료:중국

　　　　정사류　《송사》·《요사》·《금사》·《원사》·《명사》

　　　　문헌류　《선화봉사고려도경》

　　해외자료:일본

　　　　《일본기략》·《부상략기扶桑略記》

● **조선시대** VIII 단원

　　국내자료

　　　　정사류　《조선왕조실록》·《승정원일기》·《비변사등록》·《각사등록》·《사료 고종시대사》·《경국대전》·《속대전》·《대
　　　　전통편》·《대전회통》·《대명률직해》

　　　　문헌류　《국조인물고》·《대동지지》·《동국여지지》·《동사강목》·《산림경제》·《삼봉집》·《송자대전》·《서애집》·《성
　　　　호사설》·《신증동국여지승람》·《백호전서》·《연려실기술》·《연암집》·《연행록》·《우서》·《육신전》·《율곡전서》·《잠
　　　　곡집》·《해동역사》·《홍재전서》

　　해외자료:중국

　　　　《명실록》·《청실록》

● **근·현대** IX-XI 단원

　　《사료 고종시대사》·《동학농민혁명총서》·《대한민국임시정부자료집》·《한국독립운동사자료》·《한민족독립운동
　　사》·《통감부공보》·《조선총독부관보》·《주한일본공사관기록》·《중추원조사자료》·《일제침략하 한국36년사》·《한
　　국근대사자료집성》·《독립신문》·《동아일보》·《신한민보》·《자료대한민국사》·《조선일보》·《조선중앙일보》·《중앙
　　일보》·《중외일보》·《일본외무성기록》·《경성지방법원검사국문서》·《일제감시대상인물카드》·《매천집》·《대한계
　　년사 上·下》·《미군정기 주한미국사》·《북한관계사료집》·《친일파관련문헌》·《반민특위조사기록》·《FRUS자료》

사진 출처

● 이 책에 수록된 사진 일부는 원저작권자를 확인하려고 노력했으나 찾지 못했습니다. 원저작권자를 확인하신 분
은 도서출판 한가람역사문화연구소로 연락해 주십시오.

찾아보기

대한민국 역사교과서 편찬위원회 집필진

이덕일 주편　한가람역사문화연구소장, 문학박사
김명옥 건국 사화 및 고대사　학술지《역사와 융합》(KCI등재지) 편집위원장, 문학박사
김수지 고대 및 조선사　한가람역사문화연구소 연구위원
박종민 고대사　한가람역사문화연구소 연구원
이주한 고대, 고려 및 조선사　한가람역사문화연구소 연구위원
홍순대 문화사 및 독립운동사, 현대사　한가람역사문화연구소 연구위원
이시종 독립운동사 및 현대사　한가람역사문화연구소 연구위원, 통일인문학 박사

대한민국 역사교과서 편찬위원회 소개

대한민국 역사교과서 편찬위원회는 역사 바로잡기라는 기치 아래 바른 역사학술원과 한가람역사문화연구소가 결성한 단체이다. 바른역사학술원은 2016년 미래로 가는 바른역사협의회의 학술조직으로 출범해서 학술지《역사와 융합》을 2017년 12월부터 매년 2회씩 발행했고, 2024년부터 매년 6회씩 발행하고 있다. 현재 인문·사회학자를 중심으로 160여 명의 회원들이 활동하고 있다. 《역사와 융합》은 2023년 한국학술지인용색인 KCI에 등재되어 국내·외적으로 공신력을 인정받고 있으며 바른 한국사를 전 세계에 전파하고 공유하기 위해 노력하고 있다.

한가람역사문화연구소는 1999년 중화 사대주의 노론사관과 일제 식민사관의 왜곡에서 벗어나 우리 역사의 바른 길을 찾고자 창립되었다. 바른역사학술원의 자매 연구기관으로 소속 회원들이 저술, 강연, 학술대회, 답사 등을 통해 바른 한국사를 연구하고 그 성과를 사회구성원들과 공유하려 노력하고 있다.

이 책의 초고 집필에 도움을 주거나 수정, 감수 및 연표 작성에 도움을 준 분들

김민곤(역사정상화 전국연대 위원장)
김주인(재단법인 역사주권 이사장)
박찬화(대한사랑 학술위원)
소대봉(민화협 정책위원)
신호준(순천향대 대학원)
오종홍(성균관대 대학원)
유진웅(순천향대 대학원)

이용중(식민사관 청산 가야사 바로잡기 전국연대 위원장)
이찬구(전 민족종교협의회 사무총장)
장위숙(전 역사교사)
전준호(한가람역사문화연구소 연구원)
허성관(전 광주과학기술연구원 원장)
홍의삼(한가람역사문화연구소 연구원)

편집　도서출판 한가람역사문화연구소(박종민)
표지·내지 디자인　허영인
삽화　허수빈

기획　역사정상화 전국연대
　　　　식민사관 바로잡기 전국연대
　　　　미래로 가는 바른역사협의회
추천　대한민국 광복회
　　　　대한민국 순국선열유족회

대한민국 역사교과서 1

초판 1쇄 발행　2024년 5월 16일
초판 4쇄 발행　2024년 5월 28일
지은이　대한민국 역사교과서 편찬위원회
펴낸이　이덕일
펴낸곳　도서출판 한가람역사문화연구소
등록번호　제2019-000147호
주소　서울특별시 종로구 김상옥로17 대호빌딩 신관 305호
ISBN　979-11-90777-54-4 03910

대량구입 관련 문의
한가람역사문화연구소 이메일 hgr4012@naver.com

대한민국 역사교과서 홈페이지
http://www.historybook.or.kr

교과서와 관련된 다양한 정보와
활동을 알고싶다면 ➡